사례로 풀어 쓴

양동훈

인적 자원관리

弘文社

초판 머리말

본 교과서는 사람관리(people management)에 관심이 있는 대학생들과 사람관리와 관련된 일을 실제 하고 있는 초급 직장인들을 대상으로 쓰였다. 사람관리는 원리, 지침, 법 등 다양한 지식체계가 융합되어야 가능하기 때문에 본 교과서는 사람에 관한 학문인 경영학, 심리학, 사회학, 노동법을 복합적으로 다루고 있다. 무엇보다 본 교과서는 최신의 사례를 소개하고 이들 사례를 통해 전문적인 지식에 접근이 가능하도록 하는 데 신경을 썼다. 사례는 가급적 최신의 사례를 찾아 편집한 후, 관련된 내용에 따라 축약해 정리하였다. 각 장의 서두에서는 도입사례를, 중간에는 박스사례를, 말미에는 토론사례를 실어 실제 우리 주변에서 발생한 사례들이 어떻게 이론과 원리로 설명 가능한 지를 보여주려 하였다. 본 교과서의 독자는 사례를 빠짐없이 읽고 이를 이론적으로 이해하면 좋을 것이다. 강의자 역시 사례를 중심으로 강의를 전개하면 도움이 될 것이다.

본 교과서는 독자의 이해가 용이하도록 직장생애를 중심으로 순차적으로 기술되어 있다. 채용은 근로자에게 출생에 비유되며, 교육훈련과 경력개발은 성장이고, 이직은 제2의 인생을 준비하는 떠남이다. 또한 평가와 임금은 직장인이 하루를 살아가는 삶의 현장이라 할 수 있다. 따라서 독자는 인적자원관리를 공부하면 직장인의 삶을 더 깊이 이해하는 데 도움이 될 것이다. 본 교과서는 근로기준법 중 법적 지식이 없는 독자라도 이해할 수 있고 직장인이라면 꼭 알아야 할 내용만을 선별하여 담아 근로 현장을 더 깊이 이해하도록 하였다.

또한 본 교과서는 서구의 인적자원관리와 한국의 인적자원관리 방식을 균형되게 소개하고 있다. 저자는 10여 년간 미국 인사관리 관련 컨퍼런스에 참여한 경험을 살려 최신 트렌드를 본서에 소개하였다. 서구와 국내 방식 중 어느 것이 더 효과적이라는 가치 판단보다는 인적자원관리가 문화와 근로자의 정서에 따라 달리 발달할 수 있음을 보여주고자 하였다.

본 교과서를 강의하시는 분은 1주에 1장씩 강의하면 한 학기 15주를 강의하는 데 부담이 없을 것이다. 각 장의 끝에 수록된 토론과제와 토론사례를 활용하면 학생들이 각 장을 공부한 후 학습한 것을 응용하고 토론할 수 있다. 따라서 토론과제와 토론사례를 통해 학생들의 수업참여를 권장한다.

본 교과서는 초판으로 앞으로 독자들의 의견과 인사전문가 그룹의 도움이 있어야 더욱 좋은 내용을 담을 수 있을 것이다. 저자는 독자들의 의견과 도움을 기대하며 여러분의 학습에 조금이나마 도움이 되길 바란다.

2021년 12월 22일
노고산 언덕에서
저자 드림

차　례

PART 02 직무관리와 인적자원의 확보

PART 01

인적자원관리의 개요

CHAPTER 01

인적자원관리의 목적과 이해관계자

1. 인적자원관리의 대상과 목적
2. 인적자원관리의 제반 관리활동
3. 인적자원관리의 관리활동별 주요 이슈
4. 인적자원관리시스템과 이해관계자
5. 교과서의 구성

CHAPTER 01

인적자원관리의 목적과 이해관계자

학습목표

본 단원에서는 인적자원관리가 추구하는 목적과 인적자원관리의 대상, 인적자원관리를 구성하는 6가지 활동들을 살펴본다. 학습자는 본 장을 학습한 후 다음과 같은 목표를 달성할 수 있다.

❶ 인적자원관리의 대상과 목적을 설명할 수 있다.

❷ 인적자원관리를 구성하는 6가지 관리활동과 주요 이슈들을 설명할 수 있다.

❸ 인적자원관리의 이해관계자들은 누구이고 어떤 역할을 수행하는지를 설명할 수 있다.

[도입사례] 직원의 자율성과 창의성을 장려하는 3M

2018년 미국 클레어몬트 경영대학원 산하 드러커연구소에서는 미국에서 가장 혁신적인 기업으로 3M을 선정했다.[1)] 3M은 구글, 아마존, 애플 등 첨단 정보기술 기업을 제치고 1위로 선정되었다. 3M은 110년 전통을 가진 제조기업이다. 3M이 1위 기업으로 선정된 배경에는 사람을 중시하는 인간경영이 있다.

직원들에게 자발적인 연구를 장려하는 15% 원칙은 3M에서 시작된 대표적인 인간경영의 사례이다. 15% 원칙은 직원 누구나 근무시간의 15%를 자신이 관심 있는 분야에 쓸 수 있도록 한 정책이다. 3M의 직원들은 15%의 근로시간을 개별 프로젝트, 취미활동, 자기개발 등 창의성을 촉진하는 활동에 쓸 수 있다. 한 직원은 상사가 중단하라고 지시한 연구를 15% 시간을 활용해서 몰래 추진할 수 있었다. 3M의 포스트잇은 실패한 프로젝트로부터 만들어진 제품이라는 것은 이미 널리 알려진 사실이다.

3M의 이런 개방적인 문화에 청년층의 호응이 적지 않다. 2016년 미국고교장학생협회가 조사한 밀레니엄 세대가 가장 일하고 싶어 하는 회사 1위에 3M이 선정되었고, 2위는 구글, 그 다음으로는 월트디즈니, 애플, 아마존 등이 선정되었다.

3M은 사람을 잘 관리해서 지금까지 특허 10만개, 매년 1,000여개의 신제품을 내놓는 세계적 R&D 기업으로 성장하였다.

1 인적자원관리의 대상과 목적

(1) 인적자원관리의 대상

인적자원관리(human resource management)는 경영학 내에서 학문적 토대를 공고하게 구축한 분야는 아니다. 아직까지 이론적이기 보다 실무적 활용성이 많은 학문으로 볼 수 있다. 그러나 인적자원관리는 심리학, 사회학, 정치학, 인류학 등 다양한 학문을 결합하여 점차 이론적 체계를 갖추어 나가고 있다. 최근 미국기업들은 인적자원관리 담당부서의 이름을 직원분석조직(people analytics)이라고 변경하고 있는데,[2)] 이름에서 알 수 있듯이 인적자원관리는 향후 자료분석을 기반으로 이론적인 토대를 갖추어나갈 것으로 보인다.

인적자원관리는 조직의 목적을 수행하기 위해 사람과 일을 관리하는 경영학의 한 분야이다. 따라서 인적자원관리의 대상은 사람(people)과 일(job)이라는 2가지이다. 양자는 서로 분리될 수 없는 관계에 있다. 사람이 일을 하는 주체이기 때문이다.

조직이 인적자원(human resources) 즉, 사람(people)을 필요로 하는 이유는 조직의 목표를 달성하기 위한 것이다. 조직의 목표는 통상적으로 작은 목표로 나뉘어져서 개인에게 부과된다. 이런 개인의 목표는 일(job)이라는 형태로 주어진다. 조직의 목표, 일, 그리고 그 일을 수행하는 사람이라는 3자는 서로 긴밀하게 연결될 수밖에 없다.

(2) 인적자원관리의 목적

인적자원관리의 목적은 인적자원의 효율성을 높이는 것과 직장생활의 질을 높이는 2가지를 요약될 수 있다.

조직은 목적을 달성하기 위해 자원을 투입하고 투입한 자원의 효율성(efficiency)을 높이려 한다. 자원의 투입에는 비용이 지출되고 비용 대비 성과를 최대화하기 위한 관리활동이 요구된다. 목표 달성을 위해 투입되는 인적자원 역시 물적 자원처럼 하나의 자원이기 때문에, 효율성이 중시된다. 인적자원의 효율성은 흔히 노동생산성(labor productivity)으로 측정된다. 노동생산성이 높다는 것은 노동 한 단위(unit)의 투입에 대해 산출물을 더 많이 낸다는 의미이다.

노동생산성을 높은 수준으로 끌어올리는 관리(management)활동은 조직의 성장과 지속가능성을 높이는 관건이 된다. 한 사람당 노동생산성이 높다는 것은 임금에 비해 성과물의 가치가 더 크다는 것이다. 노동생산성이 높을수록 조직은 더 큰 이익 혹은 부가가치를 기대할 수 있다. 인적자원관리가 잘 이루어지면 자연스럽게 조직의 수익성, 부가가치, 그리고 생산성이 높아지고, 그 결과 조직은 시장 내에서 지속적으로 생존할 수 있다. 따라서 인적자원관리의 목표 중 첫 번째는 인적자원의 효율성을 높이는 것이고 이는 노동생산성을 개선하는 것이라 할 수 있다.

그러나 인적자원관리의 목적은 일의 효율성에만 국한되지 않는다. 인적자원관리의 두 번째 목표는 사람이 경험하는 직장생활의 질(quality of working life)에 있다. 직장생활의 질은 조직 내 구성원이 느끼는 긍정적인 정서, 이를테면 직장에 대한 만족과 일에 대한 만족, 그리고 높은 임금과 복지 등 경제적 혜택까지를 모두 포함하는 개념이다.

높은 직장생활의 질은 일차적으로 높은 임금과 복지, 고용안정성 같은 근로처우에 의해 결정되지만 그것이 다는 아니다. 직장생활의 질은 민주적 리더십이나 종업원 중심의 조직문화 등 눈에 보이지 않는 조직분위기에 의해서도 결정된다. 최근 직장생활의 질은 직장 선택의 중요한 기준으로 부각되고 있다. 젊은 세대는 단지 높은 임금만 아니라 직장과 개인적 삶의 균형을 중시한다.

조직 구성원은 직장생활의 질을 긍정적으로 평가할수록 조직에 헌신적이고, 일에 깊이 몰입하게 된다. 그리고 일에서 보람과 의미를 더 많이 느끼게 된다. 직장생활의 질을 나타내는 지표는 임금수준 외에 직무만족, 직무몰입, 조직몰입, 조직에 대한 자부심 등이 있다. 직

표 1-1 인적자원관리의 목적

	효율성	직장생활의 질
측정지표	직원 1인당 매출액 직원 1인당 부가가치액 직원 1인당 영업이익률 직원 1인당 생산량 매출액 대비 인건비 비율	직무만족도 조직몰입도 임금수준과 복리후생 모성보호 및 일가정지원 근로시간

장생활의 질이 높은 직장은 임금이 높고, 복리후생이 잘 갖추어져 있으며, 근로자들이 자신의 직무에 만족하고, 몰입할 수 있으며, 조직에 대한 자부심이 높다. 직장생활의 질이 높을수록 직원은 조직에 헌신하려는 조직몰입이 높다.

이상의 논의를 정리해보면, 인적자원관리의 목적은 크게 2가지로 요약된다. 하나는 노동의 효율성인 노동생산성과 다른 하나는 직장생활의 질이다. 따라서 이 2가지를 동시에 높은 상태로 개선하고 유지하는 것이 인적자원관리의 주된 목적이라 할 수 있다.

조직은 이러한 2가지 목적이 어느 정도 달성 되는지를 다양한 측정치를 수집하여 평가할 수 있다. <표 1-1>은 인적자원관리의 목적 각각에 대한 측정지표를 예시하고 있다.

인적자원관리의 2가지 목적 간에는 균형적 관계가 중요하다. 왜냐하면 조직은 2가지 목표 간에 균형을 유지하지 못하고 노동의 효율성을 과도하게 추구하는 경우가 흔하기 때문이다. 이를테면 조직 내 개인 성과급을 지나치게 경쟁적으로 설계하여, 조직 내 협력을 해치고 동료 간의 경쟁을 부추겨서 직장생활의 질을 낮추는 사례가 있다. 직장생활의 질을 높이려면 서로 협력하는 가운데 느끼는 공동체의식 같은 것이 필요한데, 지나친 개인성과급은 직장생활의 질을 자칫 낮출 수 있다. 또한 근무시간을 무리하게 늘려서 직원이 과로 상태에 처하게 만드는 사례가 있는데 이는 더 적은 수의 직원으로 더 많은 일을 하고자 하는 조직에서 흔히 나타난다. 시간당 매출액이라는 효율성 지표가 좋아질 수는 있지만 직원의 피로도가 과도하게 발생할 수 있다.

최악의 경우 조직은 인적자원관리의 2가지 목적을 모두 달성하지 못하는 경우가 있다. 이를테면 최저임금 수준에서 긴 근로시간을 일해야 하는, 혹은 산업재해의 위험이 높은 사업장에서 보호장비 없이 일해야 하는 근로자는 직장생활의 질이 심각하게 저해된 상태에서 일한다고 볼 수 있다. 저개발국가의 한계노동자들을 보면 이들의 노동효율성은 높지 않다.

노동의 효율성이란 노동 한단위로 생산해내는 결과물이 최대화된 상태인데, 저개발국의 저임노동자는 선진국에 비해 노동생산성 역시 매우 낮은 수준이다.

결국 인적자원관리의 2가지 목적인 노동의 효율성과 직장생활의 질을 동시적으로 확보하는 것은 쉬운 일이 아니다. 그렇기 때문에 관리(management)활동이라는 경영적 수단이 필요하다. 인적자원에 대한 관리활동을 통해 선진경제권의 조직은 노동생산성과 직장생활의 질 모두를 높은 수준으로 끌어올리고 있다.

박스사례 1-1 한국의 낮은 노동생산성과 긴 근로시간

2018년 기준으로 한국의 연평균 근로시간은 2,024시간이다. 이는 일본의 1,710시간보다 무려 300시간이 더 긴 것이다. 주당 근로시간으로 보면 한국은 주당 49시간 이상 일하는 근로자 비율이 32%로, 일본의 20.1%보다 월등히 높다. 한국은 일본보다 훨씬 더 많은 시간을 일하는 부지런한 국가이다.[3)]

그러나 한국의 시간당 노동생산성은 OECD 36개 회원국 중 29위에 불과하다. 근로시간은 상위 2~3위이지만, 생산성은 거의 꼴찌 수준이다. 금액으로 환산된 시간당 노동생산성을 보면 OECD 평균인 48.1달러보다 약 14달러 정도 낮을 정도로 문제가 심각하다.[4)] 한국은 인적자원관리를 더 효과적으로 하는 방법을 고민해야 한다.

기업의 입장에서 효율성만을 고려하는 관리는 더 이상 현대사회에서 공감을 얻지 못한다. 근로자 입장에서 고용(employment)은 개인적 삶의 많은 부분이기 때문에 효율성의 이름으로 개인의 삶을 희생시킬 수 있다는 주장은 수용되기 어렵다. 효율성 외에 근로자는 직장환경의 민주화, 즉, 자유로운 발언의 보장, 근로자 개인의 생활 존중 등 산업민주주의가 인적자원관리의 한 축이 되어야 한다.

존 버드(John Budd)는 「인간적인 고용관계」라는 저서에서 현대적 고용관계의 목적을 효율성(efficiency), 공평함(equity), 발언권(voice)이라고 주장하였다. 특히 그는 차별이 없는 공평한 작업장에서 근로자가 자유롭게 자신의 의사를 밝힐 수 있는 발언권이 보장되어야 함을 강조하였다.[5)] 3가지의 목적 중 효율성 외에 공평함과 발언권은 직장생활의 질을 높일 수 있는 요건이다.

인간개발에 대한 관점에서 보면 인적자원관리는 인간에 대한 투자를 통해 각 개인의 능력을 향상시키고 사회와 조직에 기여할 수 있는 건강성을 촉진시켜야 한다. 이 점에서 인적자원의 지속가능성(sustainability)이라는 화두가 인적자원관리의 목적으로 추가될 수 있다.

인간을 생산의 도구로 간주하거나 비용의 일부로 생각하여 작업장 내 인간에 대한 투자를 소홀히 하는 것은 인적자원의 윤리성 측면에서 합리화될 수 없다.

최근 국내 기업들 중에 UN의 글로벌 콤팩트(Global Compact)에 동참하여 글로벌 콤팩트가 제시한 핵심가치를 경영에 반영하려는 기업이 늘고 있다. 글로벌 콤팩트의 핵심가치는 인권, 노동, 환경, 반부패 분야 등 10가지이다. 그 중 노동분야를 살펴보면 기업은 모든 형태의 강제노동을 배제하고 아동노동을 철폐하며, 고용 및 업무에서의 차별을 철폐해야 한다고 규정하고 있다.[6] 또한 결사의 자유를 보장하여 노동조합의 단체교섭권을 지지하는 입장을 표명하고 있다. 국내 기업들이 UN 글로벌 콤팩트의 핵심가치에 참여한다는 것은 국내 기업들 역시 인적자원의 지속가능성과 인간에 대한 존엄성을 보호하는 방향으로 나아가고 있음을 시사한다.

효율성과 직장생활의 질을 동시에 높은 수준으로 유지하기 위해 조직은 다양한 노력을 기울여야 한다. 조직은 인사규정이나 인사제도를 도입하고 한편으로 조직문화와 최고경영자의 경영철학 등을 새롭게 하여 인적자원관리의 2가지 목표를 달성할 수 있어야 한다. 국내 기업인 마이다스아이티는 이러한 균형 있는 인간경영으로 잘 알려져 있다.

박스사례 1-2 마이다스아이티의 인간경영[7]

마이다스아이티는 건축 소프트웨어 세계 1위 기업이다. 직원 600여 명으로 크지 않은 기업이지만 직원 처우는 업계 최고이다. 마이다스아이티는 4무경영을 중심으로 인적자원을 관리한다. 마이다스아이티에는 스펙, 징벌, 상대평가, 정년 4가지가 없다. 일을 못하는 직원을 징벌하는 것 대신 회사는 잘한 사람을 보상하는 긍정적 자극을 주고자 한다. 스펙을 보지 않고 사람을 채용하지만 채용단계부터 면밀한 검증과정을 거치게 된다. 직원 간의 경쟁을 부추기는 상대평가를 폐지하고, 스스로 최대의 성과를 추구하는 도전정신을 강조한다. 마이다스아이티의 인적자원관리는 철저하게 성과능력 중심이다. 마이다스아이티는 일하기 좋은 직장으로 근로자 간 인기가 많은 직장이기도 하다.

공정성, 신뢰, 참여, 지속가능성 등 사람관리에 특정한 핵심가치를 강조하는 가치지향적 인적자원관리는 조직이 자칫 과도하게 효율성에 치우치는 위험을 줄이는데 도움을 준다. 또한 조직의 이해관계자는 주주 외에도 정부, 근로자, 시민 등 다양하기 때문에 조직이 주주만의 이해관계를 위해서 인적자원관리를 수행하는 것은 잘못된 것이다. 다른 이해관계자와의 이해충돌이 발생할 수 있기 때문이다.

2 인적자원관리의 제반 관리활동

인적자원관리의 대상은 일(직무)과 사람의 2가지이다. 따라서 인적자원에 대한 관리는 일과 사람을 중심으로 전개된다. 일과 그 일을 수행하는 사람을 분리해서 생각할 수는 없지만, 양자 간의 조화가 맞도록 하는 관리활동은 필수적이다.

먼저 일에 대해서는 직무관리라는 활동을 해야 한다. 그리고 사람에 대해서는 채용관리, 평가 및 성과관리, 임금관리, 개발관리, 유지 및 이직관리를 해야 한다. 일과 사람에 대한 인적자원관리 활동을 정리하면 [그림 1−1]과 같다.

일에 대한 관리활동은 직무관리라 불린다. 일이란 용어는 인적자원관리에서 통상적으로 '직무(job)'라고 부른다. 그래서 직무관리를 잘 하면 조직 내 직무(일)들을 체계적으로 파악하여, 직무가 효율적으로 수행될 수 있도록 할 수 있다.

직무관리는 조직 내 직무를 조사하고, 분석하고 재설계하는 활동이다. 회사 내 직무를 정확히 파악하고 직무가 효율적으로 수행되는지를 모르면 사실상 직무관리가 불가능하다. 만약 직무가 효율적으로 수행되지 못하면 직무내용을 재설계하고 수행의 효율성을 높여야 한다.

그림 1-1 인적자원관리의 제반 활동

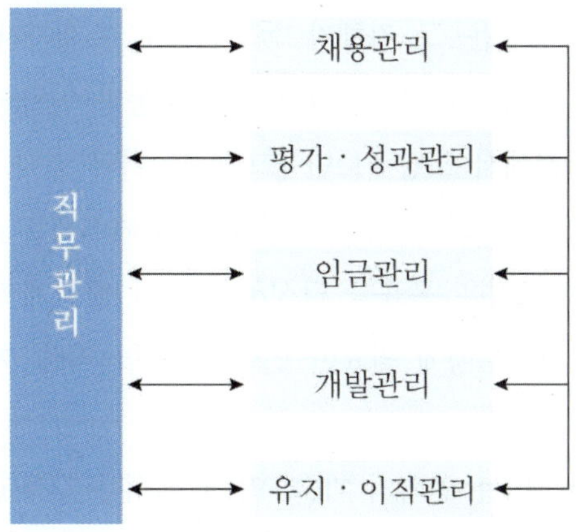

한편 사람에 대한 관리활동으로는 5가지가 있다. 사람관리의 첫 번째 관리활동은 필요한 인력을 확보하는 채용관리이다. 채용관리는 필요한 인력을 확보하는 활동으로 인재를 유치하는 활동이다.

그 다음으로는 인력의 성과를 측정하는 평가관리, 그리고 근로자의 성과를 지속적으로 개선해나가는 성과관리 활동이 있다.

임금관리는 근로자의 노동에 대해 공정한 임금을 책정하는 활동이다. 개발관리는 다시 교육훈련관리와 경력개발관리로 이루어져 있다. 교육훈련관리는 근로자의 직무역량을 개선해주는 활동이며 경력개발관리는 장기적으로 근로자의 직무 간 이동을 체계적으로 관리하는 것이다. 경력개발관리는 근로자 자신이 원하는 경력을 추구하도록 지원하는 관리활동이다. 마지막으로 유지 및 이직관리는 우수한 인재의 이직을 예방하고 인재를 유지하는 관리활동이다.

사람에 대한 관리 활동은 어찌보면 근로자의 직장생애를 관리하는 것이다. 근로자의 직장생애란 채용에서 시작되어 이직까지의 전 과정을 말한다. 근로자가 직장에 들어오는 것은 탄생단계에 해당하며 개발관리는 성장단계에 해당된다. 또한 임금관리와 평가 및 성과관리는 인생의 수확단계에 비유되며, 이직관리는 근로자가 조직을 떠나가는 이탈단계로서의 의미를 가진다. 따라서 사람에 대한 관리활동은 탄생, 성장, 수확, 이탈이라는 직장생애의 모든 단계를 대상으로 하고 있다.

모든 근로자는 채용을 통해 새로운 직장에 들어와 직장에서 임금을 받고, 성과를 평가받고, 직무역량을 높이기 위한 교육훈련을 거쳐 때론 다른 직장으로 이직하는 직장생애를 거치게 된다.

인적자원관리의 제반 활동은 그 자체가 독립적으로 존재하지 않는다. 인적자원관리는 조직의 미션, 조직의 목표, 경영전략 등 조직의 여타 활동과 연관되어 결정된다. 인적자원관리 활동을 보다 거시적 관점에서 조망해보면 [그림 1-2]와 같다.

인적자원관리는 조직의 미션과 목표를 달성하는 데 기여하는 관리활동 중 하나이다. 조직미션과 목표가 세워지면 조직은 목표를 달성하기 위한 장기계획인 경영전략을 설정한다. 경영전략의 설정과정에는 전략수행에 필요한 인력의 기술, 역량, 지식을 구체적으로 계획하는 과정이 포함되어 있다.

조직은 경영전략이 요구하는 인력의 기술, 역량, 지식을 갖추고 있다면 문제는 없다. 그러나 그렇지 못하면 인적자원관리 활동을 통해 전략실행에 필요한 기술, 역량, 지식을 갖춘

그림 1-2 인적자원관리활동과 조직목표

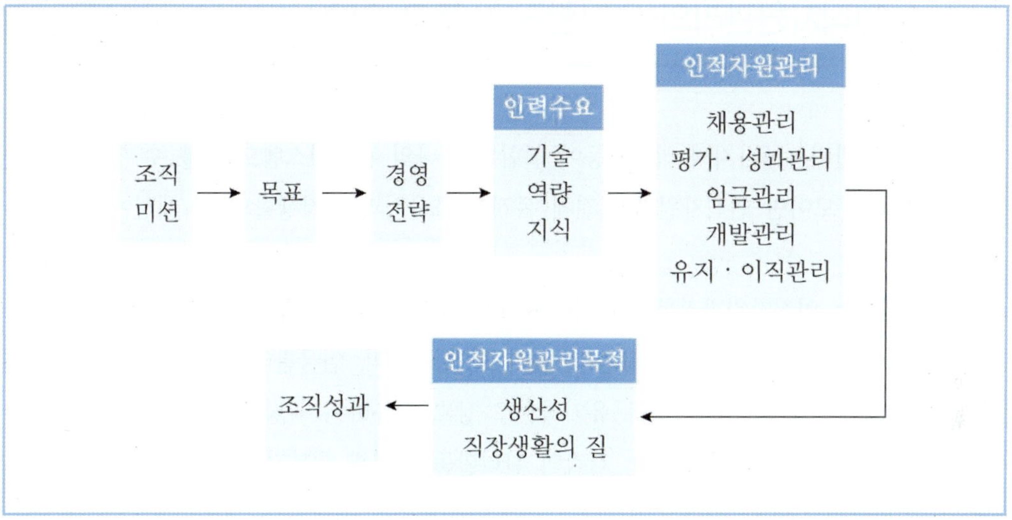

인력을 준비해야 한다. 인력의 전략실행역량을 준비하는 것은 인적자원관리의 각 관리활동을 통해 이루어진다. 즉, 필요한 역량과 지식을 갖춘 인력을 새로 채용하거나, 인력을 재교육하여 필요 역량과 지식을 갖추도록 해야 한다. 또한 근로자의 성과가 목표달성에 얼마나 기여하였는지를 평가하고 미흡한 부분의 성과를 촉진하도록 해야 한다.

이와 같이 인적자원관리는 경영전략의 실행력을 높이는 작용을 하기 때문에 조직의 목표를 달성하는 데 필수적이다. 목표달성은 사업활동의 수익률, 조직의 매출성장률 등과 같은 조직성과로 나타난다. 그러나 조직성과라는 최종 결과물 못지않게 중요한 것은 중간과정이다. 인적자원관리는 조직성과로 이어지는 중간과정을 관리하는 활동이기도 하다. 중간과정에서 높은 생산성과 직장생활의 질을 동시에 확보할 수 있다면 조직성과는 지속가능성을 가지고 더욱 개선될 수 있다. 결과적으로 인적자원관리는 조직미션과 목적을 달성하게 하는 조직의 중요한 자원관리활동이라 할 수 있다.

3 인적자원관리의 관리활동별 주요 이슈

인적자원관리는 6가지의 하부활동이 결합된 하나의 관리시스템으로 볼 수 있다. 각 하부 관리활동이 모이면 인적자원관리 전체 목적인 효율성과 직장생활의 질 개선에 기여하게 된다.

다음에서는 인적자원관리를 구성하는 6가지 하부 관리활동에 대해 살펴볼 것이다. 6가지 하부 관리활동은 직무관리, 채용관리, 평가 및 성과관리, 임금관리, 개발관리, 유지 및 이직관리이다. 이들 관리활동이 서로 유기적으로 상호 작용하는 과정을 거치면 인적자원관리의 목적이 달성된다고 볼 수 있다. 각각의 관리활동에 대해 세부적인 목적과 주요 관리 이슈들을 살펴보면 다음과 같다.

(1) 직무관리의 목적과 주요 이슈들

직무관리는 인적자원관리 활동 중 일과 관련된 활동이다. 앞에서 언급하였듯이 인적자원관리에서 일이란 용어는 흔히 직무(job)라는 용어로 불린다. 직무관리(job management)란 어떤 관리 활동인가? 직무관리란 직무의 내용과 범위, 절차와 방법, 그리고 직무수행의 시간과 장소를 관리하는 활동이다. 이를테면 한 근로자가 너무 많은 일을 부여받아 과로가 누적되어 당장 중요한 일을 하지 못하게 되는 상황을 상상해보자. 이러한 경우 관리자는 근로자의 업무 일부를 다른 근로자에게 할당하여 개인의 과도한 업무부담을 낮추고 근로자의 역량에 맞게 업무내용을 조정해주어야 한다.

또한 직무관리는 담당직무 안의 불필요한 업무를 없애주거나 효율성을 떨어트리는 업무를 자동화기술로 대체해 준다든지, 직무를 수행하는 과정에 발생하는 비효율성을 없애주는 활동이기도 하다.

직무관리의 목적은 직무수행의 생산성을 높이고, 직무 수행자의 동기부여를 높이는 데 있다. 직무가 너무 단순하고 반복이 심하게 일어나면 근로자는 쉽게 의욕을 상실하게 된다. 직무관리는 이러한 경우 직무의 내용을 조정해주어 근로자가 의욕을 갖고 일에 임하도록 도와준다. 이를테면 흥미 있는 직무를 추가로 부여하거나 자율적으로 의사결정을 하도록 허용하여 일에 대한 책임감을 높이는 등 직무관리는 근로자의 의욕에 큰 영향을 미칠 수 있다.

직무관리를 구성하는 관리활동은 다시 2가지로 구분된다. 하나는 현재 직무의 내용을 자세히 조사하고 분석하여 근로자가 하고 있는 직무를 철저히 파악하는, 직무분석이란 관리활동이다. 다른 하나는 직무분석의 정보를 가지고 직무수행의 방법을 어떻게 더 효과적으로 변화시킬 것인가에 대한 것이다. 이러한 관리활동은 직무설계 혹은 직무재설계라고 불린다. 직무설계는 현재의 직무수행방법을 개선하는 작업으로 직무의 내용, 직무의 범위, 직무의 과정뿐만 아니라 직무수행의 장소와 시간까지도 고려하여 직무에 새로운 변화를 주는 활동이다(<표 1-2> 참고).

직무분석은 현재의 상태를 파악하는 조사활동이라 볼 수 있다. 한편 직무설계(혹은 직무재설계)는 직무수행의 방법을 효과적으로 바꾸는 혁신활동이라 할 수 있다. 직무설계는 직무분석을 통한 정보가 없으면 하기 힘든 활동이기 때문에 직무분석과 직무설계는 흔히 동전의 양면과 같이 분리해 생각할 수 없다.

조직이 직무분석을 정기적으로 해야 하는 이유는 끊임없이 직무가 조직 내에서 새로 발생하고 변하기 때문이다. 그래서 인적자원관리자는 조직 내의 직무를 유기적으로 연결해서 목표를 추구하는 행위 자체를 보다 효율적으로 관리해야 한다.

국내 기업은 서구기업에 비하여 직무분석을 기반으로 인적자원관리 활동을 체계화하려는 노력이 부족하다. 조직 내 직무에 대한 정보를 정확히 파악하지 못하기 때문에 국내 기업의 직무관리는 체계적으로 이루어지기 힘든 경우가 많다. 직무분석이란 누가 어떤 직무를, 어떤 식으로 수행하는지를 보여주는 것인데, 이러한 정보가 데이터화되지 못하면 인적자원관리의 활동이 관리자의 주관적 판단에 의존하게 된다.

최근 국내 기업의 직무관리 환경은 과거와 달리 도전적 이슈에 직면하고 있다. 이를테면 비정규직의 비율이 증가하면서 비정규직과 정규직 간의 임금격차가 공정한 지에 대한 논의가 활발하다. 비정규직이 하는 일이 정규직과 많이 다르지 않을 경우, 비정규직의 임금이

표 1-2 직무관리활동

직무분석	조직 내 직무의 내용을 자세히 조사하고 분석하여 근로자가 하고 있는 직무를 철저히 파악하는 정보수집 및 조사활동
직무설계	현재의 직무수행방법을 개선하는 작업으로 직무의 내용, 직무의 범위, 직무의 과정, 직무수행의 장소와 시간 등을 재설계하는 활동

표 1-3 직무관리의 최근 이슈들

직무관리가 제대로 되지 않아 긴 근로시간에 비해 한국의 노동생산성은 OECD 국가 중 하위에 머물고 있다.
국내 기업들은 신세대들이 선호하는 직무수행의 방식을 도입해야 한다.
비정규직의 임금이 정규직에 비해 낮은 이유에 대해 합리적인 설명이 가능해야 한다.
팀제를 도입한 기업은 팀제 하의 직무방식을 연구하여 효율성을 높여나가야 한다.
재택근로와 유연근무시간제가 직무수행의 효율성을 높이도록 하는 직무관리가 필요하다.
직장과 일의 균형을 회복하기 위한 직무재설계가 필요하다.

같은 기업 내 정규직보다 크게 낮게 되면 문제가 발생한다. 만약 조직이 직무분석을 철저히 하였다면 정규직과 비정규직의 일이 어떻게 다른지를 알 수 있고, 비정규직의 임금이 낮은 이유에 대해 합리적인 근거를 제시할 수 있을 것이다. 비정규직에 대한 차별은 유사한 일을 하는데 임금은 정규직보다 낮은 경우에 해당된다. 소위 동일노동이면 동일임금을 지급하는 것이 원칙인데, 이러한 원칙이 지켜지지 않기 때문이다.

직무관리는 근로자의 직무역량에 맞추어 직원을 적합한 직무로 이동시켜줄 때 관련 직무정보를 제공해준다. 최근 직무관리의 주요 이슈들을 몇 가지 예시하면 <표 1-3>과 같다.

(2) 채용관리의 목적과 주요 이슈들

채용관리란 조직이 현재 혹은 미래에 필요한 인력의 질과 양을 계획하고, 잠재적 지원자를 모집하며, 최종적으로 직원을 선발하는 활동이다. 채용관리활동은 다시 인력계획, 모집활동, 선발활동으로 구분될 수 있다.

인력계획 활동은 현재 혹은 미래에 필요할 인력의 질과 양을 계획하는 활동이다. 인력계획 활동의 결과는 '특정한 자격을 갖춘 인력을 몇 명까지 확보한다'는 식이다. 조직은 인력계획을 한 후, 필요한 인력을 확보하기 위해 그 다음 단계인 모집과 선발활동으로 나아간다.

모집활동은 잠재적 지원자를 유인하기 위해 대중에게 해당 조직에 관심을 갖도록 소통하고 공지하는 행동을 말한다. 모집활동은 우수한 인력이 조직의 구인공고문을 보고 관심을 갖고 실제 지원서를 내도록 설득하는 활동이다.

선발활동은 모집활동이 종료된 후, 지원자 중 최적의 능력과 가치관을 가진 자를 선별해내는 활동이다. 선발은 최종 합격을 통지하는 과정으로 이어지는데, 선발은 지원자 중 선별하는 활동에 추가하여 최종 합격통지에 대해 지원자가 이를 수락하도록 하는 설득 행동까지를 포함한다. 모집과 선발은 서로 앞과 뒤의 단계로 자연스럽게 이어진다.

채용관리의 목적은 직무수행에 적합한 사람을 조직이 필요한 시기에 확보하는 것이다. 여기서 '적합한'이란 직무가 요구하는 능력에 미달하는 사람이 아니라, 미래 수행할 직무에 대해 만족할만한 능력과 지식, 기술, 태도를 갖춘 사람을 의미한다. 또한 '필요한 시기'란 공석인 직무에 대해 채용이 인력배치의 시기를 맞추지 못하고 지연되는 경우를 최소화해야 한다는 뜻이다.

표 1-4 채용관리활동

인력계획	인력계획 활동은 현재 혹은 미래에 필요할 인력의 질과 양을 계획하는 활동
모집관리	모집활동은 잠재적 지원자를 유인하기 위해 대중에게 해당 조직에 관심을 갖도록 소통하고 공지하는 행동
선발관리	지원자 중에서 최적의 능력과 가치관을 가진 자를 선별하고 입사를 권유하는 활동

박스사례 1-3 인공지능을 통한 면접

국내 종업원 300인 이상, 매출액 상위 500대 기업의 22.1%는 신입사원 채용 시 AI 기술을 활용하고 있거나, 활용할 계획으로 갖고 있다. AI 역량개발업체 마이다스아이티에 따르면 AI 역량검사를 적용하는 기업은 국내에 850여개가 된다고 한다.[8] 해외에서는 구글, IBM, 유니레버, 소프트뱅크 등 유수기업이 이미 AI를 채용에 활용하고 있다. AI 면접은 지원자가 마이크와 웹캠으로 연결되어 면접영상을 찍고, 얼굴인식을 통해 표정, 감정, 음성, 상용어휘까지 분석한다. 자기소개서를 분석할 경우 AI는 인사담당자 10명이 하루 8시간 동안 총 7일이 소요되던 것을 8시간 내에 할 수 있다. 지원자 한 명당 3초가 걸리는 셈이다. 인공지능에 의한 채용은 부정채용을 방지하고 채용비용을 크게 절감시키는 효과가 있다. 그러나 AI 채용은 그 알고리즘이 특정한 인재상으로 편향될 경우 다양한 특성의 인재를 선발하지 못할 수 있다는 단점이 있다.

최근 채용관리의 환경은 국내경제가 저성장단계로 접어들면서 구직란으로 이어지고 있는 상황이다. 좋은 직장을 찾기 위한 젊은 세대의 노력이 구직경쟁을 심화시키는 국면이다. 한편 일자리의 양극화가 확대되어 대기업과 중소기업의 근로처우가 큰 차이를 보이고 있다.

표 1-5	채용관리의 최근 이슈들

선발기준을 공정하게 설정해서 지원자에게 공지해야 하며, 선발과정에 특혜지원이나 인맥에 의한 불공정 사례가 발생하지 않도록 해야 한다.
대기업은 채용 인원 대비 지원자 숫자가 너무 많아 조직이 지출해야 하는 채용관련 비용이 많이 발생하고 있다.
대기업은 전통적인 공채방식을 수시채용 방식으로 전환하고 있다.
지원자가 직무와 관련 없는 불필요한 스펙을 갖추다 보니 사회적 비용이 크게 증가하고 있다.
젊은 인력의 중소기업 취업 기피 현상이 지속되면서 중소기업의 인력난이 심화되고 있다.
기업은 채용심사에 인공지능을 도입하고 있는데 인공지능의 타당성에 대해 더 많은 연구가 이루어져야 한다.

좋은 일자리를 놓고 많은 지원자가 경쟁하다 보니 채용과 관련된 이슈가 공정한 선발에 맞추어져 있다. 대기업은 채용예정인원에 비해 너무 많은 지원자가 몰리면서 인공지능을 이용한 자기소개서 평가, 인공지능을 이용한 화상면접 등 첨단기술을 활용해 채용 비용을 줄이는 방안을 모색하기도 한다. <표 1-5>는 최근 채용관리 환경에서 발생하는 이슈들을 예시로 보여주고 있다.

(3) 평가관리 및 성과관리의 목적과 주요 이슈들

인사평가는 종업원의 업무활동이 조직의 목적에 기여한 정도를 측정하는 활동이다. 인사평가는 엄밀히 말하면 측정(measure) 활동으로 성과관리의 전단계에 해당한다. 평가관리 활동이 이루어진 이후 성과관리는 종업원에게 성과개선의 방법을 코칭하거나 피드백해주는 활동이다. 평가관리와 성과관리는 상호 순환적으로 이루어진다. 근로자의 기여도를 측정하는 평가관리와 성과를 지속적으로 개선하는 성과관리 활동은 서로 불가분의 관계에 있다.

실무에서는 평가관리와 성과관리 활동을 굳이 따로 구분하고 있지 않은데 이는 2가지 활동이 거의 동시적으로 이루어지기 때문이다. 국내 기업의 실무자들은 평가관리라는 이름에 성과관리를 포함해서 이야기 하는 경우가 흔하다. 그러나 최근 서구기업들은 평가관리와 성과관리를 구분해서 각 활동을 개선해나가려는 노력을 기울이고 있다.

평가관리의 목적은 측정의 정확성에 있다. 근로자의 기여도를 정확하게 측정하지 못하면 평가의 의미가 없기 때문이다. 이에 비해 성과관리의 목적은 촉진성에 있다. 즉, 근로자의 미래성과를 촉진해서 지속적으로 더 높은 성과를 달성하도록 지원하는 것이 성과관리의

표 1-6 평가 및 성과관리활동

평가관리	평가기준을 정하고, 평가주체와 평가대상을 결정한 후, 실제 평가를 통해 기여도를 측정하는 과정
성과관리	근로자로 하여금 미래 업무목표를 정하게 하고, 중간 성과를 모니터링하면서 피드백과 코칭을 제공하는 활동

목적이다. 평가관리는 과거성과의 측정에 집중하고, 성과관리는 미래성과의 촉진에 집중한다.

평가관리활동은 평가기준을 정하고, 평가주체와 평가대상을 결정한 후, 실제 평가를 통해 기여도를 측정하는 과정으로 이루어져 있다. 이에 비해 성과관리는 근로자로 하여금 미래 업무목표를 정하게 하고, 중간 성과를 모니터링하면서 상시적으로 피드백과 코칭을 제공하는 활동이다. 성과관리는 미흡한 성과의 원인을 분석해 구성원에게 피드백하여 미래 성과를 촉진하는 기능을 수행한다.

박스사례 1-4 승진대상자에게 몰아주는 평가

국내 기업이 가장 많이 활용하는 평가방식은 상대평가이다. 상대평가는 평가결과를 A, B, C, D 같은 등급으로 구분하고 등급별로 직원의 할당비율을 일정하게 강제하는 방식이다. 연초에 정한 기준에 따라 평가를 한다고는 하지만 등급 간의 업무역량차이는 크지 않을 수 있고, 관리자의 주관적 판단이 개입할 여지도 적지 않다. 따라서 평가결과에 대한 공정성이 문제가 되는 경우가 있다. 특히 국내 조직문화는 근속연수에 따라 선배와 후배를 구분하는 연장자 우선주의가 강해서 인사평가를 할 때조차 연차가 높은 선배사원에게 더 좋은 평가등급을 부여하는 경우가 있다. 근속기간이 오래되어 승진 시점이 임박한 직원에게 높은 평가등급을 몰아주는 관행은 인사평가의 공정성을 해칠 수 있다.[9)]

최근 평가관리와 성과관리에서 발생한 이슈를 예시하면 <표 1-7>과 같다.

평가관리에 있어 관리자의 애로사항 중 가장 큰 비중을 차지하는 것은 자의적 평가이다. 모든 평가지표를 계량지표로 설정하기는 어려운 것이 현실이다. 이 때문에, 평가결과에 대한 근로자들의 수용성이 높지 않다. 때론 한국의 장유유서적 문화로 인해 근속이 많은 근로자 혹은 승진을 기다리는, 나이가 많은 직원에게 좋은 평가를 몰아주는 등 젊고 능력 있는 근로자의 의욕을 반감시키는 경우도 발생한다.

표 1-7 성과관리 및 평가관리의 최근 이슈들

평가가 관리자의 주관적 자의성에 따라 결정되면 평가결과의 공정성이 낮아진다.
직원 개인이 업무목표를 설정할 때 조직이 비현실적으로 너무 높은 수준의 목표를 요구하는 경우가 있다.
평가지표를 정량화해야 객관성을 높일 수 있는데 정량화된 평가기준을 마련하기 어렵다.
평가를 할 때 근속기간이 오래된 직원에게 좋은 평가를 몰아주는 경향이 있다.
저성과자의 성과관리가 효과적으로 이루어지지 못하고 있다.
평가등급을 배분할 때 근로자는 공정하지 못하다는 느낌을 많이 갖는다.
관리자의 피드백이 성과개선의 방법을 정확히 알려주지 못하고 있다.

성과관리의 활동 역시 문제가 많다. 목표를 설정할 때 조직이 너무 과도하게 높은 목표를 부여하여 직원에게 좌절을 안기는 경우가 있다. 또한 성과 개선을 위해서는 관리자의 성과 분석역량이 가장 중요한데, 관리자가 성과부진을 일으키는 요인을 적기에 파악하여 직원에게 피드백해주는 역량이 미흡한 경우가 있다.

따라서 평가관리와 성과관리의 영역에서 공정하고 정확하게 근로자의 기여도를 측정하고 성과 향상의 방법을 알려주는 관리자의 피드백 역량은 시급하게 개선되어야 할 과제이다.

(4) 임금관리의 목적과 주요 이슈들

임금관리 활동은 조직이 근로자에게 노동의 공정한 대가를 지급하는 활동이다. 공정한 임금이란 노동의 양뿐만 아니라 노동의 질까지를 고려한 복잡한 의사결정 과정을 거쳐 결정된다. 임금관리의 어려움은 공정한 임금에 대한 조직과 근로자의 관점이 서로 일치하지 않는다는 데 있다. 조직은 충분히 높은 임금을 지급했다고 생각하지만 근로자는 임금이 노동의 대가로는 미흡하다고 생각하는 경우가 있다.

따라서 임금관리활동의 목적은 공정한 임금을 정하여 지급하는 것이다. 임금관리의 공정성은 앞단에서 평가과정의 정확성이 확보되어야 가능하다. 공정한 임금을 결정하기 위해서는 앞서 평가관리의 성과측정치를 가지고 성과에 따른 보상을 공정하게 배분하는 과정이 필요하다.

임금관리를 구성하는 세부적인 관리활동에는 임금수준, 임금체계, 임금항목에 대한 3가지 관리활동이 있다.

첫째는 근로자의 임금수준을 결정하는 활동이다. 임금수준은 근로자의 직장 이동에 영

표 1-8 성과관리 및 평가관리의 최근 이슈들

임금수준관리	근로자의 임금수준을 결정하는 활동으로 우수한 근로자를 유치할 수 있는 임금수준을 책정하는 활동
임금체계관리	임금체계란 한 조직 내 근로자 개인 간에 적정한 임금격차를 결정하는 활동
임금항목관리	임금총액을 구성하는 항목인 기본급, 수당, 상여금, 성과급 등의 상대적 비중을 결정하는 활동

향을 주기 때문에 경쟁기업의 임금수준을 고려하여 너무 낮지 않도록 신중하게 결정해야 한다. 임금수준을 너무 낮출 경우 우수한 인재가 다른 조직으로 이직할 확률은 그만큼 높아진다.

둘째는 임금체계를 결정하는 활동이다. 임금체계란 한 조직 내 직원 간 임금격차를 설정하는 활동이다. 업무를 더 열심히 하고, 조직에 대한 기여도가 높은 개인에게는 더 높은 임금을 주는 것이 임금체계 설계의 원칙이다. 임금체계는 근로자 개인 간의 임금차이를 어떤 기준으로 결정하느냐에 관한 활동이다. 임금격차의 기준을 마련할 때는 무엇보다 조직과 직원 간의 공감대가 있어야 한다. 임금격차의 기준에는 근속연수, 업적, 직무능력 등이 있다.

셋째는 임금항목에 대한 관리활동이다. 직원이 월급을 받는 날, 은행계좌에는 임금총액만이 기재되어 있다. 그러나 사실 임금총액은 여러 임금항목으로 구성되어 있다. 임금항목이란 임금총액을 구성하는 항목들, 이를테면 기본급, 수당, 상여금, 성과급 등의 항목들을 말한다. 임금항목의 관리는 이들 임금항목들의 상대적 비중을 결정하는 활동이다. 또한 임금에는 현금성 임금 외에도 복리후생이라 불리는 비현금성 임금이 포함되기 때문에 현금성 임금과 비현금성 임금 양자 간에도 비중을 적절히 설계해야 한다.

최근 환경변화로 인하여 임금관리 영역에서 다양한 사회적 이슈가 발생하고 있다. <표 1-9>는 임금관리와 관련된 최근 이슈들을 예시적으로 보여주고 있다.

최근 대기업과 중소기업의 임금수준이 벌어지면서 중소기업은 우수한 인재를 확보하는 데 어려움이 많다. 이에 비해 대기업은 너무 많은 인력이 채용공고에 몰리고 있다. 또한 정규직과 비정규직 간의 임금양극화가 심화되면서 비정규직의 낮은 임금이 정당화될 수 있는지, 실제 비정규직의 직무가 정규직의 직무에 비해 낮은 임금을 받을만한지 등 의문이 제기되기도 한다.

임금체계, 즉 개인 간의 임금격차를 설계하는 데 있어서도 국내 기업은 예전보다 근속

표 1-9 임금관리의 최근 이슈들

대기업과 중소기업 간의 임금수준 차이가 커지면서 임금수준이 낮은 중소기업은 구직난을 겪고 있다.
정규직과 비정규직 간의 임금수준 차이가 합리적 기준에 의해 책정된 것인지에 대한 의문이 제기되고 있다.
일정 연령에 도달한 근로자의 임금수준이 감소하는 임금피크제가 확대되어 국내 공공 및 영리기업에 도입되고 있다.
국내 기업은 근속연수에 따라서 임금을 단순히 올려주기 보다, 성과에 따라서 임금을 올려주는 성과급임금제를 더 많이 추구해야 한다는 주장이 제기되고 있다.
일부 기업은 초과근로수당을 실제보다 적게 지급해왔다는 비판에 직면하고 있다.

에 의한 임금격차를 줄이고, 성과에 의한 임금격차를 더 많이 반영하고자 노력하고 있다. 즉, 근속급이 성과급으로 대체되는 임금체계의 큰 변화가 진행되고 있다.

박스사례 1-5 근속에 따른 과도한 임금격차

한국경제연구원의 조사에 따르면 근속 30년 이상의 국내 근로자 임금은 1년 미만 근로자 임금의 약 4.39배에 이르는 것으로 나타났다.[10] 이는 EU 국가의 평균비율인 1.4배보다 무려 3배 이상이 되는 큰 격차이다. 한국은 근속에 따라 임금이 가파르게 상승하는 국가라 볼 수 있다. 근속에 따라 임금격차가 확대되는 한국의 임금체계는 호봉제라는 임금제도 때문이다. 한국 대기업의 60.9%는 아직도 근속에 따라 임금을 높이는 임금체계를 유지하고 있다. 따라서 근속보다는 성과와 능력에 따라 임금격차를 설정할 수 있는 임금체계의 혁신이 필요한 상황이다.

(5) 개발관리의 목적과 주요 이슈들

개발관리의 목적은 조직이 원하는 인력을 양성하고, 근로자 개인에게는 직무역량을 개선하여 자신이 원하는 직무를 추구하도록 지원하는 활동이다. 개발관리는 교육훈련관리와 경력개발관리로 나누어 볼 수 있다. 교육훈련관리는 근로자의 직무역량을 개선시키는 활동이며 경력개발관리는 근로자의 직무이동을 체계적으로 지원해주는 활동이다.

교육훈련관리를 위해서는 우선 교육훈련의 필요성을 분석해서 누구에게 어떤 교육훈련이 필요한지를 조사해야 한다. 그리고 교육훈련의 내용을 설계해서, 가장 효과적으로 이를 전달할 수 있는 방법을 찾아야 한다. 교육훈련을 마친 후에는 직원의 학습효과를 측정하고 교육훈련 프로그램의 개선점을 도출해야 한다.

표 1-10 개발관리활동

교육훈련관리	근로자의 직무역량을 개선시키는 활동
경력개발관리	근로자의 직무이동을 체계적으로 지원해 주는 활동

경력개발관리는 근로자가 현재의 직무에서 점차 난이도와 가치가 높은 다른 직무로 옮겨갈 수 있도록 지원하는 활동이다. 경력개발을 잘하면 근로자는 직무를 통해 자신의 역량을 개발하고, 자신이 평소 원하는 직무를 수행할 수 있게 된다. 조직은 그 과정에서 근로자의 역량개발을 지원해 줄 수 있다. 경력개발관리를 위해 조직은 우선 근로자들의 경력욕구를 조사하고, 희망하는 직무를 중심으로 필요한 지식, 기술, 역량 등을 준비시켜야 한다.

최근 환경변화로 인하여 개발관리에 있어서도 크고 작은 변화들이 불가피해졌다. <표 1-11>은 개발관리 활동에 있어 과거보다 더 주의를 기울여야 할 최근 이슈들을 예시하고 있다.

교육훈련은 과거와 같은 오프라인 방식에서 온라인 방식으로 빠르게 변화되고 있어, 조직의 교육훈련 프로그램 역시 온라인과 오프라인을 병행하는 브랜디드 러닝(blended learning) 방식을 반영하는 추세이다. 무크와 코세라 같은 온라인 교육프로그램이 확대되면서 근로자의 학습기회는 과거보다 크게 확대되었다.

신세대 직원은 직장과 개인생활 간의 균형을 중시하고, 조직에 대한 헌신보다 자신이 원하는 직무에 대한 헌신도가 더 높아졌다. 따라서 경력개발을 지원하는 조직의 입장에서도

표 1-11 개발관리의 최근 이슈들

공적 교육은 산업이 요구하는 지식과 기술을 갖춘 인력을 육성하는 데 제약이 있어, 산합협력방식의 새로운 교육이 더욱 필요해지고 있다.
4차 산업혁명이 진행되면서 근로자가 디지털기술의 활용능력을 습득할 필요성이 증가하고 있다.
무크(Mook), 코세라(Coursera) 등 온라인교육이 확대되면서 근로자의 평생학습이 강조되고 있다.
조직 간 이직이 증가하면서 평생직장에 대한 믿음이 감소하고, 그 대신 평생직업을 위한 직무전문성이 강조되고 있다.
베이비부머 세대는 한 조직 내에서 승진을 통한 수직적 경력을 추구하였으나 젊은 세대는 자신이 좋아하는 직무를 찾아 수평적인 경력을 추구하고 있다.
근로자는 자신의 라이프스타일을 존중받고 경력단절을 피할 수 있는 직장을 찾고자 하는 욕구가 증가하고 있다.

표 1-12 유지 및 이직관리활동

유지관리	채용한 인원이 조직을 떠나지 않고 의욕적으로 일하게 만들고, 조직 내 구성원의 근로의욕을 최적의 상태로 유지하는 활동
이직관리	이직관리는 유능하고 잠재력 있는 근로자의 조직이탈을 방지하고 이직에 따른 업무지연과 조직비용을 줄여나가는 관리활동

신세대의 욕구에 맞추어 승진 및 직무이동 제도를 재설계할 필요성이 증가하고 있다.

(6) 유지 및 이직관리의 목적과 주요 이슈들

유지 및 이직관리는 채용한 인원이 조직을 떠나지 않고 의욕적으로 일하게 만드는 관리활동이다. 즉, 유지 및 이직관리는 조직 내 직원의 근로의욕을 최적의 상태로 유지하는 활동과 유능한 근로자의 조직이탈을 방지하는 활동을 말한다. <표 1－12>는 유지 및 이직관리활동을 요약해서 서술하고 있다.

유지관리를 잘하기 위해서는 구성원의 조직 내 사회화과정을 효과적으로 관리하여야 한다. 사회화과정이란 구성원과 조직 간의 일체감을 높여나가는 과정이다. 이를테면 관리자는 직원이 조직문화에 잘 적응할 수 있도록 지원을 해주거나 상사와 종업원 간의 소통이 생산적이고 자유롭도록 신경을 써주어야 한다. 또한 유지관리를 잘하기 위해서는 근로자의 입장에서 어려움을 해결해주고, 근로자의 정신적, 육체적 피로까지 신경써주는 관리가 필요하다.

이직관리는 유능하고 잠재력 있는 근로자의 조직이탈을 방지하고 이직에 따른 업무지연과 조직비용을 줄여나가는 활동이다. 이직관리의 목적은 유능한 구성원의 이탈을 예방하는 것이다. 때론 조직은 사업의 부침을 겪으면서 인력규모를 조정해야 할 시기가 있다.

박스사례 1-6 신입사원의 조기퇴사

구인구직 플랫폼인 사람인이 2018년 신입사원 채용기업을 조사한 바에 의하면 국내 기업 687개 중 1년 내 신입사원 조기퇴사가 발생한 기업은 전체의 66.2%나 되었다. 힘들게 입사한 신입사원 중 1년 내 조기 퇴사한 비율이 약 26%이다. 4명 중 1명이 1년도 안되어 퇴사한 것이다.[11] 조기퇴사한 사유로 가장 많은 응답은 '적성에 맞지 않는 직무'가 전체의 48.6%였다. 그 다음으로 낮은 연봉 수준이 26.4%였다. 조기퇴사자가 발생하면 기업은 채용에 쏟은 시간 및 비용을 부담해야 하고, 퇴사자로 인해 기존 직원의 업무량이 증가하며, 기업 이미지까지 실추되는 등 크고 작은 손실이 발생한다. 따라서 국내 기업들은 직원의 유지 및 이직예방을 위한 체계적인 관리가 필요하다.

표 1-13 유지 및 이직관리의 최근 이슈들

국내 신입사원 4명중 1명은 채용 후 1~2년 내에 직장을 그만두고 있다.
국내 기업의 장시간 근로관행은 일에 대한 몰입도를 떨어뜨리고 직원의 건강문제를 발생시키고 있다.
여성은 기업의 모성보호제도 미흡으로 출산 후 직장을 그만두는 사례가 늘고 있다.
관리자의 고압적 감독으로 인해 근로자의 정신적 피해가 클 수 있다.
직장과 개인생활 간의 균형을 유지하기 어려운 기업 관행이 다수 존재하고 있다.

최근 유지 및 이직관리와 관련된 이슈들은 <표 1-13>에 예시되어 있다. 이를테면 국내 기업의 신입사원 첫 직장 유지율은 그리 높지 않다. 4명 중 1명이 첫 직장을 1~2년 내에 떠나기 때문이다. 높은 경쟁률을 극복하고 구직에 성공했지만 젊은 세대는 첫 직장 적응에 어려움을 경험하고 있다. 이들은 업무능력이 부족하기보다 기업의 조직문화에 적응하는 데 어려움을 겪고 있다. 국내기업의 장시간 근로관행, 회식문화, 고압적 감독 등은 직원의 직장적응을 어렵게 하고 있다.

4 인적자원관리시스템과 이해관계자

(1) 인적자원관리시스템

인적자원관리는 여러 하부 관리활동들로 이루어진 하나의 시스템으로 정의될 수 있다. [그림 1-3]에서와 같이 인적자원관리는 6가지의 주요관리활동과 그 하부 관리활동으로 구성된 시스템이다. [그림 1-3]은 앞서 설명한 내용을 하나의 통합시스템으로 구조화해서 나타낸 것이다.

시스템이란 부분으로 구성된 전체라는 뜻이다. 시스템에서는 부분이 변화되면 전체가

그림 1-3 인적자원관리시스템

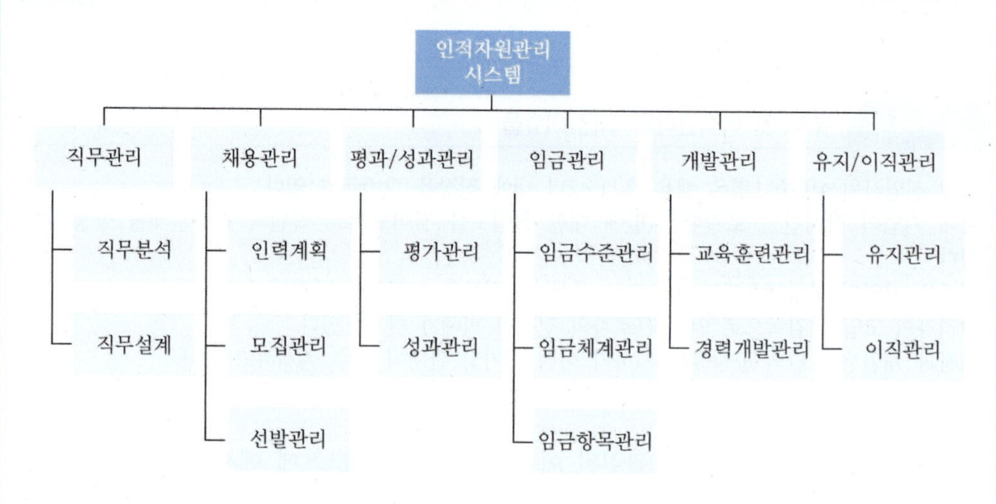

유기적으로 변화되는 특징을 가진다. 이를테면 채용관리활동이 변화되면 이와 관련해서 직무관리, 평가관리, 임금관리 등의 활동이 변화될 수 있다. 이를테면 우수한 경력직을 채용하려는 기업은 임금수준을 높여야 우수한 직원을 유인할 수 있다. 그래서 채용과 임금은 서로 유기적으로 상호작용을 하게 된다.

물론 [그림 1-3]에 표시된 인적자원관리 활동이 모든 관리활동을 포괄하는 것은 아니지만 이론적이고 실무적으로 주요 활동들을 나타내고 있다. 인적자원관리를 하나의 통합적 시스템으로 보는 관점은 각 관리활동을 별개로 나누어 생각하지 않고 유기적으로 연결시킨다. 이를테면 채용관리 활동은 급여 같은 임금관리 활동과 긴밀히 연결되어 있어야 한다. 임금이 높을수록 채용이 용이해지기 때문이다. 이런 이유에서 인적자원관리 활동은 서로 통일성을 유지해야 한다. 그리고 각 하부 활동들은 전체를 위해 끊임없이 조정되어야 한다.

(2) 인적자원관리의 이해관계자

앞서 정의한대로 인적자원관리시스템은 여러 관리활동으로 구성된 상호작용하는 시스템이다. 또한 인적자원관리는 다양한 이해관계자에 대해 열려있는 오픈시스템(open system)이기도 하다. 조직을 둘러싼 이해관계자는 곧 인적자원관리 활동에 영향을 받는 내부와 외

그림 1-4 인적자원관리부서의 내부 이해관계자(부서)

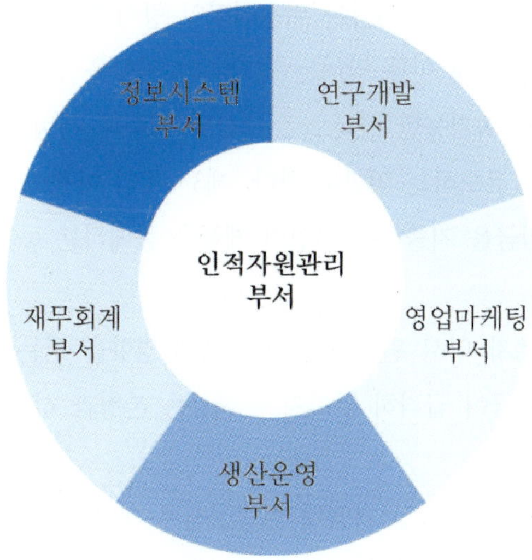

부의 이해관계자들이다.

인적자원관리활동의 이해관계자를 내부와 외부로 구분해보자. 먼저 내부 이해관계자는 인적자원관리의 대상인 경영자와 직원들이다. 인적자원관리활동은 조직의 성장과 직원의 성장 간에 균형을 이루도록 전개되어야 한다.

인적자원관리를 직원 개인이 아닌 조직 단위 부서의 관점에서 보면 인적자원관리의 담당부서는 다음과 같은 조직 내 기능부서들을 이해관계자로 가지고 있다. [그림 1-4]는 인적자원관리 담당부서가 전문적 서비스를 제공하는 조직 내부의 부서들을 예시적으로 보여준다.

인적자원관리부서는 자체의 기능최적화만을 추구하지 않으며, 조직 내 다양한 기능부서에 전문적 서비스를 제공하는 경영지원부서로의 역할을 한다. 이런 배경에서 인적자원관리부서는 일반적으로 경영지원부서로서 다른 부서를 지원하는 역할이 주된 업무이다.

조직 외부의 이해관계자는 정부기관, 노동조합, 고객, 시민단체, 하청공급업체, 정치집단 등이 있다. 이들은 경제적, 사회적, 정치적 이해관계를 가지고 있는 단체 혹은 개인이 될 수 있다.

이를테면 고용노동부 같은 정부기관은 근로기준법, 최저임금법, 산업안전보건법과 같은 노동관련 규제를 하고 노동조건을 감시 감독하는 역할을 수행하고 있다. 노동조합 전국 연맹단체는 사회전체의 노동조건 개선을 추구하고, 취약 노동자의 발생을 방지하지 위해 집단적 행동을 하고 있다. 시민단체는 기업이 비윤리적인 방식으로 근로자 개인의 권리를 침해할 경우 사회적 캠페인을 통해 이를 알리는 경고자의 역할을 한다.

고객은 사회적으로 지속가능한 방식으로 생산된 제품과 서비스를 구매함으로써 그렇지 못한 기업의 시장 퇴출을 유도하는 역할도 한다. 제3세계의 아동노동을 이용한 제품이나, 노동착취에 가까운 낮은 임금을 지불하는 기업의 제품을 불매하는 등 취약노동을 이용한 제품을 거부하기도 한다.

하청공급업체의 근로자 역시 원청 기업의 정책에 영향을 받는다. 특히 제2 하청과 제3 하청 기업으로 갈수록 임금이 급격히 낮아지는 현상은 본청과 하청기업 간의 지배종속관계에서 비롯될 수 있다.

정치적 집단인 정당 역시 특정 기업의 인력정책에 개입하기도 한다. 기업의 경제적 사유에 의한 대규모 해고결정이나 특정 지역에 기업을 유치하여 고용을 창출하려는 시도 등 정당과 지방자치단체의 개입이 발생하기도 한다.

인적자원관리의 이해관계자가 관리활동에 중요한 이유는 조직의 사회적 책임(social responsibility) 때문이다. 인적자원관리 활동의 결과는 고용에 있어 조직의 사회적 책임영역을 실현하는 핵심적 부분이다. 이를테면 조직의 사회적 책임활동을 권장하기 위해 설립된 GRI(Global Reporting Initiative)는 2002년에 발족되어 세계적으로 기업의 지속가능보고서 가이드라인을 보급하고 있다. GRI 보고서의 작성기준을 보면, 고용조건, 노사관계, 직장보건 및 안전, 교육 및 훈련, 다양성 및 평등한 기회 등 노동의 사회적 책임을 규정하고 있다. 기업은 인적자원관리 활동을 자체만의 이해관계를 위해 추구할 수는 없으며, 사회적으로 수용가능한 형태로 추진해야 한다.

이상에서 인적자원관리의 이해관계자를 살펴보았는데, 인적자원관리는 하나의 오픈시스템이기 때문에 내외부 이해관계자와의 조화를 추구하게 된다. 조직은 이해관계자의 이해관계를 균형되게 충족시킬 때, 사회적으로 지속가능한 경영을 할 수 있다. 인적자원관리 활동 역시 예외는 아니다.

(3) 인사담당자와 현장관리자의 역할

앞서 인적자원관리를 이해관계자 중심의 관리활동으로 규정하였다. 그러면 인적자원관리활동을 주도하는 담당자는 누가 되어야 하는가? 일반적으로 인적자원관리 활동은 인사담당자만이 하는 활동으로 보기 쉽다. 그러나 인적자원관리 활동은 최고경영자와 중간 및 현장관리자 모두가 참여하는 활동이어야 한다. 최고경영자는 인사부서의 전문적 지원을 받아 인적자원관리의 전략과 정책을 최종 결정한다. 중간관리자와 현장관리자는 정책과 전략의 실행기능을 담당한다. 인적자원관리 정책은 정교하게 잘 계획되더라도 실행과정에서 실패하기 쉽다. 따라서 인적자원관리의 성공 여부는 최고경영층의 전략적 계획기능과 중간관리자와 현장관리자의 실행 노력 모두에 달려있다.

최근 전통적인 인사담당자의 역할은 축소되고 상대적으로 중간 및 현장 관리자의 역할이 증가하는 변화가 일어나고 있다. 중간 관리자 및 현장관리자는 인적자원관리에 대한 전문성이 부족하긴 하지만, 인적자원관리 담당부서의 지원을 받아 최대한 인적자원 전략을 성공적으로 실행할 책임을 가지고 있다. 일선 실무 관리자는 새롭게 입안된 인적자원관리 정책과 전략을 이해하고 이에 걸맞는 현장관리를 수행할 수 있어야 한다. 인적자원관리부서는 중간관리자와 현장관리자들을 지원하고 현장의 고민을 전문적으로 해결해주는 역할을 수행한다.

일반 경영자들은 인적자원관리 활동에 관심을 가지고 책임의식을 공유하고 무엇보다 인적자원관리의 성과를 재무적 이익과 같은 경제적 성과와 동등하게 취급하려는 인식이 필요하다. 조직은 종업원의 근로의욕, 직무만족, 조직몰입 같은 인적자원관리 성과를 경제적 성과와 함께 인정해주어야 경영자가 인적자원관리 정책 실행에 책임을 느끼게 될 것이다.

5 교과서의 구성

본 교과서는 앞서 인적자원관리의 6가지 관리활동을 중심으로 구성되어 있다. 2부 3장에서는 직무관리를, 4장에서는 채용관리를 살펴볼 것이다. 3부 5장에서는 성과관리를, 6장에서는 평가관리를 살펴볼 것이다. 4부는 임금관리를 조금 더 상세하게 설명하기 위해 임금

이슈를 임금수준관리, 임금항목관리, 임금체계관리, 복리후생관리의 4가지 장으로 나누어 각각 별도로 서술하였다. 5부는 인적자원의 육성과 이직에 관한 내용으로, 10장에서 경력개발관리를, 11장에서 교육훈련관리를, 12장에서는 유지 및 이직관리를 다루었다. 마지막으로 본 교과서에서는 인적자원의 글로벌관리를 13장에서 서술하여 인적자원관리를 인력의 생애주기와 국내 및 글로벌이라는 관점에서 순차적으로 설명하고 있다.

토론

토론과제

본 장에서 학습한 내용을 기반으로 다음 이슈에 대해 토론해보자.

1. 인적자원관리의 6가지 관리활동 중 하나를 선정하여 국내 기업들의 실태를 조사하고, 최근 발생하는 주요 이슈들을 토론해보자.
2. 인적자원관리 부서의 업무가 어떻게 구성되어 있는지 실제 기업사례를 조사하여 인적자원관리 담당자의 역할과 책임을 토론해보자.
3. 인적자원관리가 사회적 책임과 지속가능경영에 기여하는 방안을 토론해보자.

토론사례 풀무원, HR시스템 구축으로 업무효율 극대화

풀무원은 유기농 식품과 같은 건강한 먹거리의 제조와 유통을 전문으로 하는 중견기업이다. 풀무원은 매출이 지속적으로 성장하여 이제는 글로벌로 사업을 확장하고 있다. 그리고 최근 풀무원은 인적자원관리를 보다 체계화하는 작업을 시작하였다.[12)]

풀무원은 우선 인적자원관리를 전산화하여 전체 5개 모듈로 운영하는 시스템을 구축하였다. 풀무원의 인적자원관리 전산화를 구성하는 모듈은 Core 모듈, 채용모듈, 평가 및 육성모듈, 보상모듈, 근태모듈로 구성되어 있다. 각각의 모듈에서 지향하는 목적과 활동은 [그림 1-5]와 같다.

Core 모듈은 주로 인적자원(Human Resource)을 모니터링하는 통제기능에 집중되어 있다. 풀무원은 인적자원관리를 전산화함으로써 서비스 제공의 속도를 높이고, 인적자원 관련 정보를 의사결정에 활용하는 효율성을 높였다. 특히 전산화가 이루어진 이후 풀무원은 채용, 평가 및 육성, 보상 관련 정보를 신속히 수집하고 분석할 수 있게 되어 직원의 육성과 유지에 큰 도움을 받고 있다.

토론문제

최근 풀무원과 같이 인적자원관리를 전산화한 기업들이 늘어나고 있다. 기업이 인적자원관리 활동의 시스템화를 통해 기대할 수 있는 혜택은 무엇이며, 시스템화의 과정에서 경험하게 되는 문제점은 무엇인지 토의해보자.

그림 1-5 풀무원의 인적자원관리 시스템

[HR 모니터링 강화]

인원 현황
· Core 모듈

· 글로벌 인력 통합 관리
 – 조직·직급·직무 기준 통합
 – 글로벌 전체 인력 등록
· 인원 현황 실시간 확인
 – 법인, 직급, 연령, 성별 등 인력 통계

인재 리뷰
· Talent Management 모듈

· 전직원 역량 수준 검토
 – 업적역량평가, 손실위험
 – 손실영향 등을 기준으로 검토
· 핵심인재·한계성과자 관리
· 후계자(Successor) 관리

인건비 모니터링
· 보상 모듈

· 임직원 총보상 관리
 – 임원, 운영관리직, 연구 마케팅 전문직, 운영실무직 대상 구축 완료
 – 향후 전직급 확대 예정
· 개인별, 직급별, 부서별 총보상명세서 조회

채용
· 채용 모듈

· 인재발굴 기회 확대
· 직무중심 인재 선발
· 시스템을 통한 업무 효율 증대
· 채용인력 및 프로세스 모니터링

평가 및 육성
· Talent Management 모듈

· 상시 코칭 체계 구축
· 업무와 역량 관리 조화
· 상하 목표 Align 강화

보상
· 보상 모듈

· 임원·직원 연봉 및 인센티브 시스템 관리

근태
· 근태 모듈

· 직무별 근태관리 설계
 – Professional 유연근무
 – 생산직 교대제
 – 서비스직 스케줄
· 전직원 출퇴근 관리
· Professional 일정 등록을 통한 시간관리

[HR 기능 효율성]

CHAPTER 02

인적자원관리의 역사와 패러다임

1. 인적자원관리의 역사적 전개
2. 인적자원관리의 패러다임
3. 인적자원관리의 패러다임 변화

CHAPTER 02

인적자원관리의 역사와 패러다임

학습목표

본 장에서는 인적자원관리의 역사적 변천과정을 살펴보고, 인적자원관리의 대표적인 4가지 패러다임을 설명한다. 그리고 최근 국내외 인적자원관리의 변화를 논의한다. 학습자는 본 장을 학습한 후 다음과 같은 목표를 달성할 수 있다.

❶ 인적자원관리가 역사적으로 어떻게 발전되었는지를 설명할 수 있다.
❷ 인적자원관리의 패러다임을 4가지로 구분해보고, 각 패러다임의 특징을 설명할 수 있다.
❸ 국내외 인적자원관리의 패러다임이 최근 어떻게 변화되고 있는지를 설명할 수 있다.

[도입사례] 4차 산업혁명과 HR의 새로운 패러다임[1)]

HR(Human Resource Management)은 변화의 시대에 직면하고 있다. 오픈 이노베이션과 파괴적 혁신이 지배하는 새로운 경쟁 환경에서 효율성과 안정성을 중시하는 기존의 조직운영 방식은 한계에 부딪히고 있다. 밀레니얼 세대들이 노동시장에 진출하면서 충성심과 수직적 상하관계를 강조하는 전통적 고용관계는 낡은 유물로 인식되고 있다. 이런 환경변화에 대응하기 위해 기업들은 수시채용, 호칭과 직급 파괴, 상대평가제도 폐지, 워라밸, 일하는 문화 개선, 애자일 조직 등 기존의 HR 원칙과 제도들을 흔들어 놓는 다양한 실험을 진행하고 있다.

지금까지 기업을 운영하는 지배적 모델은 관료주의였다. 관료주의는 종종 형식주의나 권위주의 등과 혼용되어 부정적으로 인식되기도 하였다. 그러나 막스 베버가 예측한 것처럼 관료주의는 효율성, 안정성, 신뢰성을 높이는 최상의 조직모델로 20세기 자본주의의 발전을 견인해왔다. 관료주의는 기본적으로는 전문화와 기술적 전문성에 따라 권한을 배분하는 조직모델이다. 그동안 HR은 이러한 관료주의 요소들을 정교화하는 방향으로 제도적 발전을 이루어왔다.

하지만 4차 산업혁명시대의 도래와 함께 관료주의는 한계에 봉착했다. 4차 산업혁명의 핵심 키워드는 바로 파괴적 혁신이다. 이제 과거의 경험에 기반한 선형적 발전이 아니라 과거의 경쟁 법칙을 한 순간에 무너뜨리는 파괴적 혁신이 시장을 지배할지 모른다. 관료주의는 과거의 성공 법칙을 내재화하고 이를 통해 효율성을 극대화하면서 점진적 혁신을 이끌어내는데 효과적이다. 하지만 관료주의는 사람들의 사고와 행동을 기능영역, 위계, 공식적 룰에 얽매이도록 함으로써 자유롭고 창의적인 사고를 방해한다. 따라서 구글, 넷플릭스와 같이 파괴적 혁신을 주도하는 기업들은 관료주의 파괴를 선언하고 있다.

관료주의의 파괴는 HR이 더 이상 직원들의 감시자나 방해자가 되어서는 안 된다는 것을 의미한다. 대신 HR은 창의성과 혁신을 촉진하는 주체가 돼야 한다. 동시에 관료주의의 파괴 과정이 무질서, 혼란, 통제력의 상실로 이어져서는 안 된다. HR의 새로운 패러다임은 직원들의 자발적인 헌신과 몰입을 통해 창의성을 극대화할 수 있는 새로운 고용관계를 제시해야 한다.

1 인적자원관리의 역사적 전개

본장에서는 인적자원관리가 역사적으로 어떻게 진행되었는지를 서술하고 이후 보다 구체적인 내용을 인적자원관리의 패러다임 단원에서 살펴볼 것이다. 역사적으로 인적자원관리는 태동단계, 체계화단계, 발전단계, 혁신단계를 거쳐 왔다. 태동관계와 체계화단계가 주로 인적자원관리의 과거라 하면 발전단계는 현재, 혁신단계는 미래라고 볼 수 있다. <그림 2-1>은 인적자원관리의 각 단계들을 보여주고 있다.

(1) 태동단계: 과학적 관리와 인간관계적 관리

현대적 인적자원관리가 태동된 시기는 산업혁명 전후라고 볼 수 있다. 산업혁명으로 인해 농촌의 인구가 도시로 이주하고 대규모 제조공장이 건설되면서 회사는 다수의 직원들에

그림 2-1 인적자원관리의 역사적 단계들

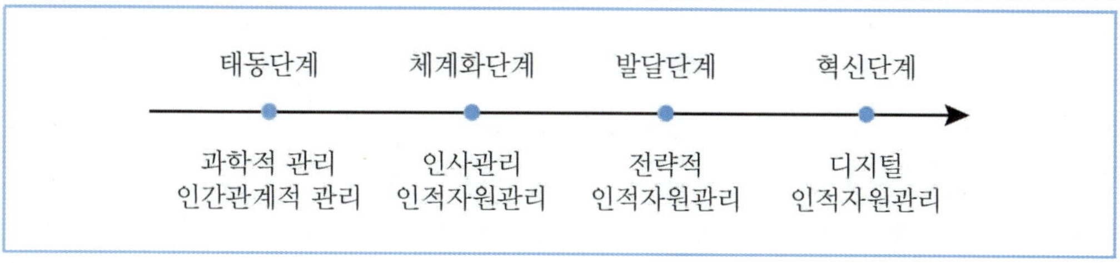

게 공통적으로 적용될 인력관리의 지침을 정할 필요가 생겼다. 이로 인해 기업은 채용, 평가, 보상, 교육훈련 등을 주먹구구식으로 하기보다 일정한 지침을 정해 모든 직원에게 적용하기 시작하였다. 특히 미국은 실용적인 경향이 강해 다양한 인적자원관리의 지침을 실험하고 그 중에서 가장 효과적인 것을 선별해나가는 움직임이 활발히 일어났다.

(가) 과학적 관리

1910년 전후 미국에서는 공장운영의 효율성을 높일 목적으로 주로 생산 기능직 근로자를 체계적으로 관리할 지침들을 마련하게 된다. 그 지침들 중 가장 널리 알려진 것은 프레더릭 테일러(Frederic Taylor)의 과학적 관리의 원칙(principles of scientific management)이다.[2)] 과학적 관리의 원칙은 그가 저술한 책의 제목이다. 테일러는 인적자원관리 같은 용어를 쓰고 있지는 않지만 생산기능직의 노동생산성을 끌어올리는데 도움이 되는 많은 지침들을 제시하고 있다. 그래서 그의 지침들을 가리켜 과학적 관리의 원칙이라고 말하고 있다.

테일러는 근로자의 작업동작과 각 작업에 소요되는 작업시간을 관리자가 정확히 파악해 꾸준히 개선해 나가야 한다는 점을 강조하고 있다. 이를테면 테일러는 동작연구(motion study)를 통해 각 직무수행에 필요한 작업동작을 자세히 기록하고 이를 근거로 불필요한 동작을 없앴다. 또한 시간연구(time study)를 통해 작업자의 동작별 시간을 기록하고 시간을 절약할 방법을 찾았다. 그는 작업동작을 꼭 필요하고 효과적인 동작만으로 구성하였고, 작업시간은 가능한 최소화시키려 하였다. <박스사례 2-1>에 소개된 것과 같이 테일러는 한 제철소의 노동생산성을 무려 4배 가까이 끌어올리는 데 성공한다.

테일러는 효과적인 작업동작을 고안한 것뿐만 아니라 차별성과급이라 불린 개인성과급의 방식을 개발하였다. 차별성과급이란 하루의 공평한 표준작업량을 달성한 근로자와 달성하지 못한 근로자를 각각 차별적인 임금으로 보상하는 제도이다. 이는 표준 작업량을 달성한 근로자는 더 높은 시간당 임금을 받고, 그렇지 못한 근로자는 더 낮은 시간당 임금을 받아 하루에 받을 수 있는 임금총액에 차별을 두는 제도이다.

하루의 공정한 표준작업량은 테일러가 고안한 가장 효과적인 작업동작을 준수할 때 성취 가능한 하루의 작업량이다. 따라서 차별적 성과급을 적용하면 근로자가 효과적인 작업동작을 학습할 동기를 갖게 된다. 테일러의 방식을 따르면 근로자가 더 많은 임금을 받아갈 수 있기 때문에 테일러는 노사 모두의 이해관계가 충족되는 윈윈(win－win)의 결과를 가져오게 된다고 주장하였다.

박스사례 2-1 테일러의 과학적 관리가 가져온 효과

베들레헴제철소에서 능숙한 선철작업자는 92파운드의 선철 덩어리를 하루에 12.5톤가량 야적장에서 철도차량으로 운반하는 것이 가능하다. 그러나 테일러의 과학적 관리를 도입한 후 작업자의 하루 작업량은 47톤으로 증가하였다. 이는 테일러의 동작연구와 시간연구를 통해 최선의 작업동작을 고안한 결과이다. 선철작업자는 테일러가 고안한 최선의 작업동작을 익혀 작업했을 뿐인데 생산성은 무려 4배가량 증가한 것이다. 근로자의 임금도 1.15달러에서 1.85달러로 인상되는 결과를 가져왔다. 과학적 관리의 적용 이후 감독자는 47톤을 근로자 1인의 하루 표준작업량으로 결정하게 된다. 표준 작업량은 급여를 결정하는 중요한 기준이 된다. 즉, 표준 작업량에 도달한 근로자는 성공에 대해 높은 임금률(시간당 임금)을 적용받지만, 표준 작업량에 도달하지 못한 근로자는 상대적으로 낮은 임금률(시간당 임금)을 적용받게 된다. 테일러는 차별 성과급제라는 새로운 임금제도를 도입하여 현대 개인성과급의 기초를 제시하였다.

테일러의 과학적 관리는 작업방식의 개선에서 출발하였으나 이후 근로자의 보상제도, 휴식제도, 교육훈련제도 등에 관한 지침들로 확대된다. 이를테면 테일러는 개인별 차별성과급제도의 도입을 촉진하고, 휴식에 대해서는 4시간마다 30분의 중간휴식을, 하루 표준 근로시간은 9시간으로 하는 지침을 제안하고 있다. 테일러는 실험을 통해 4시간마다의 중간휴식이 육체근로자의 노동생산성을 하루 종일 일정하게 유지하게 만드는 효과를 발견하였다. 그는 하루 9시간을 초과하는 근로는 그 다음날의 노동생산성에 부정적인 영향을 미침을 주장하고 있다. 이는 한국의 현재 근로기준법이 4시간마다 30분의 휴게시간을 규정하고 있고 하루 법정근로시간을 8시간으로 규정하고 있는 점과 유사하다. 테일러가 이미 1910년대에 이러한 근로시간과 휴게에 대한 지침을 제안했다는 점은 매우 진보적이라 할 수 있다.

테일러는 1900년대 초에서 1930년대까지 미국 공장관리의 표준지침 제정에 많은 영향을 미치게 된다. 그러나 과학적 관리에 대한 비판 역시 이 기간 동안 적지 않게 제기되었다. 테일러의 과학적 관리는 인간으로 하여금 관리자가 정한 작업동작을 그대로 모방할 것을 강요하여 인간을 기계로 취급했다는 비판을 받았다. 테일러의 과학적 관리법은 작업자마다 자신의 생각과 숙련도에 따라 각기 독특한 방식으로 작업하는 것을 금지하고 근로자로 하여금 하루 종일 동일한 작업동작만을 반복하게 만듦으로써 노동을 기계화하였다는 비판을 받았다.

또한 테일러는 일의 분업화를 지나치게 확대하여 일의 단순화와 반복화를 작업자에게 강요하는 방식이라는 비판을 받았다. 일을 자꾸 단순화하면 같은 일의 반복이 늘어나게 되는데 결과적으로 이는 작업자의 동기를 낮추는 부작용을 가져오게 된다. 따라서 테일러의 과학적 관리법은 산업근대화 과정에서 성과급을 받기 위해 인간이 고통스러운 일을 감내하던 시절에 적합한 접근법이라는 평가를 받고 있다.

(나) 인간관계적 관리

인간관계적 관리(human relation management)는 1930년 이후 도입된 방식으로 그 이전 테일러의 과학적 관리방식과 대조적인 관점을 가지고 있다. 테일러의 과학적 관리법이 주로 근로자의 작업동작을 효율화하는 것이었다면 인간관계적 관리는 작업자의 심리상태를 고려하여 생산성을 높이는 방식이다.

인간관계적 관리방식은 작업자가 동료 및 관리자와 우호적인 사회적 관계를 유지할수록 노동생산성이 높아진다는 점을 강조하고 있다. 이를테면 옆의 동료가 작업자의 일에 관심을 보여주고, 관리자가 작업자의 일을 인정해주는 등 사회적 접촉을 가지게 되면 작업자의 근로의욕이 높아진다는 것이다. 이런 측면에서 '인간관계적' 관리라는 명칭이 유래된 것으로 보인다.

테일러의 과학적 관리가 주로 현장 관리자에 의해 발전되었던 점과 달리 인간관계적 관리는 학술적 연구로부터 시작되었다. 하버드대학의 심리학 교수인 메이요(Mayo)는 시카고 근교에 위치한 호손공장(Hawthorne Factory)에서 심리학 실험을 수차에 걸쳐 진행하였는데, 이후 그 연구결과는 인간관계학파라는 연구자들의 집단을 형성하는 계기가 되었다.

인간관계학파는 호손공장에서 4차의 실험을 실시하면서 작업장 내 근로자의 심리상태가 어떻게 노동생산성에 영향을 주는지 보다 상세하게 연구하게 된다. 다음 <박스사례 2-2>는 인간관계학파의 연구자들이 4차례 실험한 내용과 그 시사점을 간략히 보여주고 있다.

박스사례 2-2 인간관계학파의 연구결과[3)]

1차 조명실험(1924–1927)

부시(Bush)와 바커(Barker)가 행한 실험으로서 작업장의 조명도가 높아질 경우 작업피로도가 감소하는지를 살펴보기 위한 실험에서 시작되었다. 이 실험에서 밝혀진 사실은 작업장의 조명도와 작업피로도 간의 관계는 거의 없는 것으로 나타났다. 그러나 실험결과에서 흥미로운 사실은 조명도가 증가하거나 감소하는 것과 관계없이 실험이 진행되면서 근로자의 생산성은 계속 증가하는 현상이 관찰되었다는 점이다. 뒤에 밝혀진 사실이지만 이 실험이 진행된 작업장에서 근로자들은 조명도의 변화보다 자신들이 주목받고 있다는 점을 더 의식하고 있었다. 이로 인해서 작업자들은 조명도와 관계없이 일에 보다 몰두하게 되었던 것이다. 1차의 조명실험은 근로자의 작업태도 혹은 일에 대한 의식이 조명도와 같은 작업장 조건보다 더 중요한 역할을 한다는 사실을 시사하고 있다.

2차 계전기 조립작업 실험(1927–1929)

메이요와 그의 동료들이 행한 연구로서 이 실험은 호손공장의 계전기 조립작업장에서 행해졌다. 실험은 2인의 작업자가 각각 다른 2인의, 자신들이 선호하는 동료 작업자를 선택하여 일하는 것으로부터 시작되었다. 자신이 평소 좋아하던 동료 작업자를 선택하여 같이 일하는 것은 근로자 간의 사회적 관계를 보다 우호적으로 만드는 결과를 가져왔다. 이후 생산성의 변화는 매우 긍정적이었다. 실험을 통해 작업자 간의 우호적인 관계는 생산성에 긍정적인 영향을 주었음이 발견되었다. 계전기 조립작업의 실험에서 생산성은 직원 간의 사회적 관계가 만족스러울 경우 생산성이 개선되는 경향이 있음을 시사하고 있다.

3차 면접조사(interview study, 1928–1930)

1차와 2차의 실험이 이루어진 후 실험의 결과를 보다 이론적으로 규명하기 위한 노력이 이루어졌다. 이러한 시도는 약 20,000명의 직원을 3년간 면접하는 것으로 진행되었다. 면접의 결과 밝혀진 점은 작업장에서 사회적 관계가 작업자의 태도에 큰 영향을 미치고 이는 다시 노동생산성에 유의미한 영향을 미친다는 점이었다.

4차 배전기 전선작업실의 관찰(bank wiring room study, 1931–1932)

이 실험에서는 배전기 전선작업실에 연구자 중 한 명이 근로자로 위장하여 함께 일하면서 시작되었다. 근로자로 위장한 연구자가 발견한 것은 14명의 남자 근로자로 구성된 배전기 전선작업실 내에 일종의 비공식적 규범이 존재한다는 점이었다. 비공식적 규범이란 조직이 공식적으로 요구하는 규칙 이외에 근로자들끼리만 통용되는 행동규범이다. 이러한 비공식적 규범은 조직에 보다 협조적인 경우에만 생산성을 높이는 작용을 하였다. 예컨대 조직을 위해 열심히 일하고 헌신해야 한다는 규범은 생산성을 높이는 작용을 하지만 반대로 적당히 일을 해야 한다는 규범은 생산성을 제약하는 경향이 있었다. 따라서 근로자 집단 내에 형성된 비공식적인 규범은 생산성과 직접 연관되어 있음이 밝혀졌다.

인간관계학파는 작업장 내 인간관계가 우호적일수록, 비공식적인 규범이 회사에 긍정적일수록 생산성이 높아진다는 사실을 발견하여, 작업자의 심리상태가 인적자원관리에 매우 중요함을 시사하고 있다. 인간관계적 관리는 앞서 테일러의 과학적 관리가 눈에 보이는 작업동작에 치중하였다는 점과 달리 작업자의 내적 심리상태를 규명했다는 점에서 현대 인적자원관리에 큰 기여를 하였다.

(2) 체계화단계: 인사관리와 인적자원관리

(가) 인사관리

인적자원관리는 전쟁을 치루면서 비약적인 발전을 거두었다. 1950년 전후 세계대전을 치루면서 미국과 유럽은 군대내 병사관리를 보다 체계적으로 할 필요성을 절감하게 되었다. 군인의 징병제도는 이후 민간조직의 채용관리로 발달하고, 군인의 교육훈련은 이후 민간조직의 교육훈련체계를 이루게 된다. 군대의 계급구조는 민간조직의 승진체계와 직급구조 형성에 기여하게 된다. 이와 같이 2차 세계대전이후 군대조직의 병사관리는 민간조직의 사람관리(people management) 체계를 구축하는 데 결정적인 기여를 하였다.

전후 병사관리 방식이 민간조직에 도입되면서 인사관리(personnel management)라는 명칭이 쓰이기 시작하였다. 'personnel' 이라는 용어는 직원 혹은 직원에 관한 기록(record)이라는 뜻으로 인사관리는 곧 직원에 관한 기록을 관리한다는 개념이다. 이는 마치 전시에 군인들의 입대, 부대배치, 병영생활 등의 기록을 관리했던 것과 유사한 접근법이다.

인사관리가 그 이전 태동단계와 다른 점은 직원관리를 기능별로 구분해서 체계화한 점이다. 인사관리는 채용기능, 평가기능, 보상기능, 교육훈련기능, 경력개발기능 등 하부 기능들을 구분하여 각 기능별로 효과적인 지침과 제도를 만들게 된다. 기능을 구분하고 효과적인 제도를 계획하였다는 점은 이전 과학적 관리와 인간관계적 관리에서는 찾아볼 수 없었던 점이다. 인사관리는 직원을 계속 유지하는 데 필요한 정책과 지침들을 만들고 이를 실제 운영하는 과정에서 보다 효과적인 방식으로 개선하였다는 점에서 그 이전보다 발달된 형태라 할 수 있다.

(나) 인적자원관리

1980년대 전후로 인사관리는 인적자원관리(human resource management)라는 명칭으로 전환된다. 이는 용어만의 변화 이상으로 볼 수 있다. 우선 인적자원관리에서 'human re-source'라는 개념은 인력을 하나의 자원으로 간주한다는 의미이다. 인적자원(human re-source)에서 자원이라는 개념은 재투자를 거듭하면 계속 효용성이 증가한다는 의미를 가지고 있다. 그래서 인력은 소모되는 것이 아니라 교육훈련 같은 투자를 거듭하고 근로조건을 개선시켜 몸과 마음의 상태를 개선시켜주면 생산성이 지속적으로 증가하는 자원이라 보았다.

이전의 인사관리가 인사기록(personnel) 혹은 인력(manpower)으로서의 인간을 '기록처럼 쌓아놓고 필요할 때마다 꺼내서 관리하는 대상'이라는 뜻을 내포한 것과 달리 인적자원관리는 사람에 대한 투자를 강조하였다는 점에서 인사관리보다 진일보한 상태로 볼 수 있다.

(3) 발전단계: 전략적 인적자원관리

인적자원관리는 1990년대 전후로 정책(policy) 설계의 영역을 전략적인 영역으로 확장하고 환경변화에 대한 선제적 대응을 강조하게 된다. 인적자원관리는 그 이전 인사관리의 시기보다 기능을 더욱 세분화하고 효과적인 지침, 제도, 정책 설계를 정교화하였으나 전략적 인적자원관리는 그보다 한층 발전된 형태로 볼 수 있다. 인적자원관리가 주로 이미 발생한 환경변화에 사후적으로 대응하는 것이었다면 전략적 인적자원관리는 미래 발생 가능한 환경 변화를 예측하고 선제적으로 대응하는 전략적 접근을 강조한다.

'전략적'이라는 개념은 환경변화를 미리 예측하여 인적자원을 준비시켜 나간다는 선제적인 접근을 의미하고 있다. 경영자는 고객, 정부, 거래업체 등으로 구성된 사업 환경의 변화에 보다 신속하게 대응해야 하고 이 과정에서 인적자원관리 담당자는 경영자가 필요로 하는 인적자원을 신속히 준비시켜야 할 임무를 가지고 있다. 전략적 인적자원관리는 사업 환경의 변화에 따라 인적자원관리의 방식을 사전적으로 변화시키고, 환경에 더 빨리 대응해나가는 것을 목적으로 하고 있다. 따라서 전략적 인적자원관리의 정책은 그 이전 인적자원관리의 정책과는 다른 방식을 강조하고 있다. 다음 <표 2-1>은 두 가지 정책 간의 차이를 예시적으로 보여주고 있다. 전략적 인적자원관리의 정책이 그 이전 인적자원관리의 정책과

표 2-1 인적자원관리와 전략적 인적자원관리의 비교

인적자원관리의 정책	전략적 인적자원관리의 정책
• 수직적 계층을 강조한 조직구조를 가지고 있어 직급의 수가 많다. • 의사결정이 상부에서 이루어져서 하부로 시달되는 방식이다. • 일방적인 지시와 감독이 관리자의 주된 활동이다. • 근로자가 한 가지 일에 주로 전문화되도록 유도한다. • 보상은 개인의 성과에 비례하여 주어진다. • 인력관리의 비용을 최소화하는데 주안점이 두어진다.	• 수평적이고 직급의 수가 적은 조직구조를 강조한다. • 수평적인 의사소통을 강조한다. 의사결정 시에 하급자들을 적극 참여시킨다. • 하급 직원들에게 보다 많은 권한을 부여한다. • 근로자가 한 가지 직무보다 다양한 기술들을 습득하도록 권장한다. • 보상은 개인 성과보다 팀 성과에 따라 주어진다. • 인력관리의 비용보다 인력의 능력배양을 더 중요하게 생각한다.

대조를 보이는 이유는 현대의 사업 환경과 사회문화가 급속히 변화했기 때문이다.

(4) 혁신단계: 디지털 인적자원관리

4차 산업혁명으로 빅데이터, 인공지능, 모바일로봇 같은 기술이 발달하면서 인적자원관리는 점차 디지털화될 것으로 예상된다. 디지털화는 우선 기존의 인적자원 데이터를 디지털 자료형태로 전환하여 클라우드 저장소에 저장하고 필요 시 접근권한이 있는 사람은 누구나 자유롭게 데이터를 확인할 수 있는 상태를 구현한다. 인적자원에 대한 자료가 클라우드 공간에 대단위로 누적되면서 인적자원관리는 빅데이터를 분석하고 의사결정 시 활용하는 것을 가능하게 할 전망이다.

데이터(data)는 누적되는 것만으로는 활용성이 떨어지기 때문에, 인적자원 애널리틱스(human resource analytics)라는 분야가 최근 새롭게 주목받고 있다. 인적자원 애널리틱스는 직원의 인적자원정보를 분석하여 직원의 역량, 행동, 성과를 예측하는 기술을 말한다. 이를테면 인적자원 애널리틱스를 통하면 직원의 어떤 행동과 자질이 업무생산성과 가장 밀접하게 연관되어 있는지를 파악할 수 있다. 또한 채용 시 지원자의 자질 목록에서 미래 우수한 직원의 가능성을 예측하는 것도 어느 정도 가능해질 것이다.

디지털 인적자원관리에서는 인공지능의 활용이 증가할 것이다. 최근에는 입사 지원자를 원거리에서 컴퓨터 화면으로 면접하기 위해 인공지능을 활용하는 사례가 있다. 눈동자나 표정의 변화를 탐지하는 것과 면접 질문에 대한 답변을 인공지능이 분석하는 등 인공지능의 역할이 새롭게 조명받고 있다. 입사 지원서 중 자기소개서를 인공지능으로 분석하는 언어분석 기술 역시 점차 확대되고 있는 추세이다.

4차 산업혁명으로 인한 정보통신 기술은 재택근무 혹은 원거리 근무를 가능하게 만들고 있다. 재택근무는 근로의 장소적 변화 이상을 의미한다. 재택근무는 관리자가 근로자의 행동을 감시하면서 일의 생산성을 촉진하는 전통적 방법을 무효화시킨다. 그 대신 결과물 위주로 근로자를 평가하고 감시보다는 자율적인 동기에 의존하게 되는 변화를 가져오고 있다.

디지털 인적자원관리는 장기적으로 종전에 사람이 하던 일을 상당부분 인공지능에 의해 대체시킬 것으로 보인다. 그 결과 관리의 생산성이 급격이 높아지고 더 적은 인력으로 더 많은 일을 처리할 수 있는 길이 열릴 것이다. 디지털 인적자원관리가 진행되면 인적자원관리의 행정적 업무는 대부분 디지털 플랫폼에서 처리될 것이며 처리 속도 역시 빨라질 것이다. 디지털 인적자원관리가 구체적으로 어떤 모습일지 현재로서는 정확히 예측하기 힘들지만 전통적인 인적자원관리의 지형이 현재와 크게 달라질 것이 예상된다.

2 인적자원관리의 패러다임

인적자원관리의 패러다임은 인적자원관리의 역사적 전개와도 관련이 깊다. 인적자원관리의 패러다임은 인적자원관리의 기준을 어디에 두느냐에 관한 것이다. 이를테면 인적자원의 제도와 지침을 설계할 때 직무(일)를 중심으로, 혹은 사람(인력)을 중심으로 할 것인가에 따라 인적자원관리는 크게 달라진다. 서구는 전통적으로 직무 중심 패러다임을 선택하였다. 서구의 기업들은 직무를 우선 정의한 후 이에 가장 적합한 인력을 배치하는 방식을 취해왔다. 한편 한국과 일본 등 동아시아권 국가는 능력 있는 직원을 채용한 이후 그에게 적합한 직무를 찾아서 배정하는 사람 중심 패러다임을 선호한다. 직무가 우선이냐, 사람이 우선이냐는 결국 직무와 사람이 서로 만난다는 점에서 그리 중요해 보이지 않을 수 있다. 그러나 패러다임에 따라 인적자원관리의 제도와 지침에서 차이가 발생될 수 있기 때문에 패러다임을 이해하는 것이 중요하다.

다음에서는 [그림 2-2]에 나타난 인적자원관리의 4가지 주요 패러다임의 내용을 살펴보고 조직들이 특정 패러다임을 채택할 경우 인적자원관리의 방식이 어떻게 달라지는 지 설명하고자 한다.

(1) 인적자원관리 패러다임의 구분

패러다임이란 새로운 변화가 일시적인 상태를 넘어 장기적으로 지속되는 현상을 말한다. Kohn(1970)은 자연과학에서 혁신이 일시적인 상태를 넘어 완전히 새로운 상태로 넘어가는 현상을 패러다임의 개념으로 설명하였다.[4] 이후 사회과학 분야에서는 새로운 제도와 사회적 인식, 새로운 문화 현상의 출현 등을 설명할 때 패러다임이라는 용어를 사용하였다. 사회과학에서의 패러다임은 새로운 제도의 출현뿐만 아니라 사회적 인식, 사람들의 사고 속에 숨어있는 근본적 가정(basic assumption)의 변화, 혹은 예전부터 존재했던 현상에 대한 새로운 해석 등을 포함하는 개념이다.

인적자원관리에 국한해서 살펴보면 인적자원관리 패러다임은 새로운 일의 방식, 새로운 인력활용의 방식, 새로운 인적자원관리의 제도와 기법, 새로운 일터 문화 등이 일시적 변화를 넘어 장기적으로 지속되는 현상을 말한다.

인적자원관리 패러다임을 인력활용의 방식에 초점을 맞추어 구분해보면 근속주의, 직무

그림 2-2 인적자원관리 패러다임

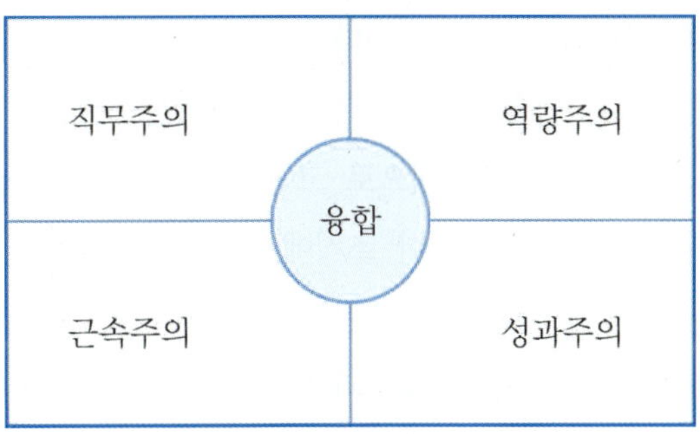

주의, 역량주의, 성과주의라는 4가지로 특징지을 수 있을 것이다. 먼저 근속주의는 유교적 전통이 강한 동아시아권에서 발견되는 인적자원관리의 패러다임이다. 이에 비해 직무주의는 유럽과 미국 같은 서구에서 산업혁명 이후 직무를 중시하는 관행을 반영하고 있다. 역량주의는 근속이나 직무 보다 직원 개인의 역량을 중시하고 인력의 능력을 개선하는데 초점을 두고 있다. 마지막으로 성과주의는 성과를 중심으로 인력을 운영하고, 성과에 따른 보상을 강조하는 패러다임이다. 다음에서는 이러한 4가지 인적자원관리의 패러다임이 보이는 특징을 설명하고자 한다.

(2) 근속주의

근속주의란 인력의 근속연수가 곧 인력의 능력을 반영한다는 믿음에서 시작된다. 사람은 일을 한 연수가 오래 될수록 자연스럽게 일에 필요한 지식과 경험을 더 많이 습득하게 된다. 따라서 근속의 길고 짧음은 곧 그 인력의 역량을 판단하는 지표가 될 수 있다.

근속주의는 근속이 오래된 직원에게 더 높은 수준의 직책을 부여하고, 더 높은 보상을 지급하는 인적자원관리의 방식이다. 근속주의는 장유유서를 중시하는 유교적 문화권의 국가에서 흔한 관찰된다.

근속주의 인적자원관리는 동일한 조직에서 오래 근무한 직원을 우대하는 경향을 보인다. 근속주의는 근속이 높을수록 직원의 직무역량이 뛰어나고 조직에 대한 충성심과 헌신성이 높을 것이라고 가정한다.

근속주의 인적자원관리는 젊은 인력을 공채라는 대규모 채용을 통해 채용한 후 근속연수에 따라 점차 상위직급으로 승진시키는 경력관리를 채택하고 있다. 근속주의 인적자원관리는 능력이 출중한 직원을 파격적으로 승진시키기보다 근속이 일정 수준에 도달할 때까지 직원의 승진을 완만하게 관리하는 경향이 있다.

근속주의 인적자원관리는 높은 고용안정성을 제공하는 특징이 있다. 이는 근속주의가 처음부터 직원의 장기근속을 유도할 목적으로 고안되었기 때문이다. 근속주의를 채택한 조직은 직원들의 외부 이직을 최소화하고 한 조직에서만 체류하도록 승진과 보수체계를 근속에 맞추어 설계한다. 급여 인상은 근속연수에 비례해서 결정된다. 장기 근속자가 많을수록 조직은 그만큼 직원으로부터 더 높은 충성심과 애사심을 기대할 수 있다.

한편 근속주의 인적자원관리의 단점은 적지 않다. 인구고령화가 급격히 진행되는 국가에서 근속에 따른 임금인상은 흔히 고임금 상태를 유발하여 조직이 감당하기 힘들 수 있다. 또한 근속주의는 능력 있는 젊은 인력에게 더 많은 기회를 주는 것을 어렵게 만든다.

근속주의는 능력이나 성과보다 직원의 근속을 중시하는 경향이 강하다. 근속주의가 강한 조직은 직원의 능력이나 성과 보다는 근속, 학력, 성 등의 개인적 특성을 중시하기 때문에 인력을 유연하게 활용하지 못하는 한계가 있다. 특히 기술이 급속히 발날하는 환경에서 근속과 기술역량은 서로 비례하지 않을 수 있다.

(3) 직무주의

직무주의는 서구의 길드(guild)적 전통을 반영한 인적자원관리이다. 분업에 따라 근로자가 전문화된 직무를 수행하던 길드적 전통이 산업화 이후에도 대규모 조직의 분업화된 직무구조로 발전된 것이다. 산업화로 인해 많은 근로자가 동일한 조직에서 근무하면서 일의 분업화는 더욱 세부적으로 진행되었다. 세분화된 직무별로 근로자가 배정되어 제한된 내용의 직무를 반복적으로 수행하게 되면 직무 전문화가 심화된다.

직무주의는 직무를 세분화하고 각 직무에 대한 전문가를 육성하는 인적자원관리의 방식이다. 채용은 직무별로 전문성이 검증된 사람을 채용하고, 교육훈련 역시 해당 직무의 전문성을 더욱 높이기 위한 목적으로 이루어진다. 채용은 공석이 난 직무별로 수시로 이루어지며 대규모로 한 번에 채용이 이루어지는 공채방식은 채택되지 않는다. 직무주의를 채택한 조직은 수시로 필요한 전문가를 채용하는 수시채용방식을 선택하는 경향이 강한다.

직무주의 인적자원관리에서 보상과 평가는 철저히 직무별로 미리 정해진 기준에 따라 결정된다. 조직은 유사한 직무를 수행하는 근로자의 시장임금을 조사하여, 기준임금을 정한 후 목표 달성 정도에 따라서 보상을 가감하는 방식을 취한다. 따라서 직무주의는 일찍부터 시장임금을 반영하려는 노력을 기울여 왔다.

직무주의 인적자원관리의 장점은 무엇보다 직무전문가를 육성하는데 유리하다는 점이다. 직무주의를 채택한 조직은 직원을 특정 직무에 배치한 후 직무가 요구하는 지식, 역량, 경험을 계속 쌓아나가도록 독려한다. 임금 역시 직무 전문성에 따라서 결정되고 성과가 높으면 추가적으로 더 높은 임금이 지급된다. 따라서 직무주의는 협소한 내용의 직무를 전문적으로 수행하는 것을 강조한다.

직무주의 인적자원관리의 단점은 직무를 너무 세부적으로 분류하고 인력의 직무 간 이동을 줄여나가는 과정에서 발생하는 경직성에 있다. 전통적으로 직무주의는 직무를 협소하게 정의한 후 직원을 해당 직무에서만 활용하려는 경향이 강하다. 따라서 인력을 유연하게 배치하기가 어렵다.

직무주의 인적자원관리는 근속주의처럼 장기근속에 따른 혜택을 규정하고 있지 않다. 직무주의 인적자원관리 하에서 직원은 사내에서 직무 간 이동이 생각보다 쉽지 않기 때문에 사외로의 이동을 생각하는 경향이 크다. 특정 직무 수행자가 다른 직무로 이동하길 희망할 때 회사가 사내 이동을 허용하지 않으면 직원은 사외로 이동하려고 한다. 따라서 직무주의는 근속주의보다 직원의 사외 이동이 많은 편이다.

(4) 역량주의

역량주의는 근속이나 직무가 아닌, 근로자의 역량에 초점을 맞춘 인적자원관리의 방식이다. 근속이 쌓인다 해도 역량이 꼭 비례해서 증가하는 것은 아니다. 따라서 근속과 역량은 정확히 일치한다고 볼 수 없다. 따라서 역량주의와 근속주의 인적자원관리는 동일하다고 보기 힘들다.

역량주의는 직무주의와도 동일한 것이라 보기 힘들다. 역량이 높아지려면 직무를 이동하면서 더 높은 수준의 기술과 숙련을 쌓을 기회가 허용되어야 한다. 그러나 전통적인 직무주의는 직원의 직무 간 이동을 장려하지 않기 때문에 직원이 조직 내에서 다양한 역량을 개발하기 힘들다.

역량주의 인적자원관리는 근속주의가 가진 근속과 역량의 불일치 문제를 해결하려는 시도에서 시작된 방식이다. 또한 역량주의 인적자원관리는 직무주의의 경직성을 극복하고 근로자의 역량을 내부에서 개발시켜 주려는 시도에서 출발한다. 이 점에서 역량주의는 근속주의와 직무주의에 대한 대안으로 고안된 패러다임이다.

역량주의 인적자원관리에서 가장 특징적인 것은 직무수행에 필요한 역량을 정의하고, 근로자의 역량을 측정한다는 점이다. 역량의 정의와 측정을 통해 직무가 필요로 하는 역량과 근로자가 보유한 역량을 점진적으로 일치시키는 접근을 하고 있다. 역량주의에서는 직무가 요구하는 역량을 근로자가 당장 보유하고 있지 못하더라도 역량개발을 통해 점진적으로 직무역량을 개발하도록 장려한다.

역량주의는 근속주의와 직무주의의 중간정도의 입장을 취하고 있다. 역량주의는 직무가 필요로 하는 역량을 근로자가 완전히 보유하고 있지 못하더라도 직무경험을 통해 가까운 시일 내에 개발하도록 장려한다. 이에 비해 직무주의는 직원이 직무가 요구하는 역량을 이미 상당부분 보유하고 있다고 가정한다.

역량주의 인적자원관리는 근로자의 역량개발을 촉진하도록 모든 인적자원제도를 설계하고 있다. 역량주의 인적자원관리에서 특히 중요한 것은 교육훈련과 경력개발관리이다. 조직은 교육훈련을 통해 근로자의 역량개발에 많은 투자를 하며 사내에서 공석이 된 직무에 사내 근로자를 이동시켜 점진적으로 직원의 역량을 개선시킨다. 역량주의를 채택한 조직은 근로자로 하여금 중장기 경력개발계획을 세우게 하고 이를 근거로 미래에 필요할 역량을 미리 준비시킨다.

역량주의 인적자원관리의 장점은 근로자를 하나의 직무에 한정하지 않고 직무 간 이동을 허용하며 역량개발을 장기적으로 계획하도록 장려한다는 점이다. 근로자는 자신이 원하는 직무를 미리 계획하고 해당 직무에 도달하기 전에 필요한 역량을 쌓을 기회를 모색한다.

역량주의 인적자원관리는 근속주의가 가정하고 있는 근속=역량이라는 등식관계를 수정하고 있다. 근속이 쌓이더라도 역량이 이에 비례해서 증가하는 것은 아니기 때문에, 역량주의가 도입되면 근속주의 인적자원관리는 크고 작은 변화를 거치게 된다.

역량주의의 단점은 역량정의와 역량측정의 어려움에서 비롯된다. 역량은 인간 내에 체화된 것이기 때문에 계량적으로 측정하는 것이 용이하지 않다. 직무가 필요로 하는 역량을 정의한다 하더라도 직원이 이를 어느 정도나 체화하고 있는지, 혹은 추가로 필요한 역량이 무엇인지를 판단하는 것은 쉬운 일이 아니다. 역량의 정의와 측정이 정확히 이루어지지 못하면 역량주의는 인력활용의 효율성을 높이는 데 한계가 있다. 조직은 근로자를 장기간 관찰하거나 경영학에서 개발된 과학적 진단방식을 활용하지만 역량은 명확히 측정되지 못하는 경우가 흔하다.

(5) 성과주의

성과주의 인적자원관리는 일의 결과물을 명확히 측정하여 인력관리를 체계화고자 하는 욕구에서 시작된다. 성과란 그 정의상 가시적이고, 수치화가 가능한 결과물이다. 성과주의 인적자원관리는 성과가 좋은 근로자에게 더 많은 보상을 주고, 승진에서도 우선권을 부여한다.

성과주의는 명확하고 수치화된 결과물을 근거로 평가를 하기 때문에 평가결과에 대한 공정성이 높은 편이다. 영업직과 같이 월간, 연간 매출액이라는 객관적 성과를 통해 보상 받는 직무에서는 성과주의가 매우 효과적인 인적자원관리의 방식이 된다. 프로 스포츠와 같이 각종 게임 통계치가 누적되는 경우 역시 성과주의 인적자원관리가 효과적일 수 있다.

성과주의 인적자원관리의 장점은 투명성과 공정성에 있다. 일의 결과물을 계량화된 수치로 측정할 수 있기 때문에 평가의 투명성과 공정성이 높은 편이다. 또한 성과주의를 채택한 기업은 성과에 근거해서 평가와 보상 결정을 하기 때문에 근로자는 공정성이 높다고 생각할 수 있다.

그러나 성과주의 인적자원관리의 단점은 성과를 모든 인사 의사결정의 기준으로 삼기 어렵다는 점이다. 성과는 개인의 노력뿐만 아니라 시장이나 사업 환경에 따라 결정된다. 따라서 성과 변동의 책임을 근로자 개인에게만 물을 수는 없다. 또한 성과는 최종 결과물에 이르는 과정(process)을 제대로 반영하지 못한다. 성과는 주로 단기간에 성취한 결과물만으로 측정되는 경우가 흔하다. 성과만을 인적자원관리의 기준으로 할 경우 조직은 과정의 합리성을 간과하거나 장기적인 성과를 희생하여 지나치게 단기적인 성과만을 강조하는 부작용을 낳게 된다.

3 인적자원관리의 패러다임 변화

인적자원관리의 4가지 패러다임은 인적자원관리에서 나타나는 동양과 서양의 차이 그리고 시대적 차이를 보여주고 있다. 근속주의 패러다임은 주로 한국과 일본의 인적자원관리 방식을 반영하고 있고, 직무주의 패러다임은 유럽과 미국의 인적자원관리 방식을 반영하고 있다. 또한 시대적으로 과거에는 근속주의와 직무주의가 주된 패러다임이었다면 최근으로 오면서 역량주의와 성과주의 패러다임이 부각되는 변화가 나타나고 있다. 이를테면 유럽과 미국의 직무주의 전통은 점차 역량주의와 성과주의 패러다임을 도입하면서 직무, 역량, 성과를 복합적으로 인적자원관리에 결합하고 있다. 한국과 일본의 근속주의 역시 역량주의와 성과주의 패러다임을 도입하여 전통적인 근속주의를 개선해나가고 있는 실정이다.

현대의 인적자원관리는 4가지 패러다임을 복합적으로 채택하여 개량하는 과정에 있기

표 2-2 인적자원관리 패러다임의 비교

	근속주의	직무주의	역량주의	성과주의
인사결정의 기준	근속연수	직무	역량	가시적 성과
고용관계의 기간	장기	단기	중간	단기
채용대상	신입사원 중심	경력사원 중심	신입과 경력사원	경력사원 중심
장점	고용안정	직무전문성	역량개발 기회제공	투명성과 공정성
단점	고령화에 취약	인력활용의 경직성	역량측정의 어려움	업무과정 반영 미흡

때문에 더 이상 4가지의 패러다임을 따로 구분할 필요가 없을지 모른다. 인적자원관리의 패러다임을 구분하고 전형적 형태를 서로 비교하면 우리는 개념적으로 복잡한 현상을 더 명확히 이해하는데 도움을 얻을 수 있다. 위에서 설명한 인적자원관리 패러다임 4가지를 개념적으로 비교하면 <표 2-2>와 같을 것이다.

인적자원관리 패러다임은 동서양을 불문하고 점차 역량주의와 성과주의를 과거보다 더 많이 강조하는 방향으로 진행되고 있다. 최근으로 오면서 한국과 일본은 전통적인 근속주의를 파괴하고 역량주의와 성과주의를 더 많이 강조하고 있다. 한편 미국과 유럽은 전통적인 직무주의를 약화시키고 역량주의와 성과주의를 더 많이 도입하고 있다.

근속주의 패러다임에 역량주의가 결합된다면 어떤 변화가 발생할까? 근속의 의미는 퇴색되고 근속이 많이 된 직원이 꼭 먼저 승진하는 사례는 줄어들 것이다. 일정 근속에 도달한 직원은 반드시 직무역량을 검증받게 되고 역량이 직무가 요구하는 수준에 미달할 경우에 해당 직원은 승진대상에서 제외될 것이다. 과거의 근속주의 인적자원관리는 근속에 따라 대부분의 직원이 자동 승진하는 경향이 있었는데 역량주의가 도입되면 근속에 의한 자동승진 현상은 줄어들 것이다.

직무주의 인적자원관리가 역량주의와 결합되면 어떤 변화가 발생할까? 지나치게 세부적인 직무구분이 줄어들고 직원의 직무 간 이동이 늘어날 것이다. 역량주의는 직무구분을 덜 명확하게 하여 직원의 직무 간 이동을 더 많이 허용하는 경향이 있기 때문이다. 직무 간 이동은 새로운 직무에 대한 경험을 쌓을 기회를 제공하여, 직원이 더 높은 역량을 조직 내에서 습득할 수 있도록 한다.

박스사례 2-3 연공서열 깨부수는 밀레니엄 세대[5)]

실용주의를 추구하는 밀레니엄 세대는 최근 직무급제와 성과급제 도입에 찬성하고 있다. 직무급 보상제도는 하는 일에 따라서 보상이 결정되는 제도이다. 일의 중요도, 난이도, 책임정도가 증가하면 동일한 근속연수의 직원이라도 급여가 달라진다. 젊은 직장인들은 근속연수에 따라 자동으로 급여가 올라가고 승진도 따라가는 철밥통 인적자원관리에 반기를 들고 있다.

코트라(KOTRA)는 2020년 상반기에 58년간 유지하던 호봉제(근속연수에 따라 임금이 자동 인상되는 급여제도)를 폐지하기로 했다. 그 대신 모든 직무를 16등급으로 분류하여 급여를 차등하기로 했다. 이를테면 신시장 개척업무나 해외 무역관 근무자는 근속이 같은 근로자에 비해 더 많은 급여를 받게 된다. 젊은 직원들은 직무급제의 도입으로 어려운 일을 한만큼 더 많은 임금을 지급받을 수 있게 되었다. 직원 1,000명 이상의 공공기관 중 직무급제를 도입한 것은 코트라가 처음이지만 올해 안으로 공공기관 10여개가 직무급제를 도입할 것으로 보인다.

사기업 역시 이러한 변화에 동참하고 있다. 교보생명은 직무급제를 올해 안으로 도입할 예정이며, 현대·기아차는 승진자격을 근속연수로 제약하던 제도를 폐지하고 성과만 우수하면 누구든 1년 내에 상위 직급으로 승진할 수 있는 승진제도를 도입했다. 이와 같이 국내 기업은 전통적인 근속주의를 파괴하고 직무역량과 성과 중심으로 인적자원관리 제도를 개선해 나가고 있다.

토론

토론과제

본 장에서 학습한 내용을 기반으로 다음 이슈에 대해 토론해보자.

1. 테일러의 과학적 관리법이 현대의 인적자원관리 현장에서 아직도 적용되는 사례가 있는지 살펴보고 현대인에게 이를 적용할 때 나타나는 문제점을 토론해보자.
2. 한국에서 연공서열에 의한 인적자원관리가 자리 잡게 된 역사적 배경과 이유를 살펴보고 연공서열이 현대에 와서 붕괴되어 가는 이유를 토론해보자.
3. 최근 인적자원관리의 현장에서 성과주의에 해당되는 사례를 살펴보고, 성과주의의 장점과 단점을 토론해보자.

토론사례 인공지능과 인적자원관리6)

LG전자 글로벌생산센터에서 일하는 홍길동 선임의 주요 업무 중 하나는 해외 TV · 모니터 생산법인의 재고 금액을 파악해 재고가 얼마나 남았는지 재고일수를 환산하고, 기존 계획과 비교한 현황 보고서를 만드는 것이다. 그리고 현황보고서는 매일 각 법인에 보내진다. 이 일을 하는 데 한 달에 12시간이 소요됐다. 그러나 최근 그는 '보고서 쓰는 인공지능(AI) 로봇' 덕분에 이 일에서 해방됐다.

LG전자는 2018년 1월부터 사내에 보고서 쓰는 AI 로봇 시스템을 순차적으로 도입하고 있다. 현재 영업 · 마케팅 · 회계 · 인사 등 12개 직군의 총 120개 업무에 AI 로봇이 활용되고 있다. AI 로봇은 회사 시스템에 접속해 데이터를 확인하고 특정 양식의 보고서를 하나하나 입력한 뒤 메일을 보내는 일까지 대신해주고 있다. LG전자 관계자에 따르면 "현재 로봇이 처리하는 일의 양은 사람이 월 3,000시간 이상 일해야 할 수준"이라고 한다. LG전자는 현재 사무직을 대상으로 '주(週)당 40시간 근무제'를 적용하고 있는 만큼 '보고서 로봇'은 사람 19명(월 160시간 × 19명 = 3040시간)분의 일을 대신하고 있는 것이다. LG전자는 사내의 반응이 긍정적이자 연말까지 100개 이상의 업무를 로봇에 추가로 맡길 계획이다. 직장인들 사이에서는 "이러다 인공지능이 우리 자리를 다 뺏는 것 아니냐"는 얘기도 나온다.

인적자원관리 분야에서도 인공지능의 활용이 증가하고 있다. 최근 대기업에서는 인사팀의 최우수 사원이 '인공지능'이란 말이 나온다. 신입사원 자기소개서 1만 장을 보려면 인사팀 직원 10명이 하루 8시간씩 7일간 매달렸어야 했는데 AI는 8시간이면 해치우기 때문이다. 자기소개서 하나를 보는 데 걸리는 시간은 3초다. 이 시스템을 도입한 SK하이닉스 관계자는 "인공지능과 실제 인사팀 간 평가 점수 오차가 15% 이내"라면서 "앞으로 꾸준히 자기소개서를 학습시켜 정확도를 높여갈 것"이라고 한다.

KB국민은행과 오리온은 면접 전형에서 'AI 면접관'을 활용하고 있다. 지원자가 카메라·마이크가 달린 컴퓨터 앞에 앉아 60분간 질문에 답하면 인공지능이 자주 쓰는 단어와 각종 테스트를 통해 지원자의 가치관과 특징, 장단점, 적합한 직군까지 파악해내는 식이다.

토론문제

향후 인공지능은 인적자원관리 각 기능에 어떤 방식으로 확대될 것으로 생각하는가? 인공지능의 활용이 가져올 긍정적 결과와 부정적 결과는 무엇일까?

그림 2-3 인공지능의 역할

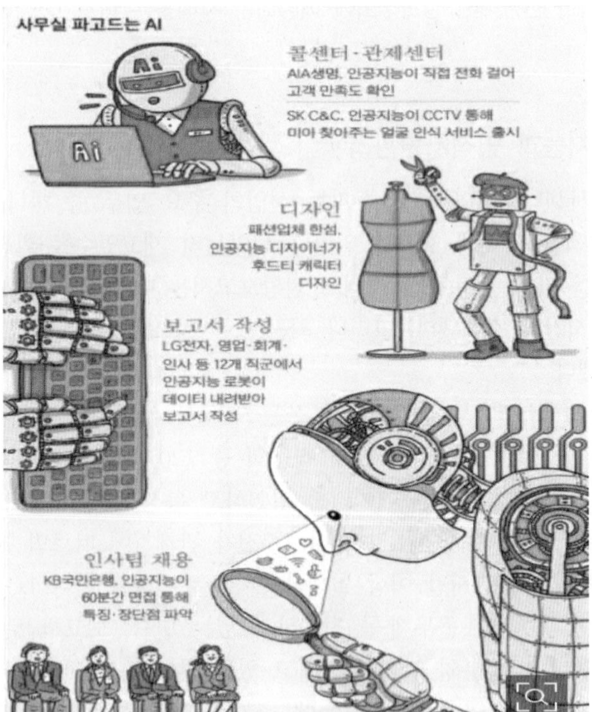

PART 02

직무관리와 인적자원의 확보

CHAPTER 03

직무관리

1. 직무관리의 개념과 제반 관리활동
2. 직위와 직무, 직렬, 직군, 직급의 체계화
3. 직무분석
4. 직무설계
5. 직무특성이론
6. 직무평가
7. 직무관리의 결과

CHAPTER 03

직무관리

학습목표

본 장에서는 직무관리에 관한 내용을 살펴본다. 인적자원관리의 두 축은 사람과 일(직무)이다. 일에 대한 합리적인 설계는 사람에 대한 관리만큼 중요하다. 회사는 직원이 무슨 일을 어떻게 하고 있는 지 파악한 후 직무를 개선할 방법을 찾아야 한다. 학습자는 본 장을 학습한 후 다음과 같은 목표를 달성할 수 있다.

❶ 직무관리의 개념과 절차들을 설명할 수 있다.
❷ 직무분석을 통해 직무의 내용과 방법, 범위 등을 파악하고 직무에 대한 정보를 수집 분석하는 방법을 설명할 수 있다.
❸ 직무방식과 직무시간, 직무절차를 재설계하여 기존의 방식보다 더 높은 생산성을 확보하고, 직원의 동기를 높이는 방법을 설명할 수 있다.

[도입사례] 마이크로소프트의 주 4일 근무제

일본의 마이크로소프트사는 2019년 8월부터 주 4일 근무제 실험을 단행했다. 주 4일 근무제는 워라밸(work life balance)을 높여줄 수 있는 방안으로 직장인들의 기대를 모으고 있다. 일본 마이크로소트프사의 직원은 주 4일, 하루 10시간, 주 40시간을 일하고 급여는 주 5일과 동일하게 지급한다. 그리고 금요일 회사 출근은 유급휴가로 대체되고 주말 포함해서 주당 3일은 쉴 수 있다. 마이크로소프트사는 근무일수를 줄이는 과정에서 보완대책을 함께 고민하였다. 이를테면 회의시간을 30분으로 한정하고, 이전보다 원격회의를 더 많이 하도록 권장했다. 오후

1시부터 3시까지는 집중근무시간으로 정해 모든 회의와 전화 등은 금지된다. 이런 주 4일제 실험은 어떤 결과를 가져왔을까?

전체 직원 2,280명 중 92.1%는 주 4일제를 긍정적으로 평가하였다. 96.5%는 업무 생산성이 높아졌고, 97.1%는 업무 외 삶에 긍정적인 변화가 있었다고 답변했다. 일본 마이크로소프트사는 아직 주 4일제의 효과를 확신할 수 없지만 8월 시행 후 한 달간 회사의 1인당 매출 생산성이 전년 대비 39.9% 가량 증가하였다는 점에서 일단 긍정적이다. 주 4일 근무제 실험은 일본에만 국한되지 않는다. 미국 인사관리협회(SHRM)의 조사에 의하면 미국 전체기업의 27%는 주 4일제를 도입 중이고, 이중에서 12%는 근무시간을 주 40시간에서 주 32시간으로 줄이는 실험까지 하고 있다.[1)]

1 직무관리의 개념과 제반 관리활동

(1) 직무관리의 개념

직무관리(job management)란 직무의 내용과 범위, 절차와 방법, 그리고 직무수행의 시간과 장소를 관리하는 활동이다. 그 목적은 직무수행의 생산성을 높이고, 직무 수행자의 만족을 높이는데 있다. 직무관리의 대상은 주로 직무에 초점이 맞추어져 있다. 물론 직무와 직무수행자는 서로 분리될 수 없기 때문에, 회사는 직무 수행자의 정신적 육체적 한계를 염두에 두고, 일(직무)의 특성을 계획하고 관리해야 한다.

직무(job)란 서구 국가들이 사용하는 개념이라 아시아권 국가에서는 비교적 생소한 단어이다. 직무와 유사한 용어로서 일, 업무, 근로 등의 단어가 있지만 직무와 정확히 일치하는 개념으로 보기는 힘들다.

정의하자면 직무란 서로 유사한 과업(task)들과 책임(responsibilities)의 꾸러미를 의미한다. 한 예로서 비서(secretary)라는 직무를 생각해보자. 비서 한 명은 ① 전화받기, ② 미팅시간 정하기, ③ 타이핑, ④ 메모, ⑤ 손님응대 등 작은 과업들을 수행하고 있다. 과업은 직무를 구성하는 작은 작업 활동을 의미한다. 한 명의 비서가 이들 과업을 모두 수행한다면 비서는 총 5개의 과업으로 구성된 직무를 수행하고 있다고 볼 수 있다.

직무관리의 시작은 한 직무를 몇 개의 과업으로 구성하고 각 과업에 대해 어떤 책임을 요구할지를 정하는 것에서부터 시작된다. 비서라는 직무는 총 5개의 과업이 아니라 4개 혹은 3개의 과업만으로 정의될 수도 있다. 이를테면 타이핑은 과거처럼 비서만이 하는 과업으로 보기 힘들기 때문에 비서라는 직무는 타이핑을 제외한 나머지 4개의 과업으로 구성될 수도 있다. 또한 각 과업별로 특정한 책임을 요구할 수 있다. 이를테면 '미팅시간 정하기'란 과업은 '회의 참석자 모두의 가능한 시간을 파악하여 회의시간을 사전에 정한다'는 책임을 요구할 수 있다.

(2) 직무관리의 목적

직무관리를 해야 하는 목적은 원론적으로 크게 2가지이다. 직무수행에 따른 생산성을 높이고 직무수행자의 근로의욕과 직무만족을 끌어올리기 위한 것이다. 즉, 직무의 생산성과 직무로부터의 만족, 이들 2가지를 모두 확보하는 것이 직무관리의 목적이다. 직무를 구성하는 과업과 책임의 꾸러미를 잘 구성하면 조직은 이러한 2가지 목적을 성취하기 더 용이해진다.

아시아권 국가에서는 한 근로자가 수행할 과업을 사전에 명확히 정의하지 않는 경향이 있다. 직무를 구성하는 과업을 사전에 정하지 않고 관리자의 지시에 의존하게 되면 직원은 관리자의 지시만 기다리는 수동적 태도에서 벗어나기 힘들다. 따라서 직무관리를 체계화하기 위해서는 우선 근로자의 직무를 어느 정도 사전에 정해놓는 것이 필요하다.

(3) 직무관리의 활동들

직무관리를 구성하는 활동을 구분해보면 다음과 같다.

첫째는 기존 직무의 내용과 범위를 조사하고 분석하는, 직무분석(job analysis)이라는 활동이다.

둘째는 직무분석에서 모아진 정보를 활용하여 직무를 개선해 나가는 직무설계(job design)의 활동이다.

셋째는 직무분석에서 모아진 정보를 활용하여 직무의 상대적 가치를 측정하는 직무평가(job evaluation)의 활동이다.

그림 3-1 직무관리 활동

직무분석 → 직무설계

직무분석 → 직무평가

직무분석은 주로 직무 관련 정보의 수집과 분석활동이고, 직무설계와 직무평가는 직무분석으로부터 수집된 정보를 활용한 후속작업이라 할 수 있다. 직무설계와 직무평가는 각기 조직의 필요에 따라 이루어지는데 직무분석 정보를 이용한다는 점에서 공통점을 가진다. 그럼 각 활동의 연관성을 알아보면 [그림 3-1]과 같다.

직무관리의 첫 번째 활동인 직무분석은 직무에 관한 정보를 수집하고 분석하는 활동이다. 직무에 대한 정보는 직무의 역할, 직무수행자가 갖추어야 할 자격, 직무로부터 기대되는 성과 등을 말한다. 직무정보를 수집하는 방법은 직무수행자에 의한 자기보고, 설문지를 통한 응답조사, 직무수행자와의 면담, 직무를 잘 아는 전문가의 검토 등이 있다.

직무관리의 두 번째 활동은 직무설계인데, 직무설계는 직무분석 활동과 달리 다분히 창의적인 접근이 필요하다. 이를테면 한 직무를 구성하는 과업을 조정하고, 업무과정을 다시 설계하며, 직무수행의 시간과 장소까지 고려하여 직무를 전체적으로 다시 설계하는 것이다.

직무설계는 일회성 활동이 아니다. 직무설계 이후에 관리자는 해당 직무를 시행해보고, 생산성이 높아졌는지, 직무수행자의 근로의욕이 높아졌는지 등을 검토해야 한다. 직무설계에의 과정은 시행착오를 거쳐 생산성과 직무만족도의 개선여부를 확인하고 필요하면 다시 직무설계를 반복하는 재설계과정을 거치게 된다.

직무관리의 세 번째 활동은 직무평가이다. 직무평가란 말 그대로 직무 간의 가치를 비교하여 조직에서 가장 가치 있는 직무로부터 덜 가치 있는 직무까지 가치를 매기는 활동이다. 조직 내 직무는 필요에 의해 만들어졌기 때문에 모두 가치 있다고 할 수 있다. 그러나 특정 직무는 급여가 높고 능력 있는 직원이 수행해야 한다. 반대로 다른 직무들은 급여가 낮고 전문적 능력이 요구되지 않을 수 있다. 따라서 조직 내 직무들 간에는 가치 차이가 있다고 보고, 직무평가를 하게 된다. 직무평가의 결과를 가지고 조직은 급여를 결정하고 직원배치 시에 참고한다. 직무평가를 위해서는 직무가치를 비교할 기준을 먼저 정하고 그 기준에 따라 직무들을 상호비교 평가하는 작업이 요구된다.

2 직위와 직무, 직렬, 직군, 직급의 체계화

(1) 직위와 직무

직무관리를 위해서는 과업(task)과 직무(job)라는 개념 외에 직위(job position), 직급(job class), 그리고 직군(job family)의 체계를 이해해야 한다. 직무관리가 잘 된 경우는 대부분 과업, 직무, 직위, 직급, 직군의 구분이 체계적으로 정립된 상태를 말한다. 지금부터 이들 개념들을 직무와 비교하면서 각 단어의 의미를 알아보자.

특히 직위(job position)는 직무와 유사한 개념이라서 자주 혼동을 일으킨다. 직위는 '한 사람의 근로자에게 배당된 과업과 책임의 꾸러미들'이다.[2] 앞서 비서의 예로 돌아가 보자. 비서의 직무는 5개의 과업과 책임으로 구성되어 있다고 하였다. 그러나 회사 내 비서들 중 A라는 비서는 외부 손님응대에 하루 8시간조차 벅차기 때문에 손님응대라는 한 가지 과업만을 배당받을 수 있다. 이 경우 비서 A는 5개의 과업과 책임의 꾸러미 모두를 수행하지 않아도 된다. A라는 비서의 직위(position)에서는 손님응대라는 1가지 과업과 책임만을 수행하게 된다. 따라서 직위와 직무는 반드시 일치하지 않는다. 그러나 직위는 하나의 표준적 직무에서 파생되어 특정 직원에게 배당되는 과업과 책임이라는 점에서 직무와 밀접히 연관되어 있다.

직무(job)가 근로자에게 배정 가능한 유사한 과업들의 꾸러미라면 직위(job position)는 특정 근로자 한 명에게 배정된 과업들의 꾸러미이다. 한 조직 내 직위의 숫자는 조직의 구성원 숫자와 일치하게 된다. 회사 내에 비서라는 직무를 수행하는 근로자가 20명이라면 직위의 숫자 역시 20개가 된다.[3]

다른 예로 슈퍼마켓의 캐셔(cashier)를 생각해보자. 한 슈퍼마켓에는 계산대 7개가 있다. 그리고 각 계산대에는 1명씩 총 7명의 캐셔가 있다. 그러면 직위 역시 7개가 된다. 이 경우 캐셔라는 직무의 과업과 책임은 7개 직위에 모두 공통적으로 적용된다.

직무가 표준적으로 정해져 있다 하더라도 한 직무에서 파생된 직위들이 모두 동일한 과업과 책임을 갖는 것은 아니다. 비서들 중에는 비서 직무를 구성하는 5개의 업무를 모두 수행하는 경우도 있지만 그렇지 않은 경우도 있다. 비서 직위에 있는 근로자 모두가 동일하게 5개의 과업을 수행하는 것은 아니기 때문이다. 조직은 직무를 먼저 정의한 후 이를 기준으로 직위마다 과업과 책임의 정도를 조금씩 조정해서 다르게 변화시킬 수 있다.

조직이 직무관리를 할 때는 근로자마다의 직위가 어떤 직무에서 파생되어 형성되었는지를 파악하고 있어야 한다. 각 직위가 파생된 직무를 파악하면 해당 근로자들이 모두 유사한 직무를 수행하고 있다고 주장할 수 있다. 그리고 임금 및 근로처우 역시 이들 직위의 근로자들 간에 큰 차이를 두어서는 안 될 것이다.

(2) 직렬과 직군

한편 직렬(sub job family)은 유사한 직무들을 모아서 하나로 그룹화한 것을 말한다. 이를테면 인적자원을 관리하는 직무들은 인사직렬(human resource sub job family)이라는 명칭으로 그룹핑(grouping)될 수 있다. 인사직렬에는 노사관계를 다루는 노무관련 직무들, 사내 근로자의 역량개발을 위한 교육훈련 직무들, 그리고 채용, 인사평가, 급여 및 복리후생 관련 직무들이 속하게 된다.

직군(job family)은 또 다시 유사한 직렬들을 하나로 모아 그룹화한 것이다. 이를테면 많은 조직에서 인사직렬, 재무직렬, 기획직렬 등은 경영지원직군이라는 직군으로 분류하고 있다.

직무관리를 체계화하기 위해서는 조직 내 모든 직무들을 파악해야 하며, 이들 직무를 직위, 직렬, 직군 등으로 일목요연하게 정리해야 한다. 그래야 각 직무, 직위, 직렬, 직군 별로 채용, 평가, 보상, 교육훈련 등의 특수성을 고려할 수 있다. 이를테면 경영지원직군과 영업직군, 생산직군의 직무를 모두 동일한 기준으로 관리할 수는 없다. 채용기준이나 보상수준, 평가기준 등에 있어 각 직군별로 차이가 있어야 한다.

(3) 직 급

직무와 연관된 또 다른 개념으로 직급(job grade)이 있다. 직급은 직무들을 조직에 기여

표 3-1 직무와의 유사 개념들

직무	유사한 과업(task)들과 책임(responsibilities)의 꾸러미
직위	한 사람의 근로자에게 배당된 과업과 책임의 꾸러미
직렬	유사한 직무들을 모아서 하나로 그룹화한 것
직군	유사한 직렬들을 모아서 그룹화한 것
직급	직무들을 조직에 기여하는 정도와 가치에 따라서 등급화한 것

하는 정도와 가치에 따라서 등급화한 것을 말한다. 이를테면 1등급, 2등급, 3등급, 4등급, 5등급과 같이 조직 내 모든 직무들을 낮은 등급에서 높은 등급으로 구분하는 것이다. 직급은 주로 보상과 각종 처우의 기준으로 활용된다. 이를테면 5등급의 직무를 수행하는 근로자는 1등급의 직무를 수행하는 근로자보다 더 높은 보상을 받게 된다. 또한 직무수행 역량이 개선되면 근로자는 1등급에서 2등급으로, 다시 2등급에서 3등급으로 승급하게 된다.

직급을 구분하려면 앞서 설명한 직무평가를 활용하면 된다. 직무평가를 통하면 조직 내 직무들의 상대적 가치를 평가할 수 있기 때문이다. 일반적으로 조직에 기여하는 정도와 가치가 높은 직무일수록 직무수행의 난이도와 책임정도가 증가하는 경향이 있다. 따라서 직급은 직무의 난이도, 기여도, 책임정도 등을 복합적으로 고려하여 등급이 정해진다. 높은 직급의 직무를 수행하는 근로자는 그렇지 않은 근로자보다 더 높은 역량을 소지하고 있어야 한다. 조직은 역량을 고려하여 근로자를 적당한 직급에 배치하게 된다.

이상의 직무관련 용어들을 요약해보면 다음과 같다. 직무는 과업들의 꾸러미이며, 직무가 근로자에게 배정되면 다양한 직위가 발생하게 된다. 또한 유사한 직무들을 모아서 그룹화하면 직렬과 직군이 된다. 직급은 직무가 조직에 기여하는 정도로서 직무의 난이도, 직무수행자의 역량 등을 종합적으로 고려하여 결정된다. 특정 직무가 어떤 직급에 속하는지를 알기 위해서는 직무평가 방법을 활용하면 된다.

박스사례 3-1 롯데그룹의 직급개편

롯데그룹은 최근 직급체계를 개선하였다.[4] 직급은 보상과 밀접하게 연결되어 직급이 올라가면 보상액이 올라가는 관계를 가지고 있다. 직급과 유사한 개념으로 직책이 있다. 직급이 주로 보상

수준을 결정하는 기능을 가지고 있다면 직책은 관리자와 같이 각 조직단위를 책임지는 임무를 나타낸다.

특정한 직책을 수행하기 위해서는 일정한 직급 이상의 자격을 갖추고 있어야 한다. 왜냐하면 직급은 특정 직무수행을 위한 자격을 갖추었음을 의미하기 때문이다. 이를테면 팀장이 되려면 특정 직급 이상의 자격을 갖추어야 한다.

롯데그룹은 2000년대 중반이후 인사적체가 심화되어 특정 직급자가 모두 그에 상응하는 특정한 직책에 자동으로 보임되는 것이 불가능해졌다. 따라서 롯데는 직급과 직책구조를 이원화여 직급=직급의 관행을 무너트렸다. 과거와 같이 부장이 모두 팀장으로 보임되는 시대는 지나갔다. 부장 중에서 일부만 팀장이 될 수 있으며, 차장이나 과장 중에서도 팀장이 될 수 있는 구조로 직급과 직책을 밀접하게 가져가지 않도록 하였다.

표 3-2 롯데의 과거와 현재 직급구조

부장	S1	Senior Manager [수석사원]	팀 단위조직의 리더십 보유 산업특성의 이해와 통찰력 보유 성과창출 기본단위 성과관리/평가관리 능력 보유
차장	S2		
과장	M1	Manager [책임사원]	Playing Leader, 직무 전문성 보유 팀장 보좌, 소그룹 조직 담당 책임 직원의 멘토링, 코칭을 통해 성장지원 능력 보유
과장대리	M2		
대리	SA	Senior Assistant [대리]	담당 직무 기본, 단독 직무수행 가능
사원	A	Assistant [사원]	조직/직무에 대한 육성기 담당직무와 단독직무를 제한적으로 수행 가능
사원	JA	Junior Assistant [사원]	조직/직무에 대한 육성기 한정된 직무에 대해서 보조적 업무 수행 가능

<표 3-2>는 롯데의 과거 직급구조와 현재의 직급구조를 대비하여 보여주고 있다. 과거에 롯데의 직급구조는 사원-대리-과장대리-과장-차장-부장의 6개로 구성되어 있었다. 그러나 현재의 직급구조는 사원-대리-책임사원-수석사원의 4개로 단축되었다. 그리고 직책은 실무자-매니저-팀장의 3개로 운영되고 있다. 롯데는 직급의 수를 축소하고 직책과 직급을 분리 운영함으로써 인력활용의 유연성을 높이고자 했다. 롯데그룹의 직급구조는 상위로 올라갈수록 조직에 더 가치 있는 직무를 포함하고 있으며, 보상의 수준 또한 상승하도록 설계되었다.

3 직무분석

(1) 직무분석의 개념

직무분석은 직무에 대한 정보를 수집, 분석, 정리하는 활동 및 그 결과를 말한다. 직무는 일반적으로 과업(tasks)이라는 하부 단위로 구성되어 있고 직무분석은 한 직무를 구성하는 과업들을 조사하는 것에서 시작된다.

직무분석은 크게 두 가지의 정보를 수집하고 분석하는 작업이다. 하나는 직무를 구성하는 과업들의 내용, 즉, 과업들의 책임, 역할, 의무 등을 명확히 규명하는 작업이고 다른 하나는 해당 직무를 수행하기 위해 필요한 근로자의 기술, 지식, 능력 등을 조사하는 작업이다.

직무분석의 결과물은 이들 직무정보를 조사하여 정리한 문서이다. 문서는 직무기술서(job description)라고 불리는 것과 직무명세서(job specification)라고 불리는 2가지 서류인데, 전자는 직무의 내용과 범위를 정리한 문서이고 후자는 직무수행자의 자격요건을 기술한 문서이다. 직무기술서와 직무명세서는 내용적으로 서로 구분되지만 실제 하나의 서류로 통합해서 작성되는 경우가 흔하다. 따라서 직무기술서의 후반부에 직무명세서의 내용이 이어지는 하나의 서류로 작성되는 경우가 일반적이다. 결과적으로 직무분석은 직무와 그것을 수행하는 사람에 대한 역량정보를 체계적으로 정리하여 문서화하는 작업이라 할 수 있다.

(2) 직무분석의 과정

직무분석의 과정은 일반적으로 다음과 같은 절차에 따라 진행된다.

(가) 사전 계획단계

직무분석의 활용목적을 구체적으로 정하고 이에 적합한 직무분석을 수행하여야 한다. 예컨대 직무분석의 목적이 인력의 채용기준을 마련하는 것이든, 교육과 훈련의 내용을 정하는 것이든, 인사평가의 기준을 마련하는 것이든, 직무를 재설계하여 생산성을 개선하려는 것이든 목적을 사전에 정하는 것이 중요하다.

(나) 준비 및 홍보단계

직무분석을 수행할 책임자를 정하고 내부 직원의 저항을 최소화할 수 있도록 사전에 직무분석의 목적과 절차를 내부 직원에게 알리는 것이 필요하다. 직무분석의 책임자에는 조직 내 최고경영자, 인사담당 임원, 인사팀, 현장 관리자들, 외부 전문가가 포함될 것이다.

직무분석의 과정에서 때론 내부 직원들의 저항이 발생하기도 하는데, 직원들은 직무분석 정보가 나중에 자신에게 불리한 인사결정으로 이어질 것을 우려하기 때문이다. 이를테면 자신이 수행하는 직무의 업무량이 다른 직무에 비해 적다든지, 직무요건에 비해 자신의 자격이 부족하다든지 등 직원은 자신에게 불리한 직무정보가 나올 가능성을 우려한다.

따라서 직무분석의 준비와 홍보단계에서는 직무분석의 활동이 직원에게 불이익이 되지 않도록 할 것을 명확히 해야 한다. 만약 근로자의 우려가 클 경우에는 노동조합이나 직원대표를 직무분석 과정에 참여시켜, 직무분석 과정에 직원의 의견을 수렴할 수 있도록 해야 한다.

(다) 직무분석의 수행 및 문서화

직무분석을 수행하고 수집된 정보를 직무기술서와 직무명세서로 정리한다. 일반적으로 조직은 직무기술서와 직무명세서를 구분하지 않고 하나의 문서로 통합한 후, 직무기술서라 총칭하는 경우도 있다. 직무분석의 수행은 주로 현 직무수행자, 직무수행자의 직상위자, 컨설턴트 같은 외부 직무분석 전문가 등이 담당하게 된다. 수집된 정보를 담은 각 문서들의 내용을 살펴보면 다음과 같다.

① 직무기술서(job description): 직무기술서는 직무를 구성하는 과업, 의무, 책임에 대한 정보를 수집, 분석하여 서술한 문서이다. 직무기술서의 내용은 직무의 명칭, 보고관계, 근무부서, 근무지역, 과업의 내용, 책임과 의무 등을 담고 있다.

② 직무명세서(job specifications): 직무명세서는 직무를 수행하는 데 필요한 지식, 기술, 능력, 교육 정도, 업무경험, 신체역량 등을 수집, 분석하여 서술한 문서이다.

(라) 직무분석의 반복적 실행

직무는 계속 변화하기 때문에, 정기적으로 직무의 변화된 내용을 직무기술서와 직무명세서로 다시 정리한다. 직무분석은 직무의 변화에 맞추어 지속적인 개정이 필수적이다. 직무가 변화되는 주기는 사업과 조직규모에 따라 다양한데, 일반적으로 제조업은 2년~3년 주기로 직무분석을 반복하는 경향이 있으며, IT관련 사업은 3개월에서 1년 사이로 직무분석을 반복하기도 한다. 직무분석에는 인력과 비용이 들기 때문에, 자주 하기가 힘들지만 조직은 최대한 직무의 변화를 따라잡을 정도의 주기로 직무정보를 최신으로 유지해야 할 필요가 있다.

(3) 직무분석의 방법

직무분석의 방법은 직무관련 정보를 수집하는 방법과 수집한 정보를 일목요연하게 정리하여 직무기술서(직무명세서까지를 포함한 직무기술서)로 작성하는 방법으로 구분해볼 수 있다.

(가) 직무정보를 수집하는 방법

직무정보를 수집하는 방법은 IT기술을 활용하여 점차 자동화되고 있지만 직무 정보의 수집에는 상당한 시간이 소요된다.

직무정보의 수집에는 정확성과 신뢰성이 요구되는데, 직무정보가 실제 직무 수행의 내용과 과정을 정확히 반영해야 하고, 직무수행자가 제공하는 정보가 왜곡되지 않고 신뢰할만한 것이어야 한다.

정확하고 신뢰할만한 직무정보를 수집하려면 다음과 같은 지침이 필요하다.

첫째, 직무정보는 가급적 직무수행자로부터 직접 수집하는 것이 바람직하다. 그러나 직무수행자로부터 수집한 정보가 누락되거나 왜곡될 수 있기 때문에, 상위자와 하위자, 동료 등 직무수행자 주변의 사람들이 같이 검토하고 확인해야 한다.

둘째, 직무정보를 보다 효율적으로 수집하기 위해서 추상적인 서술이나 이야기 형식의 정보보다는 직무정보를 코드(code)화 할 수 있으면 좋다. 표준적인 기입양식을 만들어 직원이 직접 기입하도록 하고 정해진 양식을 채워나가도록 하면 나중에 정보를 정리하는데 수월하다.

셋째, 직무정보를 기입하는 양식은 조직개편이 발생하더라도 기존의 양식을 그대로 활용할 수 있는 보편성을 가지고 있으면 바람직하다. 직무분석을 할 때마다 직무정보를 기록하는 양식이 변경되면 직무분석에 걸리는 시간이 더 많이 소요될 수 있기 때문이다.

직무정보를 수집하는 방법에는 다음과 같은 것이 있다.

① 관찰법(observation)

관찰법은 직무수행자의 업무 내용을 외부에서 관찰하여 기록하는 방법이다. 관찰법은 직무수행자의 업무활동 대부분이 가시적으로 확인 가능할 때 유용한 방법이다. 또한 관찰법에 가장 적합한 직무는 업무수행의 한 사이클(cycle)이 짧아 반복적으로 관찰이 용이하고 육체적 활동이 많은 직무들이다.

② 업무일지법(work diary)

업무일지법은 직무수행자가 매일 기록하는 업무내용을 기반으로 직무정보를 수집하는 방법이다. 업무일지는 일종의 직무 일기장 같은 것으로 그날에 한 일과 시간, 주요사건들, 돌발적 업무 등을 기록한 것이다. 업무일지를 상당기간 동안 누적하면 직무정보를 많이 수집할 수 있다.

③ 설문지법(highly structured questionnaire)

직무분석에 활용되는 설문지는 직무 관련 정보를 체계적으로 수집할 수 있도록 표준화된 형식으로 개발되어야 한다. 설문지법은 직무의 내용과 범위, 그리고 직무수행자의 자격요건을 쉽게 파악하도록 응답자가 주관적으로 서술하는 것을 최소화해야 한다. 설문지는 일반적으로 객관식 답안처럼 주어진 선택사항 중에 체크하는 방식으로 되어 있다. 설문지법은 많은 직무에 공통적으로 적용될 수 있는 표준화된 양식을 활용하고 있다.

④ 면접법

면접법은 직무수행자와 직무에 대한 질문과 답변을 주고받음으로써 직무관련 정보를 수집하는 방법이다. 면접법이 효과적이려면 직무수행자의 솔직하고 꾸밈없는 응답이 전제되어야 한다. 면접법은 다른 정보수집방법에서 파악하기 힘든 직무 내용을 세부적으로 파악하는데 유용하며, 특히 직무수행자가 갖추어야 할 자격과 능력 등에 대한 의견을 수집할 수 있다.

직무내용을 직무수행자의 자기보고 방식으로 조사하기 위해서는 자기보고양식을 먼저 작성하여 직무내용이 빠짐없이 기재될 수 있도록 해야 한다. 또한 설문조사를 할 경우에는 직무정보를 수집하기 위한 설문양식을 정해야 할 것이다. 또한 직무정보에 대한 인터뷰를 계획할 경우 누가 인터뷰 할지, 어떤 질문을 통해 직무정보를 정리할지 등을 사전에 계획해야 한다.

업무일지, 설문조사, 면접 등으로부터 수합된 직무정보는 최종적으로 검토할 사람이 필요한데, 이러한 검토에는 직무를 잘 알고 있는 내부 직무전문가(혹은 직무수행자의 상사), 외부의 직무정보 분석 전문가를 활용할 수 있다.

(나) 직무기술서와 직무명세서를 작성하는 방법

직무기술서와 직무명세서는 직무분석의 결과물로서 <표 3-3>과 같은 정보를 담으면 바람직하다. 직무분석은 원래 계획한 목표에 따라 필요한 정보가 직무기술서와 직무명세서에서 누락되지 않아야 한다.

표 3-3 직무기술서와 직무명세서가 담고 있는 정보

	직무기술서	직무명세서
정보	직무명과 직무장소 조직도에서의 위치 의무와 책임 주된 직무역할 보조적 직무역할 근무조건 예산과 비용에 대한 책임정도	해당 직무수행에 요구되는 자격기준으로서 교육수준 경험정도 교육훈련 정도 판단력과 의사결정 능력 등 정신적 역량 육체적 능력

직무기술서와 직무명세서는 조직마다 그 양식이 다양한데, 이는 조직이 지향하는 직무분석의 목표가 다르기 때문이다. 그러나 일반적으로 직무기술서와 직무명세서의 양식은 다음과 같은 정보를 담고 있으면 바람직하다.

① 직무에 대한 요약(summary): 직무명(job title)과 직무내용에 대한 요약. 해당 직무가 수행하는 역할, 책임, 의무 등에 대한 요약. 해당 직무 수행자가 달성해야 하는 성과표준(performance standard), 직무수행에 있어서의 자율성(혹은 감독)의 정도.

② 보고관계(reporting line): 해당 직무 수행자가 누구에게 직무수행 경과와 결과를 보고해야 하는지를 요약.

③ 감독관계: 직무수행자가 관리자라면 누구에 대한 감독, 지휘, 명령 권한을 가지고 있는지를 요약.

④ 최소 자격요건: 직무수행에 필요한 최소한의 지식, 기술, 정신적·육체적 능력을 요약.

⑤ 주된 직무역할: 직무수행자에게 요구되는 주된 책임, 의무, 역할 등을 요약.

⑥ 보조적 직무역할: 직무수행자가 주된 직무역할 외에 수행하면 바람직한 역할을 요약.

⑦ 성공적 수행을 위한 직무역량(success factor): 성공적인 업무수행이 가능하도록 만드는 역량(competence)으로 교육이나 근속연수 같은 외적인 지표뿐만 아니라 직무수행에 필요한 핵심역량을 말한다. 이를테면 창의력, 리더십, 팀웍 등의 내적인 역량을 말한다.

⑧ 작업조건(working condition): 근로 시 스트레스를 유발하고 작업을 힘들게 하는 근로조건이 있다면 이를 요약.

⑨ 성과표준(performance standard): 성과평가의 기준에 비추어 표준적인 성과수준이 어느 정도이어야 하는지를 요약. 이를테면 품질수준, 고객서비스 수준, 생산성 수준, 출근 및 결근 정도 등을 서술할 수 있다.

<표 3-4>는 관리자가 아닌 평직원의 직무기술서를 예시적으로 보여주고 있다. 다음 예시는 직무기술서와 직무명세서를 하나의 서식에 통합·정리한 형태이다.

표 3-4 고객서비스 담당자의 직무기술서

직무명: 고객서비스 담당자
부서: 고객서비스팀
보고라인: 고객서비스 관리자

직무 요약: 회사 내부 고객과 외부 고객에게 높은 수준의 고객서비스를 제공하는 역할을 책임지고 있다. 직무수행자는 회사 제품과 서비스에 대해 깊이 있는 지식을 가지고 있어야 하며 효과적으로 업무 지식을 적용할 수 있어야 한다.

최소 자격요건: 고등학교 졸업, 사무 경력 6개월, 기본적인 PC활용능력

바람직한 자격요건: 사무역량 훈련 프로그램 자격증, 고객서비스 실무경험 1년 정도

주된 직무역할:
주문 상태에 대한 정보를 고객에게 정확히 제공하고 제품에 대한 문의에 답해야 한다.
회사의 정책과 주문절차를 준수하여 고객의 주문과 주문변경을 처리한다.
회사의 정책을 준수하여 고객의 반품요청을 신속하게 처리한다.
회사 내 경리부서와 협력하여 신용카드 청구와 반환을 처리한다.
고객의 불만을 회사에 신속하게 알려서 적절한 조치를 할 수 있도록 한다.

보조적 직무역할:
리셉션 데스크(Reception Desk)의 담당자가 부재할 경우 대신 외부 관계자를 응대한다.

관리자가 지시하는 기타 부서 업무를 수행한다.

성공적 수행을 위한 직무역량:
Microsoft Office의 활용능력
시간관리능력(복수의 일을 우선순위를 정하여 처리하는 시간관리 스킬)
고객만족 서비스 정신
대인관계와 소통스킬
팀 지향적 태도

근무조건: 직무수행자는 때때로 7kg 정도의 물품을 옮겨야 하며, 매일 6시간 정도 PC 화면을 통해 작업하게 된다. 점심시간은 1시간 정도이며 4시간마다 15분의 휴게시간이 보장된다.

성과표준: 연초에 관리자와 함께 업무목표를 설정하며 분기별로 목표대비 성취도를 평가받는다. 최소한 목표대비 80%의 성취도가 요망된다.

직무기술서 개정 일자: 2015년 1월 1일, 2018년 1월 1일, 2020년 1월 1일

준수서약: 본인은 직무기술서 내용을 읽고 명확히 이해하고 있습니다.

이름: 홍 길 동 (사인) 일시: 2021년 1월 1일

(4) 직무분석 정보의 활용

직무분석 정보는 다양하게 활용될 수 있다. 직무분석 정보가 없을 경우에 인력관리를 합리화할 수 있을지 의문이 갈 정도로 직무분석 정보의 활용도는 잠재적으로 크다.

① 인사평가: 직무분석 정보 중 과업의 책임과 의무 관계를 파악해서 인사평가의 기준을 마련할 수 있다.

② 교육훈련: 직무분석 정보 중 직무수행자가 갖추어야 할 지식, 기술, 능력에 대한 정보를 파악하여 교육훈련의 내용을 계획하는데 활용할 수 있다.

③ 채용관리: 직무분석 정보 중 직무수행자에게 요구되는 자격기준, 즉 업무수행을 위해 필요한 지식, 기술, 능력 정보는 지원자의 채용요건을 정하는 데 도움이 된다.

④ 보상관리: 직무분석의 정보는 직무의 가치를 평가하는 데 활용된다. 직무의 가치를 측정하여 높은 가치의 직무에서 낮은 가치의 직무로 등급화할 수 있다면 직무가치에 따라서 보상을 어느 정도 차별화할 수 있다. 일반적으로 회사가 정한 직급체계는 높은 직급으로 갈수록 더 높은 임금을 지급하게 된다. 따라서 직무분석 정보는

보상관리의 필수적인 수단이 된다.

⑤ 배치전환 및 이동관리: 직무분석의 정보를 이용하면 직무별로 배치전환이 가능한 직무들을 선별하고 직원들을 체계적으로 이동시키는 것이 가능해진다. 직무분석 정보가 없다면 특정 직무수행자가 회사 내 어느 직무로 전환 배치될 수 있을 지 판단하기 어렵게 된다.

⑥ 조직개편과 인력규모 조정: 직무분석 정보를 활용하면 직무의 숫자와 내용을 파악할 수 있기 때문에, 중복이 심한 직무들을 서로 합치거나 필요 없는 직무를 줄이는 등 조직개편에 도움이 된다. 직무분석 정보를 기반으로 각 부서와 팀의 구성에 변화를 줄 수 있다.

4 직무설계

(1) 직무설계의 개념과 목적

일반적으로 조직 내 직무의 내용은 계속적으로 변화되기 마련이다. 관리자는 새롭게 추가된 과업을 특정 근로자에게 부여하고, 지속적으로 직원들의 책임을 조정하게 된다. 그 결과로 근로자의 직무는 변화하기 시작한다.

직무설계는 직무분석에서 모아진 정보를 활용하여 직무를 개선해 나가는 활동이다. 비록 직무분석이 공식적으로 이루어지지 않았다 하더라도 관리자는 필요에 의해 비공식적으로 직무설계를 하게 된다. 관리자는 현장의 필요에 의해 각 직원의 업무를 조정하기 때문이다.

직무설계의 목적은 직무수행의 효율을 높이고 직무수행자의 직무만족을 높이는 것이다. 관리자는 직무수행의 효율을 높이기 위해 근로자에게 특정한 과업을 부여하기도 하고, 과업의 일부를 제거하기도 한다.

그러나 직무수행의 효율을 높이는 것이 직무설계의 유일한 목적은 아니다. 무엇보다 작업자의 직무불만족이 발생한다면 직무설계는 성공할 수 없다. 따라서 직무설계는 직무 수행의 효율 즉 노동생산성을 끌어올리면서 다른 한편으로 근로자의 직무만족을 동시에 높이는

2가지 목적을 동시에 추구해야 한다.

(2) 직무설계의 패러다임

직무설계를 할 때 고려해야 할 점은 크게 2가지이다. 첫째는 직무의 전문화 정도를 결정하는 것과 둘째는 직무 수행의 권한을 직무수행자에게 얼마나 위임할 것인지에 관한 것이다.

우선 직무설계를 하기 위해서 조직은 전문화와 비전문화의 정도를 결정해야 한다. 전문화(specialization)는 직무를 구성하는 과업(task)의 숫자를 줄이는 것을 의미한다. 한 사람이 수행하는 직무가 아주 소수의 과업, 극단적으로 1개의 과업으로 구성된 상황을 생각해보자. 해당 근로자는 하나의 과업만을 수행하기 때문에 반복을 거듭해야 할 것이다. 반복으로 인해 근로자의 능숙함은 증가하고 작업효율도 자연히 증가하게 된다. 전문화는 노동생산성을 높이는데 도움이 된다. 그러나 반복에 따른 지루함이 증가하여 전문화는 근로자의 불만족을 발생시킬 여지가 있다.

반대로 비전문화(generalization)는 직무를 구성하는 과업(task)의 숫자를 늘려서 다양한 과업을 한 직무수행자가 책임지도록 하는 것이다. 비전문화를 하면 과업마다 반복되는 정도가 줄어들기 때문에 능숙함(skillfulness)이나 작업효율이 떨어진다. 그러나 다양한 과업을 하면 근로자의 지루함이 줄어 직무에 대한 불만족이 높아질 가능성은 적다.

또한 직무설계를 하기 위해서 조직은 직무수행의 권한을 직무수행자에게 얼마나 위임할지를 결정해야 한다. 권한 위임의 양극단은 '완전한 감독과 지시' 그리고 '완전한 위임과 자율'이다. 현실은 양극단의 중간 어딘가이겠지만, 이는 직무의 성격에 따라서 결정되어야 할 것이다.

직무설계를 할 때 근로자의 모든 행동을 감독하고 지시에 의해서만 일을 하도록 할 경우, 근로자는 직무에 대한 의미를 상실하고 자신을 기계와 같은 존재라 생각할 수 있다. 일에 대한 의욕 역시 크게 떨어지고 지시를 기다리는 수동적인 근로자로 변할 위험까지 있다.

반대로 근로자에게 직무수행의 권한을 너무 많이 허용하면 대부분의 의사결정을 관리자의 승인 없이 할 수 있지만, 특정 근로자의 잘못된 결정으로 인한 위험을 조직이 부담해야 한다. 따라서 적절하게 직무수행 권한을 위임하고 자율성을 허용해주면 근로자는 일에 대한 주인의식을 갖게되고 회사는 근로자로 인한 위험을 줄이게 될 것이다.

그림 3-2 직무설계 패러다임의 전환

전문화	→	비전문화
지시와 감독	→	위임과 자율

요약해보면 직무설계의 원리는 우선 전문화의 정도와 위임의 정도를 어느 정도나 허용할 지 결정하는 것이라 볼 수 있다. 전문화를 심화시키고 위임정도를 낮추면 작업효율이 높아지고 잘못된 업무로부터의 위험을 방지할 수 있다. 반대로 비전문화를 심화시키고 위임정도를 높이면 근로자의 직무만족과 근로의욕은 높아지지만 잘못된 업무로부터의 위험은 증가한다.

직무설계의 방향은 과거 산업혁명 초기에 주로 전문화와 지시감독 중심이었으나 현대로 오면서 비전문화, 위임과 자율이 증가하는 추세이다. 이러한 직무설계의 패러다임 변화는 산업민주주의가 진행되면서 개인 근로자의 권리를 중시하고 작업장의 인간화를 추구하려는 경향을 반영하고 있다.

(3) 직무 전문화와 직무 비전문화

(가) 직무의 전문화

직무의 전문화는 한 직무에 포함되는 과업의 수를 줄이고 그 내용도 되도록 단순화하는 설계방식이다. 직무의 전문화가 이루어지면 한 직무 수행자가 단순화된 직무를 반복하는 정도가 높아지고 따라서 직무수행의 효율이 높아지게 된다. 직무의 전문화는 특히 생산성을 개선하는 장점을 가지고 있다. 다음의 <박스사례 3-2>는 전문화가 노동생산성을 기록적으로 개선할 수 있었던 경우를 설명하고 있다.

박스사례 3-2 아담 스미스의 국부론과 전문화의 원리

직무설계(job design)는 직무의 내용과 수행방법을 설계하는 것을 말하며 이를 통하여 동일한 인력으로 보다 일을 효율적으로 수행할 수 있게 된다. 영국의 아담 스미스(Adam Smith)는 그의 저서 「국부론」에서 분업의 원리를 제시하였는데 이는 일을 하는 방식에 관한 고전적인 예가 된다. 아담 스미스에 의하면 한 핀 제조공장에서 노동자 한 명이 핀 제조의 모든 공정을 혼자서 수행할 경우 하루 20개 정도의 핀을 생산할 수 있다고 한다. 그러나 전체 핀 제조 공정을 10개의 부분적인 공정으로 나누어 한 작업자가 단지 한 공정의 일만을 하도록 하면 하루 생산량은 무려 240배인 4,800개로 증가될 수 있었다. 이는 직무를 분업화시키는 직무설계가 생산성을 향상시킨 경우이다. 분업화는 직무의 내용을 단순한 부분으로 나누어 한 작업자로 하여금 전체 직무의 일부분만을 반복적으로 수행하도록 하는 직무설계의 방법이다. 분업화는 한 작업자가 동일한 단순작업을 반복적으로 수행하기 때문에 숙련이 쌓이게 되고 따라서 작업속도가 증가되는 효과를 가져 온다. 이는 작업자의 입장에서 협소한 특정 직무에 대한 전문가가 됨을 의미하며 직무설계상의 용어로는 직무의 전문화(job specialization)라고 한다.

(나) 직무의 비전문화

직무의 비전문화란 한명의 직무수행자가 되도록 많은 과업을 수행하고 과업의 내용도 복잡하게 구성하는 직무설계의 방법이다. 직무의 비전문화는 과거 아담 스미스 식의 직무전문화가 초래한 부작용에 대한 반작용적인 노력이다.

직무전문화는 생산성 향상에 결정적인 공헌한 것이 사실이나 작업장에서 인간의 소외현상(alienation)을 초래하는 문제를 발생시켰다. 자본주의를 비판한 칼 마르크스는 분업과 기계화로 특징 지워지는 생산방식이 인간을 점차 기계부품의 하나로 전락시킬 수 있음을 지적하였다. 노동의 소외란 '일에서 자신을 긍정하지 못하고, 오히려 자신을 부인하는 현상'이라 할 수 있으며 노동자가 일하지 않을 때만 비로써 자신을 느끼게 되는 현상이다.[5)]

작업자가 단순한 작업을 하루에 수 천 번씩 반복함으로써 일의 의미를 상실하게 되고 결국 근로의욕을 잃게 되는 현상은 장기적으로 생산품질의 악화와 직장 내 불만으로 연결된다. 이러한 직무전문화의 부작용은 직무의 전문화가 일정 수준이상으로 과도할 때 노동생산성을 하락시킬 수 있음을 의미한다. 따라서 직무의 비전문화가 필요한 상황이 발생할 수 있다.

박스사례 3-3 맥잡(MacJob)과 높은 이직률

맥도날드가 주문과 함께 햄버거를 수 분만에 처리할 수 있는 비결은 표준화된 작업절차와 전문화 때문이다. 빅맥(BigMac) 하나를 만들기 위해 근로자는 표준 매뉴얼에 나와 있는 대로 소고기 패티에 야채, 치즈, 빵을 올리는 일련의 작업절차를 꼭 지켜야 한다. 그리고 이 작업절차는 수 명의 근로자가 각자 정해진 역할만을 수행하는 전문화(분업화)에 의존하고 있다. 맥도날드는 아담 스미스 식의 전문화를 대표하는 특징을 가지고 있다. 소위 '맥도날드화'라는 것은 정해진 규칙과 절차에 구속되고, 근로자의 창의성을 허용하지 않으며 가급적 일을 단순한 과업으로 전문화하는 원리를 말한다. 맥도날드화는 확실히 노동생산성을 향상시키는데 기여하였으나 한편으로 근로자에게 일의 재미와 의미를 느끼지 못하도록 만드는 부작용을 초래하였다. 맥잡이라는 신조어는 재미없고 단순한 일자리를 의미하는 것으로, 실제 맥도날드의 연간 이직률이 두 자리 숫자라는 현상을 비판하고 있다.[6]

(4) 지시감독과 위임

(가) 지시와 감독 중심의 직무설계

프레데릭 테일러(Frederick Taylor)는 1900년에서 1920년대 사이 미국 산업화 과정에서 과학적 관리법(scientific management)을 창시하여 큰 기여를 하였다.[7] 과학적 관리의 방식은 감독자가 직무를 합리적으로 설계한 후 작업자가 이를 기계처럼 정확히 수행하도록 하는 매뉴얼 방식이다. 감독자는 일을 가급적 작고 단순한 과업으로 나누어 과업의 반복화가 많이 일어나도록 유도한다. 즉, 직무의 전문화를 가능한 최대로 적용한 직무설계 방식을 구현하는 것이다.

테일러의 과학적 관리법은 나중에 테일러리즘(Taylorism)이라 불리기도 하는데, 테일러리즘은 직무의 전문화뿐만 아니라 관리자의 지시와 감독이 작업자의 자율성을 크게 제약하는 방식이다. 테일러리즘에는 작업 매뉴얼이 있어야 하며 이 매뉴얼은 최고로 효율적인 동작과 가장 짧은 시간 내에 과업을 완수하는 방법을 담고 있다. 테일러리즘에 의한 직무설계는 노동생산성을 월등히 개선하여 산업 현장에 큰 기여를 하였다.

그러나 테일러리즘에 대한 비판은 근로자를 마치 기계와 같이 취급하여 기계처럼 정해진 작업방식을 준수할 것을 요구하였다는 데 있다. 테일러리즘의 기계적 직무설계방식은 이후 포드 자동차공장의 일관 조립생산라인(assembly line)의 설계 근거가 된다. 일관 조립생산라인에서 작업자는 컨베이어벨트와 유사한 속도와 방식으로 기계와 함께 일을 수행하게 된다.

박스사례 3-4 베들레헴 제철소의 테일러리즘

1900년대 초 베들레헴 제철소에서 일하는 선철작업자는 하루 12.5톤가량의 선철덩어리를 야적장에서 철도차량으로 운반하였다. 그러나 테일러의 과학적 관리를 도입한 후에 하루 작업량은 12.5톤에서 47톤으로 증가하였다. 작업자들은 모두 동일한 사람들이었고 단지 작업방식과 하루 일당을 지급하는 방식만을 바꾼 결과였다. 이로 인하여 근로자의 임금도 1.15달러에서 1.85달러로 인상되는 결과를 가져왔다. 동일한 작업자가 작업방식을 바꾸었는데 어떻게 이런 큰 변화가 단기간에 가능했을까? 테일러는 우선 선철덩어리를 나르는 근로자의 동작을 분석해서 불필요한 동작을 모두 없애고 정해진 동작만을 하도록 감독하였다. 작업 메뉴얼을 상세하게 만들어 교육도 시켰다. 또한 선철덩어리를 옮기는데 쓰는 삽(shovel)의 모양을 바꾸었다. 그뿐만이 아니었다. 감독자는 47톤을 하루의 표준작업량으로 정해 이를 달성할 근로자에게 파격적인 일당을 지급하였다. 즉, 성공에 대한 높은 보수와 실패에 대한 낮은 보수를 대비시키는 새로운 성과급 제도를 도입한 것이다.

(나) 위임과 자율 중심의 직무설계

피터 드러커(Peter Drucker)는 근로자의 직무수행을 세세하게 감시하는 것보다 직무수행의 상당부분을 직무수행자에게 위임해야 한다고 주장하였다. 드러커는 이를 목표관리(goal management)제도라는 것으로 구체화하였다. 목표관리제도는 통제중심의 경영관리에서 자율중심의 경영관리로 경영관리의 패러다임을 바꾼 계기가 되었다.

1950년대 초 드러커는 자신의 경영이론을 '목표에 의한 경영과 자기통제(self-control)'라고 지칭하였다. 목표관리는 감독자가 아닌 근로자의 자기통제를 전제로 만들어진 제도이다. 목표관리제 하에서 관리자는 업무의 세세한 지시와 감독을 지양한다. 그보다 관리자는 직무수행자를 지원해주는 데 그친다. 목표가 설정된 후 직무수행자는 관리자의 지시를 기다리기보다 스스로 추진방법을 결정하고, 목표달성에 주도적인 노력을 기울여야 한다. 목표관리제는 지시와 감독 중심이 아닌 위임과 자율 중심의 직무설계를 전제로 한다.

위임과 자율의 직무설계는 직무의 책임에 걸맞게 권한을 많이 위임해주는 것이며, 근로자가 관리자의 지시 감독을 기다릴 필요 없이 직무상황에 신속하게 대응하도록 하는 내용을 담고 있다. 이를테면 고객 서비스부서의 근로자가 제품의 반품에 대해 즉각적인 판단을 하고 의사결정을 할 수 있도록 허용하는 것이 이에 해당된다.

박스사례 3-5 수퍼셀의 작업방식[8)]

수퍼셀은 클래시 오브 클랜, 브롤 스타즈 같은 인기 모바일 게임을 개발한 핀란드 게임회사이다. 이 회사는 독립적인 조직과 작업문화를 통해 적은 인력으로 높은 매출을 기록하고 있다. 수퍼셀의 CEO 일카 파나넨(Llkka Paananen)은 모든 직원을 수평적인 단위인 셀(Cell)이라는 팀으로 조직화하여 팀원의 채용에서 목표설정, 작업시간관리까지 폭넓은 의사결정권을 셀의 직원에게 위임한다.

각 셀(팀)은 상당한 권한을 위임받아 자율적으로 일을 할 수 있다. 아이디어를 생각해 낸 직원은 그 아이디어에 공감하는 직원을 셀에 초대하여 셀을 직접 구축할 수도 있다. 셀은 해당 개발 프로젝트가 실패할 경우 사라지지만, 실패를 용인하는 문화로 인해 실패로부터 교훈을 학습하고 그 다음 프로젝트에 활용할 수 있다.

(5) 직무설계의 유형

산업화 초기에 직무설계가 주로 전문화와 지시감독을 강조하는 것이었다면 현대로 오면서 직무설계의 패러다임은 전문화에서 비전문화로, 감독과 지시 중심에서 위임과 자율중심으로 변화되고 있다. 따라서 직무설계의 유형은 전통적인 직무전문화에서 점차 직무확대, 직무충실, 직무교차, 직무순환, 팀작업 등의 직무 비전문화 위주의 직무설계로 대체되고 있다. 다음에서는 이러한 방법들을 간략하게 살펴본다.

(가) 직무 전문화(job specialization)

직문전문화는 직무를 구성하는 과업의 숫자를 줄여서 반복을 통한 생산성의 향상을 도모하고 전문성을 높이는 직무설계의 방법이다. 전문화(specialization)는 고도의 지식과 경험을 갖춘 직무에만 적용되는 것이 아니라, 단순하고 숙련이 적게 필요한 직무에 대해서도 동일하게 적용될 수 있다. 전문화란 과업의 숫자가 작고 직무의 범위가 협소한 직무를 의미하기 때문에 숙련직무나 비숙련직무 모두에 적용 가능한 개념이다.

(나) 직무확대(job enlargement)

직무확대는 작업자가 보다 다양한 과업을 수행하도록 하는 직무설계의 방법이다. 직무확대는 직무의 다양성을 높이는 것이기 때문에, 앞서 직무전문화와는 반대의 방법이라 할 수 있다. 직무확대는 분업화에 역행하는 설계방법이지만 적절히 활용할 경우 근로자의 근로의욕과 만족도를 높이는 작용을 한다. 직무확대를 하면 한 직무에 포함되는 과업의 수가 증가한다.

(다) 직무충실(job enrichment)

직무충실은 작업자가 보다 많은 의사결정 권한을 행사하도록 하는 직무설계의 방법이다. 직무확대는 단순히 연관된 과업의 수를 증가시키는 것이지만 직무충실은 감독자와 같은 상위직급자의 권한을 작업자에게 위임하는 것이다. 이를테면 생산계획이나 작업배정, 작업방식 등 관리자가 하던 의사결정을 직무수행자 스스로 결정하게 하는 방법이다. 직무충실을 하면 지나친 감독과 통제를 줄일 수 있다.

(라) 직무교차(overlapped job)

직무교차는 별도의 직무를 수행하는 두 명의 작업자가 서로의 직무 혹은 과업을 교환해서 수행하는 방식이다. 즉, 자신 고유의 직무를 수행하면서 다른 작업자의 직무 혹은 과업을 함께 수행하는 방법이다. 직무교차는 직무의 단조로움을 줄이는 데 도움이 될 수 있다. 직무를 서로 교차할 경우 어느 한 직무의 수행자가 결근하더라도 상대방이 당분간 이를 대신할 수 있다. 따라서 조직 입장에서는 업무수행의 안정성을 높일 수 있다.

직무교차를 하면 근로자가 한 가지 직무만을 하지 않고 연관 직무들의 기능까지 습득할 수 있는 장점이 있다. 직무교차는 한 근로자가 수행하는 과업의 숫자를 증가시켜 근로자의 매너리즘을 줄일 수 있다. 또한 직무 수행자의 결손이 있더라도 대체 인력이 있기 때문에 인력 운영의 유연성이 증가한다.

(마) 직무순환(job rotation)

직무순환은 근로자가 주기적으로 한 직무에서 연관된 다른 직무로 옮겨가는 직무설계의 방법이다. 직무순환은 일반적으로 3－4년의 기간을 두고 직무를 순환하는 형태로 이루어진다. 직무순환은 근로자로 하여금 다양한 직무를 경험할 수 있게 하기 때문에 직무확대와 유사하다. 단, 직무확대는 직무를 구성하는 과업 일부를 변화시키는 것이지만 직무순환은 직무수행자가 다양한 직무로 직접 순환하는 방식이다. 직무순환은 개인이 특정 업무를 오래하면 느끼는 매너리즘이나 단조로움을 극복하는데 도움이 된다. 또한 직무순환을 통해 다양한 직무를 경험함으로써 나중에 전반관리자의 능력을 배양할 수도 있다.

(바) 팀제

팀제는 직원에게 개별적으로 독립적 책임을 부과하는 것이 아니라 팀이라는 집단 전체가 공동으로 목표 달성의 책임을 지는 방법이다. 팀제는 팀원 간의 상호작용을 활발하게 만들며 전체 업무를 팀원들 간에 유연하게 나누는 유기적 관계성을 가진다. 팀제는 나의 업무와 상대방의 업무 간 경계선을 명확히 설정하기보다, 팀의 필요에 따라 팀원들 간에 자발적 협력과 상호 지원을 강조한다.

팀제 하에서 팀원들은 보다 다양한 역할과 과업을 수행하게 된다. 과거 개인 수준에서 하지 못한 의사결정을 팀 내에서 공동으로 하게 되는 변화가 있게 된다.

팀제는 근로자의 사회적 욕구를 충족하는 데 도움을 줄 수 있다. 팀은 근로의욕과 직무

표 3-5 팀의 유형과 특징

팀의 유형	특징
특수목적팀 (Special－Purpose Team)	특별한 문제를 해결하거나 작업과정을 개선하고 제품과 서비스의 품질을 개선할 목적 등으로 조직되는 특수목적팀으로 태스크포스팀(taskforce team)이라고 하기도 함
품질개선팀 (Quality Circle)	생산 품질을 검토하고 품질문제에 대한 해결안을 제시하기 위해 조직된 소규모 팀
생산셀(Production Cells)	제품 전체 혹은 일부 부품을 생산하기 위해 조직된 작업팀
자율적 작업팀 (Self－directed Work Team)	감독의 직접적 감독에서 벗어나 팀원들이 자율적으로 과업과 의무, 책임을 수행하는 팀
핵심팀원과 임시팀원으로 구성된 팀(Shamrock Team)	핵심팀원들은 고정적으로 참여하지만 그 외 팀원은 임시적으로 필요 시 참여하는 팀
다기능팀 (Cross－functional Team)	다양한 기능을 수행하는 부서에서 온 사람들이 모여 한 팀을 구성하는 경우로서, 생산기능, 마케팅기능, 연구개발기능의 관점을 통합적으로 고려해야 할 경우 구성되는 특수한 팀
가상팀 (Virtual Team)	물리적으로 만나서 일을 하지는 않지만 가상공간에서 서로 연결되어 일하는 팀

만족을 개선하는 장점도 있다. 또한 팀 내에서 근로자는 다양한 과업을 경험하게 되고 일부는 자발적 참여를 하기 때문에 팀제는 직무확대와 직무충실의 효과를 동시에 가질 수 있다. 팀의 여러 유형들을 구분해 보면 <표 3-5>와 같다.

(6) 근무시간설계 (work time design)

근무시간 설계를 효과적으로 하면 근로자의 생산성에 상당한 영향을 줄 수 있다. 성과와 근무시간은 다음과 같은 함수 관계가 있다고 볼 수 있다.

성과 = f(업무능력, 업무의욕, 직무방식, 근무시간, 근무장소)

근무시간을 적절히 설계하면 작업자는 휴식과 재충전의 기회를 가질 수 있다. 또한 개인의 가정생활과 직장생활 간의 갈등이 줄어들어 직무만족이 높아진다. 근무시간은 구성원들의 바이오리듬을 반영할 수 있도록 유연성을 가질 때 생산성 향상 효과가 크다. 근무시간의 형태를 구분해 보면 다음과 같이 다양하다.

① 고정근무시간제

근무의 시작과 종료시간이 전 직원에게 동일하게 고정되어 있는 경우이다.

② 변동적 근무시간제(flextime)

근무의 시작과 종료시간이 직원의 의사에 따라, 계절에 따라 변동되도록 허용하는 경우이다.

③ 부분근무시간제(part-time work)

근무시간이 풀타임이 아닌 경우로 하루 8시간보다 적게 일하는 경우이다.

④ 교대근무제(shift work)

근로자가 교대로 작업조를 구성하여 하루 8시간에서 12시간 정도의 계속 근무를 하는 경우이다. 한 공장이 24시간 가동될 경우 3교대조 근무를 하면 교대조당 하루 8시간 근무가 되며, 2교대조 근무를 하면 하루 12시간의 근무가 이루어진다. 낮 근무조와 밤 근무조는 적절하게 돌아가면서 하는 방식을 취한다.

박스사례 3-6 간호사의 교대근무제[9)]

병원 간호인력의 연간 이직률은 13.9%에서 33.9%에 이를 정도로 매우 높다. 간호인력의 이직률이 높은 데는 다양한 이유가 있으나 교대근무, 특히 야간교대근무와 연장근무(하루 8시간을 초과하는 근로)가 주는 부담이 크게 작용한다. 교대근무는 주간과 야간으로 교대조 배정이 돌아가면서 생활패턴을 불규칙하게 만든다. 그 결과, 수면장애가 발생하거나 연장근로가 겹칠 경우에 과로가 쉽게 발생한다. 간호인력이 가장 선호하는 근무형태는 주간대의 고정근무시간이고, 그 다음이 3교대조였다. 피하고 싶은 형태는 2교대조 환경에서 야간 12시간의 교대조를 전담하는 경우이다. 국내 간호인력의 부족을 해결하기 위해서는 간호인력의 이직률을 낮추고 장기근속을 유도해야 하는데 해결이 요원한 추세이다. 현재 국내 병원은 적은 간호인력으로 많은 환자를 간호해야 하고 야간교대조 근무를 해야 하며, 초과근로(하루 8시간 이상 근무)가 많은 상태에 있다. 교대조 근무형태를 효과적으로 운영하기 위해서는 근로자의 생활리듬을 고려해야 하며 연장근로를 최소화하는 것이 필요하다.

(7) 근무장소 설계(workplace design)

근무장소 역시 직무의 생산성에 중요하게 작용한다. 다음은 일반적이지 않은 근무 장소에 대한 경우를 소개한다.

① 통신근무(Telecommuting)

컴퓨터나 통신기기를 이용하여 집이나 기타의 장소에서 근무하는 형태이다. 재택근무와 집 근처의 온라인 근무센터에서 근무하는 경우가 있다.

② 임시근무장소(Hoteling)

임시근무장소는 직장 내 정해진 장소가 아닌 직장 외부의 장소에서 프로젝트가 종료될 때까지 임시적으로 근무하는 형태이다. 주로 프로젝트 형태로 일을 외부에서 수행하는 조직에서 활용된다.

③ 가상사무실(Virtual office)

온라인 상으로 사무실을 구축하고 여러 사람이 함께 정보통신 기술을 활용하여 근무하는 형태이다. 거리가 떨어진 곳의 근로자들이 서로 온라인상으로 일을 수행할 때 활용된다.

④ 자유좌석제

회사 내 정해진 좌석에서 근무를 하는 것이 아니라 근로자가 자유롭게 좌석을 정해서 사내에서 근무장소를 정하는 경우이다. 전통적인 좌석제는 부서와 팀별로 독립된 공간이 배정되지만, 자유좌석제 하에서는 근로자가 좌석을 자유롭게 선택할 수 있다.

⑤ 외부 근무

하루 근무시간 중 외부에서 고객을 만나 일을 처리하는 경우 해당 시간을 근로시간으로 인정해주는 경우이다. 아웃소싱 회사와 같이 고객회사 내 사무실을 임대하여 서비스를 제공하는 경우 역시 외부 근무의 한 형태로 볼 수 있다.

박스사례 3-7 SKC의 자유좌석제[10)]

SKC는 스마트오피스를 도입하면서 팀-실-부문 단위로 분리되었던 지정좌석제를 폐지하였다. 직원 각자가 원하는 자리에 앉아 일하는 자유좌석제를 도입하면서 동시에 프로젝트룸이라는 공동업무공간을 34개로 늘렸다. 각 층에는 카페 같은 휴식공간을 조성하고 직원들이 부담 없이 소통하도록 유도하였다. 지정좌석제가 없어지고 난 후 회사는 팀이 생길 때마다 지정좌석을 새로 만드는 불편이 없어졌다. 그 대신 프로젝트팀을 운영하기에 좋은 공간을 사내에 더 많이 설계하였다.

5 직무특성이론

직무설계를 할 때 관리자는 근로자의 생산성과 근로의욕, 그리고 직무만족을 높이기 위해 어떤 점에 유념해야 할까? 직무특성이론(job characteristics model)은 직무설계 시 참고할

표 3-6 직무특성이론의 직무특성차원

직무특성차원	정의
기술의 다양성 (Skill Variety)	한 작업자가 과업을 수행하기 위해 필요한 기술의 다양성 정도
과업 정체성 (Task Identity)	제품과 서비스의 전체 생산부분 중 어느 정도를 직접 담당하는 지의 정도. 과업정체성은 제품 전체를 혼자서 처음부터 끝까지 생산해낼 경우 높아지는 경향이 있다.
과업중요성 (Task Significance)	과업의 결과가 다른 직무수행자에게 미치는 중요성 혹은 영향 정도
자율성(Autonomy)	작업 시 재량권과 감독의 지시로부터 자유로운 정도
피드백(Feedback)	작업의 결과를 얼마나 신속하고 정확히 알 수 있는 지의 정도

수 있는 이론이다. 직무특성이론은 직무의 특성을 크게 다섯 가지로 구분하여 어떤 특성이 작업자의 직무만족과 생산성을 높이는지를 이론적으로 보여준다. 이 이론을 주장한 Heckman과 Oldham은 <표 3-6>과 같이 다섯 가지의 직무특성이 직무설계에 반영되면 생산성과 근로의욕을 높일 수 있다고 주장하였다.[11)]

다섯 가지의 직무특성이 바람직한 결과를 유도하는 이유는 [그림 3-3]에 잘 나타나 있다. 즉, 기술의 다양성, 과업의 정체성, 과업의 중요성은 근로자의 심리상태에 변화를 가져오는데 주로 일의 의미를 경험하게 만드는 작용을 한다. 그리고 자율성이라는 직무특성은 일에 대한 책임감을 높이는 작용을 하며, 피드백은 근로자가 일의 결과를 인식하도록 만든다.

직무특성이론은 직무의 특성이 작업자의 심리적 상태에 영향을 주어 조직이 원하는 근로의욕 및 직장만족도 개선, 혹은 성과촉진이라는 결과를 가져올 수 있음을 보여준다. 근로자의 소득이 증가하면 근로자는 단순하고 반복적인 일을 싫어하게 되는데 기술의 다양성이나 과업의 중요성 측면에서 일을 재설계하면 이를 방지할 수 있다. 직무특성이론은 직무확대, 직무충실, 직무교차, 직무순환, 팀제 등의 직무설계 방식이 생산성과 근로의욕을 높이는 이유를 설명해줄 수도 있다.

그림 3-3 직무특성이론

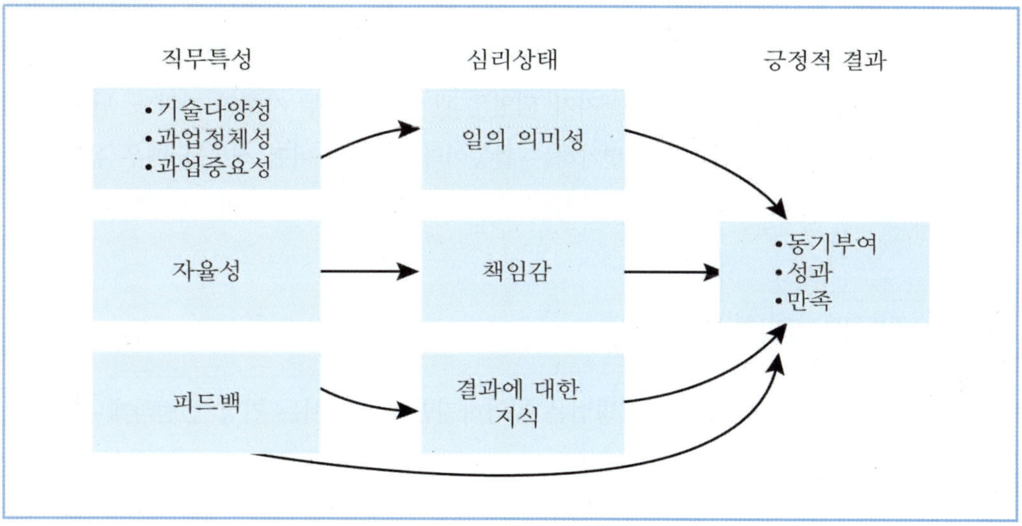

6 직무평가

(1) 직무평가의 개념과 목적

직무평가는 직무의 상대적 가치를 정하는 활동이다. 직무분석이 주로 직무에 대한 정보를 조사 분석하는 활동이라면 직무평가는 그 결과물(직무기술서와 직무명세서)을 가지고 직무의 가치를 평가하는 것이다. 직무평가를 하는 주된 이유는 가치 있는 직무에 더 높은 보상을 연계시키기 위한 것이다. 그러나 직무평가가 보상과 관련해서만 활용되는 것은 아니다.

직무평가는 직무의 가치를 등급화하여 앞서 설명한 직급구조를 설계하는 데 활용될 수 있다. 한 조직 내 모든 근로자는 어느 한 직급에 속하게 되며, 자신의 직급에 따라 보상의 정도가 결정되게 된다. 이 점에서 직무평가는 직급구조를 결정하는 것과도 연관되어 있다.

한 조직 내 직무의 상대적 가치는 일반적으로 조직성과에 대한 기여도, 직무수행을 위해 필요한 기술, 지식, 능력, 그리고 직무의 난이도 등과 같은 것에 따라 결정된다.

직무평가에 대해 흔히 혼동하는 것은 직무평가가 직무 수행자를 평가하는 지 아니면 직무 그 자체를 평가하는 지에 관한 것이다. 직무수행자를 직무 자체와 분리해서 생각하기는 어렵지만 직무평가는 직무 그 자체를 평가하는 것이며, 해당 직무 수행자를 평가하는 것은 아니다. 직무평가는 누가 직무수행자가 되었든 관계없이 직무 자체의 기여도, 난이도, 직무수행 필요역량 등을 종합적으로 평가하는 활동이다. 따라서 어떤 직무를 매우 유능한 근로자가 수행하더라도 그 직무의 직무가치는 근로자의 역량에 따라 높아지는 것은 아니다.

(2) 직무평가의 방법

직무의 상대적 가치를 정하는 방법은 다양하지만 다음에서는 가장 빈번하게 활용되는 3가지 방법을 소개한다.

(가) 서열법(ranking method)

서열법은 여러 직무를 비교하여 순위를 매기는 방법이다. 직무의 숫자가 너무 많아 한 번에 비교하기 곤란할 때는 직무를 2개씩 쌍으로 만들어 비교할 수 있다. 그리고 쌍으로 비교를 거듭하면서 그 결과를 집계하면 전체 직무의 서열을 매길 수 있다. 일반적으로 서열법은 직무의 숫자가 많지 않을 때 간단히 활용할 수 있지만, 순위를 매기는 과정에서 평가자의 주관이 크게 작용할 수 있다는 단점이 있다.

(나) 직무분류법(job classification)

직무분류법이란 유사한 가치의 직무들을 모아서 하나의 등급으로 분류한 후, 등급의 정의를 내리는 방법이다. 새로운 직무가 생성될 때마다 직무를 가장 유사한 내용의 직무등급에 배정함으로써 쉽게 직무들의 가치를 등급으로 구분해 낼 수 있다. 직무분류법은 최초에 직무등급을 몇 개로 하고, 각 직무등급의 정의를 어떻게 기술할 것인지 결정하는 것이 어렵다. 그러나 일단 직무등급 분류표를 작성한 후에는 다양한 직무들을 직무등급에 배분할 수 있다. 직무분류법의 한 예로서 미국의 연방정부에서 활용하는 방법인 General Schedule System이 있는데 공공조직의 다양한 직무를 15개의 직무등급 중 하나로 분류하고 있다. <표 3-7>은 미국 연방정부의 15개 직무등급 중 직무등급이 낮은 하위 3개 등급을 예시로 보여주고 있다.

표 3-7 미국 연방정부의 직무분류표(GS-1, GS-2, GS-3 직무의 예시)

GS-1(General Schedule-1)

A. 독자적인 판단을 많이 요구하지 않는 직무로서 수시로 감독을 받는 직무들이다.
B. 가장 기초적인 업무를 수행하는 사무, 비즈니스, 재정관련 직무들
C. 전문직과 기술직을 옆에서 지원하는 가장 기초적인 업무를 수행함

GS-2(General Schedule-2)

A. 독자적인 판단을 많이 요구하지 않고 수시로 감독을 받는 직무이며, 사무, 비즈니스, 재정업무와 관련된 일상적 직무들로서 약간의 교육훈련과 경험이 필요함.
B. 중요성, 난이도, 책임정도 등에서 그리고 급여수준이 위 A항의 정의와 비슷한 직무들

GS-3(General Schedule-3)

A. 현장에서 감독을 받으면 일하고 난이도와 책임정도가 약간 높은 직무들로서 사무, 비즈니스, 재정업무와 관련된 보조적 직무를 수행함.
  A-1. 약간의 교육훈련과 경험이 필요
  A-2. 전문적 주제에 대한 업무지식이 요구됨
  A-3. 정해진 정책, 절차, 기술에 대해 독립적인 판단을 발휘해야 할 때가 있음
B. 중요성, 난이도, 책임정도 등에서 그리고 급여수준이 위 A항의 정의와 비슷한 직무들

(다) 점수법(point factor method)

점수법은 직무들을 평가할 평가요소를 먼저 정하고, 평가요소별 가중치와 점수를 할당한 후 전체 직무들을 해당 평가기준에 따라 평가하는 방법이다. 평가요소는 업종, 산업, 조직 규모에 따라 달라지는데 평가자가 조직 내 직무의 특성을 고려하여 설정할 수 있다.

특히, 점수법의 하나인 Hay기법이라는 것은 널리 활용되는 기법 중 하나로 8개의 직무평가요소를 중심으로 직무를 평가한다. Hay기법에서 활용하는 평가요소는 전문지식(specialized know-how), 관리지식(managerial know-how), 인간관계기술(human relations skill), 사고 폭(thinking environment), 사고 깊이(thinking challenge), 행동자유도(freedom to act), 규모(magnitude), 영향력 등으로 구성되어 있다.[12]

<표 3-8>은 국내 공공서비스산업에 속한 조직의 직무들을 평가하기 위한 직무평가 점수표의 예이다.[13] 이와 같은 점수표를 활용하면 조직 내 직무들의 가치를 점수로 나타낼 수 있다.

표 3-8 공공서비스산업의 직무평가 점수표(예시)

직무 평가 요소	하위항목과 가중치	척도				
		1	2	3	4	5
기술 (35%)	경험(12%)	62	73	86	102	120
	문제해결역량(10%)	51	61	72	85	100
	커뮤니케이션(6%)	30	36	43	51	60
	전문지식(7%)	35	42	50	59	70
노력 (16%)	육체적 노력(4%)	19	23	28	34	40
	정신적 노력(6%)	30	36	43	51	60
	재량권(6%)	30	36	43	51	60
책임 (29%)	사람관리에 대한 책임(10%)	51	61	72	85	100
	재무자산에 대한 책임(4%)	19	23	28	34	40
	서비스에 대한 책임(12%)	62	73	86	102	120
	물적 자원에 대한 책임(3%)	14	17	21	25	30
작업 조건 (20%)	작업환경(9%)	45	54	64	76	90
	정신적 업환경(11%)	56	67	79	93	110

(라) 요소비교법(factor comparison method)

요소비교법은 점수법과 달리 직무의 가치를 점수로 나타내지 않고 임금률(시간당임금)로 평가하는 방법이다. 요소비교법에서 직무를 평가하는 기준은 요소(factor)라고 불린다. 요소비교법은 직무들을 평가요소로 평가해, 점수가 아닌 요소별 임금률로 나타낸다. 요소비교법에서 직무의 가치는 각 평가요소의 임금률을 더한 총임금으로 책정된다. <표 3-8>은 직무 A와 직무 B의 가치를 각 평가요소별 임금률로 산정한 예시이다. 이를테면 직무 A의 가치는 기술 정도에서 시간당 5.40달러, 책임정도에서 시간당 4.80달러 등으로 표시된다.[14)]

요소비교법에서는 기준직무(key job)를 먼저 선정해야 한다. 요소비교법에서는 기준직무의 총임금을 평가요소별로 분해하는 <표 3-9>와 같은 작업이 필요하다. <표 3-9>에

표 3-9 요소비교법(예시)

임금률	기술	책임	노력	근로조건	감독정도
5.40	A		A		A
4.80		A		A	
4.20	B	B	B	B	
3.90					B

직무 A = $5.40+4.80+5.40+4.80+5.40 = $25.80/hour
직무 B = $4.20+4.20+4.20+4.20+3.90 = $20.70/hour

서 직무 B를 기준직무라고 가정해보자. 직무 B의 가치인 총임금 20.70달러는 기술, 책임, 노력, 근로조건, 감독정도라는 평가요소별 임금률을 합산한 것이다. 그리고 직무 A의 가치는 기준직무 B를 중심으로 직무 A와 B를 비교하면서 임금률을 정한 후 합산한 수치이다. 직무 A의 가치는 25.80달러로서 직무 B에 비해 더 가치가 높음을 알 수 있다.

요소비교법의 장점은 직무의 가치를 임금으로 바로 나타낼 수 있다는 점이다. 점수법에서는 직무점수를 먼저 계산한 후, 직무점수에 점수 1점당 임금률을 곱하여 총임금을 결정한다. 따라서 점수법은 직무의 임금을 2단계를 거쳐 정하게 된다.

요소비교법의 단점은 기준직무(<표 3-9>에서 직무 B와 같은 직무)를 어떤 직무로 정할지, 기준직무의 총임금을 평가요소별 임금률로 어떻게 분해할지를 결정하기 어렵다는 점이다. 일반적으로 직무의 요소별 임금은 시장평균임금과 노사 간 협의 등을 통해 결정된다.

(3) 직무평가 결과의 활용

직무평가의 결과는 주로 직무의 가치에 따라 임금수준을 정하는 직무급 도입에 활용된다. 직무급이란 임금제도는 본 교과서 8장 임금관리 부분에서 자세히 다루고자 한다. 그러나 직무평가를 주로 임금제도의 도입이나 임금제도의 개편에만 활용하는 것으로 이해하는 것은 잘못이다.

직무평가의 결과는 임금관리 외에도 한 조직의 직급구조를 결정하는데 활용될 수 있다. 더 높은 직급에 포함되어야 할 직무가 어떤 직무들인지를 결정할 때 직무가치는 중요한 기준이 된다. 만약 직무평가 결과 없이 직급구조를 결정하게 되면 상대적으로 낮은 가치의 직무가 높은 직무등급으로 분류될 위험이 있다. 직급구조는 급여수준과 승진 등 여러 인사결정의 기준이 되기 때문에 직급구조를 합리적으로 결정하는 것이 매우 중요하다.

또한 직무평가는 동일가치노동 동일임금(comparable work and equal wage)의 원칙을 구현하는데도 도움이 된다. 이를테면 비정규직의 직무가 정규직 근로자의 직무에 비해 정말 낮은 가치를 가지고 있는 지는 분석이 필요하다. 비정규직 직무라 하여 무조건 정규직 보다 낮은 임금을 배정하는 것은 합리적이지 않다. 반드시 직무평가와 같은 평가도구를 통해 정규직과 비정규직의 직무가치를 검증해보아야 한다. 비정규직의 직무가 정규직의 직무와 가치 측면에서 거의 유사하다면 비정규직은 정규직 임금과 동일한 금액으로 보상되어야 한다.

결과적으로 직무평가는 직무급이란 임금제도의 기초가 되는 것 외에도 직급구조를 합리화하거나, 동일가치노동 동일임금이라는 원칙을 구현하는데도 활용될 수 있다.

7 직무관리의 결과

직무관리는 크게 직무분석, 직무설계, 직무평가의 3가지 활동으로 구성되어 있다. 첫째, 직무분석은 기존 직무들의 정보를 수집해서 분석하는 활동이고, 그 결과물은 직무기술서와 직무명세서 같은 정보들이다. 직무분석의 결과를 잘 활용하면 조직 내 직무들의 내용을 정확히 파악할 수 있으며 직무들을 직위, 직렬, 직군으로 체계화할 수 있다.

둘째, 직무설계는 직무의 책임과 범위, 과업흐름과 과정, 장소와 시간 등을 설계하는 것으로 직무수행의 생산성과 근로자의 만족도를 높이는 활동이다. 직무설계의 결과물은 과거보다 근로의욕과 노동생산성을 개선하는 것이다.

셋째, 직무평가는 직무의 상대적 가치를 합리적 기준에 따라 비교하는 것으로 임금수준을 결정하는 데 활용된다. 특히 직무평가는 직급구조를 설계하거나 동일가치노동 동일임금의 원리를 구현하는 데도 유익하다.

만약 직무관리가 체계적으로 이루어지지 않는다면 어떤 결과가 발생할지 상상해보자. 조직의 관리자는 근로자가 어떤 직무를 수행하고 있는지 전체적으로 파악하기 힘들고, 현재의 직무수행 방식이 효율적으로 이루어지고 있는 지도 파악할 수 없다. 또한 직급구조가 합리적인 기준에 따라 설정되지 못하면 근로자의 이동과 승진 의사결정을 하기 어렵다.

직무분석, 직무설계, 직무평가는 서로 연관성이 깊은 활동이다. 따라서 직무분석에서부터 시작된 관리활동은 자연스럽게 직무설계로, 다시 직무평가로 이어질 수 있어야 한다.

토론

토론과제

본 장에서 학습한 내용을 기반으로 다음 이슈에 대해 토론해보자.

1. 현재 자신이 수행하는 일을 하나의 직무라고 본다면 귀하의 직무를 구성하는 과업에는 어떤 것들이 있으며 각 과업의 책임, 의무는 무엇이고 직무 수행자에게 요구되는 기술, 지식, 능력요소에는 어떠한 것들이 있는지 토론해보자. 또한 현재의 직무를 개선할 수 있는 방법이 있다면 직무를 재설계할 방안을 제안해본다. 만약 당신이 대학생이라면 학생으로서의 일을 하나의 직무로 가정하고 동일하게 토론해본다.
2. 국내 기업 근무자들의 일처리 방식이 갖는 특징들을 조사해보고 이들 방식의 문제점과 개선방안들을 생각해보자.
3. 한국은 OECD 국가 중 근로시간이 가장 긴 국가이다. 근로시간의 증가로 발생하는 문제점들을 살펴보고 근로시간을 축소할 수 있는 방안과 실행 시의 문제점들을 분석해보자.
4. 신세대들이 선호하는 직무수행 방식이 있는지를 조사해보고 이러한 신세대 직장인의 선호도를 직무수행 방식에 결합할 수 있는 방안에 대해 생각해보자.
5. 국내 기업의 팀제가 가진 문제점들에는 무엇이 있는 지 살펴보고 팀작업이 작업의 효율성과 직무만족을 동시에 높일 수 있는 조건을 생각해보자.

토론사례 현대모비스, AI 도입과 스마트워크[15)]

현대모비스는 2019년 인공지능 채팅로봇 '마이봇'을 도입하여 1,000만 건의 사내문서를 과거 보다 더 수월하게 검색하고 있다. 마이봇은 자연어 처리와 추론능력을 갖추어 사용자 의도에 따라 맞춤형 답변을 제공해준다. 현대모비스는 AI의 도입 외에 선택적 시간근로제, 워크앤라이프 지원, 칸막이 없는 사무실, 공유좌석제 등 다양한 형태의 직무환경 개선을 추진하고 있다. 또한 상시자율복장제도를 도입하여 수평적인 문화 조성에 노력하고 있다. 현대모비스의 스마트워크시스템 도입은 자율주행, 커넥티비티를 강조하는 4차 산업시대 자동차산업 변화에 발맞추려는 경영층의 노력 중 하나이다. 스마트워크는 직원들의 업무 몰입도를 높이고 일과 삶의 균형을 개선해주는 효과를 제공할 것으로 기대된다.

토론문제

1) 스마트워크의 개념과 스마트워크의 도구들에는 어떤 것이 있는지 설명한다.
2) 스마트워크가 긍정적 결과를 가져온 사례와 그렇지 못한 사례들을 조사하여 성공요인이 무엇인지 분석해본다.

CHAPTER 04

채용관리

CHAPTER 04

채용관리

학습목표

본 장에서는 인력을 계획하고, 인력을 채용하는 과정에 대해 학습한다. 학습자는 본장을 학습한 후 다음과 같은 목표를 달성할 수 있다.

❶ 조직이 필요한 인력규모와 인력의 질적 수준을 어떻게 계획하는지 설명할 수 있다.

❷ 지원자를 모집하는 과정과 효과적인 모집방법을 설명할 수 있다.

❸ 선발의 기준정립, 선발과정과 절차, 효과적인 선발방법을 설명할 수 있다.

[도입사례] 스펙태클 오디션 채용

롯데그룹은 학력, 학점, 토익점수 등 스펙을 무시하고 직무능력만으로 신입사원과 인턴을 채

용하기로 했다. 채용 홈페이지에는 '스펙태클 오디션' 채용을 실시한다고 공지하였다.[1] 스펙태클 오디션은 화려한 볼거리와 무분별한 스펙쌓기를 무시한다. 스펙태클 오디션을 위한 입사지원서에는 이름, 이메일, 주소, 연락처 등 기본적 인적사항만을 기재한다. 면접은 회사별, 직무별 특성을 반영한 주제를 선정해 미션수행을 중심으로 오디션을 보게 한다. 이를테면 L마트를 지원하는 지원자는 PB상품에 대한 프레젠테이션을 통해 자신의 역량을 평가받는다. 입사전형 절차는 지원서 접수 → 서류심사 → 면접전형의 순이다. 롯데그룹 인사담당자는 이번 스펙태클 오디션 방식을 가리켜 '직무수행에 필요한 역량과 창의성을 가진 우수 인재를 선발하기 위한 채용방식'이라고 설명하였다.

1 채용관리의 개념과 제반 관리활동

채용관리란 필요한 인력의 질과 양을 계획하고, 잠재적 지원자를 모집하며, 최종적으로 인력을 선발하는 활동으로 구성되어 있다. 먼저 모집은 잠재적 지원자를 찾는 활동이다. 모집은 잠재적 지원자와 소통하는 과정이다. 선발은 모집활동이 종료된 후 시작된다. 선발은 지원자 중 최적의 능력과 가치관을 가진 자를 찾아내는 활동이다. 따라서 모집과 선발은 앞

표 4-1 채용관리의 과정

채용관리의 단계	채용관리의 과정	내용
계획단계	인력계획	필요한 인력의 질과 양을 사전에 예측하는 활동으로 인력규모계획, 인력자격계획과 인력충원계획으로 구성된다.
실행단계	모집활동	지원자를 찾고 지원하도록 설득하는 활동
	선발활동	지원자 중 최적격자를 선택하는 활동
평가 및 개선단계	계획/모집/선발활동의 평가 및 개선	채용 전 과정의 효과성을 평가하고 개선하는 활동

뒤로 자연스럽게 이어지는 활동이다.

모집과 선발을 위해 조직이 준비해야 할 사항은 무엇일까? 채용의 가장 첫 단계는 인력계획을 세우는 것이다. 인력계획은 미래 특정 시점에 조직이 필요로 하는 인력의 질과 양을 예측하는 활동이다. 인력계획이 항상 정확한 것은 아니지만, 계획 없이 모집과 선발을 하면 나중에 인력의 과잉이나 부족이 발생할 수 있다.

채용의 전 과정은 <표 4-1>과 같이 인력계획, 모집, 선발, 평가 및 개선활동으로 구성되어 있다.

2 인력계획

(1) 인력계획의 개념

인력계획이란 조직이 필요로 하는 인력의 양과 인력의 질을 계획하는 것, 그리고 계획한 인력을 어디에서 충원할지를 계획하는 2가지 활동으로 구성되어 있다. 인력계획은 어떤 능력의 직원을 몇 명까지 어디에서 채용할지를 결정한다. 이를테면 '6개월 뒤까지 직무 A를 수행할 수 있는 인력 10명을 외부에서 채용하기로 한다'는 것이 곧 인력계획의 결과물이다.

인력계획은 크게 인력의 양과 질을 계획하는 활동과 계획한 인력을 어디에서 충원할지를 계획하는 활동으로 구성된다. 인력의 양과 질을 계획하는 것은 't년도에 조직이 필요로 하는 y 자격을 갖춘 인력을 몇 명까지 채용할 것인지를 결정하는 것'이다.

또한 인력의 충원을 계획하는 것은 '필요한 직원 x명 중 조직 내부에서 충원할 인력의 수와 외부에서 채용해야 할 인력의 수를 계획하는 것'이다. 즉, 인력의 충원계획은 인력의 공급원이 내부인지 외부인지를 결정하는 활동이다. 조직은 필요한 인력을 모두 외부에서만 채용하지 않는다. 이를테면 조직이 특정 직무에 10명의 인력이 필요할 경우 내부에서 5명을 충원하고, 외부에서 5명을 추가로 채용할 수 있다.

따라서 인력계획은 2가지 질문에 대한 답을 얻는 활동이다. 즉, 조직은 '미래 특정 시점에서 특정 자격을 갖춘 직원이 몇 명 필요한가?'와 '미래 특정 시점에서 우리 조직은 자격을 갖춘 직원을 어디에서 공급(충원)받을 수 있을까?'라는 질문에 답을 해야 한다.

(2) 인력의 양와 질을 계획하는 방법

인력의 양과 질을 계획하는 것은 미래 필요한 인력의 수뿐만 아니라 이들이 갖추어야 할 자격도 결정하는 것을 의미한다. 인력의 양을 계획하는 것을 인력규모 계획이라 한다면 인력의 질을 계획하는 것은 인력자격 계획이라 할 수 있다. 다음에서는 이러한 2가지 계획 활동에 활용되는 지표들을 설명한다.

(3) 인력규모 계획

조직은 인력의 규모와 밀접한 관계가 있는 양적 지표를 중심으로 미래 인력규모를 계획할 수 있다. 다음은 일반적으로 흔히 활용되는 인력규모의 예측지표들이다.

(가) 노동생산성

한 조직이 작업자의 평균 노동생산성을 알고 있다면 인력규모를 결정하기 용이하다. 왜냐하면 인력규모는 총생산량을 1인당(혹은 1시간당) 생산성으로 나누면 대략 파악될 수 있기 때문이다.

노동생산성은 노동 한 단위 시간으로 생산할 수 있는 생산량을 나타낸다. 따라서 조직이 생산량을 계획하면 생산량을 시간당 노동생산성으로 나누면 총 노동시간을 계산할 수 있다.

$$\text{총 노동시간} = \text{총생산량} / \text{시간당 노동생산성}$$

이를테면 총생산량이 월 10,000개이고, 작업자의 시간당 노동생산성이 20개라면 월간 총노동시간은 500시간이 된다. 만약 직원 한 명당 월 노동시간이 월 100시간이라 가정하면 필요한 직원의 숫자는 5명이 될 것이다.

노동생산성을 활용해서 인력수요를 결정할 때 주의할 점은 숙련의 축적 패턴을 고려해야 한다는 것이다. 작업을 더 많이 수행할수록 작업자들의 노동생산성은 올라가기 때문에,

원래 계획했던 인력 규모보다 더 적은 인력으로 계획한 총생산량을 얻을 수 있을지 모른다. 이를테면 위의 예에서 시간이 흘러 직원들의 숙련이 증가하여 시간당 노동생산성이 20개에서 25개로 증가한다면 필요한 직원의 숫자는 얼마로 변할 것인가? 동일하게 공식을 적용하면 필요한 인력은 5명에서 4명으로 줄어들 것이다.

(나) 매출액 혹은 부가가치액의 증감추세

시간에 따라 매출액 혹은 부가가치액의 규모가 변화되는 추세를 분석하면 미래 어느 정도의 인력규모가 필요할 지를 알 수 있다. 다만 매출(혹은 부가가치액)이 과거와 같은 추세로 계속 증가하거나 감소한다는 가정 하에서만 이러한 분석은 의미가 있다. 예컨대 과거 5년간 매출액이 매년 10% 정도 증가되고 있다면 내년의 인력규모도 이에 따라 증가할 것이라 예측할 수 있다.

이때 주의할 점은 인력의 증가는 매출액이나 부가가치액의 증가와 1:1로 비례해서 증가하지 않는다는 것이다. 규모의 경제는 생산량이 많아질수록 투입되는 자원이 더 적은 비율로 증가하는 관계를 나타낸다. 인력규모의 증가 역시 예외는 아니다. 인력의 증가는 매출액의 증가에 대해 1:1로 비례하지 않는다. 이를테면 매출액이나 부가가치액이 10% 증가하더라도 필요인력은 그보다 적은 비율로 증가할 수 있다.

(다) 지불능력

조직이 지불 가능한 인건비 총액을 직원 1인당 평균인건비로 나누게 되면 기업이 고용할 수 있는 최대 인원수를 얻을 수 있다. 이를테면 기업이 지불할 수 있는 인건비 총액이 2억이고 직원 1인당 인건비가 2,000만원이라면 해당 기업이 고용할 수 있는 최대 인원수는 2억/2천만원 = 10명이 된다.

지불능력을 고려한 인력규모의 산정은 주로 고용 가능한 최대 인원수를 산정할 때 유용하다. 지불능력은 채용가능 인력의 최대범위를 파악하고자 할 때 주로 활용된다.

조직이 지불능력을 고려하여 인력규모를 산정하려는 시도는 과도하게 많은 인력의 고용을 피하기 위함이다. 인력을 너무 많이 고용하면, 결국 비용이 증가되어 이익률이 감소하기 때문이다. 이익률이 낮아질수록 조직 활동은 위축될 수 있다. 따라서 조직이 어느 정도의 수익률을 목표한다면 인건비 역시 특정 최대값을 넘어서지 않도록 통제될 필요가 있다.

박스사례 4-1 최저임금 인상은 고용을 줄일까?

아래 [그림 4-1]은 마포구에서 치킨집을 운영하는 E씨 부부의 가계수익을 보여주고 있다. 2017년 최저임금위원회는 2018년 최저임금을 시간당 7,530원으로 확정하였다. 이로 인해 E씨 부부의 고민은 이만저만이 아니다. 현재 가계를 위해 고용한 아르바이트생 2명의 인건비를 계산해보니 내년 최저임금이 인상된 후 월 인건비는 320만원에서 373만원으로 증가될 전망이다. 가계의 수익률은 이로 인해 50여만이 줄어들 뿐 아니라 자영업자인 부부의 시간당 소득과 아르바이트 직원의 시간당 인건비가 거의 같아질 것으로 전망된다.[2] 그래서 부부는 가계를 계속할지 고민에 빠져 있다.

국내 자영업은 특히 최저임금의 인상으로 수익률이 낮아지면서 고용을 줄여야 하는 상황에 처해있다. 이와 같이 인력수요를 예측할 때는 인건비의 지불능력이 중요한 요인이 되는 경우가 있다.

그림 4-1 치킨집의 수익구조와 인건비 변화

(4) 인력자격 계획

인력자격 계획은 인력이 갖추어야 할 자격을 결정하는 활동이다. 그리고 인력자격 계획의 지표들은 주로 비계량지표들이 많다. 이들 지표는 '어떠한 자격의' 인력이 필요한가를 결정하기 위한 것이다.

앞서 살펴본 인력규모 계획방법에 인력자격 계획방법을 결합하면 결과적으로 '어떠한 자격의 인력을 몇 명이나' 채용해야 할지 결정할 수 있다.

다음은 인력자격 계획을 할 때 활용할 수 있는 분석방법을 설명하고 있다.

(가) 직무분석을 통한 자격분석

직무별 최적 자격요건을 파악하기 위해서는 직무분석 정보를 활용할 수 있다. 직무분석의 결과물인 직무명세서에 나타난 최적 자격요건을 참고하고 직무수행자로부터 필요한 직무역량을 조사하면 직무 수행자의 최적 자격요건을 파악할 수 있다. 최적 자격조건은 학력, 직무경험 같은 과거의 개인정보뿐만 아니라 직무에 필요한 기술, 지식, 역량 등을 포함하는 것이다. 또한 최적 자격조건은 현재의 직무역량뿐만 아니라 미래 필요로 할 직무역량까지를 포함하여 포괄적으로 정의될 수 있다.

(나) 사업전략에 따른 자격분석

회사가 경영전략 혹은 사업전략을 새롭게 설정하면 이에 적합한 인력의 자격을 다시 정의해야 할 것이다.

또한 조직은 미래 사업 환경이 어떻게 변화할지 예측하고 인력의 자격요건을 현재와 달리 정의할 수도 있다. 특히 조직이 새로운 시장에 진출하거나 새로운 상품과 기술을 도입할 경우 지금과는 매우 다른 자격의 인력을 필요로 할 것이다.

(5) 인력충원 계획

인력의 충원계획은 미래 특정 시점에 필요한 인력의 양과 질을 구체적으로 '어디에서', '얼마나' 충원할지를 계획하는 활동이다. 조직은 필요인력을 내부에서 확보할 수도 있고 외부에서 확보할 수도 있다. 인력을 조직 내부에서 확보할 경우 조직은 기업 내부 인력을 부서 간에 이동시키면 될 것이다. 또한 인력을 외부에서 충원할 경우 조직은 외부에 채용공고를 내고 지원자를 모집해야 한다.

외부에서 인력을 확보하고자 할 때 조직은 경제상황과 노동시장의 수급상황을 면밀하게 파악해야 한다. 경기가 좋은 상황이라면 조직이 원하는 인력을 외부에서 찾기가 어려울 것이며 반대로 경기가 좋지 않아 실업률이 높아지면 조직이 외부에서 인력을 찾기가 더 쉬울 것이다.

인력을 내부에서 확보할 경우에는 우선 내부 인력의 직무 간 이동패턴을 파악해서 계획을 세워야 한다. 그리고 조직 외부에서 인력을 충원할 경우에는 노동시장의 상황을 나타내는 여러 경제지표를 살펴보아야 할 것이다. 다음에서는 내부와 외부의 인력충원 상황을 파악하기 위한 방법을 소개하고자 한다.

(가) 내부 인력의 충원 계획

내부 인력을 통해 인력을 충원하기 위해서는 내부 인력의 이동패턴을 파악하고 있어야 한다. 이러한 이동패턴의 예측은 <표 4-2>와 같은 이동추세를 분석하면 가능하다. 기업 내부에서는 정기적으로 승진과 직무 간 이동이 발생하기 때문에, 장기간 이를 분석해보면 특정한 이동추세를 알 수 있다.

따라서 이를 활용하면 미래 내부에서 충원 가능한 인력규모를 계획하는 데 어느 정도 도움을 받을 수 있다. <표 4-2>는 한 조직의 직무 간 이동추세를 수년간 분석한 사례를 소개하고 있다.[3)]

이동추세표는 시점 1(과거)와 시점 2(현재) 사이에서 A, B, C, D 직무 간 인력의 이동패턴을 분석한 것이다. 이를테면 과거(시점 1) A 직무에 있던 62명의 직원 중 현재(시점 2)까지 동일한 A 직무에 체류하고 있는 직원의 수는 44명이다(괄호 안이 인력의 숫자이다). 약 6

표 4-2 내부 인력의 직무 간 이동추세

시점 1 직무		이동 예상률 시점 2				
		A	B	C	D	퇴직
A	62	0.70(44)	0.10(6)	0.05(3)	0(0)	0.15(9)
B	75	0.15(11)	0.60(45)	0.05(4)	0.10(8)	0.10(7)
C	50	0(0)	0(0)	0.80(40)	0.05(2)	0.15(8)
D	45	0(0)	0(0)	0.05(2)	0.85(38)	0.10(5)
시점 2		55	51	49	48	29

명은 A 직무에서 B 직무로, 3명은 A 직무에서 C 직무로 이동하였고 9명은 퇴사한 상태를 보여주고 있다.

이러한 이동패턴으로 결국 시점 2가 되면 A, B, C, D 직무에 각각 55명, 51명, 49명, 48명이 남게 된다. 그리고 29명은 퇴직한 상태가 될 것이다. 직무간의 이동패턴은 과거 수년간의 관찰을 통해 평균적인 추세를 조사할 경우 파악이 가능하다. 이러한 패턴이 미래 특정 시점까지 반복될 것을 가정하면 미래 시점에서 각 직무의 체류인원을 알 수 있다. 이와 함께 퇴직으로 인해 각 직무에서 부족한 인원수를 산정하는데도 도움이 된다.

일정 기간 동안 각 직무에서 퇴직인원이 평균적으로 얼마나 발생할 지 (위의 예에서는 29명) 알게 되면 사전에 대략적인 이동계획을 세워볼 수 있다. 퇴직인원은 경기변동에 따라 정확히 29명이 안될지 모르지만, 대략적인 규모는 예상이 가능하다. 또한 어느 직무에서 공석이 가장 많이 발생하는 지도 알 수 있다. 이를테면 위의 예에서는 직무 B로서 시점 1에서 75명이 시점 2가 되면 51명이 되어 가장 많은 공석이 발생하고 있다. 공석이 발생한다는 것은 내부에서 인력을 충원하거나 혹은 외부에서 충원할 필요가 있다는 의미이다. 따라서 공석이 발생하는 직무에 대해 인력계획을 세워야 한다.

(나) 외부 인력의 충원계획

외부에서 인력을 충원 받고자 하면 조직은 우선 외부노동시장의 상황을 나타내는 실업률, 경제활동인구 증감, 산업별 노동인구의 변화, 교육기관을 통한 인력배출, 연령별 취업자수의 변화 등 여러 요인을 감안하여 외부채용의 가능성을 살펴보아야 한다. 또한 헤드헌터 회사, 고용지원센터 등을 통한 인력충원 가능성을 파악하는 것도 필요하다.

(다) 인력 내부 충원과 외부 충원의 비교

인력의 충원 원천은 크게 조직 내부의 원천과 조직 외부의 원천으로 나누어진다. 내부 원천은 조직 내의 구성원이 부서 간에 이동하는 경우를 말하며 외부 원천은 조직 외부의 근로자가 입사하는 경우를 말한다.

조직 내 직무에 공석이 발생하거나 새로운 직무가 만들어지면 충원 원천을 우선 정해야 하는데 각 원천에는 장단점이 있다. <표 4-3>에 나타난 바와 같이 내부 원천은 기존 직원들의 경력개발을 촉진하며, 새로운 직무로 이동하기 위한 자기개발 의욕을 높이는 경향이 있다. 또한 조직 내에서 인원을 충원하면 구성원의 조직충성도가 높아지는데 이는 구성

표 4-3 충원 원천 별 장단점

	내부 원천	외부 원천
장점	사내 경력개발 촉진 높은 조직충성도	다양한 인재확보 기회 증가 개방적인 조직문화 환경변화에 민감하게 적응
단점	다양하고 우수한 인재의 확보기회 감소 폐쇄적인 조직문화	낮은 조직충성도

원이 장기적 관점에서 조직과 자신을 동일시하기 때문이다. 그러나 내부 원천만을 이용하면 외부 우수한 인재의 유입이 줄어들고, 조직문화가 폐쇄적으로 변할 위험이 있다.

외부 원천은 내부 원천에 비해서 더 우수한 인재를 영입할 기회를 높이고, 조직문화를 개방적으로 만드는 경향이 있다. 또한 외부 원천을 통해 인재를 영입하면 해당 인재가 조직 외부에서 경험한 것을 자연스럽게 조직 내로 가지고 들어오기 때문에, 조직이 보다 환경변화에 민감하게 대응할 수 있다. 그러나 외부 원천을 지나치게 많이 활용하면 기존 구성원들이 조직에 대한 충성도가 낮아지고 조직 내에서 경력개발을 계획하기 힘들게 된다. 따라서 조직은 내부 원천과 외부 원천을 각 직무와 조직문화에 따라 적절히 활용하는 지혜가 필요하다.

(라) 인력충원 시 기타 고려사항

인력계획은 미래 필요한 인력의 양과 질(자격)을 계획하고 충원계획을 세우는 활동이다. 조직이 인력의 질과 양을 계획한다 하더라도 이를 충원할 가능성이 낮으면 인력계획은 완성될 수 없다. 따라서 인력계획을 구성하는 3가지 계획 활동은 모두 성취 가능한 것이어야 한다.

인력계획 = 인력규모 계획 + 인력자격 계획 + 인력충원 계획

조직은 인력의 양과 질을 계획하더라도 이를 어떻게 충원할 것인지를 결정할 때 다양한 고려사항을 점검해야 한다. 왜냐하면 필요한 인력의 충원은 한 시점에서 모두 해소되는 것이 아니라 시간을 두고 장기간에 걸쳐 진행될 수 있기 때문이다. 조직은 인력수요를 한

번에 모두 충원하는 방법도 있지만, 자격을 갖춘 인력이 부족할 경우 시간을 두고 점진적으로 인력을 충원해야 한다.

오히려 조직은 필요 인력을 신속히 충원하기보다 인력의 시장공급 상황을 보면서 점진적으로 충원하는 것이 더 바람직한 경우가 있다. 조직이 일시에 필요 인력을 모두 충원하면 나중에 인력의 세대교체가 사연스럽게 이루어지지 못하기 때문이다. 일시에 너무 많은 인력을 충원하면 이후 이들 인원들이 정년에 도달할 때 일시에 퇴직하게 되는 문제가 발생한다. 이를테면 베이비부머세대가 한국의 경제개발기간 동안 대규모로 취업한 경우를 살펴보자. 이들은 현재 정년연령에 이르면서 소위 '썰물은퇴'를 기다리고 있다. 조직은 많은 수의 인력이 일시에 퇴직할 경우 경영상의 어려움에 노출될 수 있다. 따라서 조직은 채용 시기를 적절히 조정하면서 미래 퇴직흐름이 사업운영에 걸림돌이 되지 않도록 하는 지혜가 필요하다.

사업상 필요에 의해서 단기간에 필요 인력 모두를 충원해야 할 상황이 존재하지만 이런 경우에도 인력의 유연한 조정이 가능하도록 미리 대책을 세워놓아야 한다.

한국은 노동법상 해고가 매우 어려운 국가에 속한다. 조직이 인력을 해고하는 것이 어렵다면 인력충원 역시 가급적 보수적이고 점진적으로 결정하여야 할 것이다. 이를테면 노동법에 의해 해고가 엄격히 규제되는 국가에서는 호경기 시 많은 인력을 충원하기 보다는 나중을 대비하여 인력을 쉽게 늘리려 하지 않는다.

인력의 채용결정은 기술의 발달에도 민감하게 영향을 받는다. 생산기술의 발달로 자동화가 이루어지면 조직은 이전보다 더 적은 인력으로 업무를 수행할 수 있는 상황이 있다.

인력계획에 있어 경기변동의 흐름을 고려하는 것은 매우 중요하다. 조직은 인력규모를 매출 증감에 따라 조정하기 때문이다. 그리고 일반적으로 인력규모의 조정은 매출 증감이 발생한 이후에 서서히 일어난다. 즉, 인력규모는 매출액의 변화를 시간적 간격을 두고 따라가는 추세를 보인다. 이를테면 호경기 시 매출액이 증가하더라도 기업은 인력규모를 즉각 증가시키려 하지 않는다. 그 대신 경기가 좋아진다는 확신이 설 때까지 인력충원 결정을 미루는 경향이 있다. 따라서 인력조정은 경기변동에 후행적으로 따라가는 추세를 보이게 된다.

박스사례 4-2 경기흐름을 나타내는 선행지표와 후행지표

경기흐름을 파악하기 위해서는 경기변동이 본격화되기 전 이를 알려주는 경기선행지표와 경기변동이 발생한 후 이를 확인해주는 경기후행지표를 보아야 한다.[4] 경기변동과 연관된 지표는 고용, 생산, 소비, 투자, 대외, 금융지표를 가공해서 작성되는데, 크게는 선행, 동행, 후행지표로 다시 구분될 수 있다. <표 4-4>는 이들 지표들을 보여준다. 이중에서 고용과 관련된 선행지표는 구인구직비율, 동행지표는 비농림어업 취업자수, 후행지표는 상용근로자수가 활용되고 있다. 따라서 경기가 좋아진다는 것을 보다 명확히 알려주는 고용지표는 상용근로자수의 증가임을 알 수 있다.

표 4-4 경기변동을 나타내는 지표들

경제 부문	선행종합지수 (9개)	동행종합지수 (7개)	후행종합지수 (5개)
고용	구인구직비율	비농림어업취업지수	상용근로자수
생산	재고순환지표	광공업생산지수 서비스업생산지수	생산자제품재고지수
소비	소비자 기대지수	소매판매액지수 내수출하지수	도시가계소비지출(실질)
투자	기계류내 수출하지수 건설수주액(실질)	건설기성액(실질)	–
대외	수출입물가비율 국제원자재가격지수 (역계열)	수입액(실질)	소비재수입액(실질)
금융	코스피, 장단기금리차	–	회사채유통수익률

3 인력조정

인력조정은 인력규모가 과도하거나 과소하게 될 때, 혹은 갑작스럽게 경기변동이 발생하여 인력을 조정해야 할 때 필요한 활동이다. 인력조정은 인력의 규모를 증가시키거나 감소시키는 것을 의미한다. 인력조정은 인력의 숫자뿐만 아니라 근로시간을 조정하는 것까지 포함한다. 다음은 인력조정에 대한 다양한 방법들을 소개하고 있다.

(1) 인력의 과잉 시 인력조정

조직은 현재 인력규모가 필요한 인력규모보다 크다고 판단되면 인건비의 부담을 줄이기 위해 임금의 인하, 근로시간의 감소, 인력의 감소 같은 방법을 고려해야 한다. 임금을 당장 인하하는 것은 구성원들의 저항이 크기 때문에, 임금조정에 앞서 근로시간을 줄여 임금을 감소시키는 방법을 고려할 수도 있다.

작업시간 공유(work sharing)는 초과근로를 덜 하거나 근로자의 정규 근로시간을 줄여서 임금총액을 감소시키는 방법이다. 작업시간 공유 외에도 조직은 상여금과 같은 부가급부를 줄이거나 복리후생 혜택을 줄이는 등 총인건비를 줄여나갈 수도 있다.

근로시간을 조정하기 어렵거나 더 이상 인건비의 부담을 견디기 어렵다면 인원수를 줄이기 위한 조치를 취할 수 있다. 조직은 정리해고, 희망퇴직, 조기퇴직 등의 방법을 고려할 수 있다. 정리해고는 강제적 조정방법으로 사업상 경제적 어려움이 클 경우 최대한 공정한 기준에 따라 해고를 진행하는 방법이다.[5] 정리해고는 근로기준법 상에 조건이 정해져 있는데 경제적 사유존재, 노사 간의 사전 협의, 해고회피 노력, 공정한 해고자 선정 등이 충족되어야 한다.

조기퇴직은 퇴직연령에 이르기 전에 근로자의 퇴직을 유도하는 방법이다. 조기퇴직은 연령이 높거나 근속기간이 오래된 직원이 퇴직연령까지 남은 기간의 인건비 일부를 지급받고 퇴직하는 형식을 취한다. 이를테면 퇴직이 5년 남은 직원 중에서 신청자에 한해 남은 기간 임금의 70%를 지급받고 퇴직하는 경우가 이에 해당된다. 조기퇴직은 근로자와 회사 간의 합의에 의해서 이루어져야 한다.

희망퇴직은 퇴직 희망자에 한해 퇴직위로금을 주고 퇴직시키는 형태이다. 노동법 상으로 희망퇴직은 그 대상을 회사가 지정할 수 없으며 지원자가 자의로 희망퇴직을 신청해야 한다. 퇴직 위로금은 조직의 재정상태에 따라 결정되며 위로금이 많을수록 사내 희망퇴직 신청자는 증가할 수 있다. 희망퇴직은 이런 의미에서 회사와 근로자 간의 합의에 의한 퇴직이라 할 수 있다.

(2) 인력의 부족 시 인력조정

조직 내 인력규모가 적을 경우 조직은 근로시간과 신규 채용의 방식을 활용할 수 있다.

조직은 직원의 근로시간을 근로기준법이 정한 주당 40시간을 초과해서 최대 주당 52시간까지 증가시킬 수 있다. 이 경우 주당 40시간을 초과하는 근로시간에 대해서는 정규임금의 50%를 가산해서 지급해야 하기 때문에, 근로자의 임금총액은 증가하게 된다.

또한 인력부족 시 조직은 신규채용을 할 수 있다. 신규채용 시에는 정규직 직원으로 채용할 것인지, 아니면 임시직, 계약직, 아르바이트, 인턴 등 비정규직 직원으로 채용할지를 결정해야 한다.

그밖에 조직은 직접 고용이 아닌 파견근로자 혹은 외부 하청과 같은 간접고용 방식을 채택하기도 한다. 외부 하청은 업무를 외부의 독립사업자가 수행하도록 계약을 체결하는 것이며, 파견근로자 활용은 외부 업체의 근로자를 일정 기간 고용하는 방식이다. 파견근로자는 외부의 인력파견회사가 직원을 특정 회사에 파견하는 방식을 취한다. 최근 자동화기술이 발달하면서 기술혁신이 인력을 대체하기도 한다. 자동화는 생산자동화 뿐만 아니라 사무자동화까지 진행되고 있다. 로봇과 인공지능, 인터넷 기술 등은 우리 주변에서 점차 확대되는 기술형태이다.

(3) 인력수요의 변동이 심한 경우의 인력조정

매출의 계절적 수요가 심한 경우 인력수요가 일 년간 변동성이 높아지게 된다. 또한 자동차 산업과 같이 환율의 변동에 매출이 크게 영향을 받거나, 기술변화에 따라 사업의 부침이 심한 경우 인력규모의 조정이 필요하다.

인력수요의 변동이 심한 경우 인원수 중심의 조정은 좋은 방법이라 할 수 없다. 해고는 엄격한 법적 요건을 충족해야 하며, 신규 채용에는 시간이 많이 필요하기 때문이다. 근로시간을 큰 폭으로 증감시키는 것 역시 근로자의 소득불안정을 초래하기 때문에, 효과적인 수단이라 하기 어렵다. 따라서 조직은 직원 수와 근로시간 조정보다는 비정규직과 간접고용, 외주하청 등의 방법을 고려하기도 한다.

다만, 비정규직, 간접고용이나 외주하청은 조직의 핵심적 업무를 수행할 때는 좋지 않은 방법이다. 조직의 핵심적 업무는 안정적으로 수행되어야 하며, 조직경쟁력을 결정하는 업무들이기 때문에, 일시적 근로자인 비정규직이나 외부 근로자들이 수행하는 것은 바람직하지 못하다. 따라서 인력수요의 변동이 심한 경우 핵심적 업무는 정규근로자가, 비핵심적 업무는 비정규직 혹은 간접고용형태의 근로자가 담당하는 이원적 구조가 필요하다.

박스사례 4-3 한국의 비정규직 규모는 어느 정도인가?

일반인들은 비정규직 비율을 계산하는 방식이 정부와 노동계 사이에 서로 다른 사실을 이해할 필요가 있다. 2016년 시점에서 노동계와 비정규직센터가 집계한 임금노동자 대비 비정규직 비율은 44%를 조금 넘고 있다. 그러나 정부 통계청은 그 비율이 32.8%라고 발표하고 있다. 비정규직 근로자의 규모는 정부통계 상 644만 명이고, 노동계 통계 상 874만 명이 되어 양자 간에는 무려 230만 명이나 차이가 발생하고 있다.

이를 어떻게 이해하면 될까? 무엇보다 비정규직에 대한 정의가 서로 다르고 조사 설문문항이 다르기 때문이다. 통계청은 임시일용직 모두를 비정규직으로 분류하는 것이 아니라 이중에서 '적성이나 근로조건, 능력 등이 맞지 않아서 다른 일자리를 찾을 예정'이라고 답하거나 '학업이나 가족 등 개인사정으로 일자리를 옮길 계획'인 경우 임시일용직까지도 정규직에 포함시키고 있다. 그 결과 정부통계는 임시일용직에서 245만 명을 정규직으로 분류하고 있다. 정부는 임시일용직으로 분류되더라도 고용지속 여부가 근로자의 의지에 따라 결정되는 경우는 정규직으로 보아야 한다는 점을 전제하고 있다.

한편 노동계와 비정규직센터의 통계는 임시직과 일용직으로 답한 근로자 모두를 비정규직으로 분류하고 있다. 또한 노동계는 비정규직의 유형을 정부 통계청보다 더 세부적으로 구분하고 있다. 이를테면 호출근로, 파견근로, 용역근로, 특수고용, 가내근로와 같이 저임금이면서 근로계속성이 낮은 경우이면 모두 비정규직으로 보고 있다.

따라서 향후에는 비정규직 규모에 대한 통계를 국제표준분류에 따라 조정하고 노사 간에 차이가 없도록 하여야 공공정책 수립 시에 도움이 될 것이다.

표 4-5 임금노동자의 고용형태별 분포

* 해당 기관은 하위 유형간 중복 있음

정부*			한국노동사회연구소			비정규센터(기준)		
고용형태	인원	비중	고용형태	인원	비중	고용형태	인원	비중
정규직	1,318	67.2%	정규직	1,089	55.5%	정규직	1,093	55.7%
비정규직	644	32.8%	비정규직	874	44.5%	비정규직	870	44.3%
한시적근로	366	18.6%	장기임시근로	475	24.2%	일반임시직	251	12.8%
			한시근로	365	18.6%	기간제고용	196	10.0%
시간제근로	248	12.7%	시간제근로	248	12.7%	상용파트	23	1.2%
						임시파트	178	9.1%
비전형근로	222	11.3%	호출근로	86	4.4%	호출근로	79	4.0%

			파견근로	50	2.5%	파견근로	20	1.0%
			용역근로	20	1.0%	용역근로	70	3.5%
			특수고용	70	3.5%	특수고용	49	2.5%
			기내근로	4	0.2%	재택근로	4	0.2%
전체	1,963	100.0%	전체	1,963	100.0%	전체	1,963	100.0%

자료: 경제활동인구 근로형태별 부가조사(2016.8) 원자료에서 각각 계산.

4 모집관리

(1) 모집관리의 개념과 제반 관리활동

모집관리란 최종 채용결정에 앞서 지원자를 모으는 활동을 말한다. 즉, 채용은 지원자를 모으는 모집활동과 적격자를 선택하는 선발활동으로 구성된다.

모집이 중요한 이유는 사람을 잘 뽑는 것(선발)만큼 우수한 사람을 모우는 활동이 채용의 최종적 성공에 중요하기 때문이다. 엄격한 선발을 하더라도 지원자 중 부적격자가 많으면 채용 결과는 기대에 미치지 못할 수 있다. 결국 선발을 까다롭게 하는 것만큼, 우수한 지원자를 모으는 모집활동이 채용의 효과성을 높이는 데 중요하다.

또한 모집활동은 단지 많은 수의 지원자를 확보한다고 해서 성공적이라 볼 수 없다. 모

표 4-6 모집관리의 제반 활동

모집관리의 제반 활동	내용
모집방법의 결정과 모집활동	모집방법을 결정해서 지원자에게 모집을 알리는 활동
모집활동의 평가 및 개선	모집활동의 결과를 객관적으로 분석하여 향후 개선점을 추론하는 활동

집활동의 효과는 우수한 지원자를 얼마나 더 많이 확보하느냐에 달려있다. 즉, 모집의 성공은 지원자의 양과 질 모두에 있어서 판단되어야 한다.

모집관리는 모집방법을 선택하고 실제 지원자를 모집하는 활동, 모집활동에 대한 평가 및 개선점을 확인하는 3가지 과정으로 구성된다. 다음에서는 모집관리의 활동들을 소개한다.

(2) 모집방법의 결정

지원자를 모으는 모집방법은 다양하다. 그러나 각 모집방법에 따라 지원자의 수, 유자격자의 수, 모집비용 등에 차이가 발생하기 때문에 조직 상황에 따라 적합한 방법을 결정해야 한다. 다음에서는 다양한 모집방법을 소개한다.

(가) 사내공모(job posting)

사내공모는 기업내부에서 모집공고를 통해 지원자를 찾는 방법이다. 사내공모는 구성원들의 적정배치와 새로운 직무로의 이동을 촉진하여 구성원들의 근로의욕을 높일 수 있다. 사내공모는 사내 충원 필요 직무에 대해 조직 구성원들에게 이를 정기적으로 알리는 방식이다.

사내 충원직무는 매력도가 높아 사내에서 자발적 지원이 이루어질 수 있는 직무이어야 한다. 만약 회사 내 기피직무를 사내공모 하는 것은 바람직하지 않으며 현실적으로 지원자가 없을 가능성이 크다.

사내공모를 할 경우 지원자의 신청자격을 정확히 공지하는 것이 필요하다. 지원자의 자격요건이 모호할 경우 사내공모는 학연이나 지연 등의 직무 외적 요인이 개입될 위험이 있다. 사내공모 시 직무의 자격요건을 명확히 하면 최적격자의 지원을 유인할 수 있을 뿐만 아니라 사내공모를 예상하고 구성원들이 직무자격을 평소에 준비할 수 있어 자기개발 의욕까지 높일 수 있다.

사내공모에서는 구성원이 특정 직무에 지원한 사실을 공개하지 않는 것이 바람직하다. 만약 이를 공개할 경우 직속 상사와의 관계가 어색해지거나 상사가 직원의 지원 자체를 방해할 가능성이 있어 원활한 사내공모 지원이 이루어지지 못할 것이다.

박스사례 4-4 사내공모제에 대한 반응

국내 기업들 중에는 직원들이 사내에서 직무를 옮기는 사내공모제, 사내전직신청제 등을 운영하는 사례가 있다. H캐피탈은 '오픈커리어존'이라는 커리어마켓을 사내에 열어 부서이동을 희망하는 직원은 누구나 자신을 매물로 내놓을 수 있게 하였다.[6] 인력을 공모한 부서는 전직신청 직원 중 적격자를 선발할 수 있다. P데이터, S유통 역시 오픈 잡포스팅(open job posting) 제도를 도입하여 효율적인 인사배치를 시도하고 있다. 사내공모제도는 직원들의 역량개발을 촉진하고 적재적소의 배치를 가능하게 하는 순기능이 있다.

인크루크가 직장인 1,538명을 설문한 결과에 의하면 사내 직무이동제도를 '매우 긍정적이다'라고 답변한 비율은 14.2%, '긍정적'이라 답변한 비율은 44.7%로 나타났다. 전반적으로 사내직무이동제도를 긍정적으로 답변한 비율이 전체의 절반을 넘고 있다. 긍정적인 이유로서는 '나에게 가장 적합한 직무를 찾을 수 있어서'가 가장 많았으며, 그 다음으로는 '능력을 평가받을 수 있어서'라고 한다.

(나) 광고

조직 외부에서 지원자를 모집하기 위해 조직은 광고매체를 활용할 수 있다. 광고매체에는 신문이나 잡지, 인터넷, SNS 등이 있다. 지원자의 특성이나 지원자의 규모는 각 광고매체에 따라 달라지기 때문에 광고매체를 신중하게 선택하여야 한다.

신문광고는 채용조건을 구체적으로 길게 광고하기 어렵기 때문에, 지원자의 숫자에 비해 유자격자의 수가 많아지는 단점이 있다. 구인광고에 자격조건을 명확히 서술하지 못하면 부적격자의 지원이 많아지는 경향이 나타난다. 신문에 비해 전문잡지에 모집광고를 내는 것은 유자격자를 더 많이 확보하는 데 유리하다. 따라서 전문잡지 광고는 신입사원보다는 경력자 모집에 더 적합하다.

인터넷에 모집광고를 하는 방법에는 회사 홈페이지, 온라인 구인광고업체(online job boards), 검색포털업체, SNS 등이 있다. 인터넷 광고는 모집정보를 신속하게 알리는 방법이지만 인터넷에 노출이 적은 지원자들은 지원을 못할 수 있다. 이를테면 LinkedIn, Facebook, Twitter를 많이 활용해서 네트워킹을 하는 사람들은 인터넷을 통한 지원확률이 높다.

(다) 고용지원센터

조직은 정부가 제공하는 고용지원서비스를, 혹은 고용지원센터를 활용하여 필요한 인력을 모집할 수 있다. 한국고용정보원은 1998년부터 고용과 취업정보를 제공하고 있는데, 현재는 워크넷(WorkNet)이라는 공공 취업포털을 운영하고 있다. 또한 사기업 부문에는 파견직원, 아르바이트, 임시직을 기업들과 연결시켜 주는 업체들이 있으며, 헤드헌팅(headhunting)과 아웃플레이스먼트 서비스(outplacement service) 업체들 역시 경력자의 취업을 지원하고 있다.

(라) 직원추천

직원추천은 사내 직원이 외부의 적절한 요건을 갖춘 지원자를 찾아 회사에 추천하는 방법이다. 지원자는 회사의 근로조건이나 담당해야 할 일의 성격을 추천자로부터 전해 듣고 구체적인 정보를 얻을 수 있다. 추천자는 일의 성격과 지원자의 역량 모두를 비교적 잘 파악하고 있기 때문에, 직무와 지원자 간에 적합도를 알고 있다. 또한 추천자가 모집과정에 직접 관여함으로써 모집비용도 적게 드는 장점이 있다.

반면에 직원추천을 통한 지원자의 개인특성은 추천자와 유사할 가능성이 높아 다양한 근로자를 모집할 가능성이 낮아지는 문제가 있다. 이를테면 학력이나 성별이 자신과 같은 지원자를 추천자가 추천함으로써 조직의 인력구성을 다양하게 유지할 가능성을 낮춘다.

박스사례 4-5 직원추천에 의한 채용

방산업체인 L사는 사내 직원뿐만 아니라 퇴사한 직원의 추천을 받아 지원자를 모집한다. 추천된 지원자는 일반 공채와 같은 절차를 따르지만 추천인의 신뢰도에 따라 취업률이 높은 편이다. 연구개발 인력의 20%~30%는 직원추천제를 통해 충원된다.[7]

또한 외자기업인 H사 역시 신입사원과 경력사원 모두를 사내 직원추천으로 채용하고 있다. 컴퓨터바이러스백신으로 유망한 A연구소는 입사자의 50%를 직원추천으로 채용하고 있다. 추천한 지원자가 채용될 경우 추천자는 포상금까지 지급받는다. 이렇게 직원추천을 활용하는 기업들은 직원추천으로 기존 직원들이 같이 일하고 싶은 동료를 직접 찾는다. 직원추천은 직원에게 일종의 주인의식을 고취하고 회사와 지원자 모두에게 충분한 사전 정보를 제공할 수 있어 지원자가 입사 후 적응을 잘 하는 장점까지 가지고 있다.

(마) 교육기관 추천

대학이나 직업교육기관의 추천을 받아 지원자를 모집하는 방법이다. 기업이 사업체가 위치한 지역의 고등학교를 지원하고 우수한 졸업생을 채용하거나, 대학의 우수한 학생을 교수가 추천하는 등의 방법들이 이에 해당된다. 기업이 교육기관을 직접 방문하여 회사를 홍보하거나 여러 기업들이 특정 교육기관에 가서 일시에 잡페어(job fair) 등을 하는 경우 등도 있다. 교육기관 방문행사 역시 교육기관 중심의 모집방법이란 점에서 넓게는 교육기관추천으로 분류해볼 수 있다.

(바) 인턴사원

기업은 정규직으로 바로 채용하지 않고 기간이 정해진 인턴사원을 모집할 수 있다. 인턴 기간 동안 회사는 직무와 사람 간의 적합성을 검증해 볼 수 있고, 인턴사원은 미래 직장을 탐색해 볼 수 있는 기회를 얻는다. 최근 인턴사원제는 재학생 이외에 졸업자에 대해서도 초기 직장 탐색의 수단으로 활용되고 있다.

특히 회사가 인턴사원을 거쳐 정규직을 채용하는 경우라면 인턴사원에 대한 모집이 정규직 사원에 준하는 절차를 거치게 되는 경우가 많다. 인턴사원을 엄격하게 선발한 후 다시 최종 정규직 채용은 이들 중 일부를 내부경쟁을 통해 채용하는 방식이다. 회사가 인턴사원 중에서 정규직원을 채용하면 그렇지 않은 경우에 비해 직장 정착률이 높아지는 경향이 있기 때문에 이직을 줄이기 위한 방법으로 활용되기도 한다.

박스사례 4-6 인턴에서 정규직으로의 채용

DHL코리아는 상향평준화된 스펙의 인재들이 많아지면서 자사의 인재상에 적합한 인재를 발굴하기 위해 인턴제도를 도입하였다. 회사는 짧은 시간의 면접을 통해 고스펙의 인재를 채용하기보다 수개월의 관찰을 통해 인재의 성격, 적성, 태도를 판단할 수 있는 인턴제도가 더 효과적이라 판단했다.[8)]

2009년부터 운영한 인턴제도로 인해 현재 DHL 코리아 내에는 연간 100여 명의 인턴이 근무하고 있다. 인턴사원은 직무별로 채용되고, 직무 고유의 업무에 배정되어 1:1 코칭을 받으면서 직무역량을 평가받는다. 또한 인턴체험기간이 종료되면 각 부서장은 인턴평가서를 인사부서에 제출하게 된다. 회사 내 정규직 중 인턴을 거친 사원의 비율은 약 15%로서 인턴사원을 거친 입사자는 다른 입사자에 비해 퇴사율이 매우 적다.

(사) 자발적인 지원

회사가 홈페이지에 지원게시판을 만들면 이를 통해 외부의 구직자가 자발적으로 지원하는 경우가 있다. 이들 구직자는 스스로 회사와 직무에 대해 정보를 모으고 지원을 결정하게 되는데 회사에 개인적 관심을 가진 지원자라 볼 수 있다.

국내 일부 게임회사들은 게임개발자와 프로그래머를 채용하기 위해 홈페이지 내에 채용지원란을 만들어 운영하고 있다. 게임회사가 상시지원 체계를 갖춘 배경에는 보다 우수한 인력을 수시로 확보하기 위해서이다. 자발적 지원체계를 만들기 위해서 회사는 지원이 가능한 직무, 직무가 요구하는 자격조건, 지원자에 대한 정기적 채용일정 등을 명확히 해야 한다.

(아) 과거 퇴사한 인력

국내 조직은 과거 퇴사한 인력을 재고용하기 꺼려하는 경우가 많다. 그러나 자발적으로 퇴사한 인원 중 유능한 직원들이 다수 포함되어 있다면 퇴직자를 재고용하는 정책은 나쁘다고만 볼 수 없다. 오히려 퇴사자는 이직한 회사에서 기대에 못 미치는 대우를 받을 경우 원래 회사로 돌아가려는 동기가 강하다. 이들은 원래 회사로 돌아온 후 오히려 직무몰입과 회사에 대한 충성도가 높아지는 현상이 있기도 하다.

(3) 모집활동의 평가 및 개선

모집활동은 모집방법에 따라 지원자의 규모, 자격을 갖춘 지원자의 수, 그리고 총모집비용 등에 차이가 발생하게 된다. 따라서 조직은 어떤 모집방법이 가장 효과적인지를 사후적으로 평가해야 한다.

모집활동의 평가는 <표 4-7>과 같이 채용예정 인원 대비 지원자의 수, 자격을 갖춘 지원자의 수가 많을수록, 모집비용은 가능한 낮을수록 효과적이다. 그밖에 모집활동 평가에는 모집 소요시간(time)과 지원자의 다양성 등을 추가적인 기준으로 설정할 수 있다. 즉, 모집을 통해 충분한 수의 지원자를 모으는 데 걸리는 시간, 그리고 학력, 성별, 경험 등 다양한 배경의 인력이 지원하는 지의 여부가 고려되어야 한다.

양적으로 모집활동을 평가하기 위해서 조직은 흔히 비율분석(ratio analysis)이라는 방법을 활용하기도 한다. 이를테면 다음과 같은 비율이 평가에 유용하게 활용될 수 있다.

표 4-7 모집활동의 평가기준

단기적 기준	장기적 기준
계획한 수의 지원자를 모으는데 소요된 시간 1인당 채용비용(선발과정까지 포함한 총비용) 유자격자의 숫자	채용 후 1년 내 이직한 자의 숫자 채용 후의 평균 직무성과 직원배경의 다양성

① $\frac{\text{유자격자의 숫자}}{\text{총지원자 숫자}}$

② $\frac{\text{인터뷰 제안을 받은 숫자}}{\text{총지원자 숫자}}$

③ $\frac{\text{최종 합격통지를 받은 숫자}}{\text{유자격자 숫자}}$

④ $\frac{\text{입사제안을 받아들인 숫자}}{\text{최종 합격통지를 받은 숫자}}$

위의 비율을 각 모집방법에 따라 분석해보면 상대적으로 효과적인 모집방법을 분석해낼 수 있다. 이를테면 신문광고에 의한 모집은 직원추천방식에 비해 지원자의 숫자는 크지만 유자격자의 숫자가 적은 편이다. 따라서 직원추천 모집은 신문광고보다 더 효과적인 방법이라 할 수 있다. 단, 직원추천은 직원의 다양성을 확보한다는 측면에서 장기적으로 문제가 발생한 소지가 있어 주의해야 한다.

5 선발관리

(1) 선발관리의 개념과 제반 관리활동

선발은 지원자 중에서 최적격자를 선별하는 과정이다. 선발을 위해서는 우선 모집활동을 통해 지원자를 충분히 확보해야 한다. 그 다음으로 조직은 선발을 위해 선발방침을 정하

표 4-8 선발활동

선발활동	내용
선발방침	인재상과 선발기준을 명확히 한다
선발과정	선발과정과 절차를 정한다
선발방법	선발방법을 구체적으로 정한다
선발활동의 평가 및 개선	선발활동을 평가하고 이후 개선과제를 정한다

고 선발과정과 선발도구를 설정해야 한다. 마지막으로 선발과정이 종료되면 선발활동을 전체적으로 평가하고 개선점을 찾아야 한다. 선발의 활동들을 요약하면 <표 4-8>과 같다.

(2) 선발방침

선발방침의 핵심은 인재상과 선발기준을 정하는 것이다. 조직이 원하는 인재의 자질과 특성을 명확히 정의하지 못하면 선발 의사결정이 기준 없이 진행될 수 있기 때문이다.

인재상은 크게 직무요건을 기준으로 한 인재상과 기업문화와 경영철학을 기준으로 한 인재상으로 구분될 수 있다. 인재상은 해당 조직의 비전, 사업목표, 경영철학, 조직문화, 직무특성 등을 고려하여 설정되며, 지원자 중 누가 가장 우수한 직원인지를 결정하는 기준으로 작용한다.

인재상을 직무요건 중심으로 결정하면 각 직무의 구체적인 자격요건과 능력을 중심으로 선발을 진행해야 한다. 직무별로 선발이 진행될 경우 인재상은 직무요건을 중심으로 구체화된다. 직무별로 인재상을 정하면 선발기준이 명확해지는 장점이 있으나, 이전에 해당 직무를 수행한 경험이 없는 지원자에게는 적용하기 어렵다. 따라서 직무요건 중심의 인재상은 주로 경력직 채용에 적용된다.

한편 조직문화와 경영철학을 중심으로 인재상을 결정하면 당장의 직무자격요건보다는 품성과 가치관을 중심으로 선발을 진행하게 된다. 경력직의 경우에는 기업문화와 직무요건 두 가지 기준 모두가 중요하게 선발에 적용될 수 있다. 그러나 신입사원의 경우 직무경험이 없거나 부족하기 때문에 조직문화 중심적 인재상이 중요해진다.

박스사례 4-7 인재상에 따른 선발

L사는 인재상을 '강한 열정으로 전문성과 팀워크를 발휘하여 일등을 추구하는 인재'로 정하였다.[9] 이를 평가하기 위해 회사는 지원자 면접에서 '열정이란 무엇이라 생각합니까?', '입사 후 어떤 분야에서 어떤 일을 하고 싶은가요?', '다른 동료와 창의적으로 문제를 해결한 경험은 있습니까?' 등의 질문을 한다.

또한 L사의 김을동 사장은 팀워크에는 소통이 무엇보다 중요하다고 강조한다. 조직은 상하좌우로 소통이 원활하고 부서 이기주의가 없어야 발전할 수 있기 때문이다. 특히 면접은 지원자가 최초로 회사와 소통하는 자리이기 때문에 소통능력을 평가한다. 면접은 1차로 현업 팀장이 인재상 부합여부와 직무역량을 같이 평가하며 2차로 임원이 인성과 잠재성, 태도를 평가한다. 면접의 가장 핵심적 사항은 인재상의 부합정도이고, 이외에 업에 대한 관심과 기초지식이다.

(3) 선발과정

전형적인 선발과정은 [그림 4－2]와 같다. 그러나 조직의 상황에 맞추어 선발과정은 달리 설계될 수 있다.

조직은 선발과정을 설계할 때 선발 단계별로 지원자의 일부를 떨어트리는 단계적 제거법(multiple hurdle method)이나 지원자 모두가 선발의 전 과정을 거치게 되는 종합적 평가법(composite method)을 고려할 수 있다.

단계적으로 지원자를 누락시켜 선발단계의 후반으로 갈수록 지원자의 수를 줄이는 단계적 제거법은 세밀하고 엄격한 선발평가가 전제되어야 한다. 왜냐하면 우수한 인재가 어느 한 단계를 통과하지 못해 최종 입사가 좌절될 수 있기 때문이다. 단계적 제거법은 일반적으로 지원자의 수가 채용예정인원보다 매우 많을 경우에 활용된다.

그림 4-2 선발절차

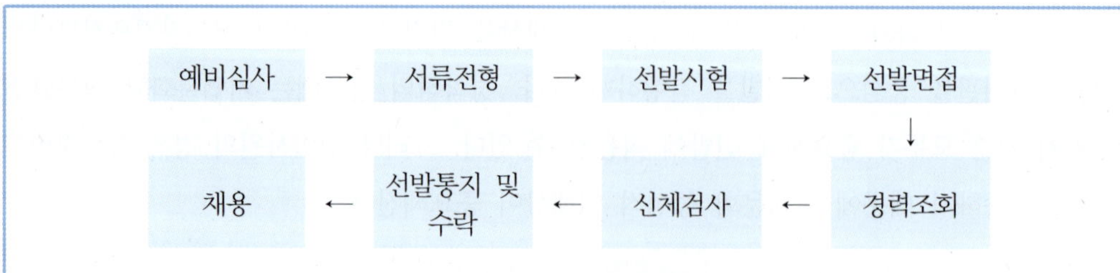

종합적 평가법에서는 어느 한 단계에서 점수가 낮더라도 지원자가 탈락되지 않는다. 종합적 평가법은 평가총점을 가지고 지원자를 평가하기 때문에, 능력을 종합적으로 평가할 수 있다. 단, 종합적 평가법은 모든 지원자가 시험 및 면접의 전과정을 거치기 때문에 선발비용이 과다하게 발생할 소지가 있다.

조직은 일정 단계까지는 단계적 제거법을, 이후에는 종합적 평가법을 적용함으로써 2가지 방법을 절충하기도 한다. 이를테면 서류전형과 선발시험까지는 단계적 제거법을 적용하고 이후에는 종합적 평가법을 쓸 수 있다. 그러나 서류전형에서 너무 많은 지원자를 떨어트리면 사회적으로 고스펙 쌓기라는 문제가 발생할 소지가 있다.

지원자의 숫자가 채용예정인원 보다 매우 클 경우 예비심사 단계를 추가로 만들어 부적격자의 지원을 제한할 수도 있다. 사전 직무경험이나 전공 등이 필수적인 자격이라면 예비심사를 통해 스크린하여 지원자 숫자가 과도하게 늘어나는 것을 방지할 수 있다.

(4) 선발방법

선발방법은 지원자 중 최적격자를 선발하는 수단을 의미한다. 이러한 수단에는 서류심사, 시험, 면접, 경력조회 등의 방법들이 있으며 조직은 각자의 형편에 맞추어 적절한 선발도구를 조합하여야 한다. 다음에서는 선발도구의 다양한 유형들을 소개한다.

(가) 서류심사 및 바이오데이터(biodata)

서류심사는 학력, 직무경험, 자격증 소지여부 등을 확인하는 심사이다. 지원서류에 기재한 내용 중 바이오데이터는 학력, 성, 군복무여부, 결혼관계, 연령 등의 개인정보를 말한다. 바이오데이터를 부적절하게 활용할 경우 성차별이나 학력차별의 결과를 초래할 수 있어 특히 주의가 필요하다.

조직은 지원자의 미래 성과와 직접 관계가 없는 것을 서류심사의 기준으로 설정해서는 안 되며 직무가 요구하는 역량 이상의 과도한 기준을 요구하는 것 역시 잘못된 것이다. 이를테면 고등학교 졸업자라면 수행할 수 있는 단순한 일에 대학졸업을 지원기준으로 삼거나, 직무수행에 영어능력이 필요없는 경우 영어표준화 시험 고득점을 기준으로 설정하면 타당성이 낮은 선발기준이라 할 수 있다.

최근 정부에서는 입사지원서와 면접 시 직무와 관련 없는 개인사항을 요구하거나 질문하지 않도록 권장하고 있다. 이를테면 '블라인드 채용'은 입사지원서에 출신지역, 가족관계, 사진, 출신학교, 체중과 키 등의 신체조건 기재란이 없다. 직무상 꼭 필요한 사항만을 기재하게 되어 있기 때문이다. 연구직에 지원할 경우 논문과 학위증명을 요구하거나 경비직에 지원할 경우 시력 등의 건강정보 등을 요구하는 것은 타당하다. <그림 4-3>은 공공기관의 블라인드 채용에서 활용되는 입사지원서 양식을 예시하고 있다.[10)]

그림 4-3 블라인드 채용의 입사지원서

블라인드 채용 입사지원서(추가항목 포함) 예시

1. 인적사항					
지원구분	신입( ), 경력( )	지원직무		접수번호	
성명	(한글)				
현주소					
연락처	(본인휴대폰)	전자우편			
	(비상연락처)				
최종학교 소재지	지역인재 응시자 확인	가점항목	□ 장애대상 □ 보훈대상		
추가항목	□ 지역인재(예: 지방대학) □ 기능인재(예: 고졸인재) □ 청년 □ 여성과학기술인				

2. 교육사항

* 지원직무 관련 과목 및 교육과정을 이수한 경우 그 내용을 기입해 주십시오.

교육구분	과목명 및 교육과정	교육시간
□학교교육 □직업훈련 □기타		

직무관련 주요내용

3. 자격사항

* 지원직무 관련 국가기술/전문자격, 국가공인민간자격을 기입해 주십시오.

자격증명	발급기관	취득일자	자격증명	발급기관	취득일자

4. 경험 혹은 경력사항

* 지원직무 관련 경험 혹은 경력사항을 기입해 주십시오.

구분	소속조직	역할	활동기간	활동내용
□ 경험 □ 경력				

* 직무활동, 동아리/동호회, 팀 프로젝트, 연구회, 재능기부 등 주요 직무경험을 서술하여 주십시오.

직무관련 주요내용

위 사항은 사실과 다름이 없음을 확인합니다.
지원날짜 :
지 원 자 : (인)

박스사례 4-8 블라인드 채용

국내에서 영어, 자격증, 인턴경험 등 스펙쌓기는 필요이상의 수준을 넘어 사회적으로 과도한 비용을 초래하고 있다. 이런 반성에서 최근 일부 기업들은 열린 채용 혹은 블라인드 채용을 도입하고 있다. 이들 기업들은 직무와 직접 관련성이 높은 스펙만을 채용에 고려하고자 한다. 블라인드 채용이란 채용기준과 무관한 지원사항을 보지 않고, 순전히 직무연관성과 성과잠재성을 기준으로 지원자를 선발하는 제도이다.

그러나 취업전문기관 J의 조사에 의하면 4년제 대학 졸업자의 52.2%는 여전히 불안한 마음에서 취업스펙 쌓기에 주력하고 있다고 한다. 학점이나 어학준비를 한다는 비율이, 인턴 등 직무경험을 쌓는다는 비율 보다 높다. 하나의 전공을 깊이 학습하기보다 복수의 전공을 취득하는 비율

역시 매년 증가하고 있다.[11)]

국내 기업들은 블라인드 채용을 도입하여 직무와 관계가 적은 스펙을 지양하도록 유도하고 있으나, 취업지원자의 고스펙 현상은 당분간 지속될 것으로 보인다.

(나) 선발시험

선발시험은 직무수행자가 필요로 하는 직무관련 능력을 검사하는 시험이다. 직무수행자는 일반적으로 지식(knowledge), 기술(skill), 능력(ability)의 3가지 능력을 갖추어야 특정 직무를 원활히 수행할 수 있다.

선발시험은 측정하려는 대상에 따라 인지능력검사, 성격 및 흥미검사, 성취도 및 기술검사, 정신운동능력검사 등으로 구분된다. 조직은 선발시험을 선택할 때 정확성과 예측력이 높은 시험을 찾아야 한다. <표 4-9>는 선발시험의 유형들을 정리한 것이다.

표 4-9 선발시험의 유형

선발시험의 유형	특징
인지능력검사(cognitive ability test)	인지능력이란 수리능력, 언어능력, 추론능력 등 정보처리 및 학습과 관련된 능력을 말한다. IQ검사는 학습자를 대상으로 한 인지능력검사의 일종으로 널리 알려져 있다. 직무에 따라서 인지능력검사는 적성검사라는 명칭으로 불리기도 하며 직무수행을 위한 잠재적 능력을 검사한다.
성취도 검사(achievement test)와 기술검사(skill test)	성취도검사는 지식습득 정도를 측정하거나 기술의 숙련도를 측정하는 검사이다.
성격검사(personality test)	성격검사는 한 사람이 생각하고 행동하는 패턴을 측정한다. 일반적으로 지필형태의 자기보고식 답변을 분석해서 일정한 성격패턴과 직무적합성을 판단하는 자료로 활용된다.
직업흥미검사(vocational interest test)	직업흥미검사는 한 사람의 흥미를 다양한 직업군의 사람들의 흥미와 대조하여 일치 정도를 측정한다. 직업흥미검사는 개인의 직업흥미가 어떠한 직업군의 흥미도와 일치하는지를 판단하는 자료를 제공한다.
정신운동 능력검사(psychomotor ability test)	정신운동능력은 물체를 조작하고 도구를 사용하는 능력을 말한다. 감각과 운동 사이의 협응력과 정확성을 평가하는 것으로 육체적 활동이 정신적 활동과 함께 중요한 직무군에 활용된다.

대다수 조직은 선발시험으로 개인의 현재적 및 잠재적 능력을 파악하고자 한다. 이를테면 영업직의 경우 고객을 설득할 수 있는 언어능력이 중요하며, 엔지니어의 경우는 수리능력과 추론능력이 뛰어나야 할 것이다. 직무에 따라서는 특정한 직업흥미와 성격이 직무성과를 높이는데 더 유리할 수 있다.

성취도검사와 기술검사 같이 특정한 지식이나 기술의 습득정도를 측정하는 경우에는 지원자 간에 상대적인 비교가 가능할 것이다. 그러나 성격검사는 지원자 간 비교는 의미가 없고 면접 전 단계에서 지원자를 파악하는 기초자료로 사용될 수 있다.

박스사례 4-9 인적성검사를 통한 단계적 제거방식

C그룹은 신입사원 채용 시 종합적성검사를 치루고 있다. 종합적성검사는 기초직무수행능력검사인 CAT(Cognitive Ability Test)와 인성검사인 AT(Aptitude Test)로 구성되어 있다. 지원자는 CAT 시험을 55분 동안 언어, 수리, 추리, 공간지각, 상식 등 총 95문항에 응시해야 하며, AT 시험을 45분 동안 총 270문항에 응시해야 한다.[12] C그룹은 종합적성검사를 통해 최종 합격자의 10배수를 뽑을 예정이다. 이후 합격자는 1차 실무진 면접, 2차 임원 면접을 거치게 된다. 종합적성검사의 검사항목은 <표 4-10>과 같다.

표 4-10 C그룹의 종합적성검사 항목

구분	문제유형	특징
언어능력	언어유추	제시된 단어 간의 관계와 동일한 단어 선택
	명제판별	명제의 진실, 거짓을 파악하는 유형
	독해	제시된 지문의 내용 파악하기
추리능력	수 추리	제시된 수의 규칙 찾기
수리능력	자료해석	주어진 데이터의 수치 파악
	응용계산	사칙연산 및 연립방정식 위주의 계산
공간 지각능력	블록 맞추기	두 블록을 결합한 도형 찾기
인문학적 소양능력	한국사, 상식	역사상식, 영화, 문학, C그룹의 문화사업

(다) 면접

일반적으로 면접이 가진 미래 성과예측력은 일선 관리자들이 믿고 있는 것보다 낮은 수준이다. 그러나 면접은 지원자의 태도나 가치관등을 파악하는 데 유용한 수단이기 때문에 선발에 널리 활용되는 선발도구이다.

선발면접은 크게 구조적 면접(structured interview)과 비구조적 면접(unstructured inter-view)으로 구분된다. 구조적 면접은 모든 지원자에게 동일한 질문을 물어보는 방식의 면접이다. 반면에 비구조적 면접은 지원자마다 각기 다른 질문을 하는 방식이다.

일반적으로 선발의 예측력을 높이기 위해서는 구조적 면접이 비구조적 면접보다 효과적이다. 구조적 면접은 지원자 간에 답변을 서로 비교하는 데 용이하기 때문에 비구조적 면접보다 선발방법으로서의 정확성이 높다. 구조적 면접은 비구조적 면접보다 입사 후 직무수행역량을 약 2배 이상 정확히 예측하는 경향이 있다.[13)] 단, 구조적 면접의 장점을 살리기 위해서는 면접 질문항목을 사전에 잘 선정해야 하며 면접관의 직무관련 지식과 소통능력이 전제되어야 한다.

면접을 구조화하기 위해서는 질문할 내용이나 주제를 사전에 정하고, 경우에 따라서는 질문순서까지도 예정해 놓을 필요가 있다. 구조화가 극단적으로 설정되면 면접은 마치 지필시험을 보는 것과 같이 진행되는데, 지원자에게 부연설명의 기회를 주지 않고 정해진 시간 내에 이루어지게 된다. 그러나 면접의 일부만을 구조화할 수도 있다. 원칙적으로 구조적 면접의 취지는 모든 지원자로부터 비교 가능한 정보를 수집하는 데 있다.

그 외 선발면접에는 다양한 형태가 있다. 집단면접은 다수의 지원자를 동시에 면접하는 방식이다. 반대로 위원회면접은 지원자를 한 명씩 나누어 다수의 면접관이 평가하는 방식이다.

집단면접은 복수의 지원자를 서로 비교해가면서 면접을 할 수 있어 좋지만, 순서 상 뒤에 질문을 받는 지원자는 생각할 시간이 있어 더 유리하다. 따라서 집단면접 시에는 처음 응답하는 지원자를 돌아가면서 균등하게 배열해야 한다.

위원회면접은 한 사람의 지원자를 복수의 면접자가 각기 다양한 관점에서 살펴볼 수 있다. 그러나 시간이 많이 소요되기 때문에 주로 높은 직급이나 전문성이 높은 지원자에게 활용되는 방법이다.

그밖에 면접에는 스트레스면접 같이 의도적으로 지원자에게 곤란한 상황을 부여하고 대응행동을 알아보는 면접이 있다. 스트레스 면접은 공격적인 영업직무에 활용될 수 있는데, 스트레스가 많이 동반되는 업무상황에서 이에 대처하는 지원자의 역량을 평가한다.

최근에는 역량면접(competency interview)과 상황면접(situational interview) 같은 심층인터뷰 기법이 개발되어 활용되기도 한다. 역량면접이란 직무가 요구하는 특정 역량에 대해 집중적으로 질문하고 지원자가 해당 역량을 경험하게 된 사건들을 설명하게 한다. 이를 통해 면접자는 지원자의 역량수준을 간접적으로 평가한다.

또한 상황면접은 직무에서 경험하게 될 특정 상황을 지원자에게 소개하고 어떤 대응조치를 취할 것인지를 가상적으로 질문하는 방식이다. 역량면접은 지원자가 해당 직무를 수행한 경험이 있는 경우 주로 적용되지만, 상황면접은 지원자가 반드시 해당 직무를 사전에 경험할 필요가 없다. 왜냐하면 상황면접에서는 특정 상황이 구체적으로 주어지고, 지원자의 실제 행동이 아닌 대응방법을 질문하기 때문이다.

표 4-11 면접관의 판단오류를 초래하는 요인

면접시 발생가능한 오류	내용
고정관념(stereotype)	개인 특성에 대한 고정관념으로 지원자를 부당하게 부정적으로 혹은 긍정적으로 평가하는 오류이다. 이를테면 여성에 대한 부정적 고정관념이 있으면 여성 지원자를 실제보다 더 저평가하게 된다.
첫인상(first-impression)	면접이 시작된 후 순간적으로 지원자의 평가결과가 마음속으로 결정되는 경향성이다. 면접관은 면접시간 동안 자신의 믿음을 뒷받침하는 정보만을 찾게 되고 그 외의 정보는 무시하려 한다.
부정 탐색 (negative emphasis)	면접관이 면접 시 지원자에 대한 부정적 정보를 발견하면 긍정적 정보보다 더 과도하게 반응하며, 이로 인해 균형감을 상실하게 되는 경우가 있다.
대조효과(contrast effect)	면접관이 우수한 지원자를 면접한 다음 바로 평균적 지원자를 면접하면, 평균적 지원자를 실제보다 평가절하하려는 경향이 생긴다.
자신과의 일치 (similar-to-me error)	면접관은 자신과 유사한 배경을 가진 지원자를 선호하는 경향이 있다. 이로 인해 학별, 성, 출신배경 등을 면접에서 고려하게 되는 경우가 있다.
현혹효과(halo effect)	면접관이 지원자의 뛰어난 일부 특성에 너무 몰입되어 나머지 자질들을 종합적으로 고려하지 못하는 오류를 말한다.

면접을 순차적 절차로 구분해보면 1차 면접과 2차 면접으로 구분될 수 있다. 1차 면접은 주로 팀장급과 같은 직무전문성이 높은 현장관리자가 면접관이 되며, 인성면접, 역량면접, PT면접이라고도 불린다. 1차 면접은 기초역량과 직무적합성을 판단하기 위한 것으로 면접자는 지원자의 가치관, 소통능력, 직무지식 등을 평가하고 지원서에 기재된 사항 중 모호한 점을 질의하게 된다.

이에 비해 2차 면접은 일반적으로 임원같이 더 높은 직급의 관리자가 면접관이 되며, 기초역량이나 직무전문성 보다 조직문화 적합성과 인성에 대한 종합적인 평가를 한다. 회사에 따라서 면접 차수를 3차 이상으로 늘리는 경우도 있지만 면접차수가 증가할수록 비용이 많이 발생한다는 점을 유념해야 한다.

면접에서 면접관은 개인적인 편견을 피하기 위해 신중한 태도를 가져야 한다. 일반적으로 면접관은 면접과정에서 <표 4-11>에 나타난 실수를 할 수 있기 때문에 신중해야 한다.

(라) 평가센터법(assessment center)

평가센터법이라 지원자에게 비교적 긴 시간에 걸쳐 다양한 선발도구를 집중해서 적용하는 평가제도이다. 평가센터법은 평가센터라는 장소적 특징보다는 심리학자들이 개발한 전문적인 심리·인지평가도구를 다양하게 적용한다는 데 그 특징이 있다.

평가센터법은 복수의 평가자가, 복수의 평가도구를 활용하여, 복수의 역량차원을 종합적으로 평가하는 방법이다. 평가센터법은 전문심리 분석가에 의해 개발된 심리검사, PT (Presentation Test), 인터뷰, 의사결정 시뮬레이션, 집단토론 등 복수의 평가도구를 활용하며, 평가자 역시 평가훈련을 거친 전문가들로 구성된다.

박스사례 4-10 특이면접

최근에는 특이한 면접을 고안하여 실시하는 회사가 있다. SK의 바이킹챌린지는 끼와 열정, 도전정신을 평가하기 위해 스펙을 완전 배제하고 개인오디션 형식의 면접을 한다.[14)] 개인의 스토리를 중심으로 10분 PT를 거쳐 선발된 인원은 인턴십을 거쳐 최종 선발되는 형태이다.[15)]

평가센터법은 수일에서 길게는 1주일 정도의 평가기간을 거치게 되어 일반적으로 비용이 많이 소요되는 선발도구이다. 그러나 다른 선발방법에 비해 지원자의 미래 성과를 예측하는 정확도가 높다. 특히 평가센터법은 신입사원보다는 고위직 경영자를 선발하기 위해 리더십, 소통능력, 의사결정 역량의 잠재성을 측정하고 평가하는 데 효과적이다.

(5) 선발활동의 평가와 개선

좋은 선발이란 지원자 중 최적의 자격을 갖춘 자를 정확히 선발하는 것이다. 그러나 조직의 지원자에게 어려운 시험을 여러 번 치르게 하고, 면접 질문을 까다롭게 묻더라도 선발을 통해 우수한 지원자를 가려내는 것이 쉽지 않은 경우가 많다. 오히려 시험 및 면접에 드는 비용만 증가시킬 수 있다.

좋은 선발을 위해서는 최대한 과학적이고 객관적인 자료를 활용하는 것이 중요하다. 이들 자료를 통해 조직은 선발도구가 만족할만한 신뢰도와 타당성을 보이고, 비용 역시 현실적으로 부담 가능한 수준인지를 확인해야 한다. 즉, 선발도구는 신뢰성과 타당성이 높고 비용이 적절한 조건을 충족해야 한다. 아래에서는 선발방법이 갖추어야 할 기준들을 살펴본다.

(가) 신뢰성(reliability)

신뢰성이란 특정한 선발방법을 동일한 지원자에게 반복해서 실행하더라도 동일한 결과를 보이는 정도를 말한다. 이를테면 신뢰성이 높다는 것은 체중계에 반복해서 올라가도 동일한 사람이, 동일한 체중을 보여야 하는 것과 같다. 마찬가지로 동일한 시험을 동일한 지원자가 반복해서 치르더라도 그 점수는 크게 변하지 않아야 좋은 선발도구이다.

또한 신뢰성은 평가점수의 안정성을 말한다. 즉, 신뢰성이란 선발시험 점수의 안정성으로, 동일한 지원자에 대해 동일한 선발방법을 여러 번 거듭 적용하더라도 그 점수가 크게 변하지 않는 상태이다. 이를테면 토익과 같은 영어표준화시험은 일정 시점에 지원자가 여러 번 시험을 거듭하더라도 그 점수가 큰 폭으로 변하지 않는다. 왜냐하면 영어표준화시험 항목들 중 신뢰성이 높은 항목들이 많기 때문이다.

면접 같은 선발방법 역시 신뢰성이 높을수록 좋은 방법이라 할 수 있다. 이를테면 신뢰성이 높은 면접방식은 한 면접자가 동일한 지원자를 하루 간격으로 거듭 면접하더라도 그 면접점수가 크게 변화하지 않는다. 그러나 동일한 지원자에 대한 반복적 면접에서 면접점수가 크게 변한다면 해당 면접방식은 신뢰성이 낮다고 할 수 있다. 일반적으로 구조적 면접은 비구조적 면접에 비해 신뢰성이 높으며, 그래서 채용면접에서는 되도록 구조적 면접을 활용하는 것이 신뢰성 측면에서 유리하다.

(나) 타당성(validity)

선발방법의 타당성은 특정 선발방법이 얼마나 미래의 업무성과를 잘 예측하느냐의 정도이다. 예컨대 인·적성시험에서 고득점을 한 지원자가 입사 후 괄목할만한 업무성과를 냈다면 해당 선발시험은 높은 타당성을 가진다고 볼 수 있다.

선발방법은 일반적으로 미래의 업무성과 뿐만 아니라 태도, 성격, 능력 등을 측정하기 위해 개발되는 경우가 흔하다. 따라서 선발방법의 타당성을 보다 일반적으로 정의한다면 '선발방법이 원래 측정하고자 한 대상 즉, 성과, 태도, 성격, 능력 등을 얼마나 잘 예측하느냐' 이다.

타당성을 수치로 측정하기 위해서는 지원자의 입사시험성적과 입사 후 근무성과를 서로 비교하여야 한다. 시험성적과 입사 후 근무성과가 서로 높은 상관성(correlation)을 보이게 되면 해당 시험은 높은 타당성을 가진다 할 수 있다.

박스사례 4-11 타당성이냐 신뢰성이냐?

다음 3가지 시험은 서로 다른 직무역량 필기시험의 신뢰성과 타당성을 보여주고 있다.

직무역량 필기시험	신뢰성(r)	타당성(r)
시험 1	0.4	0.8
시험 2	0.8	0.4
시험 3	0.9	0.9

주: r은 상관관계를 나타내는 통계치로서 그 범위는 최대 1에서 최소 -1까지를 기록한다.

비록 가설적인 상황이지만 위의 표는 직무역량을 검사하는 3가지 필기시험 각각에 대한 신뢰성과 타당성을 나타내고 있다. 가장 이상적인 시험은 물론 시험 3이다. 3가지 시험 중 하나를 선택해야 할 때 인사담당자는 아무런 고민 없이 시험 3을 선택할 것이다.

그러나 인사담당자가 선택할 수 있는 직무역량시험이 시험 1과 시험 2의 두 가지 밖에 없다면 어떻게 될까? 시험 1은 신뢰성이 낮지만 타당성이 높으며, 시험 2는 신뢰성은 높지만 타당성이 낮다. 이 경우 판단기준은 타당성에 더 무게가 두어져야 한다. 왜냐하면 필기시험의 이유가 입사 후 높은 직무성과를 보이는 지원자를 가려내는 것이기 때문이다. 다만 인사담당자는 시험 2의 낮은 신뢰성을 보완하기 위해서 필기시험 외에 다른 입사시험을 추가하고, 면접 등의 절차를 통해서 보완해 나가야 할 것이다.

(다) 비용효과성(cost effectiveness)

선발도구를 활용하는 데는 상당한 비용이 발생한다. 선발을 위한 장소임대, 현장관리자의 면접시간, 평가시험의 출제 및 감독비용, 전문적인 심리검사의 라이센스비용 등 채용과 관련된 비용은 적지 않다. 더욱이 최종 합격자 수에 비해 지원자의 수가 매우 큰 경우에는 비용이 과다하게 발생하기 때문에 지원자 모두에게 시험과 면접을 보도록 해야 할지 망설이게 된다. 따라서 선발방법을 선택할 경우에는 선발방법의 비용과 효용을 서로 비교하는 것이 필요하다.

신뢰성과 타당성이 높은 선발방법이라도 라이센스비용이 지나치게 높을 경우, 면접에 소요되는 시간이 매우 길 경우, 넓은 시험장소를 임대해야 하는 경우에는 비용을 고려해야 한다. 결과적으로 인사담당자가 평가방법을 선택할 때는 신뢰성, 타당성, 비용효과성을 모두 고려해야 한다.

(라) 상관관계분석(correlation test) 및 비율분석(ratio test)

선발방법의 신뢰성과 타당성을 수치적으로 측정하기 위해서는 흔히 상관관계분석과 비율분석이 활용된다.

상관관계분석은 통계학에서 정의된 상관관계를 계산하는 방식이다. 다음 공식에서 r은 상관관계 계수이다. x와 y는 각각 채용관련 측정치라고 가정한다.

$$r = \frac{\Sigma(x-\bar{x})(y-\bar{y})}{\sqrt{\Sigma(x-\bar{x})^2 \times \Sigma(y-\bar{y})^2}}$$

두 변수 x와 y의 다양한 분포도를 살펴보면 [그림 4-4]와 같다. 그림에서 r이 1에 근접할수록 두 변수의 관계는 밀접하다고 할 수 있다.

그러면 면접의 신뢰성을 생각해 보자. 만약 동일한 지원자에 대해 5명의 면접자가 있고 서로 크게 다른 면접점수를 부여하였다면 면접점수들 간의 상관관계는 낮을 것이다. 이런 경우 상관관계 계수 r은 낮은 수치를 보일 것이다. 즉, 특정한 지원자를 두고 면접자들 간에 면접점수가 매우 다르다면 그 상관성이 낮아지고 결과적으로 해당 면접의 신뢰성은 낮다고 할 수 있다.

상관관계 계수는 타당성을 계산하는 데도 동일하게 활용될 수 있다. 그럼 면접의 타당성을 상관관계의 관점에서 한번 생각해보자. 만약 지원자들에 대해 부여한 면접자의 평가점수가 해당 지원자의 입사 후 근무성과와 높은 상관관계를 보인다면 면접의 타당성은 높다고 할 수 있을까? 이 경우 상관관계 계수가 높게 나온다면, 면접의 타당성은 높다고 할 수 있다. 왜냐하면 면접점수는 입사 후 근무성적과 밀접하게 연관되어 있기 때문이다.

그림 4-4 상관관계에 따른 분포도

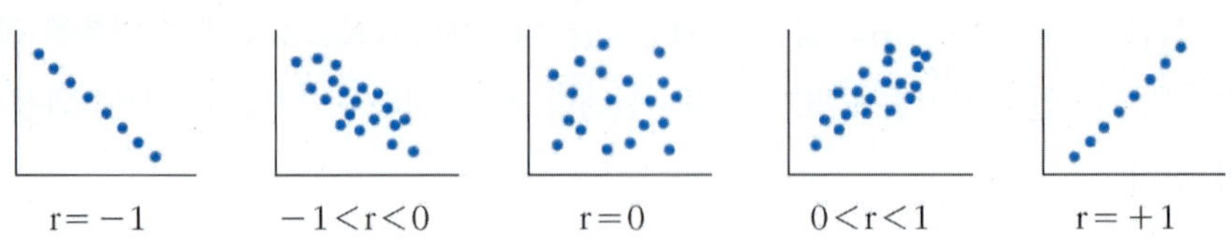

따라서 상관계수를 이용하면 선발방법의 신뢰성과 타당성을 대략 계산할 수 있다. 전문가뿐만 아니라 실무자라도 일반 오피스웨어를 이용하면 신뢰성과 타당성을 계산하는 것은 그리 어렵지 않다.

한편 비율분석은 채용과 관련해 유용한 지표를 간단하게 작성하는 데 유용하다. 이를테면 선발방법 별로 1인당 평균비용, 1인당 평균 소요시간 등을 계산해 보면 비용타당성을 측정할 수 있다. 또한 입사제안자수 중 입사를 최종 수락한 자의 비율을 계산해 보면 어떤 선발방법이 가장 비용 효과적인지 알 수 있다. 채용수락자의 수가 낮은 선발방법은 선발비용만 많이 지출하기 때문이다.

6 채용의 사회적 역할과 법적 규제

조직은 채용 시 일정한 법적 규제와 도덕적 규범을 준수해야 할 의무가 있다. 노동법 준수라는 측면에서 보면 조직은 채용규모, 모집방법, 선발절차에 있어서 일정한 제약을 갖고 있다.

채용에 있어서 기업은 장애인, 청년, 보훈대상자를 일정 규모 이상 고용하여야 한다. <표 4-12>는 기업의 채용 결정에 적용되는 법적 규제를 열거하고 있다.[16] 단, 사용자는

표 4-12 기업의 채용결정에 대한 법적 규제

법률	내용
장애인고용법 제28조	상시 50인 이상 사업장의 사업주는 총근로자의 100분의 5 범위 내에서 대통령령이 정한 비율 이상의 장애인을 채용해야 한다.
청년고용법 제5조	공공기관과 지방공기업은 정원의 100분의 3 이상씩 청년 미취업자를 고용해야 한다.
보훈대상자지원법 제39조 1항	일상적으로 하루에 20명 이상을 고용하는 공·사기업체 또는 공·사단체에 대하여 전체 고용인원의 100분의 3~100분의 8 범위 내에서 대통령령이 정하는 대상업체별 고용비율 이상으로 취업지원 대상자를 우선 고용해야 한다.

채용에 대한 이러한 규제 안에서 채용의사결정을 자율적으로 할 수 있다.

모집에 있어서는 공개모집과 연고모집 모두가 가능하며, 모집의 방법 역시 광고, 직업안정기관, 광고, 정보통신망 등 어떤 것을 사용할 지는 조직의 자유이다. 직접 모집과 위탁모집 역시 모두 가능하다. 그러나 채용광고를 거짓으로 낸다든지, 고용노동부 장관의 승인 없이 채용심사 비용을 구직자에게 부담시킬 수는 없다.

선발에 있어서 사용자는 선발기준과 최종 선발결정에 따른 자유를 가지고 있으나, 일정한 법적 규제가 적용되는 사항이 있다. 이를테면 사용자는 원칙적으로 15세 미만인 자를 채용할 수 없으며(근로기준법 제64조 제1항), 노동조합에 가입하지 않거나 특정 노동조합의 조합원이 될 것을 조건으로 채용할 수 없다(노동조합법 제81조 제2호).

또한 사용자는 근로자를 모집 채용할 때 합리적인 이유 없이 성별, 신앙, 연령, 신체조건, 사회적 신분, 출신지역, 출신학교, 혼인과 임신여부 또는 질환 등을 이유로 부당한 차별을 하여서는 안 된다(고용정책기본법 제7조). 특히 근로자를 모집하거나 채용할 때 남녀를 합당한 이유 없이 차별해서는 안 되며, 용모, 키, 체중 등의 신체적 조건, 미혼 조건을 제시하거나 요구할 수 없다(남녀고용평등법 제7조).

또한 공공조직이 특정 이해관계자의 청탁을 받아 이미 규정된 선발기준을 적용하지 않고 채용하는 경우도 공정한 채용관행을 저해한다는 이유에서 금지된다.

채용에 대한 법적 규제는 사용자에게만 부과되는 것은 아니고, 지원자에게도 일정한 책임을 규정하고 있다. 이를테면 지원자는 구직서류를 거짓으로 작성하여서는 안 된다(채용절차법 제6조).

이와 같이 모집과 선발관리에는 사용자의 자유가 최대한 보장되어 있지만, 사회적 차별이나 부당한 채용관행에 대한 법적 규제가 존재하고 있다. 따라서 조직은 채용과 관련된 법규를 준수함으로써 사회적 역할을 수행해야 한다.

7 채용관리의 개선

채용관리는 계획, 실행, 평가 및 개선단계의 3단계로 구성되어 있다. 채용관리는 우수한 지원자를 모집하여 그 중 최적합자를 선발하는 데 그 목적이 있지만, 이는 채용관리 전 과정을 꾸준히 개선하지 않으면 성취할 수 없다. 따라서 다음과 같은 채용관리의 개선활동이 필요하다.

(가) 객관적 정보에 기반하여 지속적으로 채용프로세스를 개선해야 한다.

채용과정의 개선은 관리자의 일시적 판단에 의해 이루어지기보다 가능한 객관적이고 과학적인 지표를 통해 성취될 수 있다. 이를테면 선발방법의 타당성과 신뢰성을 조사해 보고, 지원자에 대한 설문조사를 실시하는 등 객관적이고 비교 가능한 채용정보를 수집, 분석함으로써 선발과정을 개선해 나갈 수 있다.

조직은 단지 최근에 유행하는 채용방식을 무조건 따라하거나, 어렵고 복잡한 시험을 채택하는 조치보다는 객관적 지표분석을 통해 채용과정 전반에 발생하는 문제점을 파악하고 해결안을 제시할 수 있어야 한다.

(나) 채용과정에 현장관리자의 참여와 역할을 확대해야 한다.

현장관리자는 현장에서 필요한 인재의 조건을 비교적 정확히 알고 있으며 실제 채용 후 함께 일을 하는 당사자이기도 하다. 조직은 현장관리자를 채용과정에 참여시킴으로써 채용의 직무적합성을 높일 수 있다. 조직은 채용면접 뿐만 아니라 선발기준과 선발방법을 결정할 때도 현장관리자의 참여를 확대하면 이상적이다.

(다) 지원자와의 쌍방향 커뮤니케이션을 모색해야 한다.

조직은 채용을 일종의 일방적 과정으로 보는 경향이 있다. 즉, 지원자 중에서 조직이 필요한 자를 선택하는 과정이 한 방향으로만 이루어진다는 인식이 있다. 그러나 채용은 엄밀히 말하면 지원자와 조직이 상호 소통하면서 서로를 탐색해가는 과정이다. 조직이 특정 지원자에게 최종 합격통지를 하더라도 입사 최종 수락은 지원자의 결정에 달라있다. 따라서 조직은 채용 후 조직에서 기대하는 것은 무엇인지, 지원자가 직장선택에 있어 고민하고 있는 사항은 무엇인지 등을 채용과정에서 신중히 고려해야 한다. 이를테면 면접과정에서도 지원자가 회사에 궁금한 점을 질의할 수 있도록 하는 쌍방향 소통을 하면 바람직하다.

지원자 직무검토(Realistic Job Preview)는 이런 취지에서 마련된 방법 중 하나이다. 지원자 직무검토는 지원자가 특정 직무에 지원하기 전 직무에 대해 되도록 많은 것을 파악할 수 있도록 조직이 돕는 것을 말한다. 조직은 잠재적 지원자에게 직무의 내용뿐만 아니라, 근무환경, 조직문화 등을 회사 홈페이지에 소개함으로써 지원자가 직무 적합성 여부를 스스로 판단할 수 있도록 도울 수 있다. 또한 채용합격통지를 받은 자에 대해서 조직은 입사 전 직장을 방문할 기회를 주어 직무와 근무환경을 구체적으로 파악할 수 있도록 할 수 있다. 그러면 지원자는 최종적으로 해당 조직을 자신의 근무지로 선택하는 데 도움을 얻을 수 있다. 지원자 직무검토는 현장 방문 외에도 비디오 동영상, 직무 시뮬레이션 등의 매체를 활용하기도 한다.

지원자 직무검토를 잘 활용하면 지원자가 초기 직장 적응에 실패하여 퇴직하는 경우를 줄일 수 있다. 또한 지원자가 입사 전 직장에 대한 좋은 이미지를 갖도록 하고, 직장 적응 시의 스트레스를 줄여주는 등의 효과가 있다.

(라) 고용브랜드의 확립과 개선작업을 꾸준히 진행해야 한다.

채용관리의 개선은 단지 모집이나 선발방법을 바꾸는 것 이상이어야 한다. 특정 직장이 가진 고용의 매력도를 끌어올리는 것은 채용경쟁력을 높이는 가장 근본적인 조치라 할 수 있다. 고용브랜드(employment brand)란 한 조직이 근로자에게 얼마나 매력적인지를 보여주는 개념으로, 다른 조직과 차별화될 수 있는 특정 조직만의 고용 매력도를 나타낸다.

고용브랜드는 상품브랜드의 개념을 고용에 적용한 것이다. 고용브랜드는 급여뿐만 아니라 근로자에 대한 존중, 협력적 동료관계, CEO의 혁신적 리더십, 역량개발 기회 등 다양한 차원에서 한 조직의 이미지를 긍정적으로 자리매김하는 작업을 통해 형성된다. 고용브랜드를 구축하기 위해서는 무엇보다 해당 직장을 통해 근로자가 무엇을 기대할 수 있는지를 간략하고 명확히 서술한 '고용가치명제(employment value proposition)'가 필요하다.[17] 그리고 조직이 고용가치명제를 실행하기 위해 어떤 노력과 정책을 실행하고 있는지를 지원자에게 전달해야 한다. 이를테면 '회사 ㅇㅇ는 직원들이 자신의 아이디어를 자유롭게 제시하고, 혁신을 구체화할 업무 자율성을 제공한다' 식의 가치명제를 제시할 수 있고, 이를 실행하기 위한 노력과 정책들을 구체적으로 소개할 수 있다. 고용브랜드의 고용가치명제는 회사의 웹사이트, SNS, 모집광고, 지원서류, 지역홍보물 등에 게시하여 전파될 수 있다.

따라서 채용경쟁력은 모집과 선발방식을 개선해 나가는 것 이상으로 꾸준히 조직의 고용브랜드 가치를 혁신해나가는 실질적 노력이 있어야 높아질 수 있다.

토론

토론과제

본 장에서 학습한 내용을 기반으로 다음 이슈에 대해 토론해보자.

1. 최근 한국기업들이 매년 채용 인력규모를 어떻게 산정하는지 토론해보자.
2. 최근 한국기업들이 지원자를 모집하고 선발하는 방법 중 효과적인 것은 무엇인지 토론해보자.
3. 국내/외 기업들이 활용하는 모집과 선발의 방법들 중 특이하고 동시에 효과적이라고 생각되는 방법들을 찾아 토론해보자.
4. 국내기업들이 신입사원을 선발할 경우 가장 중요시 하는 선발기준은 무엇인지 조사하고 대학생이 취업을 위해 준비해야 할 사항이 무엇인지 토론해보자.
5. 면접에 들어가기 전 당신은 어떤 사항들을 준비해야 할 것인지를 살펴보고 면접을 성공적으로 할 수 있는 방법과 지침사항에 대해 토론해보자.

토론사례 고용연계형 인턴과 체험형 인턴[18)]

최근 국내 기업은 정기 공채 대신 수시채용을 통해 신규직원을 뽑는 사례가 늘어나고 있다. 이런 기업들은 최근 방학을 이용한 고용연계형 인턴십을 늘리고 있다. 지난해까지 공채를 통해 신입사원을 선발해 온 K증권은 고용연계형 인턴십을 처음으로 도입했다. 여름방학 6주 동안 현업부서 실습을 통해 우수한 평가를 받은 인턴에게는 신입공채 시 서류·필기시험을 면제할 예정이다. H사도 금년부터 고용연계형 인턴을 모집한다. 채용절차는 서류전형, 두 차례 면접, 6주간의 인턴근무이다. 회사의 관계자는 "인턴십 종료 후 특별한 하자가 없으면 정직원으로 일할 수 있는 기회를 주는 프로그램"이라고 설명한다.

그러나 인턴에는 고용연계형 외에도 체험형 인턴십이 있다. 체험형 인턴은 청년들의 단기 일자리 확대와 직장체험을 위해 공기업들이 많이 활용 중이다. 체험형 인턴은 인턴기간 만료 후에 단기계약이 끝나는 기간제 근로자이다. S공기업은 최근 체험형 인턴 100명을 모집하는데 서류전형, 신원조회 등으로 채용절차가 비교적 간단하다. 체험형 인턴은 정규직 전환이 안 되는 체험 중심의 인턴이다. 한 취업준비생은 "구직자들 사이에선 체형연계형 인턴을 '금턴'이라 부르고, 체험형을 '동턴'이라고 부른다"고 한다.

토론문제

1) 최근 국내기업이 공채를 없애고 고용연계형 인턴을 통해 직원을 채용하는 이유는 무엇인가?

2) 고용연계형 인턴십을 통해 신입사원을 선발하는 방법의 장단점은 무엇인가?

PART 03

인적자원의 성과 및 평가

CHAPTER 05 성과관리

CHAPTER 06 평가관리

CHAPTER 05

성과관리

1. 성과관리의 개념
2. 성과관리의 제반 관리활동
3. 성과관리와 연관된 이론
4. 성과관리와 관리자의 애로사항
5. 성과관리의 최근 동향
6. 성과관리 프로세스
7. 저성과자와 핵심인재에 대한 성과관리

CHAPTER 05

성과관리

학습목표

본 장에서는 성과목표를 계획하고, 성과를 촉진하는 관리활동에 대해서 학습한다. 학습자는 본장을 학습한 후 다음과 같은 목표를 달성할 수 있다.

❶ 관리자의 성과관리가 어떤 활동으로 구성되어 있는지를 설명할 수 있다.
❷ 업무 수행자의 동기와 성과를 촉진하도록 업무목표를 설정할 수 있다.
❸ 목표 설정 이후 업무 수행자의 성과를 점검하고 지원하는 방법을 설명할 수 있다.
❹ 성과에 대한 피드백과 코칭의 효과적 방법을 설명할 수 있다.
❺ 저성과자와 핵심인재에 대한 체계적 관리방식을 설명할 수 있다.

[도입사례] 거북이는 토끼를 어떻게 이기게 되었나?

당신은 자신의 능력에 대해 어떤 믿음을 가지고 있는가? 당신은 업무적으로 혹은 개인적 목표를 추구하는 과정에서 자신의 능력이 계속 늘어난다는 믿음을 가지고 있는가? 아니면 어느 정도까지만 능력이 늘어난 후 자신의 능력에는 한계가 있다고 믿고 있는가?

이론적으로 전자의 믿음은 능력의 점증론(incremental theory)이라 표현할 수 있다. 반면에 후자의 믿음은 능력의 고정실체론(entity theory)이라 할 수 있다. 심리학의 실험실 연구결과에 의하면 점증론의 스토리를 믿는 사람은 고정실체론을 믿는 사람보다 동기부여가 더 오래 지속되는 경향이 있고, 성과 역시 저하되지 않고 상승하는 경향이 나타났다고 한다.

거북이가 토끼를 경주에서 이기게 된 배경에는 능력에 대한 믿음이 크게 작용하고 있다. 거북이는 점증론의 믿음이 강해서 동기부여가 오래 지속되었으며 성과 역시 상승곡선을 유지할 수 있었다. 그러나 토끼는 능력이 고정되어 있다고 믿었기 때문에 동기를 오래 지속할 수 없었고 그 결과 성과가 들쑥날쑥하게 되었다.

일의 성과를 결정하는 것은 능력과 동기라는 2가지 요인이다. 이 중에서 어느 하나라도 제약을 받게 되면 성과가 향상될 수 없다. 때론 능력이 다소 낮은 개체가 동기라는 열정을 오래 유지하여 최종적으로 더 높은 성과를 내는 경우가 있다.

1 성과관리의 개념

성과관리란 성과를 높이기 위해 목표를 올바로 설정하고, 직원의 목표 달성을 지원하며, 목표가 달성되기까지 피드백과 코칭을 제공하는 활동이다. 성과관리는 언뜻 평가관리와 명확히 구분되기 어렵다. 그러나 성과관리와 평가관리가 서로 다른 점을 살펴본다면 다음과 같다.

평가관리는 주로 성과와 행동, 역량을 정확히 측정하는 데 그 목표가 있다. 반면에 성과관리는 측정보다 목표 달성을 위한 성과촉진에 그 목표가 있다. 평가관리에서는 측정의 정확성이 중요하기 때문에 측정오류를 줄이려는 노력이 이루어진다. 이에 비해 성과관리에서는 업무 수행자를 동기부여하고, 성과에 대한 피드백을 주는 등 성과의 촉진성이 중요하다.

평가관리와 성과관리는 서로 개념적 차이가 있음에도 불구하고 실무적으로 서로 혼용되고 있다. 왜냐하면 2가지 관리활동은 동전의 양면과 같이 분리시키기 어렵기 때문이다. 평가관리에서 정확한 성과 측정치가 도출되지 못하면 성과관리에서 이를 분석, 진단하여 미래 성과를 촉진하기 어렵다.

관리자가 성과관리를 효과적으로 수행하기 위해서는 잠재성과 촉진성에 유념해야 한다. 잠재성은 업무 수행자가 아직 현실화하지 못한 능력이 무엇인지를 관리자가 파악해 이를 발휘하도록 유도하는 것이다. 촉진성은 현재의 성과만을 관리하는 것이 아니라 미래의 성과를 촉진할 수 있는지를 고려하는 활동이다. 때론 현재의 성과를 일정부분 포기하더라도 미래에 더 큰 성과개선이 가능하도록 하는 미래지향적 관리가 필요하다.

평가관리가 과거의 성과를 현재에 정확히 측정해서 보상과 연결시키는 활동이라면 성과관리는 현재의 성과에 기초하여 미래의 성과를 촉진하는 미래지향성을 가지고 있다. 평가관리와 성과관리를 서로 엄격히 분리하는 것은 어렵지만, 평가관리가 과거성과의 측정에 초점을 맞춘 것이라면 성과관리는 현재의 성과와 미래적 성과를 촉진하는 데 초점을 맞추고 있다. 따라서 평가관리와 성과관리는 상호 보완적으로 통합되어야 한다.

2 성과관리의 제반 관리활동

성과관리는 목표설정, 성과 모니터링 및 지원, 그리고 피드백과 코칭이라는 3가지 활동으로 구성되어 있다.

① 목표설정: 목표가 합리적으로 설정되지 못하면 목표 실행 과정에서 업무 수행자의 동기가 저하되거나 목표가 달성되어도 조직의 성과에 충분히 기여하지 못한다. 목표를 올바로 설정하는 것이 성과관리의 첫 단계로 매우 중요하다.

② 성과 모니터링 및 지원: 목표 실행과정은 단순히 최선을 다하려는 의지만으로 부족하다. 관리자는 '최선을 다하라'는 요구보다 업무 진척도를 주기적으로 모니터링해서 업무 수행에 필요한 지원사항을 체크해보아야 한다. 또한 목표 실행과정에서 업무 수행자가 예기치 않은 어려움을 경험하게 되면 지원을 요청할 수 있어야 한다. '지원'은 업무 달성의 장애물을 없애주고 필요한 자원을 추가로 직무수행자에게 공급해주는 것이다.

③ 피드백과 코칭: 피드백은 목표 달성 정도를 알려주고, 목표 달성에 필요한 활동과

그림 5-1 성과관리의 과정

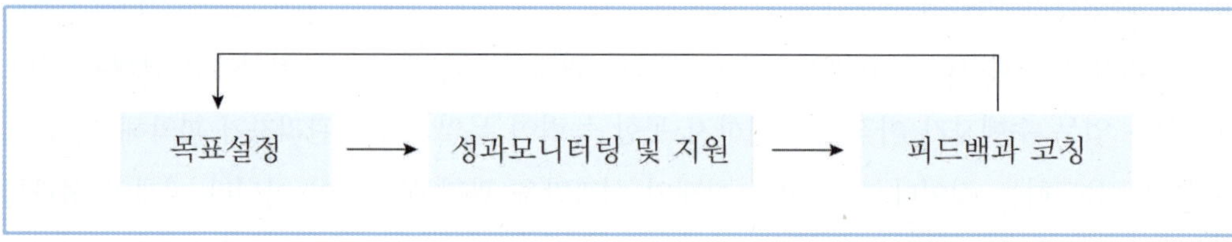

조치들을 명확히 해주는 활동이다. 피드백은 목표달성에 필요한 행동과 방법을 진단하고 개선할 수 있도록 직무수행자에게 정보를 주는 활동이다. 한편 코칭은 관리자가 업무 수행자에게 직무수행의 방법을 개선하도록 도움을 주는 행동이다.

3 성과관리와 연관된 이론

(1) 목표 설정이론

목표는 업무행동을 일정한 방향으로 변화시키고, 때론 업무의욕을 높인다. 목표는 성과관리의 제반활동과 직접 연관된 개념이다.

목표설정이론(goal setting theory)을 주장한 Edwin Locke와 Gary Latham에 의하면 목표를 설정하고 성과를 주기적으로 측정하여 직무수행자에게 알려주는 행동은 성과를 촉진할 수 있다고 한다.[1] 모든 목표가 항상 작업동기를 높이고 성과를 촉진하는 것은 아니기 때문에 목표를 올바로 설정하는 것이 중요하다. 이를테면 목표는 구체성과 도전성을 가지고 있을 때 특히 업무수행자의 동기를 높이는 경향이 있다.[2]

목표가 구체적이지 않을 때, 직무행동 역시 구체적이지 않기 때문에 업무성과를 높이기 어렵다. '최선을 다하라'는 식의 목표는 성과 촉진에 도움이 되지 못한다. 혹은 '더 오래 일하거나 야근을 더 많이 하라'는 등의 목표 역시 업무성과를 기대 이상으로 촉진하기는 어렵다. 목표는 업무 관련성이 높아야 하고, 되도록 구체적이어야 한다.

목표의 도전성 역시 업무 수행자의 동기를 높이는 경향이 있다. 목표의 도전성은 '실현

가능하지만 도전적인' 수준일 경우 가장 이상적이다. 물론 목표의 도전성은 업무 수행자의 역량에 따라 달라지기 때문에, 획일적으로 결정될 성격은 아니다. 너무 높은 수준의 목표는 직무수행자로 하여금 목표 달성을 조기에 포기하게 만들 위험이 있다. 따라서 목표의 도전성은 개인의 역량을 고려해서 조정되어야 한다.

관리자의 역할은 구체적이고 도전적인 목표를 업무 수행자가 수용하도록 설득하는 것이다. 관리자는 목표가 도전적이지만 노력하면 성공적으로 달성할 수 있다는 확신을 업무수행자에게 주어야 하며, 업무수행자가 목표를 구체적으로 설정하도록 유도해야 한다. 또한 주기적으로 목표 달성도에 대한 정보를 업무수행자에게 피드백해주어 업무 수행자의 자신감을 높여주고 업무에 더 몰입할 수 있도록 해야 한다.

피터 드럭커(Peter Drucker)는 목표설정을 기업 경영의 중요한 수단으로 소개한 학자이다. 드럭커는 목표를 명확히 하고 수행과정의 자율성을 업무수행자에게 허용하는 것이 업무수행자의 동기와 성과를 높인다는 점을 강조하였다. 드럭커는 현대 조직이 지시적 리더십 대신 구성원의 자율성을 촉진하는 경영관리를 해야 한다고 주장하였다. 드럭커의 목표 중심 경영은 그 후 목표관리법(MBO: Management By Objective)이라는 제도로 체계화된다. <그림 5-2>은 목표관리의 일반적인 절차를 보여주고 있다.[3]

목표설정이론을 적용할 때 주의할 점은 목표가 개인의 동기를 자극하지 못할 수도 있다는 점이다. 개인이 목표를 성공적으로 수행하기 위해서는 업무 수행자가 그에 상응하는 업무능력을 체화하고 있어야 하며, 목표를 달성할 수 있다는 자신감이 있어야 하기 때문이다. 따라서 목표설정 자체만으로 성과가 달성된다고 할 수는 없다.

그림 5-2 목표관리

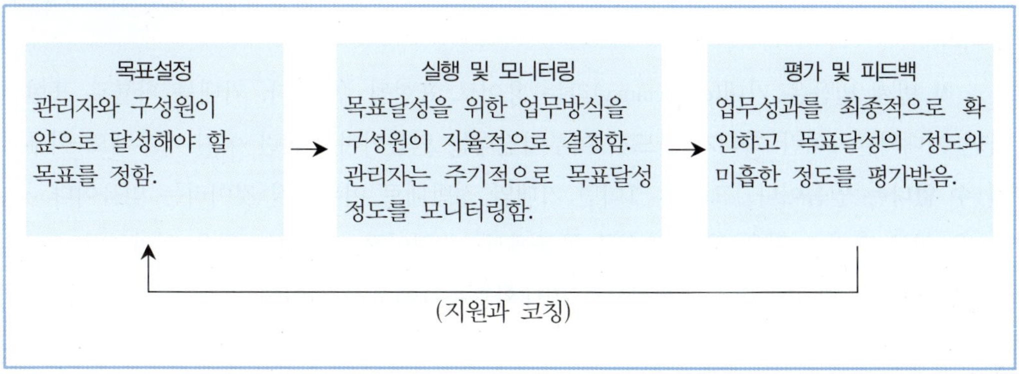

목표설정이론에 따르면 관리자의 리더십이 중요한데 관리자가 해야 할 역할은 다음과 같다.

- 업무수행자가 구체적이고 도전적인 목표를 세우도록 한다.
- 업무 수행자가 목표를 의식하고 자신의 관심과 행동을 일에 집중하도록 한다.
- 업무 수행자가 자신의 목표를 달성하도록 구체적인 활동계획을 세우도록 한다.
- 업무 수행자가 어려움에 직면했을 때 도움을 주어 자기효능감을 회복하도록 한다.
- 업무 수행자에게 업무 성과를 주기적으로 피드백하고 목표달성까지 남은 성과목표를 의식하도록 만든다.

특히 목표 달성에 대한 업무 수행자의 자신감은 목표달성 과정에서 중요한 역할을 한다. 업무 수행자의 자신감은 심리학 용어로 자기효능감(self-efficacy)이라 표현되기도 한다. 자기효능감은 과거 유사한 목표를 달성했던 경험이 축적되면서 업무 수행자가 자신의 능력에 대해 가지는 신뢰 정도라 할 수 있다.

(2) 기대이론

성과관리를 설명하는 이론들 중 하나로서 기대이론(expectancy theory)이 있다. 기대이론은 목표 달성에 대한 업무 수행자의 기대(expectancy)가 근로 의욕과 동기를 활성화한다는 점을 강조한다.

기대이론에 의하면 업무 수행자가 일에 동기를 갖게 되려면 크게 2가지의 믿음이 있어야 한다고 한다. 하나는 본인이 업무 관련 노력을 기울이면 업무 목표가 달성될 것이라는 믿음이고, 다른 하나는 업무 목표가 달성되면 그에 상당하는 보상을 받을 것이라는 믿음이다.

첫 번째 믿음은 기대(expectancy)라는 용어로 표현될 수 있다. 기대를 확률로 표현한다면 기대확률 1이란 기대가 반드시 이루어진다는 믿음이며, 0이란 어떤 경우에도 이루어질 수 없다는 믿음이다. 그리고 -1이면 기대와 정반대로 이루어질 것이라는 믿음이다. 즉, -1은 업무 관련 노력을 하면 할수록 목표에서 더 멀어질 것이라는 것을 의미한다. -1은 특수한 경우라 할 수 있어 대체적으로 기대확률은 1에서 0 사이에 존재할 것으로 예상할 수 있다.

두 번째 믿음은 수단성(instrumentality)이라는 용어로 표현될 수 있다. 수단성은 업무 목표가 달성되면 그에 상응하는 보상을 받을 수 있는 확률을 말한다. 수단성 역시 확률로 표현가능하다. 업무 목표가 달성될 때마다 반드시 보상을 받게 되면 수단성 확률은 1이 되고, 보상을 전혀 받지 못하면 그 확률은 0이 된다. 특수한 경우로 −1이 있는데 이는 업무 목표가 달성되면 보상이 아닌 벌을 받게 되는 경우이다. 그러나 −1의 수단성은 현실적이지 않기 때문에 일반적으로 수단성은 0에서 1 사이에 존재할 것이다.

기대이론은 이상에서 설명할 것과 같이 업무노력, 목표달성, 보상이라는 3가지 간의 관계를 확률로 표시한 이론이다. 기대는 업무노력과 목표달성 간의 관계이고, 수단성은 목표달성과 보상 간의 관계를 나타낸다.

또한 기대이론은 기대와 수단성이란 개념 외에 추가적으로 유의성(valence)라는 개념을 정의하고 있다. 유의성이란 업무 수행자가 보상에 대해 어느 정도의 가치를 부여하느냐의 정도이다. 이를테면 연봉의 경우 동일한 10%의 인상에 대해 직원들은 모두 동일한 가치를 부여하지는 않는다. 어떤 직원은 10%의 연봉인상을 매우 가치 있다고 생각하는 반면, 다른 직원은 10%의 연봉인상이 너무 부족하다고 생각할 수 있다. 사람마다 보상 가치에 대해 느끼는 지각 정도는 다른 경향이 있다. 따라서 유의성은 보상에 대한 주관적 가치를 의미하며 이론적으로 플러스 무한대에서 마이너스 무한대까지의 값을 가질 수 있다. 기대이론에서 유의성은 확률로 표시되지 않는 요소이다.

기대이론에 근거하여 우리는 업무 수행자의 근로의욕을 어떻게 측정할 수 있을까? 다음 동기잠재지수라는 공식을 이용하면 근로의욕이 결정되는 메커니즘을 알 수 있으며 각 요소를 수치화할 수 있다.

동기잠재지수(MPS: Motivation Potential Scale) = 기대 확률 × 수단성 확률 × 유의성 값

동기잠재지수 공식에서 유의할 점은 기대확률, 수단성 확률, 유의성 중 어느 하나라도 0이 되면 전체 지수가 0이 된다는 점이다. 이는 3가지 구성요소가 서로 합(+)의 관계가 아니라 곱(×)의 관계에 있기 때문이다.

기대이론이 성과관리를 이해하는 데 도움이 되는 이유는 근로의욕이 결정되는 과정을 보여주기 때문이다. 성과관리는 근로의욕을 높이는 관리행위이다. 따라서 관리자는 일상의 관리행위를 통해 업무 수행자의 기대확률과 수단성 확률을 높여야 한다.

관리자는 업무 수행자의 업무 노력과 목표 달성 간에 밀접한 관계가 형성되도록 업무 활동을 지원하고 업무상의 장애를 없애주는 행동을 해야 한다. 또한 관리자는 업무 목표 달성이 확인되면 공정한 보상을 부여할 수 있어야 하며, 보상은 직무 수행자가 가치 있게 여기는 것으로 해야 한다. 이를테면 승진을 기대하는 직원에게는 승진을, 휴가를 기대하는 직원에게는 휴가를 부여하면 보상의 가치를 높일 수 있다.

(3) 자기결정이론

자기결정이론(self-determination theory)은 인간에 내재한 욕구에서 나오는 동기(innate motivation)를 설명하는 이론이다. 자기결정이론은 사회심리학분야에서 발전된 이론으로 주로 실험실 연구의 결과에 근거하고 있다.

자기결정이론은 인간이 가진 3가지 내적 욕구에 초점을 맞추고 이를 자극하게 되면 업무 동기가 활성화됨을 주장한다. 3가지 내적 욕구란 유능함(competence), 관계(relatedness), 자율(autonomy)로서 사람은 이들 3가지 욕구를 충족하기 위해 행동한다.[4)]

유능함은 내적으로 숨은 능력을 효과적으로 개발해서 구체적인 결과물을 만들어내고 이전보다 자신의 능력을 더 잘 발휘하려는 개인적 욕구이다. 유능함은 능숙함(mastery) 혹은 뛰어난 성과물(outcome)을 추구하려는 욕구이다.

관계는 타인과 긍정적으로 상호작용하고 신뢰 관계를 만들어나가려는 욕구이다. 관계의 욕구는 집단 속에서 개인이 안정적인 관계를 형성하려는 행동으로 이어진다.

자율은 사람이 스스로의 삶을 결정하고 통제하려는 욕구이며, 이를 통해 일관되고 통합적인 자아(integrated self)를 유지하려는 욕구이다. 자율성이 부족하면 개인은 타인의 요구에 자신의 행동을 맞추도록 강요받는다. 따라서 타인의 지시와 자신의 생각 사이에서 자아의 일관성이 부족해지고 결과적으로 스트레스에 노출되기 쉽다. 그러나 자율적으로 생각하고 자신의 행동을 스스로 결정하면 일관되고 통합된 자아를 유지할 수 있다.

자기결정이론에 의하면 이들 3가지 욕구는 인간 내면에 자연스럽게 내재된 욕구라 한다. 따라서 자기결정이론은 문화권, 지역, 시대에 관계없이 인간의 행동을 예측하는 데 효과적이다. 성과관리에 주는 자기결정이론의 시사점은 다음과 같이 요약될 수 있다.

첫째, 외부에서 주어지는 회폐적 보상은 일의 성과를 높일 수도 감소시킬 수도 있다. Deci(1971)는 실험실 연구에서 일의 결과에 따라 돈을 보상하는 경우와 돈 대신 긍정적인 피드백과 칭찬을 하는 경우에 각각 근로의욕과 성과에 어떤 차이가 발생하는지를 조사하였다.[5] 흥미롭게도 돈으로 업무 성과를 보상하는 경우는 업무에 대한 흥미를 떨어트리는 결과를 낳았다. 따라서 돈과 같은 외재적 보상은 오히려 일에 대한 내재적 동기를 낮추는 작용을 할 수 있다. 이에 비해 업무 성과에 대해 긍정적인 피드백을 주는 경우는 일 자체에 대한 내적 동기를 증가시키는 결과를 낳았다. 결과적으로 칭찬같은 긍정적인 피드백은 돈에 의한 보상 보다 더 많이 내재적 동기를 높이면서 성과 자체를 향상시키는 경향이 있었다.

그러나 화폐적 보상의 역할을 과소평가해서는 안 될 것이다. 화폐적 보상은 현대 조직의 성과관리에서 중요한 수단임을 부인할 수 없다. 다만, 화폐적 보상이 유일한 동기부여의 수단이 될 경우는 문제가 될 수 있다.

둘째, 자기결정이론에 의하면 일에 대한 자율성은 근로의욕을 높이는 경향이 있다. Amabile, Dejong, Lepper(1976)는 외부에서 주어지는 마감시간(deadline)이 때론 일에 대한 내적 동기를 낮추는 경향이 있음을 발견하였다.[6] 즉, 외부에서 업무의 마감시간을 지나치게 강제하면 일의 과정에 대한 자율성을 심하게 제약받기 때문에 근로의욕이 낮아질 수 있다. 따라서 관리자는 업무 수행자의 자율성을 과도하게 제약해서는 안 된다.

셋째, 자기결정이론에 의하면 업무수행자는 일을 하면서 자신의 능력이 향상되고 있다고 인식할 때 근로의욕이 증가하는 경향이 있다. 따라서 관리자는 업무 수행자가 자신의 적성과 능력을 발휘할 기회를 부여해야 하며, 일을 통해 능숙함(mastery)을 체득하도록 유도해야 한다.

4 성과관리와 관리자의 애로사항

관리자는 성과관리 시에 많은 어려움에 빠질 수 있다. 성과관리 과정에서는 크고 작은 문제가 빈번히 발생한다. [그림 5-3]은 성과관리의 어려움을 보여주고 있다.[7]

[그림 5-3]에서 성과관리에 대한 불신을 초래하는 가장 큰 원인은 관리자의 주관적이고 자의적인 판단이다. 성과평가에 대한 객관적 기준이 미흡한 상태에서 관리자가 주관적으로 성과를 평가한다면 성과관리에 대한 불신은 증가할 수밖에 없다. 특히 목표의 정량화가

그림 5-3 성과관리에 대한 관리자의 애로사항

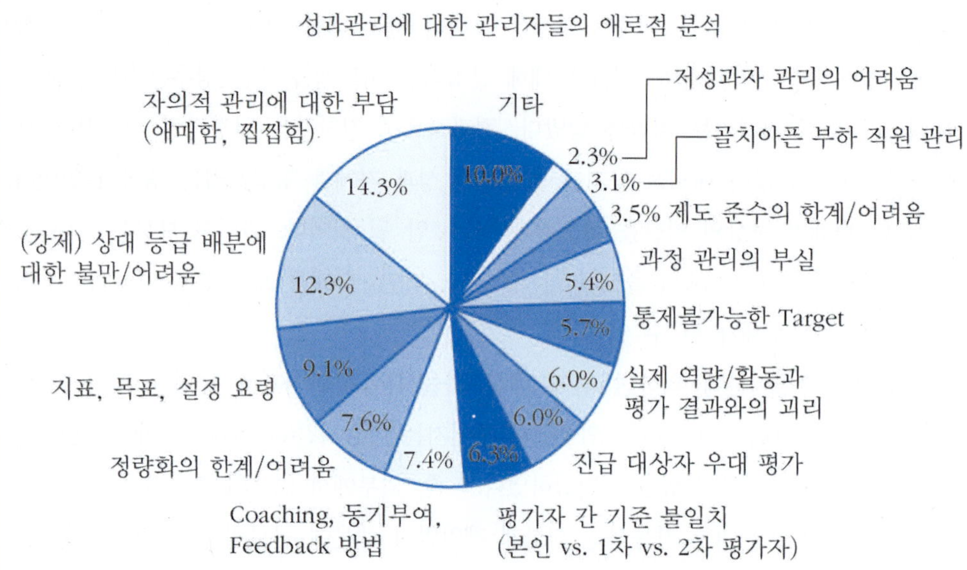

미흡하여 관리자의 자의적 판단이 개입되면, 성과 달성에 대한 관리자와 구성원 간의 갈등이 증가할 수 있다.

또한 통제 불가능한 목표를 설정하여 직원이 목표 달성을 포기하게 되거나, 목표의 숫자가 너무 많아서 업무 노력이 분산되는 것도 문제이다. 관리자가 목표실행 과정에서 충분한 피드백을 주지 못할 때, 성과에 관계없이 진급대상자를 우대할 때 등 성과관리의 효과를 떨어뜨리는 요인들은 다양하게 발생한다. 따라서 관리자는 성과를 촉진하고 근로의욕을 높이도록 성과관리에 세심한 주의를 기울여야 한다.

5 성과관리의 최근 동향

최근 선진기업들은 전통적인 성과관리 방식을 개선해 나가고 있다. 이들 기업들은 전통

그림 5-4 성과관리의 변화 방향

	전통적인 성과관리		혁신적 성과관리
목적	성과수준에 대한 최종적 평가	→	지속적인 성과향상에 초점
집중	성과결과에 대한 보상	→	역량개발 포인트 발견과 격려·지원
리더역할	심판자 같은 역할	→	코치, 멘토, 조언자 같은 역할
의사소통	폐쇄적이고 일방적 소통	→	개방적이고 쌍방향적 소통
평가방식	점수의 서열화·상대평가	→	절대평가

적인 성과관리의 문제점을 이해하고, 다양한 혁신적 시도를 하고 있다. [그림 5-4]는 최근 성과관리의 추세를 보여주고 있다.

전통적인 성과관리는 주로 성과목표의 달성여부를 판단(judge)하는 데 초점을 두고 있었다. 전통적인 성과관리는 탑다운(top-down)식으로 목표를 설정하는 경향이 강하다. 즉, 목표를 조직의 상부로부터 일방적으로 부과하기 때문에 업무 수행자의 의견을 반영하는 정도가 미약하다. 또한 전통적 성과관리는 상대평가를 통해 협력보다 개인 간 경쟁을 높이는 경향이 있다.

한편 혁신적 성과관리는 목표설정 단계부터 탑다운과 바텀업(bottom-up)의 과정을 조화 있게 절충하고 업무 수행자의 의견을 목표설정에 더 많이 반영한다. 또한 혁신적 성과관리는 성과결과를 개인 간에 서열화하기보다 절대평가를 통해 개인이 자신의 목표에 더 집중할 수 있도록 환경을 제공한다. 관리자는 성과달성 여부에 대한 심판자의 역할보다 업무 수행자를 지원하고 코치해주는 역할을 하여야 한다.

혁신적 성과관리는 성과 달성뿐만 아니라 성과의 지속적 향상에 강조점을 두고 있다. 지속적으로 성과가 향상되면 결과적으로 성과목표가 달성되기 때문이다. 혁신적 성과관리에서 관리자는 구성원의 역량개발을 더 적극적으로 지원한다.

6 성과관리 프로세스

성과관리 프로세스는 목표 설정, 성과의 중간점검 및 지원, 피드백과 코칭의 순서로 진행된다. 다음에서는 이들 각각에 대해서 알아본다.

(1) 목표 설정

(가) 좋은 목표의 조건

성과관리의 첫 번째 단계는 목표를 설정하는 것이다. 그러나 유명무실하고 형식적인 목표를 설정하는 것은 목표가 없는 것과 큰 차이가 없다. 좋은 목표는 SMART GOAL이라 할 수 있는데 그 조건은 [그림 5-5]와 같다.

좋은 목표의 조건을 하나씩 질문형식으로 표현하면 다음과 같을 것이다.

- Specific Goal: 목표가 달성된 상태를 구체적으로 표현하고 있는가?
- Measurable Goal: 목표 달성 정도를 수량화해서 표현할 수 있는가?
- Action Oriented Goal: 목표 달성을 위해 어떤 행동이 필요한지를 알 수 있는가?
- Realistic Goal: 목표는 도전적이고 달성가능한가?

그림 5-5 SMART GOAL

Specific	구체적인 목표
Measurable	측정 가능한 목표
Action-Oriented	실행 방안을 제시하는 목표
Realistic	현실적이고 합리적인 목표
Time-Based	달성되어야 할 시기를 명시한 목표

• Time-Based Goal: 목표 달성의 기한이 정해져 있는가?

업무 수행자는 목표를 SMART하게 설정할수록 목표에 대한 달성여부를 정확히 판단할 수 있고 어떤 행동을 해야 할지를 알 수 있다. 목표를 설정할 때 일반적으로 체크해야 할 사항을 보다 구체적으로 살펴보면 <표 5-1>과 같다. <표 5-1>을 체크해 보면 자신의 목표가 올바로 설정되었는지를 판단할 수 있다.[8)]

표 5-1 목표 설정 시 참고할 수 있는 체크리스트

Checklist	확인	
1. 설정된 목표는 전략과제를 달성할 수 있는 것인가?	YES	NO
2. 목표가 지나치게 나열 중심이지 않고 명쾌하게 기술 되었는가?	YES	NO
3. 달성여부를 누구나 쉽게 측정/평가할 수 있는가?	YES	NO
4. SMART 요소가 반영된 목표가 설정되어 있는가? (수량, 품질, 시간, 비용, 자원)	YES	NO
5. 구성원을 적절히 동기부여시킬 수 있는 도전적 목표가 수립되었는가?	YES	NO
6. 정보가 필요한 모든 사람과 충분히 커뮤니케이션 되어 목표가 세워졌는가?	YES	NO
7. 목표에 대한 피드백이 적시에 이루어지며, 목표는 수정 조치가 가능한가?	YES	NO
8. 설정된 목표가 달성되었을 때 그 결과를 명확히 보여줄 수 있는가?	YES	NO
9. 목표달성을 위한 자원의 확보 및 상사와의 합의는 가능한가?	YES	NO

박스사례 5-1 레스토랑의 한 관리자가 SMART한 목표를 세워보다

레스토랑의 한 관리자는 여성고객이 자치하는 매출을 현재보다 10% 높은 월 2,000만원으로 계획하고 있다. 최근 3년간 여성고객의 월평균 매출액은 평균 7% 정도 증가하여 10%라는 목표는 예년보다 다소 높은 것으로 판단되었다. 그러나 관리자는 내년에 마케팅과 홍보계획을 잘 세우면 가능한 목표수준이라 생각하고 있다. 이를 위해 관리자는 내년 1분기 안에 여성고객이 선호하는 음식메뉴를 3개 정도 새로 추가할 계획이다. 홍보활동 역시 신문에 끼워서 돌리는 전단지 외에 SNS 홍보전문기관을 활용할 생각이다. 또한 여성고객 매출액을 측정하기 위해서 카운터 직원이 여성과 남성을 체크하고 그에 따른 매출액을 따로 계산할 수 있도록 하고, 정산 프로그램을 금년 12월내로 도입할 예정이다.

(나) 도전적인 수준의 목표

관리자는 다양한 요인들을 고려하여 업무수행자가 도전적인 목표를 설정하도록 유도해야 한다. 그러나 목표가 어느 정도 되어야 도전적이라 할 수 있는 지는 항상 고민이 되는 이슈이다. 업무 수행자가 목표를 도전적으로 설정했다 하더라도 관리자의 관점에서 보면 도전적으로 보이지 않을 수 있기 때문이다. 반대로 관리자가 달성 가능한 목표라 생각해도 업무 수행자는 그 수준이 달성 불가능하다고 생각할 수 있다. 따라서 목표의 수준을 도전적으로 설정하기 위해서는 다양한 요인을 고려해야 한다.

관리자와 업무 수행자는 도전적 수준의 목표를 설정하기 위해 다음과 같은 요인들을 종합적으로 고려해야 한다.

(1) 본인의 과거 실적 추이

(2) 경쟁자 혹은 다른 조직의 성과 추이

(3) 사업 환경의 변화

(4) 사업전략과 조직이 보유한 자원 정도

(5) 업무 수행자의 경험과 역량

목표를 설정할 때 과거의 실적 추이를 검토해야 하는 이유는 성과 자체가 무한정 상승할 수 없기 때문이다. 목표 달성을 위해 조직이 동원할 수 있는 자원에도 한계가 있고, 시장의 수요 역시 한없이 상승하는 것이 아니기 때문이다.

일반적으로 성과는 일정한 기간 상승한 다음 더 이상 상승하지 못하는 포화점(saturation point)에 도달한다. 따라서 성과는 포화점 수준에 근접할수록 점차 상승속도가 느려지게 마련이다. 물론 시장의 수요가 성과의 포화점에서 멀리 떨어져있으면 성과 수준은 계속적으로 상승할 수 있다. 그러나 시장의 수요가 정체되고 성과의 포화점에 근접하는 상황에서는 목표의 수준을 크게 상향 설정하기는 어렵다.

도전적인 목표는 기술적 한계에 따라서 제한될 수도 있다. 이를테면 반도체의 집적도 같은 기술은 일정단계까지 급속히 증가하다가 기술적 한계에 도달하면 집적도가 크게 상승하지 못하는 경우가 있다. 따라서 기술적 상황 역시 도전적인 목표의 수준을 설정할 때 항상 큰 폭의 개선이 지속된다고 볼 수는 없다.

<표 5-2>는 목표의 도전적 정도를 판단하기 위해 질문할 수 있는 내용을 담고 있다.

표 5-2 목표의 도전성을 판단하는 질문들
성과수준이 포화점에 어느 정도 근접되어 있는가?
외부 업무 환경이 얼마나 호의적인가?
업무에 활용하여 당장 생산성을 높일 수 있는 기술이나 장비가 준비되어 있는가?
업무수행자의 역량이 어느 정도인가?
조직이 동원할 수 있는 인력과 설비는 어느 정도인가?

(다) 목표 간의 통합적 연계

업무수행자가 개인 목표를 달성하더라도 조직 전체의 목표가 반드시 달성되는 것은 아니다. 조직의 목표는 개인들의 협업을 통해서 달성되기 때문에 모든 개인의 목표는 어떻게든 서로 연계되어야 한다. 목표 간의 연계성이 높아야 개인 성과와 조직성과가 동시적으로 달성될 수 있다.

목표는 조직 전체의 목표, 팀 목표, 개인 목표의 세 가지로 구분될 수 있다. 조직 전체의 목표는 전략목표, 팀의 목표는 성과목표, 개인의 목표는 활동목표라 부르기도 한다. 조직, 팀, 그리고 개인의 목표가 서로 긴밀하게 연계되어야 하는 것처럼, 전략목표, 성과목표, 활동목표 역시 연계되어야 한다. 각 목표를 설명하면 다음과 같다.

첫째, 전략목표는 조직 전체 혹은 조직 내 사업부와 같이 큰 조직단위에 적용되는 상위 목표이다. 전략목표는 사업전략으로부터 설정된 목표이며, 조직의 사명이나 비전을 반영한 목표이다. 이를테면 고객만족을 조직의 비전으로 정한 조직이라면 전략목표는 고객만족도 극대화라는 내용이 될 수 있다.

전략목표는 상위 목표이기 때문에 계량화되어 있는 경우가 일반적이다. 이를테면 매출액 증가율, 재구매 고객의 비율, 영업이익 등 최종적인 계량지표들이 전략목표의 사례가 될 수 있다.

둘째, 성과목표는 조직수준과 개인수준을 연결하는 목표이다. 성과목표는 계량 목표와 비계량 목표를 모두 포함한다. 성과목표는 팀 수준에서 집계된 목표이다. 이를테면 팀 전체가 해결한 고객 불만 건수, 홍보팀이 새롭게 제작한 광고건수 등이 성과목표의 예가 될 수 있다.

셋째, 활동목표는 개인 수준에서 설정되는 목표이다. 활동목표 역시 계량목표와 비계량목표를 모두 포함한다. 활동목표에는 개인의 활동을 단순히 서술한 목표(비계량목표)와 활동으로 인해 도달한 구체적인 목표(계량목표)가 있다. 이를테면 동종업계 외부 전문가 의견조사라는 활동목표는 활동 그 자체를 서술한 것이고, 외부 전문가 5인 이상의 의견을 조사하고 그 내용을 요약한 보고서 1건은 활동목표를 계량화한 경우이다.

박스사례 5-2 500m 기록갱신을 위한 이상화의 활동목표[9)]

이상화 선수는 여성 스피드 스케이팅에서 세계 최고의 선수 중 한 명이다. 그러나 스피드 스케이팅의 모든 종목에서 1위를 할 수는 없다. 선수마다 단거리, 중거리, 장거리 별로 역량이 다르기 때문이다. 그래서 이상화 선수는 스피드 스케이팅 종목 중 500m에서 금메달을 획득하는 것을 개인목표로 설정하였다. 이상화 선수는 500m 세계 신기록을 세우기 위해서 무엇보다 500m를 36.80초 내에 주파하여야 한다고 생각했다. 이상화 선수는 500m 세계 신기록 갱신과 올림픽 금메달을 개인목표로 정하고 이에 따른 계량목표를 36.80초로 정하였다. 이상화 선수는 개인목표를 더욱 세분화하여 다음과 같이 세부적인 활동목표를 계획하였다.

<table>
<tr><th>구간</th><th>구간별 목표/신체목표</th><th>활동목표</th></tr>
<tr><td>스타트~100m 구간</td><td>10초 26</td><td rowspan="4">스트로크 수를 평균 10회에서 12회로 증가
지구력 극대화를 위한 트레이닝 주3회,
무산소 파워강화 훈련 주5회,</td></tr>
<tr><td>100~300m 구간</td><td>13초 22</td></tr>
<tr><td>300~400m 구간</td><td>6초 82</td></tr>
<tr><td>400~500m 구간</td><td>6초 50</td></tr>
<tr><td></td><td></td><td>허벅지 둘레 24인치에서 26인치로 증가, 체중 4킬로 감량</td></tr>
</table>

조직 전체의 목표가 달성되기 위해서는 전략목표, 성과목표, 활동목표 간에 긴밀한 연계성은 필수적이다. 개인이 활동목표를 성실하게 완수하면 팀의 성과목표가 달성될 수 있는 확률이 높아져야 하며, 팀의 성과목표가 달성되면 조직의 전략목표가 달성될 확률이 높아져야 한다.

목표의 연계성을 높이기 위해서는 목표가 상위에서 하위로 쪼개져서 내려오는 폭포연계(cascading connection)과정이 필요하다. 조직의 비전에 일관되게 전략목표가 설정되면 이로부터 팀의 성과목표가 설정되어야 하고, 다시 개인 수준의 활동목표로 이어지는 폭포연계가 이루어져야 한다.

목표의 연계성이 낮으면 개인의 활동목표가 달성되더라도 팀이나 조직 하부단위의 성과목표가 달성되지 않을 수 있으며, 조직의 전략목표 역시 달성이 어렵게 된다. 따라서 관리자는 목표들을 분업형태로 세분화하고 유기적으로 서로 연계시키는 데 신중을 기해야 한다.

조직의 목표는 항상 위에서 아래로 폭포연계가 이루어져야 하지만 항상 완벽한 것은 아니다. 특히 상위 조직단위가 가장 밑의 현장을 이해하지 못하고 비현실적인 목표를 내려보낸다든지, 시장상황을 반영하지 못한 목표를 조직의 하부로 내려보낼 경우 현장 구성원들은 목표가 비현실적임을 알게 된다.

목표설정은 조직 상부에서 하부로 내려가는 폭포연계적 과정과 반대로 하부에서 상부로 올라가는 바텀업(bottom-up)과정이 모두 있어야 효과적이다. 목표설정이 폭포연계식으로만 설정될 경우, 상위목표가 현장을 반영하지 못하면 업무 수행자의 좌절을 유발할 가능성이 있다. 따라서 조직은 바텀업 방식과 폭포연계적 방식을 절충하여 목표체계와 목표수준을 합리화해야 한다. 목표설정이 충분히 합리화되면, 구성원들이 목표에 몰입하게 되고 목표에 대한 저항도 줄어들게 된다.

(라) 역량목표와 업적목표

목표의 유형을 앞서와 다른 방식으로 구분한다면 업적목표와 역량목표로 구분할 수 있다. 업적목표는 객관적 수치로 표시된 성과물을 의미한다. 업적목표는 매출액, 신제품 개발건수, 고객만족도, 고장수리건수 등 수치로 표시된 결과를 의미한다.

한편 역량목표는 수치로 쉽게 표시하기 어려운 업무수행역량을 의미한다. 역량은 개인수준에서 뿐만 아니라 조직수준에서도 정의될 수 있다. 이를테면 리더십 역량, 신제품개발역량, 주도성 등이 역량의 예가 될 수 있다.

조직이 업적목표만을 강조할 때 빠지기 쉬운 문제점은 역량을 높이기 위한 활동이 부족하게 된다는 점이다. 역량개발이 제대로 이루어지지 않으면 장기적으로 업적개선의 폭이 제약될 수밖에 없다. 역량은 단기적으로는 고정된 듯 보이지만 장기적으로는 개선이 가능하며, 업적을 개선하는 근본적인 힘을 형성한다. 따라서 조직은 목표를 수립할 때 지나치게 업적목표만을 강조하여 업적 지상주의에 치우치게 될 위험을 경계해야 한다.

개인이나 조직이나 업적목표와 역량목표를 균형 있게 추구해야 장기적으로 조직의 성과를 향상시킬 수 있다. 조직은 구성원에게 역량목표를 설정하도록 권고하고 주기적으로 역량개선의 노력을 자극해야만 한다. 업무역량이 미숙한 구성원일수록 인사평가 시 역량목표를 더 많이 강조해야 한다. 그렇지 않으면 구성원들은 역량개발에 신경을 쓰지 않을 것이다.

표 5-3 업적목표(예시)

주요업무 (전략과제)	성과지표 (KPI)	가중치 (%)	평가 Grid					분석 및 평가 Data	목표 설정 근거
			S	A	B	C	D		
우수 인재 확보 및 유지	최종 합격자 대비 입사율	10%	88% 이상	85% 이상	82% 이상	79% 이상	76% 이하	입사자/최종합격자 (인사 시스템)	5년 평균 반영
합리적인 인사제도 및 조직구조 수립	제도 개선 보고서	15%	기대율 현저히 초과	기대 초과	기대 충족	기대에 미흡	기대에 현저히 미흡	평가자 판단	정성평가
	개선 일정 준수도	5%	N+0주	N+1주 이하	N+2주 이하	N+3주 이하	N+4주 이상	목표 보고일-실제 보고일(업무일지)	사업 계획서
적정한 정원 산정을 통한 조직 효율성 강화	인력계획 보고서	5%	기대율 현저히 초과	기대 초과	기대 충족	기대에 미흡	기대에 현저히 미흡	평가자 판단	정성평가
인사제도 운영 전반	구성원 만족도	10%	3.2 이상	3.2 이상	3.0 이상	2.8 이상	2.6 이하	인사 시스템	과거 설문결과

한편 업무역량이 이미 높은 단계에 이른 구성원의 경우에는 반대로 역량목표보다 업적목표를 더 많이 강조해야 한다.

개인의 역량목표는 개인의 경력비전을 반영하는 것이 바람직하다. 이를테면 마케팅 전문가의 경력비전을 가진 개인은 모바일마케팅에 대한 전문지식을 개발하는 것을 역량목표로 설정할 수 있다. 또한 마케팅 기획 전문가의 경력비전을 가진 개인은 유통채널에 대한 지식과 경험을 쌓는 역량목표를 설정할 수도 있다.

<표 5-3>은 인사담당자의 업적목표를 예시화한 것이다. 업적목표는 업적지표(Key Performance Index)로 표시할 경우 평가가 용이하다. 만약 업적 목표가 복수일 경우 각 목표별로 가중치를 부여하여 목표의 중요도를 표시할 수 있다.[10)]

<표 5-4>는 역량목표를 설정한 예를 보여주고 있다. 공통역량은 조직 구성원 모두에게 요구되는 역량을 의미하며, 리더십 역량은 관리자들에게, 직무역량은 직무 전문가에게 요구되는 역량이다. 각 역량은 조직에 의해서 명확히 정의되어야 하며, 역량의 수준 역시 단계별로 정의되어야 한다.[11)]

표 5-4 역량목표(예시)

역량 범주	역량 항목	요구수준	과거 평가 결과		자기계발계획	교육계획	시기
			초과	미흡			
공통 역량	고객 중심	Levd 3		V	고객대응역량 강화	CS아카데미	상반기
	창의적 도전	Levd 3	V				
	동반 성장	Levd 3	V				상반기
리더십 역량	비전 제시	Levd 3		V	직원 교육 참여 독려	코칭 기술	분기별
	실행력		V		팀 커뮤니케이션		1Q
	성과 창출			V	맥킨지식 사고		4Q
	원칙 준수		V			독서통신교육	1Q
	인재 육성			V			
직무 역량	문제 해결	Levd 3		V	맥킨지식 사고	독서통신교육	2Q
	경영마인드	Levd 3		V	Checklist	사이버교육	3Q

(마) 목표의 집중도

업무 수행자가 멀티태스킹(multi-tasking)의 능력을 가지고 있는지, 멀티태스킹이 성과창출에 효과적인 방법인지는 논란의 여지가 있다. 목표 설정에 있어서 다수의 목표가 더 효과적인지, 아니면 소수의 목표가 성과창출에 더 효과적인지는 논란이 될 수 있다.

목표에 대한 일반적 조언은 목표를 5개 이하로 설정하라는 것이다. 업무 수행자가 일에 투입할 수 있는 시간이 제한적이라는 점을 인정하면, 한 사람이 너무 많은 목표를 가지면 각 업무에 집중할 수 있는 시간이 줄어들 것이다. 몰입이 중요한 업무일수록 소수의 핵심적 목표에 업무활동을 집중하는 것이 현명할 수 있다. 개인은 업무활동 중 일상적이고 반복적인 활동들이나 쉽게 달성할 수 있는 목표들을 목표에서 제외하면 목표의 숫자를 줄일 수 있다. 또한 일부 목표를 하위자에게 위임하는 것도 한 방법이다.

목표의 집중도를 높이는 것은 업무성과를 이끌어내는 데 중요하다. 따라서 목표의 숫자를 소수의 핵심목표에 한정하고 업무시간과 노력을 집중하면 좋은 성과를 만들어내는 데 그만큼 용이하다.

(2) 성과의 중간점검 및 지원

목표설정이 완료되면 성과의 중간점검을 주기적으로 해야 한다. 최근 성과관리의 방향은 중간성과의 점검 주기를 단축하는 것이다. 종래 전통적인 조직들은 성과측정을 1년에 1회 정도 하였으나 성과 문제를 조기에 파악하는 데 어려움이 있었다. 따라서 최근 선진기업들은 성과 중간 점검 기간을 분기별 혹은 월별 등으로 단축하고 있다.

그러나 성과가 현실화되기 위해서는 최소한의 기간이 필요하기 때문에, 무작정 성과의 중간점검 기간을 단축할 수만은 없을 것이다. 중간점검은 성과측정에만 초점이 맞추어진 것이 아니라, 성과 창출 과정에서 업무수행자가 경험한 문제점, 장애물, 시장 환경의 변화 등을 관리자와 논의할 수 있는 기회를 제공한다. 문제점이 발생하면 조기에 관리자는 해결방안을 논의하여 필요한 지원을 해주어야 한다. 시장상황이 급격히 변화되면 최초의 목표를 수정하여 보다 유연하게 시장에 대응해나갈 수도 있을 것이다.

중간점검의 과정은 [그림 5-6]과 같이 진행될 수 있다.[12] 중간점검 과정은 추진실적 검토, 중간모니터링 세션, 중간 결과 정리 및 피드백의 3가지 단계로 진행되며, 객관적인 실

그림 5-6 중간점검 과정

	추진실적 정리/검토	중간 모니터링 Session	중간 모니터링 결과 정리/피드백
피평가자	• 목표 및 역량개발계획 추진실적 집계, 근거자료 취합 • 논의 및 요청사항 정리	• 중간점검 Session 실시 – 목표 대비 진척도 및 원인파악 – 목표달성 방안 코칭 및 애로사항/지원방안 논의 – Session 필요시 1:1 피드백을 통한 상세 코칭	• 중간점검 결과 확인 • 필요시 목표 수정
평가자 (팀장)	• 개인별 목표 및 역량개발계획 진척도 파악 • 주요 논의 포인트 정리		• 중간점검 결과 정리 • 역량개발계획 이행 점검 • 필요시 목표수정 요청, 검토/승인
조정/확정 (본부장)			• 필요시 중간점검 결과 검토
HR부서	• 중간점검 가이드라인 제공		• 중간점검 결과 취합/관리 • 중간점검 가이드라인 및 프로세스 준수 여부 모니터링

적이 아직 형성되지 못한 경우 3단계 중 일부를 생략하고 진행할 수도 있을 것이다. 인사부서는 중간점검의 가이드라인을 설계하여 관리자에게 제공하여야 한다.

중간점검시에는 관리자와 업무 수행자 간의 쌍방향 소통이 효과적으로 이루어져야 한다. 중간점검에서는 관리자와 업무 수행자가 업무추진 상의 문제점, 애로사항, 시장 상황 등을 개방적으로 소통할 수 있어야 한다. 중간점검에서는 관리자가 일방적으로 업적목표를 압박하는 식으로 진행하지 말아야 한다. 만약 그럴 경우 업무 수행자는 심적 부담으로 업무의욕을 상실할 수 있다.

중간점검은 주관적 의견에 기초하기보다, 성과와 업무활동에 대한 기록 및 자료에 기초하여야 한다. 관리자는 평소에 업무수행자의 활동을 관찰하고 성과를 기록한 것을 가지고 중간점검을 진행해야 한다.

관리자는 시간적 한계로 인해 업무 수행자의 성과를 모두 확인하기 곤란한 경우가 있는데 이때는 IT기술을 활용해 성과기록을 생성하는 시스템을 구축하면 도움이 된다. IT기술을 활용하면 성과를 실시간으로 확인해 볼 수 있으며, 개인의 성과뿐만 아니라 협업관계에 있는 다른 개인의 성과 그리고 조직단위 전체의 성과까지 확인이 가능해질 수 있다. 관리자가 개인과 조직의 성과 흐름을 통합적으로 파악할 수 있다면 성과관리의 효과성을 높일 수 있다.

관리자는 중간점검 시 직원이 필요로 하는 지원을 다음과 같이 제공할 수 있다.

- 목표달성 기간을 몇 개의 단계적 기간으로 나누고 업무수행자가 성과의 추진정도를 알 수 있도록 정보를 제공해준다.
- 업무수행자의 일정계획을 함께 검토하여 목표달성을 위한 시간적 안배를 효과적으로 조정한다.
- 목표 실행과정에서 성과 향상을 어렵게 하는 장애물과 문제점이 있는지 파악하여 직원이 신속히 대응할 수 있도록 돕는다.
- 업무 수행에 필요한 자원과 조직 내 관련부서의 협조사항 등을 파악해서 지원해준다.
- 목표 실행과정에서 최초의 목표가 비현실적이라고 판단되면 목표를 수정하여 조정해준다.

(3) 피드백과 코칭

피드백과 코칭은 직원의 미래 성과를 촉진하고 향상시킬 목적에서 행해진다. 피드백은 관리자가 성과 및 업무관련 정보를 직원에게 제공하는 활동이며, 코칭은 업무상의 문제점과 미래 개선방안을 함께 도출해가는 과정이다. 즉, 피드백이 정보의 교환과정이라 한다면 코칭은 진단과 해결안 도출이 중심이 되는 활동이다.

우선 피드백은 자기점검과정과 정보제공과정으로 이루어진다. 자기점검과정은 피드백이 주어지기 전 업무 수행자 스스로 자기성과에 대해 점검하는 과정이다. 정보제공과정은 관리자가 성과관련 정보를 업무수행자에게 전달하는 과정이다. 관리자와 업무 수행자는 성과정보에 대해 서로가 동의할 수 있는 부분이 어디까지인지 논의해 보아야 한다. 피드백은 최대한 공감에 기초하여 이루어질 수 있어야 활성화될 수 있다.

만약 관리자와 업무수행자가 성과 및 업무활동에 대한 인식이 다를 경우 그 이유를 개방적으로 솔직하게 토의할 수 있어야 한다. <표 5-5>는 피드백 시의 일반적 점검사항을 보여주고 있다. 피드백에서의 점검사항은 피드백이 결과적으로 코칭으로 연결될 수 있도록 도움을 주는 것이어야 한다.[13)]

표 5-5 피드백 시 주요 점검사항

구분	점검사항
피드백 준비시	• 부하가 사전에 준비할 수 있도록 내용 전달과 충분한 시간적 여유를 주었는가. • 상사는 효과적인 피드백을 위해 적절히 준비되었는가. • 평가에 대해 부하를 납득시킬 수 있는 자료는 충분한가. • 업무외적으로 현재 부하의 주변 상황 및 개인적 애로사항 등이 파악되었는가.
피드백 시작시	• 긴장이 감소되고 편안한 분위기가 조성되었는가.
피드백 중	• 피드백이 계획된 대로 적절하고 효과적으로 진행되는가. • 대화 분위기가 자유롭고 건설적인가. • 부하의 반응은(민감하거나, 거부감을 나타내거나, …) 어떠한가. • 대화에서 누가 더 많이 얘기하는가. • 성과 대상 자체의 문제점에 대해서 이야기 하는가? 아니면 성과 수행자의 자질을 전체적으로 문제 삼고 있는가? • 말하는 것의 요점 파악은 제대로 되는가, 피드백이 너무 길거나 지루하지 않은가.
피드백을 종료하면서	• 피드백 후에 성과 및 진척도에 대해 상호 공감대가 형성되었는가.

코칭은 피드백에 비해 보다 창의적으로 진행되어야 한다. 문제점에 대한 개선안이란 관리자가 일방적으로 줄 수 있는 것이 아니기 때문이다. 업무 수행자가 동의할 수 없는 개선안은 행동으로 옮겨질 가능성이 낮다. 코칭 시에는 업무수행자와 관리자가 공동으로 문제점을 공유하고 협력을 통해 개선안을 도출해야 한다. 코칭 시 업무 수행자의 의견을 많이 반영하면 개선안이 실행으로 옮겨질 가능성은 그만큼 높아진다. 관리자의 오랜 경험과 지식은 개선안을 도출하는 데 실질적 도움을 주지만, 관리자는 업무수행자를 대신해서 모든 개선안을 지시하는 식으로 해서는 안 된다.

코칭과 피드백은 소통활동이라는 공통점이 있고, 서로 명확히 구분되지 않는 경우가 흔하다. 그러나 소통의 방식에서 양자를 구분해 본다면 피드백은 정보를 전달하고 상대방의 공감정도를 확인하며 성과정보에 대해 최종적으로 양자가 동의할 수 있도록 하는 활동이다. 이에 비해 코칭은 질문을 통해 업무수행자 스스로가 업무상의 문제점과 해결안을 생각하도록 도와주는 활동이다.

박스사례 5-3 GROW 모델을 활용한 비즈니스 코칭

기업조직에서 활용하는 코칭에는 1980년대 이후 개발된 GROW 모델을 활용하는 경우가 있다. GROW는 Goal, Reality, Obstacle & Options, Way Forward의 알파벳 첫자를 사용하여 축약된 용어이다. GROW 모델을 최초로 창안한 사람이 누구인지는 명확하지 않지만 2000년대 들어 출간된 저작을 통해 점차 개념적으로 정리된 모델이다.[14] GROW 모델에 따라 코칭을 할 때는 질문이 유용한 도구가 된다. 이를테면 다음과 같은 질문을 통해 업무 수행자의 목표와 추진방향을 구체화할 수 있다.

- Goal: 당신에게 가장 중요한 목표는 무엇이 되어야 합니까?
- Reality: 현재 상태는 목표 수준과 어느 정도 멀리 떨어져 있습니까?
- Obstacles & Options: 목표 추진 과정에서 목표달성을 힘들게 하는 요인은 무엇입니까? 스스로 노력해도 좀처럼 목표 달성을 어렵게 하는 요인은 무엇입니까? 목표 달성의 장애물을 제거하거나 완화시킬 수 있는 방안들은 무엇입니까?
- Way Forward: 당신이 제시한 해결방안을 실천하기 위해서는 앞으로 어떤 활동을 지속적으로 실행해야 합니까?

이를테면 영업사원이 영업실적을 고민하고 있을 때, 관리자는 위와 같은 질문을 영업사원에게 하면서 코칭을 시작할 수 있다. 이 과정에서 관리자는 자신의 영업 노하우와 아이디어를 직접 영업사원에게 제공할 수 있으나, 코칭이란 업무수행자가 스스로 문제에 대한 해결안을 찾아갈 수 있도록 도와주는 과정이다. 따라서 관리자는 최대한 개입을 절제하면서 코칭을 진행해야 한다.

코칭은 '고기를 직접 잡아 주는 것이 아니라 고기 잡는 법을 알아내도록 도와주는 행위'에 가깝다. 따라서 관리자가 업무수행자에게 문제점과 해결방안을 일방적으로 알려주는 행위는 코칭에서 가급적 피해야 한다. 코칭은 업무수행자를 고민하게 하고, 해결안을 스스로 찾아 실천하도록 지적인 자극을 주는 특수한 소통방식이기 때문이다.

코칭과 유사하여 자주 혼동을 일으키는 개념에는 멘토링이 있다. 코칭이 업무상의 문제를 해결하는 것이라면 멘토링은 멘토(mento)가 멘티(mentee)의 조직 적응을 돕는 행동에 가깝다. 멘티는 조직 생활에서 경험하는 고민이나 자신의 미래 진로 등을 멘토에게 소통하고 멘토는 자신의 경험과 인생교훈 등을 통해 멘티의 조직 적응과 경력개발 등을 도와준다. 멘토링에서 멘토(mentor)와 멘티(mentee)는 서로 수평적인 관계이며, 따라서 소통은 최대한 개방적으로 이루어질 수 있어야 한다. 따라서 멘토는 반드시 멘티의 직속 상사일 필요는 없다. 또한 멘토(mento)는 반드시 조직 내부의 구성원이 아니라도 가능하다.

코칭은 업무 수행자가 당장의 업무 수행과정에서 어려움이나 문제점에 직면할 때 관리자가 주는 도움행동이다. 코칭이 업무 수행자의 업무를 잘 알고 있는 상위 관리자에 의해 주어지는 이유는 코칭이 업무에 대한 지식을 전제로 하기 때문이다. <표 5-6>은 멘토링과 코칭의 차이를 개념적으로 보여준다.[15)]

표 5-6 멘토링과 코칭의 비교

멘토링	코칭
사람과의 관계중심	업무중심
인간관계, 애정, 신뢰 등 감정 · 정서적인 측면까지 반영	회사의 생산성 향상이 목적
개인적인 삶을 중시	회사생활이나 업무에 국한
수평적 관계	수직적 관계

7 저성과자와 핵심인재에 대한 성과관리

모든 사람을 표준화된 절차에 따라 획일적으로 육성하는 것은 바람직하지 못하다. 인재의 자질에 따라 차별화된 육성이 필요하다. 특히 저성과자와 우수성과자(핵심인재)에 대해서는 별도의 육성이 필요하다.[16] 80대 20법칙처럼 소수의 핵심인재가 조직성과의 80%를 결정한다는 주장이 있다. 이와 마찬가지로 소수의 저성과자가 역시 팀과 조직 전체의 성과를 떨어뜨릴 수도 있다. 따라서 인재의 자질에 따라 양 극단을 관리하면 조직 전체의 성과를 향상시킬 수 있다. 다음은 저성과자와 핵심인재에 대한 일반적 관리방안들에 관한 것이다.

(1) 저성과자의 정의와 예방관리

저성과자를 어떻게 정의할 지는 조직마다 다르다. 그러나 일반적으로 저성과자는 직무역량이 현격히 낮은 저역량자, 업무수행 태도가 소극적인 저의욕자, 잘못된 업무배정에 따른 직무부적합자, 상사 및 동료관계에서 갈등이 많은 관계 부적응자까지 다양한 유형을 포함한다.

저성과자의 유형을 크게 구분해보면 업무능력이 낮은 한계성과자, 업무의욕이 낮은 저몰입자, 일시적인 저성과자 등 3가지로 분류될 수 있다. 어느 경우에든 복합적 원인이 존재하며 저성과자는 갑자기 발생하는 것이 아니라 장기간의 시간이 지나면서 현실화되기도 한다.

한국의 직장은 온정주의와 체면이 중요한 문화이기 때문에, 저성과자라 하더라도 관리자가 이를 방치하거나 개입하지 않으려는 풍토가 있다. 더욱이 국내 노동법은 징계와 해고절차를 엄격히 규정하고 있고, 노동조합의 이의제기가 있을 수 있기 때문에 저성과자 관리는 공식화되기 어려운 환경에 있다.

조직이 공식적으로 징계와 처벌절차를 명확히 하고 있다면 저성과자의 예방은 그만큼 관리가 가능할 것이다. 그러나 평가가 관리자의 주관적 판단에 크게 의존하고 연공서열에 따라 승진이 자동적으로 이루어지는 조직이라면 저성과자가 오랜 기간 드러나지 않은 채 방치되기도 한다.

직원이 점차 저성과자로 전환되는 것을 미연에 방지하려면 다음과 같은 조치들이 이루어져야 한다.

- 관리자는 구성원들에게 직무역량을 습득할 교육과 훈련(On the Job Training)의 기회를 자주 부여해야 한다.
- 관리자는 직무배정과 이동에 있어 구성원의 잠재적 역량을 철저히 검증하고, 적성과 희망을 고려하여야 한다.
- 관리자는 잠재적 저성과자에게 코칭과 멘토링의 기회를 제공해야 한다.
- 조직은 공정한 평가절차를 도입하고 관리자는 최대한 객관적인 평가를 해야 한다.

박스사례 5-4 Google의 저성과자 관리

Google은 평가 하위 5%를 잠재적 저성과자로 정하고 있다. 성과 문제가 일시적인 것이 아니라 판단되면 관리자는 해당 직원과 성과개선면담을 진행한다. 이후 관리자는 코칭 및 교육기회를 부여하고 6개월 뒤 성과향상이 이루어졌는지를 평가한다. Google에 의하면 성과개선면담을 받은 직원 중 30% 정도는 6개월 사이에 개선효과가 있다고 한다. 그러나 2회 연속, 하위 5%에서 벗어나지 못할 경우 관리자는 해당 직원을 개인의 희망과 역량에 따라 다른 팀으로 재배치해 줄 수 있다. Google의 내부 평가에 의하면 이러한 직원 중 50%는 옮긴 팀에서 표준적인 성과를 보인다고 한다.

그러나 만약 3회 연속 저성과를 보이면 Google은 1년 이상의 유예기간을 거쳐 이직하도록 지원해 준다. 그리고 직원의 퇴직 원인을 전체적으로 조사 분석하고 다음 채용에 이러한 자료를 활용하고 있다.

(2) 핵심인재의 관리

핵심인재는 조직마다 달리 정의될 수 있다.[17] 조직마다 핵심가치가 다르고 사업의 성격이 다르기 때문에 핵심인재를 표준적으로 정의하기는 어렵다. 이를테면 은행에서의 핵심인재와 전자회사에서의 핵심인재는 다를 수밖에 없다.

그러나 일반적으로 핵심인재가 갖추어야 할 요건이라 볼 수 있는 것은 조직의 핵심가치와 인재상과의 부합정도, 업무의 전문성, 리더십 역량 등이 있을 수 있다. 또한 핵심인재는 조직의 미래를 책임질 잠재성을 가진 인력들이라 할 수 있다.

핵심인재는 조직 내 관리자 직책을 가진 구성원에 한정되지 않는다. 관리자를 핵심인재로 정의한다면 관리자의 수와 핵심인재의 수는 일치하게 될 것이다. 그러나 관리자 직책과 핵심인재는 동의어로 보기 힘들다. 또한 관리자 직책마다 후계자를 지정하여 후계자관리를 하는 조직이 있지만 이들 후계자를 모두 핵심인재로 보기는 힘들다. 관리자가 아니더라도 생산현장의 기술을 고도로 체화한 기능직 사원이나 기술 전문성이 높은 인력 역시 핵심인재에 포함될 수 있기 때문이다. 따라서 관리자와 관리자의 후계자군들이 자동적으로 핵심인재로 정의될 수는 없다.

국내 조직에서 정의된 핵심인재는 관리직에 한정되지 않고, 조직의 모든 계층과 부서에서 선발되는 경향이 있다. 핵심인재를 선발할 때는 현재의 직책보다 미래의 성장가능성에 초점을 두고 있다. 따라서 조직들은 비교적 경력의 초기단계에서부터 핵심인재를 선발하여 집중 육성하고 있다. 앞으로 5년에서 10년 뒤 조직의 성장을 결정할 인력을 핵심인재로 정의해서 조기에 선발하는 조직이 늘어나고 있다.

핵심인재를 육성하는 과정에서는 선발과 검증이라는 2단계가 중요하다. 우선 조직은 핵심인재를 엄격한 기준 하에 조직 내부에서 선발한다. 그리고 선발 이후에 도전적인 업무와 프로젝트를 부과하고 지속적으로 역량을 검증하게 된다. 핵심인재의 풀(pool)은 고정된 것이 아니다. 핵심인재는 일단 선발되었다 하더라도 검증을 거치면서 일부가 탈락하고 다시 새로운 인재가 유입되는 순환과정을 거치게 된다. 핵심인재로 선발될 기회는 공정하게 그러나 핵심인재로 남는 것은 차별적으로 운영하는 것이 현실이다.

핵심인재관리를 체계적으로 하기 위해서는 다음과 같은 조치들이 필요하다.

첫째, 핵심인재의 기준을 가능한 명확히 하여 선발의 공정성을 확보하여야 한다.[18] 공정성을 높이기 위해서 조직은 과거 성과와 함께 미래 잠재능력에 대한 정성적 평가까지를 두루 고려해야 한다.

둘째, 핵심인재군은 선발, 검증, 재선발 등의 절차를 거쳐서 유연하게 운영되어야 한다. 핵심인재군은 국내 기업의 경우 인력의 약 1%에서 10% 범위 내에서 결정되는 경향이 있다. 핵심인재군은 그 대상자의 유입과 퇴출이 정기적으로 이루어져야 한다. 그렇지 않으면 핵심인재관리가 너무 경직적으로 운영될 수 있다. 반대로 너무 단기적으로 핵심인재군을 변화시키면 장기적인 육성이 어려워진다. 따라서 핵심인재군의 구성을 변화시키기 위해서는 역량을 검증할 정도의 충분한 시간이 필요하다.

셋째, 조직은 핵심인재의 육성계획을 별도로 구축하여야 한다. 핵심인재를 위한 교육프로그램, 코칭과 멘토링 프로그램, 별도의 이동계획을 수립한 후 활용할 수 있어야 한다. 핵심인재들은 조직 내에서 중책을 맡아 일하는 경우가 흔하기 때문에, 교육시간을 별도로 내기 어려운 경우가 많다. 그럴수록 회사 차원에서 교육파견을 엄격히 준수하도록 관리해야 한다.

넷째, 핵심인재에 대한 별도의 평가계획과 보상계획을 세워야 한다.[19] 핵심인재는 그 능력 때문에 외부로의 이직 가능성이 높다. 따라서 추가적인 인센티브와 성과급을 지급해야 할 경우가 있다. 채용 시에 사이닝보너스(signing bonus)를 지급하거나, 성과에 따라 추가의 인센티브를 지급하는 것이 핵심인재의 유지에 도움이 된다. 평가에 있어서도 핵심인재에 대해서는 철저한 검증절차를 두어야 한다.

다섯째, 소수의 핵심인재에 대한 선택과 집중이 대다수 구성원들의 사기를 떨어뜨리고 팀웍을 저해할 수 있다. 따라서 핵심인재의 공개여부는 신중히 결정되어야 한다. 핵심인재가 대다수 구성원 보다 월등히 높은 보수를 받고 이동기회 역시 더 많을 경우 구성원은 이를 차별로 받아들일 가능성이 있다. 특히 성과지향적 조직문화가 정착되지 않고 공동체적 경향이 강한 가족주의 문화에서는 핵심인재관리의 가시성과 공개성을 신중하게 결정해야 한다.

박스사례 5-5 모든 직무에서 핵심인재를 발굴하라

도미닉 바튼 맥킨지앤컴퍼니의 회장은 2018년 한국을 방문한 자리에서 "한국 기업들은 인적자본보다 재무적 자본을 중시하는 경향이 있다. 조직 내 인재보다 외부 시장이나 투자자들에게 더 관심을 기울이는 경영을 하죠. 앞으로 인재 관리 방식이 근본적으로 달라져야 합니다."라고 주장하였다.

맥킨지가 조사한 101개 기업에 의하면 기업마다 50개 정도 직책에 있는 인력이 전체 매출에 지대한 영향을 준다고 한다. 이들은 고위 임원이 아닌 팀장급에 주로 포진해 있었고 직무 역시 영업, R&D, 디자이너, 재무, 인사 등 다양하였다. 그리고 그 규모는 대략 전체 인력의 약 2% 정도였다고 한다.

CEO는 핵심인재를 외부에서 수혈하는 것 못지 않게 조직 내 숨어있는 인재를 발굴할 수 있어야 한다. 그리고 이들에게 적합한 성장기회를 주어야 한다. 바튼 회장은 국민은행의 김정태 전 행장의 사례를 들고 있다. 김정태 행장은 국민은행과 주택은행의 합병 과정에서 은행 소속에 관계없이 핵심인재급 직원 500여 명을 순전히 능력에 기초하여 선별한 후 성장기회를 별도로 제공하였다. 그 결과 이들이 조직변화를 주도하는 역할을 수행한 바 있다.

토론

토론과제

본 장에서 학습한 내용을 기반으로 다음 이슈에 대해 토론해보자.

1. 업무목표를 계량화하거나 객관적인 지표로 측정할 수 없는 경우 성과관리를 어떤 방식으로 하는 것이 가장 효과적인가?
2. 성과관리의 과정에서 코칭과 멘토링을 어떻게 활용하는 것이 가장 효과적이라 생각하는가?
3. 핵심인재를 선별하는 기준은 조직마다 다르다. 국내와 해외의 기업들이 핵심인재를 정의하는 방식과 육성하는 방식을 조사해보자. 이들 기업들의 핵심인재관리가 가진 공통점은 무엇인가?

토론사례 Tata Motors의 성과평가 주기 단축과 스스로 평가제도

Tata Motors는 1945년에 설립된 인도의 다국적 자동차 기업이다. 인도의 많은 인구 덕분에 자동차 생산 대수로 보면 세계에서 8번째로 많은 자동차를 생산하고 있다. Tata Motor는 2010년 중반에 기존 1년에 한번 하던 성과평가를 반년(6개월)에 한 번씩으로 변경하였다. 반년에 성과평가를 한 번씩 하면 연말 성과평가에 앞서 자신의 성과와 업무활동을 리뷰할 수 있는 기회를 가질 수 있다. 또한 임금인상도 일 년에 2회까지 가능하고 직급 승진의 기회 역시 더 늘어나게 되었다.

Tata Motor는 목표에 의한 관리인 MBO와 유사한 성과관리제도로서 Key Result Areas(KRAs)라는 제도를 도입하고 있다. 이는 개인의 성과지표를 분기별로 (매 3개월마다) 목표로 정해서 추진하는 제도이다. 이는 3개월 마다 성과지표의 점검을 업무수행자 본인이 스스로 하고 연말에 가서 관리자와 함께 최종 평가를 하는 방식이다.

토론문제

1) 전통적으로 일 년이었던 성과평가의 주기를 보다 단기간으로 축소하여 분기별, 월별 등으로 더 자주 평가할 때 조직이 기대할 수 있는 장점과 단점은 무엇인가?
2) 직원이 자신의 성과를 스스로 평가하게 허용하면, 관리자는 성과관리에 있어 어떤 좋은 점이 있는가? 자기평가와 상사평가 간에 차이가 클 경우 이를 어떻게 조정하는 것이 좋은가?

CHAPTER 06

평가관리

1. 평가관리의 개념과 필요성
2. 평가기준과 평가주체
3. 평가과정
4. 평가방법
5. 평가도구
6. 좋은 평가의 조건

CHAPTER 06

평가관리

학습목표

본 장에서는 평가관리의 개념과 필요성, 평가기준과 평가주체에 대하여 학습한다. 또한 다양한 평가방법과 평가도구가 가지는 장단점을 알아보고, 좋은 평가가 갖추어야 할 4가지 조건에 대해 학습한다. 학습자는 본 장을 학습한 후 다음과 같은 목표를 달성할 수 있다.

❶ 평가관리가 왜 중요한지를 논리적으로 설명할 수 있다.

❷ 평가기준의 유형과 평가주체에 대해서 설명할 수 있다.

❸ 다양한 평가방법과 평가도구의 장단점을 설명할 수 있다.

❹ 좋은 평가의 4가지 조건과 이를 성취할 수 있는 방안을 설명할 수 있다.

[도입사례] 독일과 한국의 평가문화, 왜 다른 걸까?[1)]

최길남 씨는 독일에서 외국인 노동자로 살아가고 있다. 독일회사에 입사해 일 년이 지난 시점에서 팀장과 평가면담을 하게 되었다. 독일 회사는 한 해가 지나면 작년에 세운 개인별 업무목표와 달성 정도를 팀장과 팀원 간에 토의하도록 되어 있다. 대부분의 독일 회사는 상대평가가 아닌 절대평가를 하기 때문에, 개인이 정한 목표만 달성하면 누구나 높은 평가를 받을 수 있다.

최길남 씨는 한국에서 7년간 근무를 한 경험이 있어 한국과 독일의 평가문화를 비교할 수 있었다. 최길남 씨에 의하면 한국은 독일과 달리 진급시즌이 되면 일을 열심히 한 팀원보다 진급시기가 된 팀원에게 평가를 몰아주는 경우가 많다고 한다. 한국의 평가제도는 절대평가가 아닌 상대평가이며, 독일에 비해 직급이 여러 개로 나누어져 있으며 진급이 근무연차와 긴밀히 연관되어 있다. 독일은 대리, 과장, 차장, 부장 같은 여러 개의 직급체계가 없고 팀장과 팀원으로 이원화되어 있다. 한국의 직장인은 상대평가로 인해 상사의 눈치를 보아야 하며, 야근도 할 수 밖에 없는 상황이다.

최길남 씨는 독일에서의 첫 평가면담에서 팀장으로부터 '일을 잘 해주어 감사하다'는 말을 들어 그 동안의 노력이 인정받았다는 마음이 들었다. 한국 회사에서도 팀장이 팀원에게 감사하는 마음을 적극 표현해준다면 업무 스트레스 절반 이상이 해결되지 않을까 싶었다. 한국 회사는 아직 수직적 문화가 뿌리 깊게 박혀있어 평가면담 시 자유로운 소통을 하기 힘들다.

1 평가관리의 개념과 필요성

인사평가는 직원의 업무활동이 조직의 목적에 기여한 정도를 측정하는 활동이다. 인사평가는 엄밀히 말하면 성과와 업무행동에 대한 측정(measure) 활동이다. 인사평가를 통해 측정이 일어나면, 그 후 관리자는 직원에게 측정한 정보를 피드백한다. 5장에서 살펴본 성과관리와 달리 평가는 직원의 기여도를 있는 그대로 측정하는 것이라 할 수 있다.

평가관리는 측정에 초점을 두기 때문에 '측정하고자 하는 것을 되도록 정확히 측정'하는데 그 목적이 있다. 현실적으로 인간의 직무활동을 완벽하게 측정하는 것은 불가능하지만, 그럼에도 불구하고 측정활동은 모든 경영관리의 수단이 되어야 한다. 왜냐하면 평가관리의 결과물은 다음과 같이 유용하게 활용될 수 있기 때문이다.

① 누가 승진할 것인가에 대한 의사결정의 기준이 된다.
② 임금인상의 폭을 결정할 때의 기준이 된다.
③ 교육훈련의 내용과 대상자 선정의 기준이 된다.
④ 직원 각자에게 적합한 직무를 배정하거나 부서 간 이동의 판단기준이 된다.
⑤ 성과 개선을 위한 유용한 정보를 제공한다.
⑥ 신규 채용 시 최적 자격을 결정하는 데 도움이 되는 정보를 제공한다.

표 6-1 평가관리를 위한 의사결정

평가관리 영역	의사결정 사항
평가기준	평가 시 직원의 능력, 행동, 업적, 태도 등 구체적으로 어떤 것을 평가하고 어떤 비중으로 평가할 것인가?
평가주체	평가의 주체로서 상사, 본인, 동료, 부하, 외부인 중 누가 평가에 참여할 것인가?
평가과정	평가가 실행되는 과정을 어떻게 구분해서 진행할 것인가? 이를테면 자기평가, 상사평가, 평가면담 등을 어떤 순서와 지침을 가지고 진행할 것인가?
평가방법	평가방법을 어떻게 정할 것인가? 이를테면 상대평가/절대평가, 상사평가/다면평가, 종합평가/분석평가 등을 어떻게 적용할 것인가?
평가도구	평가를 할 때 활용할 수 있는 도구(tool)들을 어떻게 결정할 것인가? 이를테면 서열법, 관찰법, 목표관리법 등 실제 평가 시 활용할 수 있는 평가도구들을 정하는 것이 필요하다.

<표 6-1>은 평가관리 시 조직이 고려해야 할 사항들이다. 조직은 이러한 의사결정을 합리적으로 해야 직원의 업무관련 성과를 정확히 측정할 수 있다.

2 평가기준과 평가주체

누가 평가를 수행하고, 무엇을 평가할 것인지를 명확히 하지 않을 경우 평가활동은 관리자 개인의 주관적이고 임의적 판단에 의존하게 된다. 따라서 조직은 관리자가 평가를 할 때 준수해야 하는 평가기준과 평가규정을 미리 마련해야 한다.

(1) 평가기준

평가기준(evaluation criteria)은 일반적으로 직무와 관련된 사람의 3가지 특성에 초점이 맞추어져 있다. 평가기준을 구분하면 크게는 능력, 행동, 업적의 3가지이다. 평가기준은 특

그림 6-1 평가기준

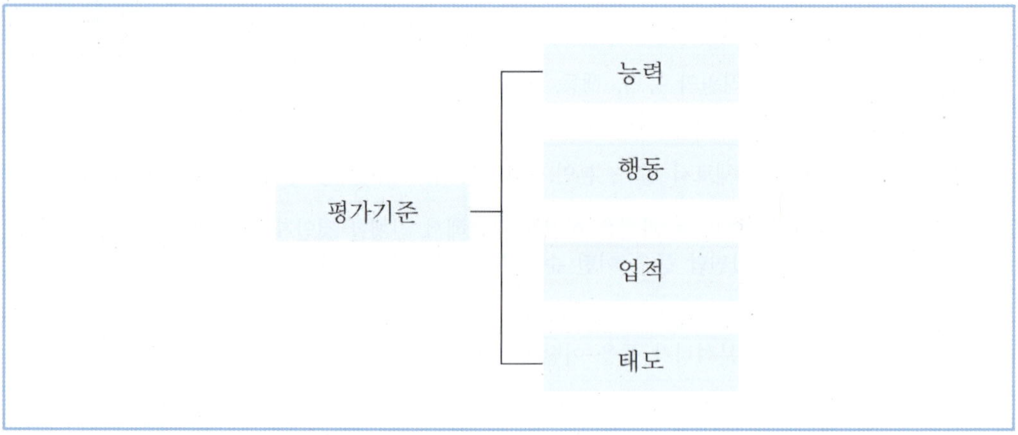

정 직무를 수행하는 사람이 가진 능력, 행동, 업적이 되어야 한다. 평가의 대상은 직원의 인성이나 성격과 같이 유전적으로 결정되고 전인격적인 특질이 되어서는 안 된다.

능력은 직무수행능력으로 직원의 현재적 혹은 잠재적 능력을 말한다. 현재적 능력이 뛰어나면 직무수행 업적이 높은 경향이 있다. 한편 잠재적 능력은 당장의 업적으로 구현되지 않더라도 인간 안에 체화되어 있는 능력을 말한다. 능력을 측정할 때는 현재적 능력뿐만 아니라 잠재적 능력을 고려해야 한다. 왜냐하면 잠재적 능력이 뛰어난 직원은 점차 기존 업무에 익숙해지면서 현재적 능력을 더 빨리 개선할 수 있기 때문이다.

행동은 직무수행 과정에서의 인간 활동을 말하며, 외부에서도 관찰가능하다. 행동은 결과적으로 업적으로 연결된다. 행동은 능력과 업적 간에 존재하여 양자를 서로 연결하는 중간 과정에 위치한다. 즉, 능력은 행동으로 구현되고, 행동은 다시 최종 업적과 연관된다.

업적은 근로의 최종적인 결과물로서 계획한 목표가 달성된 상태를 말한다. 따라서 평가기준은 뿌리로서의 능력, 줄기로서의 행동, 열매로서의 업적이 되어야 하며, 이들 3가지를 정확히 측정함으로써 올바른 평가를 할 수 있다.

그러나 조직은 때로는 능력, 행동, 업적 외에 직원의 직무태도를 평가의 대상으로 하는 경우가 있다. 태도는 정의상 직무에 대한 동기부여 정도를 보여주는 지표이다. 그러나 직무태도는 능력과 행동을 간접적으로 보여줄 뿐이다. 태도는 능력과 행동의 관찰이 어려울 경우 대안적으로 평가의 기준이 되는 경우가 있다. 조직은 직원의 능력과 행동을 직접 평가할 수 없다면 태도를 평가함으로써 능력과 행동을 추론하기도 한다.

(2) 평가 주체

(가) 직속상사

전통적으로 평가의 1차 책임자는 직속상사이다. 직속상사는 해당 직원의 직무활동을 관찰할 수 있고 비교적 공정하게 평가할 수 위치에 있기 때문이다. 직속상사는 평가활동을 통해 해당 직원을 동기부여하고 공정한 임금 및 처우를 결정한다. 직속상사는 성과 및 능력개발을 위해 평가결과를 피드백하기도 한다.

그러나 직속상사라 하더라도 피평가자의 업무활동을 모두 관찰할 수는 없으며, 주관적 평가오류에 빠질 수 있다. 따라서 직속상사가 유일한 평가자가 되는 것을 피해야 할 때가 있다.

(나) 부하에 의한 평가

최근 부하 직원들이 상사를 평가하는 사례가 늘고 있다. 부하에 의한 평가는 관리자의 업적보다 능력개발을 위한 피드백 자료로 더 많이 활용된다. 특히 상사의 리더십을 파악하거나 조직가치와 비전에 대한 상사의 헌신도 등 객관화하기 어려운 상사의 행동을 평가할 때 부하에 의한 평가가 유용할 수 있다. 따라서 부하 직원에 의한 상사평가는 업적평가보다는 능력개발을 위한 평가로 활용되는 경우가 많다.

(다) 동료에 의한 평가

동료들의 평가는 평가자료의 일부로 활용되기도 한다. 동료평가는 피평가자에게 도움이 되는 정보를 제공하기도 하지만 동시에 조직 분위기를 해칠 가능성도 있다. 따라서 동료에 의한 평가는 철저히 익명성이 확보되어야 하며, 업무와 관련해 관찰기회가 적은 동료는 평가에 참여해서는 안 된다.

동료에 의한 평가는 협동과 팀워크(teamwork)에 대한 헌신정도를 평가할 때 효과적으로 활용될 수 있다. 그러나 동료에 의한 평가가 임금 및 처우결정과 같이 경쟁을 부추기고 팀워크를 해칠 가능성이 있는 경우에는 지양되어야 한다.

동료에 의한 평가는 계량적 수치 형태로 요약되기 보다는 구체적이고 서술적인 관찰기록으로 요약될 때 평가를 보완할 수 있다.

(라) 자기평가

자신의 업무활동과 업적을 스스로 평가할 때는 성과를 실제보다 부풀릴 위험이 항상 있다. 자기평가에서 정확하고 공정한 평가를 기대하는 것은 현실적이지 못하다. 그 대신 자기평가는 업무활동을 스스로 돌아보고 잘한 점과 부족한 점을 회상하게 하고 업무성과를 수시로 의식하면서 일을 할 수 있도록 하는 데 효과적이다.

피평가자의 자기평가는 직속상사에 의한 평가결과, 동료에 의한 평가결과와 비교될 때 어디에서 의견 차이가 발생하는지를 보여준다. 직속상사는 자기평가와 그 외 동료 평가 결과와 차이를 평가 피드백 시 피평가자와 논의할 수 있다.

(마) 차상위 관리자에 의한 평가

차상위 관리자는 직속상사의 상사를 말한다. 차상위 관리자는 직속상사처럼 피평가자에 대한 직접 관찰기회를 가지는 것은 아니지만, 평가결과를 여러 조직에 걸쳐 조정하는 역할을 한다. 즉, 차상위 관리자는 특정한 팀이나 하부 조직단위에서 너무 관대한 평가를 할 경우 이를 전체적으로 조정하는 역할을 한다. 특히 상대평가를 실시할 경우 상대평가 결과가 정해진 비율을 준수했는지를 점검하고, 혹시 정확하게 평가되지 못한 경우는 없는지 등을 검토한다.

또한 차상위 관리자는 평가결과에 대한 근거가 부족한지, 나눠먹기식 평가 등이 없는지 등을 살펴보고, 우수한 성과를 낸 팀에게는 더 관대한 평가비율을 허용하는 등 조정자 역할을 수행한다.

흔히 직속상사에 의한 평가는 1차 평가라 하고, 차상위 관리자에 의한 평가는 2차 평가라 한다. 2차 평가를 할 때 차상위 관리자는 혼자 하기보다 1차 평가자인 직속상사들과 검토회의 방식으로 평가결과를 조정하는 것이 효과적이다. 이러한 조정회의는 평가조정회의(calibration meeting)라고 불리며, 평가결과를 최종화하기 위해 매우 중요한 절차라 할 수 있다.

(바) 외부인에 의한 평가

평가과정에 고객이나 외부 전문가의 참여가 이루어지는 경우가 있다. 호텔, 콜센터, 방문판매 등 고객을 직접 응대하는 서비스 직무의 경우 고객의 평가가 가능하다. 조직은 피평가자의 친절도 혹은 서비스의 질, 회사 규정 준수 여부 등을 고객과 소통하여 직접 수집한다. 일반적으로 평가자는 이메일이나 모바일 폰을 통해 서비스 직무 담당자의 행동을 실시간으로 평가할 수 있다.

또한 상위 경영층과 같이 조직 외부의 업무가 많고 업무의 난이도가 높은 고위직 관리자의 경우 외부 이해관계자 혹은 외부 전문가들의 참여를 평가에 고려할 수 있다. 특히 고위 경영자로 승진할 수 있는 대상자의 선정, 최고경영자의 경영활동 평가 등 조직 내 구성원이 평가하기 곤란한 경우에는 외부 전문가가 패널 형식으로 참여하여 평가의견을 내기도 한다.

(사) 다면평가

1인(직속상사)이 평가를 전담하기 보다는 되도록 복수의 평가자가 평가에 참여하면 평가오류를 줄일 수 있다. 복수의 평가자가 평가패널을 구성하는 경우는 복수평가 혹은 다면평가라 불린다. 특히, 다면평가는 복수평가 방식 중 조직계층의 상하좌우의 구성원이 평가자로 참여하는 경우이다. 다면평가는 직속상사, 동료, 본인, 부하 모두가 참여하여 특정 피평가자의 업무활동을 360도로 평가하는 것이다.

복수평가와 다면평가는 풍부한 피드백 정보를 제공하면서 평가오류를 줄일 수 있는 장점이 있다. 그러나 조직이 다면평가를 임금 및 승진, 해고의 근거자료로 활용할 때는 신중해야 한다. 경쟁적으로 누가 승진할지를 결정할 때 다면평가를 이용하면 평가결과의 인플레이션이 흔히 발생한다. 이는 상사와 동료, 부하 간에 서로 밀어주기식의 행동을 촉발하기 때문이다.

다면평가를 할 때는 익명성을 확보하는 것이 중요하다. 만약 평가자의 숫자가 소수라면 피평가자가 평가자를 쉽게 예측할 수도 있기 때문에 조직 분위기를 해칠 수 있다. 따라서 다면평가는 임금이나 승진 등 근로처우를 결정하는 것보다는 능력개발을 위한 정보를 제공하는 능력개발형 평가에 더 효과적이다.

그림 6-2 평가주체

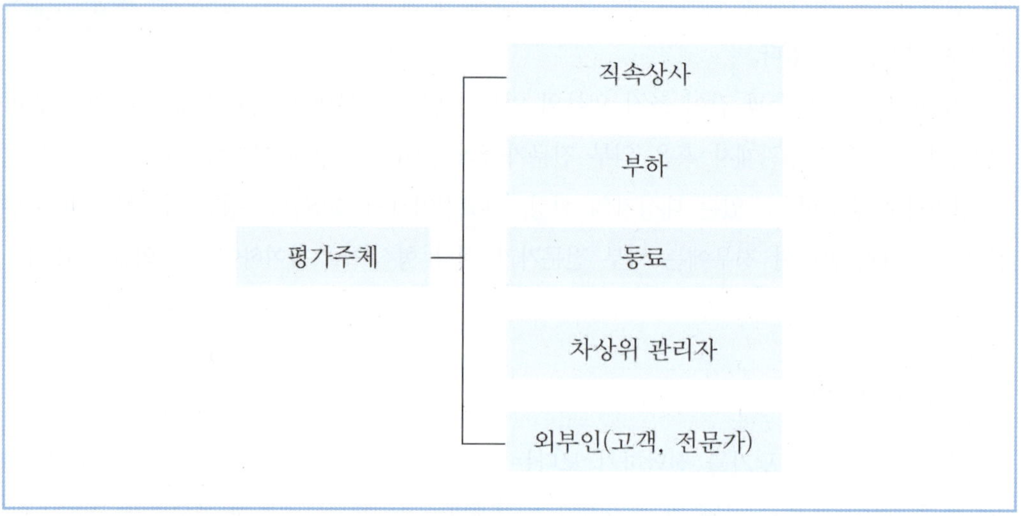

3 평가과정

평가과정은 크게 계획과정, 실행과정, 그리고 피드백과정으로 구분될 수 있다. 평가의 계획과정은 평가목적, 평가기준, 평가자와 피평가자, 그리고 평가시기를 계획하는 단계이다.

평가의 계획은 누가(평가자), 누구(피평가자)를, 그리고 피평가자의 어떤 측면을 평가할지 결정하는 것뿐만 아니라 평가의 시기와 빈도 역시 결정하는 과정이다.

평가자를 계획할 때는 평가자를 직속상사로 한정할 지, 아니면 동료와 하위자까지 포함시킬 것인지 등을 결정해야 하며, 평가빈도 역시 일 년 동안 중간평가를 몇 차례 할 것인지 등을 결정해야 한다.

특히 한 평가자가 누구를 평가할 것인지, 그리고 평가의 기준을 어떻게 구체화할지 등은 평가관리에서 중요한 이슈이다.

계획과정 다음에는 평가의 실행과정이 따라오며 실행과정에서는 평가자가 피평가자 집단를 평가기준에 따라 평가하게 된다. 실행과정에서는 평가의 공정성을 확보하기 위해, 평가

그림 6-3 평가과정

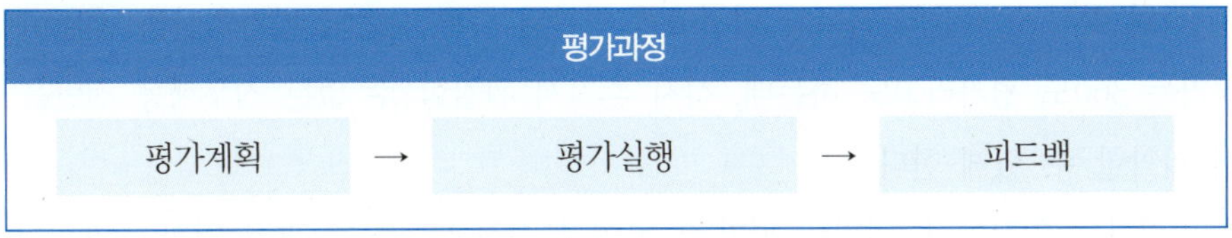

기준을 숙지하고 평가기록을 평가 전에 꾸준히 수집하는 노력이 요구되다.

마지막으로 평가의 피드백과정에서는 평가자가 피평가자에게 평가결과와 근거를 설명하고, 향후 개선점을 논의하게 된다. 피드백과정은 앞서 성과관리 활동과 평가관리 활동이 서로 접목되는 단계라 할 수 있다.

만약 피평가자가 평가결과를 수용하지 못할 경우 평가자는 그 원인이 피평가자에게 있는지 아니면 평가자에게 있는지를 판단하여 합리적인 조치를 취해야 한다. [그림 6-3]은 이상에서 설명한 평가과정을 보여주고 있다.

4 평가방법

(1) 평가방법의 유형

(가) 상사평가와 다면평가

전통적인 방법은 상사가 혼자서 직원 모두를 평가하는 방식이다. 전통적 방식은 조직문화가 위계적이고 관리자의 권한이 집중화된 조직에 있어서 흔히 사용된다. 전통적 방식은 상사위주의 평가이고 비록 직원이 불만이 있더라도 이를 수용할 수밖에 없는 방식이다. 그러나 조직문화가 점차 일선 직원의 권한을 존중하고 자율적으로 일하도록 권장할 경우 상사위주의 평가는 직원들의 불만을 초래하게 된다.

최근 선진기업들은 상사평가를 지양하고, 대신 다면평가를 도입하는 경우가 늘어나고 있다. 다면평가란 상사뿐만 아니라 동료와 하급자 모두가 평가에 참여하는 방식이다. 다면평가에는 직원 각자가 자신의 직무상 밀접하게 연관된 다른 사람의 평가의견을 받을 수 있다. 다면평가는 360도 평가라고도 하는데, 상사 혼자서 관찰할 수 없는 직무행동 전반을 더 자세하게 파악할 수 있게 한다.

다면평가는 일각에서 '인기도 평가'라 하여 부정적으로 보는 관점 역시 존재한다. 그러나 평가기준이 명확하고 평소 관찰기회가 많은 사람들이 평가에 참여한다면 '인기도'가 아닌 '올바른 평가정보'를 제공할 수 있다.

(나) 상대평가와 절대평가

상대평가는 전체 평가대상을 일정한 비율의 등급으로 강제배분하는 평가방식을 말한다. 이를테면 전체 대상 중 20%는 A, 30%는 B 등으로 구분하는 방식이다. 이에 비해 절대평가는 일정한 기준을 정하고 이를 충족하면 누구나 정해진 평가등급을 받는 방식이다.

절대평가는 사람과 기준을 서로 비교하는 방식인 반면 상대평가는 사람과 사람을 비교하는 방식이다. 상대평가는 이론적으로 모든 평가대상자가 유사한 일을 하고 팀 작업이 아닌 개인작업을 하는 경우에 적용이 용이하다. 만약 평가대상자가 서로 이질적인 일을 하고 팀 작업을 해야 하는 상황이라면 상대평가는 팀워크를 해치는 결과를 가져올 수 있다.

최근까지 국내 기업들은 절대평가보다 상대평가를 많이 채택하고 있는 실정이다. 절대평가는 객관적 평가기준이 있어야 하기 때문에 이를 설정하기가 쉽지 않다. 절대평가의 기준은 객관성이 높아야, 등급 선정에 이의가 제기되지 않는다. 이에 비해 상대평가는 사람과 사람을 비교하기 때문에, 직원들을 등급으로 구분하기가 수월하다. 그러나 상대평가는 이질적인 일을 하는 직원들을 무리하게 비교할 경우 평가결과의 수용성이 떨어지는 문제가 있다. 최근 국내 기업들은 상대평가에 대한 비판을 의식해서 가능한 객관적 기준을 마련하고 절대평가를 늘려나가려는 노력을 기울이고 있다.

(다) 종합평가와 분석평가

종합평가란 평가기준이 여러 개 있더라도 이들을 종합적으로 고려해서 직원을 평가하는 방식이다. 이를테면 종합평가란 '평가기준들을 종합적으로 고려할 때 직원 A는 상위 10%에 속할 수 있다'는 식의 평가이다.

이에 비해 분석평가란 개별적인 평가기준 별로 직원을 평가한 후 그 점수를 나중에 합산하는 방식을 말한다. 이를테면 평가기준이 기획력과 실행력의 2가지라면 분석평가는 각각의 기준별로 평가점수를 부여하고 나중에 2가지 점수를 합산하는 방식이다. 이에 비해 종합평가는 두 기준별로 각기 평가하지 않고, 기획력과 실행력 모두를 종합적으로 고려하여 하나의 점수를 피평가자에게 부여하는 방식이다.

종합평가에서는 평가자의 직관적 판단이 개입되기 쉽다. 특히 종합평가는 직무 외적인 요소와 개인적인 선입견을 평가에 반영하기 쉽다. 이를테면 종합평가는 학연이나 지연 등의 선입견이 개입되기 쉽다.

종합평가 점수는 직관의 개입이 많기 때문에, 분석평가 점수와 일치하지 않을 수 있다. 즉, 평가기준을 종합적으로 고려해서 낸 평가점수(종합평가 점수)와 평가기준 별로 점수를 주고 나중에 합산한 평가점수(분석평가)가 일치하지 않는 경우가 많다.

따라서 가장 이상적인 방법은 분석평가를 중심으로 한 후 종합평가를 병행해서 상호점검을 하는 것이다. 분석평가에서 고려하지 못한 점을 종합평가로 보완하고, 종합평가에서 개입될 수 있는 선입견을 분석평가로 보완하는 작업이 모두 가능하기 때문이다.

(2) 평가방법의 변화

최근 평가관리는 과거와 달리 몇 가지 변화를 겪고 있다. 그 변화는 되도록 측정을 정확하고 목적 지향적으로 하기 위한 노력으로 보아야 한다. 이와 관련해서는 다음과 같은 변화들을 발견할 수 있다.

(가) 전인적 평가에서 직무관련 평가로의 변화

평가는 철저하게 직무와 관련된 것만을 평가해야 한다. 개인적이고 직무와 무관한 것까지 무의식적으로 평가에 반영해서는 안 된다. 따라서 최근 국내 기업들은 전인적 평가 대신 직무관련 평가를 강조하고 있다.

(나) 상대평가에서 절대평가로의 변화

상대평가는 사람과 사람을 비교하는 방식이기 때문에 협동작업을 할 경우 팀워크를 해치기 쉽다. 상대평가는 직원 간의 경쟁을 통해 성과를 개선하는 효과가 있지만 그에 못지않게 부작용도 적지 않다. 따라서 국내 기업들은 상대평가에서 절대평가로 평가의 방식을 변화시키고 있다.

(다) 상사 위주 평가에서 다면평가로의 변화

상사가 혼자서 일방적으로 평가를 할 때, 평가의 수용성이 낮아지는 문제가 있다. 최근 국내 기업들은 상사 위주평가에서 동료 및 부하평가를 참고하는 다면평가로 점차 평가방식을 변화시키고 있다.

(라) 승진 및 임금인상을 결정하기 위한 평가에서 능력개발을 위한 평가로의 변화

최근 기업들은 평가를 승진 및 임금인상을 결정하는 데 뿐만 아니라 직원의 능력개발을 위한 목적으로 활용하고 있다. 기업들은 인사평가 정보를 활용해서 직원이 부족한 능력이 무엇인지, 성과개선이 더 필요한 영역이 어디인지를 파악하는 데 더 많은 시간을 할애하고 있다.

박스사례 6-1 GE(General Electric)가 활력곡선을 포기하고 절대평가로 돌아서다

GE의 잭 웰치(Jack Welch)는 하위 10%의 근로자를 해고한 것으로 유명하다. 그는 소위 활력곡선(vitality curve)이라는 것을 정의하여 성과수준에 따라 직원을 상대평가한 후 하위 등급에 속한 직원을 해고하는 엄격한 평가관리를 단행하였다. 그러나 최근 GE는 하위 10% 해고정책을 폐지하였다. 또한 성과평가 방식을 상대평가에서 절대평가로 변경하고 PD@GE라는 앱(app)을 통해 직원들이 자신의 업무목표와 우선순위를 정하는 디지털 방식의 평가관리체계를 도입하였다. 이제 GE는 수시로 목표와 업무활동을 수정하고 공유하는 성과시스템을 통해 업무의 유연성과 신속성을 높여나가고 있다.

5 평가도구

(1) 평가도구의 유형

평가방법이 평가를 어떤 방법으로 하느냐에 관한 것이라면 평가도구는 실제 평가시 활용되는 구체적인 도구를 말한다. 평가도구는 평가결과를 어떤 방식으로 정보화하는 지에 대한 것이고, 일반적으로 정보를 기록하는 문서 형태를 취하고 있다. 평가도구는 각 도구의 특징에 따라 크게 비교법(comparison method), 도식척도법(rating scale method), 기술법(descriptive method), 목표관리법(management by objectives)으로 구분될 수 있다.[2] 그리고 각 도구들에 따라서 평가정보를 분류하고 기록하는 서식이 다르게 구성된다.

비교법은 피평가자를 서로 비교하여 순위를 결정하는 도구로서 서열법과 강제할당법 등이 있다. 범주척도법은 5지선다 방식 같은 척도를 이용하여 평가정보를 요약하는데 다시 도식척도법과 행동기준평정법 등으로 구분된다. 기술법은 직원의 행위와 태도, 능력을 구체적으로 기술하는 방법으로 중요사건기술법과 에세이법이 있다. 목표관리법은 목표를 사전에 설정하고, 나중에 목표달성 정도를 기록하고 평가하는 도구이다.

(2) 서열법

서열법(ranking method)이란 개인의 성과 혹은 상대적 기여도에 따라 피평가자에게 가

표 6-2 평가도구의 유형

평가도구의 유형	평가도구
비교법	서열법, 강제할당법
범주척도법	도식척도법, 행동기준평정법
기술법	중요사건기술법, 에세이법
목표관리법	목표관리법

장 높은 순위부터 가장 낮은 순위까지 서열을 매기는 방식이다. 결과적으로 서열법은 피평가자 간 순위를 매기는 방식이다. 서열법은 피평가자가 많지 않고 피평가자의 성과차이 혹은 기여도 차이가 명확할 때 활용할 수 있다. 서열법은 소수의 피평가자를 간단하고 직관적인 방법으로 평가할 때 유용하다. 특히 피평가자 간에 서열을 매기어 승진자를 결정하거나 임금인상폭을 정할 때 유용하다.

그러나 서열법은 피평가자가 많아지면 피평가자 간 서열을 매기는 작업이 쉽지 않다는 단점이 있다. 또한 낮은 순위의 피평가자에게 불안감을 불러일으키는 부작용이 있다. 평가기준을 명확히 하지 않은 채, 단지 피평가자들의 순위를 매기는 것은 평가자의 주관적 판단이 결합될 위험성을 높인다.

그 외 서열법을 활용하면 평가결과를 피드백할 때 구체적인 근거를 제시하기 어렵다. 서열법은 분석평가가 아닌, 일종의 종합평가법에 해당된다. 서열법은 관리자가 직원에 대해 가지는 이미지에 의한 평가가 되기 쉬워 평가오류가 많이 발생할 가능성이 있다.

박스사례 6-2 마이크로소프트의 스택랭킹(stack ranking)

마이크로소프트(Microsoft)는 스티브 발머가 최고경영자로 있던 10년 동안 직원들을 1~5등급으로 서열화한 후 보너스와 스톡옵션을 지급하던 관행을 가지고 있었다.[3] 그러나 2013년 11월 리사 브루멜 인사담당 부사장은 그 동안의 스택랭킹 방식의 평가를 폐지한다고 발표하였다. 마이크로소프트는 직원들을 등급화하는 대신 1년에 2번 커넥트 미팅(connect meeting)을 한다. 직원들은 커넥트 미팅에서 관리자와 협의 하에 목표를 계획하고, 중간에 성과를 점검한다. 마이크로소프트는 예전처럼 직원 간 서열을 매기는 것을 더 이상 하지 않는다. 마이크소프트가 스택랭킹을 포기한 이유는 스택랭킹이 그 동안 회사 내 협업분위기를 망쳐놓았다는 비판 때문이다.

(3) 강제할당법

강제할당법(forced distribution method)은 피평가자를 미리 정해진 비율에 따라 분류하는 방법이다. 이를테면 GE(General Electrics)는 직원의 평가결과를 20/70/10의 비율로 분류하는 강제할당법으로 잘 알려져 있다. 관리자는 상위 20%에 대해서 높은 보상을 제공하고, 하위 10%는 업무개선 혹은 전직(outplacement)을 유도하는 정책을 채택하였다.

강제할당법은 장점과 함께 단점도 많은 편이다. 장점 중 하나는 평가결과의 인플레이션을 방지할 수 있다는 점이다. 정해진 비율이 없으면 관리자는 실제보다 관대한 평가를 주어 피평가자의 저항을 줄이려 하기 때문에 평가의 관대화는 평가를 유명무실하게 만들 수 있다.

강제할당법을 활용하면 관리자는 연봉인상을 결정할 때 개인별 차이를 쉽게 정할 수 있다. 그러나 강제할당법은 최하위 그룹 직원들의 근로의욕을 줄이고, 평가에 대한 저항을 증가시키는 단점이 있다. 최하위 그룹의 직원이라도 저성과자라 하기 힘든 직원들이 있다. 보통의 직원을 강제로 최하위 그룹에 할당하는 경우가 발생할 수 있기 때문에 주의가 필요하다.

강제할당법이 등급별 비율을 정규분포에 따라 정할 때에는 통계원칙에 따라 적어도 평가자의 숫자가 30명이 넘어야 한다. 그러나 30보다 적은 숫자의 직원을 대상으로 강제할당법을 실행할 때는 실제 성과분포를 잘못 판단할 수 있다. 따라서 피평가자가 소규모 집단일 경우 강제할당법을 적용하면 장점보다 단점이 더 많을 수 있다.

강제할당법을 활용하기 위해서는 다음과 같은 운영상의 조치가 필요하다.

① 평가 시에 객관적 기준과 구체적인 표준을 정한다.

② 강제할당법의 설계 단계에 직원의 의견을 반영한다.

③ 소집단에 대해서는 강제할당법의 적용을 예외로 한다. 소집단의 경우 절대평가를 하거나 강제할당비율의 조정이 필요하다.

(4) 도식척도법

도식척도법은 범주(scale)로 구성된 양식에 직원의 능력이나 기여도를 기록하는 방식이다. [그림 6-4]는 평가에 활용될 수 있는 범주의 한 예를 소개하고 있다.[4] 각 범주에는 정의가 쓰여 있고, 계량화가 가능하도록 그 수준을 숫자로 표기하고 있다. 도식척도법은 복수의 평가항목에 대해 각각 1에서 5까지로 평가하여 전체를 합산하는 방식을 취할 수 있다.

도식척도법의 장점은 대부분의 업무에 대해 평가양식을 개발하기 쉽고 평가결과를 직관적으로 이해할 수 있다는 점이다. 이러한 이유에서 도식척도법은 업종에 관계없이 널리 활용되고 있다. 또한 도식척도법은 근무태도, 근무행동, 업적 등 다양한 평가기준에 걸쳐 두루 활용될 수 있다. 도식척도법은 때론 평가항목에 대한 총점을 기준으로 앞서 설명한 강제배분법의 방식으로 피평가자를 등급화하는 데 사용될 수 있다.

[그림 6-5]는 도식척도법을 다른 평가자료와 함께 결합하여 활용한 예를 보여주고 있다. [그림 6-5]에서 도식척도법은 I, M, E의 3개 범주를 이용하고 있으며 그 외 근태횟수, 그리고 설명란을 평가 시 함께 표기하고 있다.[5]

그림 6-4 도식척도법의 범주

5	매우 우수: 직무 수행자가 직무기준을 초과하였으며 그 수준이 상위 10%에 속할 정도로 탁월하다.
4	기대치 초과: 직무 수행자가 직무기준을 초과하였으며 그 수준이 평균적인 수행자보다 높다.
3	기대치 충족: 직무 수행자가 직무기준을 달성하였으며 그 수준이 평균적인 수행자에 해당된다.
2	기대치 미달: 직무 수행자가 직무기준보다 약간 낮은 성과를 냈다. 그러나 합리적인 시간 내에 개선될 잠재력이 있다.
1	매우 미달: 직무 수행자가 직무기준을 크게 미달한 성과를 냈다. 직무수행자가 최소 기준을 충족시킬지는 의문스럽다.

그림 6-5 도식척도법을 활용한 평가양식

발송일자: 4/19/2021	회신기한: 5/01/2021
성명: Joe Hernandez	직명: Receiving Clerk
부서: Receiving	감독관: Marian Williams
고용형태(해당란 표기): 정규직 __×__ 시간제 ______	고용일자: 5/12/2019

평정기간: 시작일 4/30/2021 종료일 4/30/2021

평가이유(해당란 표기): 정기 __×__ 입문 ______ 상담전용 ______ 해고 ______

다음 정의를 이용하여 I, M 혹은 E로 성과를 평가하시오.
I: 성과가 직무요건 미만이며 개선이 필요하다.
M: 성과가 직무요건 및 기준을 충족한다.
E: 대부분 성과가 직무요건 및 기준을 초과한다.

분석평가: 직무 수행자의 주요 활동들을 열거하고, 평정척도상에서 적절한 위치에 ×표를 하면서 각 직무 성과를 평가하고, 평과결과를 설명하는 적절한 해설을 쓰시오.

I ———————— M ———————— E

#1: 재고 입고 및 점검
설명: ____

I ——————————— M ——————————— E

#2: 정확한 장부기입
설명: ____

I ——————————— M ——————————— E

#3: 근태(결근 및 태만 포함)　　결근 횟수: ______　　태만 횟수: ______
설명: ____

종합평가: 옆에 있는 박스 안에 I, M 혹은 E 가운데 종업원의 전체 성과를 가장 잘 설명하는 글자를 써넣으시오. ☐

설명: ____

도식척도법의 단점은 평가과정에서 평가자의 주관이 개입될 여지가 많다는 점이다. 비록 평가에 적용될 범주를 미리 정의한다하더라도 도식척도법으로 객관적 평가결과를 얻기는 힘들다. 평가자는 피평가자에 대한 이미지, 혹은 일부 기억나는 행동들만을 가지고 평가하기 때문에 도식척도법은 평가오류에서 자유롭지 못할 것이다. 따라서 관리자는 도식척도법을 활용할 때 평가오류를 주의하여야 한다.

(5) 행동기준평정법

도식척도법의 문제점 중 하나는 근무태도와 능력 등 추상적인 평가기준을 평가할 때, 평가자의 주관이 개입할 가능성이 높아진다는 점이다. 행동기준평정법(behavirally-anchored rating scale, BARS)은 도식척도법의 이러한 한계를 보완한 방식이다. 행동기준평정법은 도식척도법의 범주를 우수-충족-불만족 같이 모호하게 정의하지 않고 [그림 6-6]처럼 각 범

그림 6-6 갈등관리에 대한 행동기준평정법

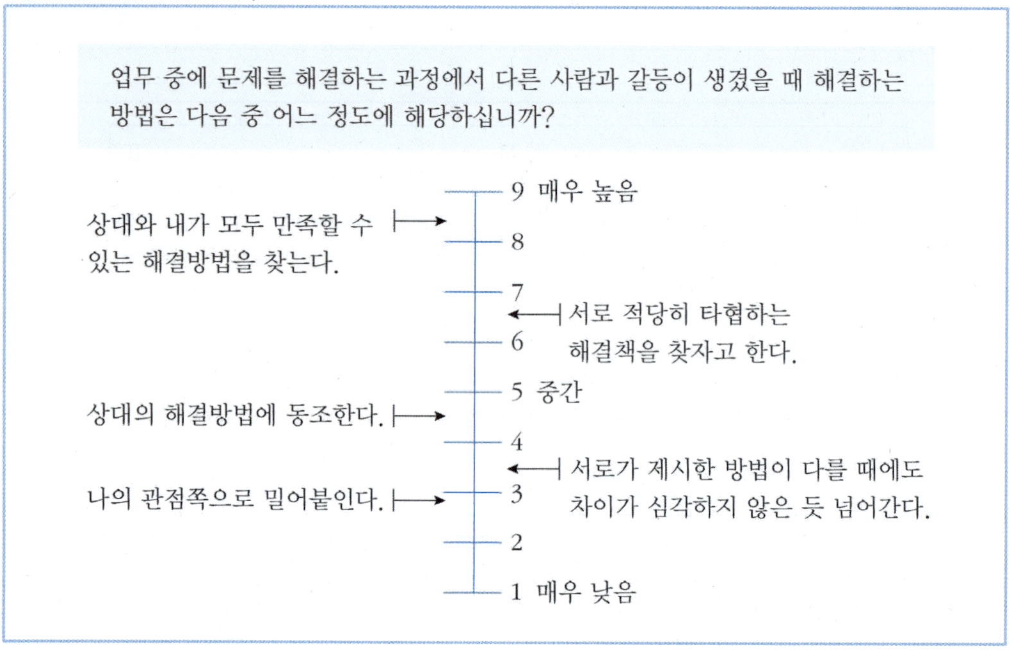

주에 구체적인 행동사례를 표기하는 방식을 사용한다.

[그림 6-6]은 갈등관리의 역량을 행동기준평정법으로 평가한 예이다.[6] 그림에서 각 범주마다 구체적인 행동 사례를 서술하고 있음을 주목해 보라. 우수-충족-불만족 같은 척도에 비해 구체적인 행동사례를 척도에 붙이면 평가자의 평가오류가 줄어들 가능성이 있다.

행동기준평정법은 피평가자의 구체적인 행동을 평가하여 평가의 정확성을 높이고자 한다. 그리고 행동기준평정법은 주로 행동 예에 초점을 두어 평가하기 때문에, 평가결과를 피드백할 때 피평가자에게 구체적인 정보를 전달할 수도 있다. 행동기준평가법은 행동처방을 주기 쉽고, 현재 행동을 수정하거나 기준행동을 더 많이 해줄 것을 피평가자에게 피드백해 줄 수도 있다.

행동기준평정법은 도식척도법에 비해 평가기준의 모호함이 적은 방법이다. 그러나 평가척도별로 관련 행동사례를 개발하는 데는 시간이 상당히 많이 소요된다. 평가자는 행동사례를 개발하기 위해서 다양한 업무행동들을 파악하고, 이중에서 탁월한 행동과 미흡한 행동을 분류해내야 하기 때문이다. 일반적으로 기준행동은 피평가자의 60~70%의 동의를 얻어야 평가결과의 수용성을 높일 수 있다.

(6) 중대사건기술법

중대사건기술법(critical incident technique)은 업무성과에 결정적인 영향을 준 행동을 찾아 평가하는 방법이다. 중대사건이란 Flanagan이 처음 개발한 개념으로 업무의 전체 맥락에서 업무성과에 결정적 기여를 한 뿌리행동을 의미한다.[7)]

중대사건은 업무행동의 원인과 결과를 계속 거슬러 올라가면 발견할 수 있는 행동이다. 이를테면 뛰어난 영업사원의 행동을 조사해보면 뿌리행동의 하나로 경쟁사 제품의 가격을 잘 파악하는 행동이 있음을 발견할 수 있다. 이 경우 영업사원의 평가에 있어 중대사건중 하나는 '경쟁사의 가격변동을 신속히 파악하는 것'이다. 경쟁사의 제품가격 변동에 따라 자사제품의 가격을 일시적으로 할인하거나 경품행사를 진행하는 행동은 영업성과에 결정적으로 기여할 수 있다. 이와 같이 평가자는 영업사원이 처한 업무환경, 영업과정에서의 행동, 최종 업적을 종합적으로 고려하여 중대사건을 추론해 볼 수 있다.

중대사건기술법은 업무별로 피평가자가 중대사건 행동을 얼마나 보이는지를 서술하는 방법이다. 그러나 매번 중대사건을 기술하는 것은 번거롭기 때문에, 중대사건을 간단한 체크리스트로 만들어 체크하는 방법 역시 가능하다. 이는 체크리스크법(checklist method)이라 불린다. 또한 중대사건들을 열거하고 각 사건행동에 대한 빈도를 평가하는 방법으로 행동관찰법(behavioral observation scales, BOS)이라는 방법도 있다. 체크리스트법이나 행동관찰법이나 모두 중대사건을 중심으로 한다는 점에서는 공통점을 가진다.

<표 6-3>은 행동관찰법(BOS)의 한 예를 보여주고 있다. 해당 예시는 변화에 대한 저항을 관리하는 능력을 평가하는 경우이다.[8)] 각 행동기술문은 중대사건이라 할 수 있으며, 중대사건을 얼마나 자주 보이는 지는 5점 척도로 평가하도록 되어 있다. 이때 만약 5점 척도를 '예/아니오'로 2분화하면 체크리스트법이 될 것이다.

중대사건기술법, 행동관찰법, 체크리스트법 모두 평가대상이 되는 행동이 무엇인지를 명확히 할 수 있는 장점이 있다. 또한 이들 방법은 평가대상 행동이 구체적이고 명확하기 때문에 평가자가 피드백하기도 그만큼 용이하다.

그러나 이들 방법은 업무 별로 중대사건을 추론하는 것이 쉽지 않고 업무환경이 바뀌면 중대사건 역시 바뀔 수 있어 중대사건을 매번 정확히 파악하는 것이 어렵다. 또한 이들 방법은 행동의 빈도와 발생여부를 평가자가 파악해야 하기 때문에, 피평가자 행동의 관찰이 용이한 경우에만 적용될 수 있다.

표 6-3 행동관찰법의 예

구성원들에게 변화해야 할 부분을 자세히 설명한다.	전혀 안함	1	2	3	4	5	항상 실천함
왜 변화가 필요한지를 설명한다.	전혀 안함						항상 실천함
변화가 구성원에게 어떤 영향을 주는지 토론한다.	전혀 안함						항상 실천함
구성원의 관심사에 귀를 기울인다.	전혀 안함						항상 실천함
구성원이 변화를 추진하도록 도움을 준다.	전혀 안함						항상 실천함
구성원의 관심사를 알기 위해 노력한다.	전혀 안함						항상 실천함

등급	보통 이하	보통	만족	우수함	아주 우수함
	6~10	11~15	16~20	21~25	26~30

자료: Latham & Wexley, 1981.

(7) 목표관리법

목표관리법(Management By Objectives, MBO)에서는 관리자가 피평가자의 업무목표 설정을 도와주고, 정해진 기간 내에 목표의 달성정도를 평가하는 방식이다. 목표관리법에서 목표는 조직 전체의 목표, 집단수준의 목표, 개인수준의 목표로 구성되며 목표 간에는 유기적인 연관성이 유지되어야 한다. 조직은 조직 전체의 성과를 개인수준까지 나누어 세분화한 후 목표관리법을 활용하게 된다.

목표관리법은 업무목표를 되도록 계량화하여 그 달성정도를 수치적으로 파악하는 방법이다. 목표관리법은 사무직과 같이 가시적인 성과를 측정하기 곤란한 경우보다, 영업이나 생산직과 같이 최종 성과가 객관적 수치로 측정될 수 있는 업무에 더 적합하다. 가시적 성과목표를 세우기 어려운 상황에 목표관리법을 적용할 때는 부득이 행동의 빈도 같은 간접적인 지표를 활용할 수밖에 없다. 따라서 목표관리법은 업적과 성과 같은 객관적이고 계량적인 결과물을 평가하는 데 효과적이다. 목표관리법을 활용하는 평가자(관리자)는 되도록 목표를 구체화하여 나중에 목표 달성정도를 계량적으로 평가할 수 있도록 해야 한다.

목표를 설정할 때 관리자와 직원은 자연스럽게 목표설정에 대한 의견을 교환하고 소통을 많이 하게 된다. 목표관리는 목표의 설정을 참여적인 방식으로 진행할 때 더욱 효과적이다. 또한 관리자(평가자)는 목표설정이후 업무수행에 있어 피평가자에게 상당한 자율성을 부여해야 한다. 업무 수행의 자율성을 부여해야 직원이 일에 대한 주인의식을 가지고 목표 달

표 6-4 목표관리제 예시

목표항목	목표량	결과	달성률	가중치	점수
TV 판매	100대	110대	+10%	5	+0.5
냉장고 판매	20대	24대	+20%	10	+2.0
새 고객 유치	30명	20명	−33%	3	−0.99
고객항의 신고	20회 이하	15회	+25%	2	+0.5
총 점					+2.01

성에 대한 책임을 느끼기 때문이다.

목표관리법의 장점은 참여적 경영과 업무수행의 자율성을 확대하는 수단으로 활용될 수 있다는 점이다. 목표관리법은 목표를 구체적이고 측정가능하게 설정함으로써 직원의 근로의욕을 높일 수 있다. 또한 목표관리법은 조직전체의 목표를, 팀 단위로, 다시 개인단위로 연계함으로써 업무목표 간의 체계성을 높이는 작용을 하기도 한다. 따라서 목표관리법은 업무성과를 계량화하기 용이하고, 참여적 경영과 자율성을 확대하고자 할 때, 조직 내 목표 간의 체계성을 높이고자 할 때 활용되어야 한다.

그러나 목표관리법은 단점으로 목표를 설정하는 데 시간과 노력이 많이 소요되며, 계량적 결과에 집중한 나머지 비계량적 업무활동을 과소평가하는 문제점이 있다. 목표를 경쟁적으로 설정하면 조직 내 불필요한 경쟁이나 부서 간 이기주의를 조장할 위험이 있기도 하다.

(8) 평가도구의 선택

<표 6−5>는 평가도구별 장단점을 요약하고 있다. 평가도구마다 장단점을 가지고 있기 때문에, 조직은 하나의 방법만으로 평가하기보다 평가도구들을 조합하여 활용할 수도 있다.

평가도구는 각기 장단점이 있기 때문에, 평가가 이루어지는 상황에 맞추어 신중히 선택되어야 한다. 특히 평가도구의 선택은 평가목적에 따라 이루어져야 한다. <표 6−6>은 평가목적에 따라 상대적으로 더 효과적인 평가도구를 제시하고 있다.[9)]

승진자를 선정할 때는 서열법, 강제할당법, 목표관리법 등이 유용하게 활용될 수 있다.

표 6-5 평가도구별 장단점

평가도구	장점	단점
서열법	실행이 간단하고 승진 및 임금인상 등 인사처우를 결정할 때 간편히 활용된다.	주관적 판단이 개입할 여지가 높고 사람과 사람을 서로 비교하기 때문에 평가에 대한 수용성이 낮다.
강제할당법	평가결과의 인플레이션을 방지할 수 있다.	주관적 판단이 개입할 여지가 높고 피평가자의 숫자가 적을 경우에는 활용할 수 없다.
도식척도법	대부부의 직무에 적용이 가능하고 평가가 직관적으로 용이하다.	주관적 판단이 개입할 여지가 높고 평가기준이 추상적이다.
행동기준평정법	평가기준을 구체적으로 제시하여 평가기준의 모호성을 줄인다. 행동에 초점을 두어 평가하기 때문에, 평가결과를 피드백할 때 피평가자에게 구체적인 정보를 전달할 수 있다.	업무별로 별도의 행동기준을 개발하는데 시간과 비용이 많이 필요하다.
중대사건기술법	성과에 큰 영향을 미치는 행동을 평가할 수 있다.	중대사건을 추론하는 것이 쉽지 않고 업무환경이 바뀌면 중대사건 역시 바뀔 수 있다.
목표관리법	업무목표를 되도록 계량화하여 그 달성정도를 수치적으로 파악할 수 있다. 참여적 경영과 자율성을 높여 근로의욕 개선에 도움을 준다.	목표를 설정하는 데 시간과 노력이 많이 소요되며, 계량적 결과에 집중한 나머지 비계량적 업무활동을 과소평가할 수 있다.

조직은 승진자를 결정할 때 서열법을 활용하면 상위 서열자를 승진자로 선택하면 된다. 또한 강제할당법은 피평가자를 업무역량이나 성과에 따라 등급화하고 최고 등급으로 분류된 직원을 승진자로 선택하면 된다. 마찬가지로 목표관리법은 성과달성 정도에 따라 점수를 산정하기 때문에 승진자 결정과 같이 직원을 상대적으로 비교할 때 유용하다.

육성과 개발을 위해 평가를 활용할 때는 무엇보다 구체적인 피드백을 줄 수 있는 방법이 효과적이다. 행동기준평정법이나 중대사건기술법(행동관찰법이나 체크리스트법을 포함)은 기준 업무행동이나 중대사건을 파악하기 때문에 관리자가 피드백을 줄 때 유용하게 활용될 수 있다.

임금인상 정도를 결정하기 위해 평가를 활용할 때는 목표관리법이나 강제할당법을 쓰

표 6-6 평가목적별로 효과적인 평가도구

평가목적	효과적인 평가도구
승진자 선정	서열법, 강제할당법, 목표관리법(MBO)
육성과 개발	행동기준평정법, 중대사건기술법
임금인상	강제할당법, 목표관리법
평가오류의 최소화	행동기준평정법(BARS), 행동관찰법(BOS), 목표관리법(MBO)
개발시간과 비용 최소화	서열법, 도식척도법

면 피평가자의 상대적 기여도를 구분하기 쉽다. 목표관리법은 평가결과를 계량화하기 때문에 평가결과를 점수화한 후 임금인상 정도를 결정할 수 있으며, 강제할당법은 평가등급에 따라 임금인상정도를 결정하면 될 것이다.

평가 시에는 평가오류가 불가피하기 때문에, 조직이 보다 정확한 평가결과를 지향할 경우 구체적인 행동에 대해 평가하거나, 구체적인 업무성과를 측정하는 방법이 더 효과적이다. 전자는 행동기준평정법이나 행동관찰법이, 후자는 목표관리법이 상대적으로 더 적합한 경우라 할 수 있다.

정교한 평가도구를 개발하기 어려운 중소규모 기업의 경우, 개발에 비용과 시간이 덜 들어가는 평가도구가 현실적이다. 이를테면 서열법이나 도식척도법 같은 도구는 직관적으로 평가양식을 설계할 수 있기 때문에, 중소기업과 같이 직원 숫자가 얼마 안 되는 경우에도 실용적으로 쓰일 수 있다.

이상에서 살펴본 평가도구의 유형 중 비교법(서열법과 강제할당법)은 다른 모든 유형과 동시에 활용될 수 있다. 이를테면 도식척도법, 행동기준평정법, 목표관리법으로 수치화된 결과가 산출되면 이를 근거로 다시 직원 간에 서열을 매기거나 정해진 비율에 따라 등급을 강제할당할 수도 있다.

평가도구는 평가하는 대상에 따라 취사선택되기도 한다. 평가대상으로 능력, 행동, 업적이 있다면 행동에 대한 평가는 행동기준평정법이나 행동관찰법으로, 업적에 대한 평가는 목표관리법으로, 능력에 대한 평가는 평정척도법 같은 평가도구를 활용할 수 있다. 물론 평가대상에 따라 절대적으로 우수한 평가도구가 있는 것은 아니지만 평가도구가 능력, 행동, 업적 중 어디에 초점을 맞추고 있는지를 우선 판단할 필요가 있다.

표 6-7 좋은 평가의 기준

좋은 평가의 기준	개념 정의
신뢰성	평가결과의 정확성으로 평가오류가 적은 정도
타당성	평가결과가 원래 평가하고자 했던 행동과 능력, 업적을 충분히 반영하는 정도
수용성	평가의 과정 혹은 결과를 피평가자(직원)가 합리적이라 수긍하는 정도
피드백 용이성	평가자가 피평가자에게 성과개선을 위한 정보를 정확하고 구체적으로 제공할 수 있는 정도

6 좋은 평가의 조건

평가관리는 인력관리의 중요한 축을 이루지만 일부 관리자들은 평가 무용론을 주장하는 등 평가의 부작용을 우려하기도 한다. 만약 평가 과정에서 측정오류가 많이 발생하고 평가 자체가 조직정치에 의해 왜곡될 가능성이 크다면 평가는 장점보다 단점이 더 많을 수 있다. 그러나 평가가 직원의 성과개선에 도움을 주고, 열심히 일한 직원에게 더 좋은 대우를 해 줄 근거가 된다면 평가는 필수불가결하다.

조직은 평소에 평가관리 전반에 걸쳐 문제점을 진단하고 꾸준히 평가방법과 평가절차를 개선함으로써 좋은 평가를 구현할 수 있다. 다음에서는 좋은 평가의 조건을 알아본다. 좋은 평가는 일반적으로 4가지 조건을 갖추어야 한다. 좋은 평가의 기준들과 그 정의를 살펴보면 <표 6-7>과 같다.

(1) 신뢰성이 높은 평가

평가의 신뢰성이란 평가결과의 정확성을 말한다. 달리 말하면 정확한 평가란 평가오류가 적은 것을 의미한다. 만약 평가오류가 최소화되면 평가자가 동일한 대상을 반복 측정하더라도 동일한 점수가 나오는 경향이 있다. 이를테면 체중계를 생각해보라. 체중계는 동일한 대상을 짧은 간격으로 여러 번 측정하더라도 체중의 변화가 크지 않다. 따라서 체중계는 신뢰성이 높은 평가도구이고, 이는 평가오류가 적다는 의미이다.

신뢰성 높은 평가 = 평가오류가 적은 평가

평가오류가 많으면 이번 주에 평가한 것과 다음 주에 평가한 것 사이에 큰 차이를 보일 수 있다. 짧은 기간 내 평가결과의 차이가 발생하는 이유는 평가자의 순간적 기분, 돌발적 업무상황, 관찰기회의 부족 등 평가를 둘러싼 환경적 요소가 평가 상황에 개입하기 때문이다. 이를테면 평가자의 기분이 좋을 때 평가자는 대부분의 직원에게 좋은 평가점수를 줄 수 있고, 그 반대로 기분이 안 좋을 때, 평가자는 대부분의 직원에게 점수를 인색하게 줄지도 모른다. 평가자의 기분뿐만 아니라 평가결과를 흔들어 놓을 수 있는 업무 외적 사건들이 발생할 수도 있다. 이를테면 고객의 불만이 접수된 직후, 바로 해당 직원을 평가하면 평가의 결과가 좋을 수 없다. 평가자는 평가시점 전후로 발생하는 작은 사건들에 휘둘리기 때문이다.

또한 평가자(관리자)는 피평가자(직원)를 근무시간 내내 관찰할 수 없기 때문에 직원을 오류 없이 정확하게 평가하는 것이 현실적으로 힘들다. 평가자는 피평가자의 모든 행동을 종합해서 평가하기보다 자신이 우연히 관찰한, 일부의 행동들만을 발췌해서 평가하기 때문이다. 따라서 평가의 신뢰성을 높이기 위해서는 무엇보다 평가 시 평가오류를 줄이는 노력을 해야 한다.

(가) 평가오류

평가오류는 평가활동에서 불가피한 것이지만, 관리자는 자신이 어떤 평가오류를 범할 수 있는지를 이해하고 이를 의식적으로 줄이려 하면 어느 정도 평가의 신뢰성을 높일 수 있다. <표 6-8>은 평가과정에서 평가자가 흔히 범할 수 있는 평가오류의 유형들을 소개하고 있다.

(나) 신뢰성을 개선하는 조치

평가오류를 줄이는 조치를 하면 평가의 신뢰성을 높일 수 있다. 평가의 신뢰성을 높이기 위한 조치로서는 평가자에 대한 평가교육, 평가자의 책임성을 묻는 조치, 그리고 평가결

표 6-8 평가자가 흔히 범하는 평가오류

평가오류	정의
현혹효과 (halo effect)	피평가자의 탁월한 행동 혹은 높은 업적의 일부분만을 보고 전체 평가점수를 결정하는 오류. 현혹효과를 줄이기 위해서는 한 명이 아닌, 복수의 평가자가 평가에 참여하면 도움이 된다.
최신오류 (recency error)	평가시기에 근접해서 일어난 행동이 과거에 일어난 행동보다 평가에 더 많이 반영되는 오류. 최신오류를 방지하기 위해서는 평가자가 평소 관찰한 피평가자의 행동과 업적을 지속적으로 기록해 두어야 한다.
대조효과 (contrast effect)	피평가자 집단 속에 매우 우수한 직원과 매우 무능한 직원이 함께 있을 때 무능한 직원의 평가는 실제보다 과소평가되고 우수한 직원은 실제보다 과대평가되는 현상. 대조효과를 줄이기 위해서는 되도록 객관적인 평가기준을 가지고 평가해야한다.
관대화효과 (leniency)	평가자가 대부분의 피평가자를 실제 보다 좋게 평가하는 오류. 관대화된 평가는 평가자가 피평가자와의 인간적 관계가 훼손되는 것을 두려워할 때 흔히 발생한다. 관대화효과를 방지하기 위해서는 강제할당법과 같은 상대평가 방법을 도입하거나 객관적인 기준을 가지고 평가하는 노력이 필요하다.
중심화 경향 (central tendency)	평가자가 피평가자들을 차별화하지 않고 피평가자 대부분에게 중간 정도의 평가점수를 부여하는 오류. 평가자가 평가기준을 정확히 이해하지 못할 때 흔히 발생한다.
가혹화 경향 (strictness)	평가자가 대부분의 피평가자를 실제보다 낮게 평가하려는 오류. 평가자의 기대치가 너무 높은 경우 피평가자는 과소평가되는 경향이 있다.

과를 점검하는 평가위원회의 개최, 객관적인 평가기준의 활용 등이 있다.[10)]

평가자 교육은 평가기준을 정확히 이해하도록 도와주고, 평가기준 별로 높은 성과와 낮은 성과의 구체적인 사례와 행동 예시를 알려주는 것이다. 평가자 교육은 평가자에게 평가의 목적과 중요성을 일깨워주는 기회가 된다.

또한 평가자에게 평가책임을 져야함을 알려주면 평가오류를 줄이는 데 도움이 된다. 이를테면 평가자가 평가를 할 때 점수에 대한 타당한 이유를 적게 하거나 평가를 피드백 할 때 평가자가 피평가자에게 정당한 근거를 설명하도록 하면 평가자의 책임성을 증가시켜 평가오류를 줄일 수 있다.

평가는 한 사람의 관리자가 수행하더라도, 최종 평가결과에 대해서 복수의 관계자들이 모여 결과를 함께 점검하면 평가오류를 줄일 수 있다. 또한 다면평가를 활용하면 관리자의 평가를 다른 평가주체들(부하 및 동료)의 평가결과와 비교하면서 평가오류가 있는지를 점검할 수도 있다.

그러나 무엇보다 평가오류를 줄이는 근본적 조치는 명확하고 구체적인 평가기준을 설정하여 활용하는 것이다. 평가기준이 구체적이고 명확할 경우에는 평가자의 주관 개입이 줄어들기 때문에 평가의 정확성이 개선된다.

(2) 타당성이 높은 평가

평가의 타당성이란 '원래 측정하고자 계획했던 것을 실제로 측정한 정도'를 말한다. 이를테면 영어소통능력을 측정하고자 할 때, 이를 측정하는 도구에는 복수의 방법이 있다. 토플이나 토익시험이 있을 것이고, 영어를 모국어로 하는 원어민이 평가대상자의 영어구사력을 주관적으로 판단해 점수를 매길 수도 있다. 이때 토익이나 토플, 원어민의 평가는 각각 영어구사능력을 측정하는 도구일 뿐이다. 그리고 각 도구가 영어소통능력을 얼마나 잘 평가했는지는 엄밀하게 조사를 해보아야 한다.

일반적으로 토플이나 토익처럼 표준화된 영어측정도구는 원어민에 의한 주관적 평가보다 영어소통능력을 객관적으로 평가하는 편이다. 따라서 토플이나 토익은 영어 원어민의 주관적 평가보다 평가의 '타당성'이 높은 편이라 할 수 있다.

타당성을 보다 정확히 이해하기 위해서는 이론준거와 실제준거라는 개념을 이해해야 한다. 이론준거(theoretical criterion)란 측정하고자 하는 원래의 대상을 의미한다. 위의 사례에서 영어소통능력은 이론준거라 할 수 있다. 이에 비해 실제준거(actual criterion)는 이론준거를 실제 수치화해서 측정하고 있는 도구를 의미한다. 위의 예에서 보면 토플이나 토익 점수 등이 실제준거라 할 수 있다.

평가자는 평가상황에서 실제준거를 통해 이론준거를 추측하고 평가한다. 평가의 타당성이란 토익이나 토플 같은 실제준거가 영어소통능력이라는 이론준거를 얼마나 잘 반영하고 있느냐의 정도이다. 이를테면 토익점수가 높다 해도 영어 원어민을 만났을 때 자신의 의사를 충분히 전달하지 못하는 사람이 있을 수 있다. 이 경우 토익은 영어소통능력를 평가하는 도구로서는 타당성이 낮다고 할 수 있다. <표 6-9>는 이론준거와 실제준거의 다양한 예를 보여주고 있다.

이를테면 보험판매원에 대한 평가에서 이론준거는 보험판매능력이다. 이를 측정하기 위

표 6-9 이론준거와 실제준거의 사례들

직무	이론준거	실제준거
예술가	예술작품의 예술성	예술 전문가의 평가점수
보험 판매원	보험판매 능력	월간 보험판매량
가게 점원	서비스의 친절도	고객만족 설문점수
교사	강의 전달능력	학생의 성취도 검사 성적
기상 예보관	날씨 예측의 정확성	실제 날씨와 예보 간의 차이

해서 월간 보험판매량을 실제준거로 활용할 수 있을 것이다. 이론준거를 측정할 수 있는 도구는 하나 이상일 수 있다. 그래서 실제준거들 중 가장 타당한 실제준거를 발견해서 평가에 활용하는 것이 중요하다. 보험판매능력에 대한 실제준거는 월간 보험판매량 이외에 보험 재구매 빈도 같은 것이 있을 것이다. 만약 보험 재구매 빈도가 월간 보험 판매량보다 보험판매원의 보험판매능력을 더 잘 반영하고 있다면 회사는 보험재구매 빈도를 실제준거로 활용하는 것이 더 바람직하다.

평가의 타당성을 높이기 위해서는 다음과 같은 노력들이 필요하다.

첫째, 능력평가와 업적평가를 같은 시기에 실시하지 않고 시간차를 두고 실행하는 방법이 있다. 능력과 업적을 동시에 평가하면 업적평가와 능력평가가 서로 영향을 주기 쉽다. 이를테면 능력을 평가할 때는 직원의 능력만을 평가해야 하는데, 업적평가를 동시에 실시하면 업적으로 분류될 자료가 능력평가에 활용되는 경우가 발생할 수 있다. 특히 업적과 같이 객관적 수치로 표기 가능한 결과는 능력이라는 정성적 평가결과를 왜곡하기 쉽다. 즉 업적이 좋은 직원이 능력도 있다는 식의 평가가 되기 쉽다.

업적이 좋은 직원이 능력 역시 뛰어난 경우가 일반적이라 하더라도, 업적은 환경적 상황에 따라 결정되는 부분이 클 수 있다. 이를테면 환율이 변동되어 매출액이 증가하거나 반대로 환율로 인해 매출액이 떨어질 수도 있다. 혹은 갑자기 유행이 바뀌어 제품의 판매량이 줄어들 수도 있다. 이러한 경우 업적은 직원 개인의 노력보다는 환경에 의해 결정되는 경향이 있다. 업적은 능력과 동일한 것이 될 수 없다. 따라서 능력평가의 타당성을 높이기 위해서 조직은 업적과 능력평가를 시기적으로 따로 평가하여 양자 간의 간섭이 줄어들도록 하는 노력이 필요하다.

둘째, 직무군(job family)에 따라 가장 적합한 평가기준과 평가방법을 찾아 차별적으로 적용해야 한다. 이를테면 생산직, 사무직, 관리직, 연구개발직은 서로 업무의 내용이 다르기 때문에 동일한 평가기준을 적용하기 힘들다. 생산직 같이 시간당 생산량이나 불량품의 정도 등 비교적 객관적 기준이 가능한 경우는 연구개발직 같이 장시간 연구를 해야 가시적 결과물이 나오는 경우와 동일한 평가기준으로 평가하면 안 된다. 따라서 각 직무와 업무성격에 적합한 평가기준과 평가방법을 고민한 후 직무군별로 적합한 평가기준을 따로 적용하면 평가의 타당성을 높일 수 있다.

(3) 수용성이 높은 평가

평가의 수용성이란 피평가자(직원)가 평가의 과정 혹은 결과를 합리적이라 수긍하거나 수용하는 정도를 말한다. 평가과정이 합리적으로 설계되었고 관리자가 힘들게 평가를 했다 하더라도 평가결과를 피평가자가 수용하지 않으면 평가는 원래의 목적을 성취하지 못한다. 평가는 피평가자가 합리적이라 수긍할 경우에만 행동을 변화시키고 성과를 개선하는 데 도움을 줄 수 있다.

평가자는 평가의 수용성을 높이기 위해서 먼저 평가기준에 대해 피평가자의 의견을 경청하고 가능한 범위 내에서 반영해야 한다. '무엇을 평가할 것인가' 그리고 '평가기준은 서로 공감할 수 있는 것인가'하는 점이 평가의 수용성에 대단히 중요하기 때문이다.

또한 평가의 수용성을 높이기 위해서 평가자는 평가기준과 평가과정을 피평가자에게 투명하게 설명하고 공감할 수 없는 점이 있는지, 평가기준과 과정이 합리적인지를 확인해야 한다. 만약 평가자와 피평가자 간에 의견차이가 있을 경우 평가제도를 재설계하거나 평가과정에 수정을 가해야 할지 모른다.

참여와 소통은 평가의 수용성을 높이는 데 매우 중요한 요소이다. 피평가자 개인이 평가제도에 대한 의견을 적극적으로 내기 곤란하면, 직원 대표나 노동조합을 평가제도의 설계 단계부터 참여시켜 평가제도 전반의 공감대를 높여나가는 노력이 필요하다.

평가는 '복잡하지 않고 직관적으로 이해가 가능한 것'이어야 수용성이 높다. 복잡하고 정교한 평가기준과 과정이 항상 피평가자의 수용성을 높이는 것은 아니다. 오히려 '이해가 쉽고 상식적으로 쉽게 수긍할 수 있는' 평가기준과 평가과정이 수용성을 높이는 데 유리하다.

또한 평가수용성 측면에서 보면 강제할당식 평가는 능력개발을 목적으로 하는 절대평가에 비해 수용성이 낮은 경향이 있다. 능력개발형 평가는 미래 지향적 관점에서 직원의 역량을 개발할 목적을 갖고 있기 때문에, 직원의 수용성이 높은 편이다.

또한 일반적으로 상대평가보다는 절대평가가 평가의 수용성이 높은 경향이 있다. 상대평가를 통해 직원간의 등급을 결정할 때 하위 등급자는 평가의 결과를 쉽게 수용하기 어려울 것이기 때문이다. 이때 관리자는 평가의 수용성을 높이기 위해서 되도록 객관적인 근거와 계량화된 평가지표를 활용해 절대평가를 확대해야 한다.

박스사례 6-3 소통은 평가의 수용성을 높이는 지름길[11)]

컨설팅회사인 머서(mercer)의 조사에 의하면 미국기업 경영진의 71%는 개인 평가제도의 목적을 '직원 개인의 업적과 역량 피드백 및 개발방향 제시(48%)', '직원이 조직의 성과를 창출하는데 공헌할 수 있도록 방향제시(23%)'라고 답했다. 반면 아시아 기업의 경영진 중 67%는 개인 평가제도의 목적을 '성과급 배분이나 연봉 인상률을 반영하기 위해'라고 답했다. 이는 개인 평가제도의 목적이 미국과 아시아 기업 간에 큰 차이를 보이고 있음을 보여주고 있다.

그러나 개인평가의 바람직한 목적은 임금을 결정하는 것보다는 피평가자인 직원이 자신의 목표와 성과를 스스로 점검하고 개선해나가도록 도와주는 데 있다. 특히 개인 간의 협업이 필요한 업무에 있어서 개인의 성과를 따로 분리해서 평가하는 것은 자칫 평가의 공정성을 해칠 우려까지 있다.

"회사가 개인 성과평가를 하는 목적이요? 구조조정이나 성과급 차별화에 사용하기 위해서 아닙니까?", "개인 성과평가의 취지는 충분히 이해합니다만, 평가의 객관성과 공정성에는 많은 의문점이 있습니다. 이런 상황에서 평가 결과를 승진이나 보상에 연계시키니 반감이 많을 수밖에 없습니다"는 불만은 흔히 제기되는 직장인의 호소이다.

100% 완벽하게 공정하고 객관적인 평가는 없지만, 회사는 공정성 확보를 위해 평가지표와 항목, 평가 운영상의 절차, 평가결과에 따른 보상분배에 있어 직원들의 우려를 청취하고, 최대한 직원들과의 대화와 설득에 주력해야 한다. 회사는 평가에 대한 취지와 절차, 목표, 운영방식에 대해 꾸준히 소통하고 직원들의 공감대를 모으면 평가의 부작용을 상당히 낮출 수 있다.

(4) 피드백이 용이한 평가

피드백이 용이한 평가는 평가결과를 피평가자가 성과 혹은 능력 개선에 구체적으로 적용할 수 있는 평가를 말한다. 이를테면 피평가자가 성과를 개선하기 위해 '어떤 행동을 해야 하는가' 혹은 '어떤 성과가 얼마나 부족한가' 그리고 능력을 개선하기 위해 '어떤 기술을 더 습득해야 하는가' 등의 질문에 평가결과를 활용할 수 있을 때 피드백이 용이한 평가라 할 수 있다.

평가는 평가자가 1인인 경우보다 다면평가와 같이 복수인 경우 더 많은 평가정보를 피평가자에게 제공할 수 있다. 상사의 피드백은 객관적 업적에 대한 정보를 비교적 정확히 전달할 수 있고, 동료에 의한 피드백은 업무행동이나 능력에 대한 정보를 제공하는 데 도움이 된다. 따라서 평가피드백이 효과적이려면 평가자의 범위를 넓혀서 상사, 동료, 하위자 등이 가급적 평가과정에 참여할 수 있으면 좋다.

무엇보다 평가자는 평상 시 피평가자에 관한 관찰기록을 많이 모아서, 평가 면담을 할 때 활용할 수 있어야 한다. 그래야 평가자는 피평가자에게 보다 구체적인 평가관련 정보를 제공할 수 있다.

또한 피드백은 일방적으로 이루어지기보다 쌍방향적인 소통이 필요하다. 특히 평가 피드백은 관리자의 코칭(coaching)과 결합되면 쌍방형 소통을 촉진할 수 있다. 이때 코칭이란 평가자가 질문을 던지고 피평가자가 해결방안을 스스로 고민하게 하는 소통방식을 말한다. 따라서 평가면담을 평가관리의 필수적 절차로 규정하고, 피드백에 코칭 방식을 결합해서 활용하면 성과와 능력 개선에 효과적이다.

(5) 평가기준 간의 균형

앞서 설명한 좋은 평가를 구성하는 4가지 기준은 동시에 달성되기 어려운 경우가 있다. 한 가지 기준이 높으면 다른 기준이 미흡할 수 있다. 이를테면 신뢰성이 높지만 타당성이 낮은 경우가 있다. 과거의 토플시험처럼 신뢰성은 높지만, 타당성은 높지 않은 경우가 이에 해당된다. 미국 대학들은 토플에서 고득점을 한 외국인 학생이 영어 강의를 잘 이해하지 못하는 경우가 증가하면서 새로운 토플시험 방식을 개발한 사례가 있다.

신뢰성이 높지만 타당성이 낮은 평가도구는 [그림 6-7]과 같이 타겟(target)을 빗나간 화살들이 한 곳에 모인 (A)와 같은 경우에 해당한다. 이에 비해 신뢰성과 타당성이 중간 정도인 경우는 화살이 타겟을 중심으로 퍼져 있는 (B)와 같다. 가장 이상적인 모습은 과녁의 중앙에 모든 화살이 모인 (C)와 같은 경우라 할 수 있다.

평가도구를 선택할 때 어느 한 기준만을 과도하게 강조하는 것은 좋은 것이 아니다. 신뢰성과 타당성이 모두 높은 평가도구라 하더라도, 평가결과를 구체적으로 피드백하기 어렵거나, 평가결과에 대한 근거를 정확히 제시하지 못하면 평가의 수용성이 낮아지는 경우가

그림 6-7 신뢰성과 타당성의 예시

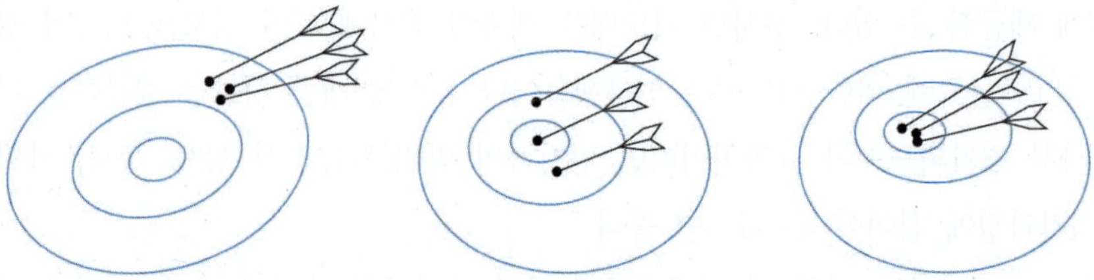

(A) 높은 신뢰성, 낮은 타당성 평가

(B) 중간 신뢰성, 중간 타당성 평가

(C) 높은 신뢰성, 높은 타당성 평가

있기 때문이다. 따라서 평가의 목적을 달성하기 위해서는 평가의 4가지 조건을 고루 검토해야 한다.

토론

토론과제

본 장에서 학습한 내용을 기반으로 다음 이슈에 대해 토론해보자.

1. 최근 한국기업들이 직원에 대해 시행하는 평가과정의 문제점들은 무엇인지 신문, 잡지, 방송 등의 매체를 조사해보자. 인사평가 상 나타나는 문제점의 구체적인 내용을 토론해보자.
2. 신입사원들이 인사평가에 대하여 직장에서 경험하게 되는 어려움을 조사하고 첫 직장에서 신입사원들이 좋은 인사평가를 받기 위한 방안은 무엇인지 토론해보자.
3. 저성과자의 업적 및 능력개발을 위해 평가결과를 활용할 경우 어떻게 하면 저성과자에게 필요한 동기부여를 줄 수 있는지 조사하여 그 방안을 토론해보자.
4. 관리직 중 경영지원부서 직원들과 같이 업적의 개념이 모호한 직원들에 대한 업적평가가 영업직과 같이 업적의 개념이 명확한 직원들에 비하여 어떻게 달리 적용되어야 하는지를 조사하고 그 대처방안을 토론해보자.

토론사례 회사의 인사평가를 불신한다[12)]

대한상공회의소가 2017년 대기업과 중견기업 직장인 700명을 대상으로 실시한 '인사평가제도에 대한 직장인 인식조사'에 의하면 국내 직장인 75.1%는 인사평가제도를 신뢰하지 않는다고 응답했다. 평가제도의 설문항목별 신뢰도를 보면, 기준의 합리성이 37점, 과정의 투명성이 39점, 결과공정성이 37점으로 100점을 기준으로 매우 낮은 수준을 보이고 있다.

전자부품업체의 A과장은 '평가기준이 불명확하고 평가과정도 일방적인데다 근거마저 불분명하다'며 '상위 평가를 받기보다 찍혀서 하위평가만 안 받으면 다행이라고 생각한다'고 현실을 비판하였다. 인사평가의 효과성에 대해서도 상당수 직장인들이 의구심을 보이고 있었다. 개인과 회사의 성장에 도움이 되는지에 대한 응답 중 '회사와 개인 모두에게 도움이 안 된다'가 44.1%, '회사에만 도움이 된다'가 34.6%를 차지했다. 한편 '회사와 개인 모두에게 도움이 된다'는 답변은 전체의 16.9%에 불과하였다.

인사평가에 대한 불신은 인사관리 전반으로 이어졌다. 평가결과와 인사관리가 연계되는지를 묻자 61.1%가 '연계되지 않는다'고 답하고 있다. 대한상공회의소는 직장인들이 인사평가제도에 대해 불신을 갖는 이유로서 기업의 일방적이고 수직적인 평가문화를 지적하고 있다. 전체 조사 대상 직장인 중 62.5%는 '평가결과를 회사가 별다른 피드백 없이 일방적으로 단순 통보한다'고 답하고 있기 때문이다.

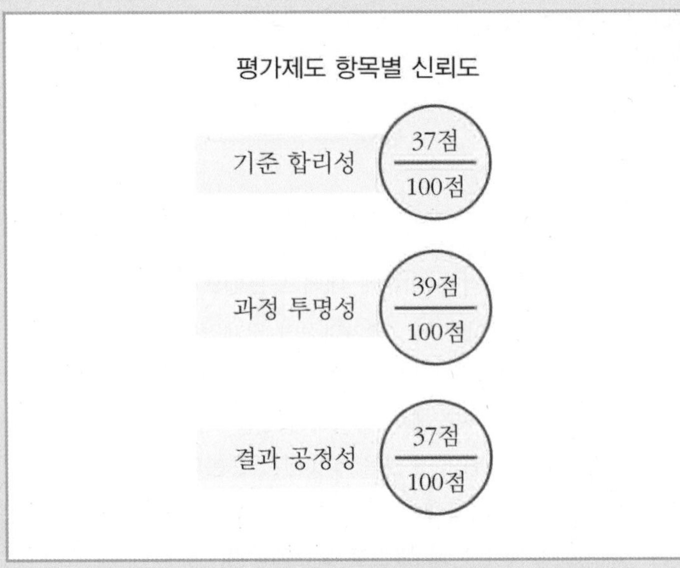

토론문제

1) 국내 기업의 평가관리 전반에 어떤 문제점이 있는지 조사한 후 토의해보자.
2) 평가관리를 공정하고 효과적으로 하는 기업들을 찾아 분석한 후 향후 국내 기업의 평가관리 개선방향을 제시해보자.

PART 04

인적자원의 보상

CHAPTER 07

임금관리 I – 임금수준과 임금항목

1. 임금과 총보상의 개념
2. 임금관리의 목적
3. 임금의 제반 관리활동
4. 임금수준관리
5. 임금항목관리

CHAPTER 07

임금관리 I - 임금수준과 임금항목

학습목표

본 장에서는 임금의 정의, 임금관리의 목적, 그리고 조직의 임금수준과 임금항목관리에 대해 학습한다. 학습자는 본 장을 학습한 후 다음과 같은 목표를 달성할 수 있다.

❶ 근로기준법이 규정한 임금과 임금이 아닌 것을 구분하여 설명할 수 있다.
❷ 금전적 보상과 총보상의 개념을 구분해서 설명할 수 있다.
❸ 임금관리의 목적과 제반 활동들을 설명할 수 있다.
❹ 임금수준관리의 3가지 전략을 설명할 수 있다.
❺ 임금항목에 속하는 기본급, 수당, 상여금의 특징과 관리실태를 설명할 수 있다.

[도입사례] 한국 자동차산업은 임금경쟁력이 있는가?

자동차업계에 따르면 국내 자동차 산업의 평균임금은 경쟁국에 비하여 높은 반면 생산성은 낮다고 한다. 한국 자동차산업협회의 조사에 의하면 국내 완성차업체 5곳의 연간 평균임금은 2016년 기준 9,213만원으로 2005년과 비교해 83.9% 정도 올랐다.[1] 한편 2016년 기준으로 일본 도요타의 평균임금은 9,104만원이고 독일 폴크스바겐은 8,040만원으로 나타났다. 이런 임금통계를 보면 한국 자동차산업의 평균임금은 해외 경쟁업체보다 높은 것으로 보인다. 또한 한국 자동차의 원가구조는 전체 매출액에서 임금이 차지하는 비중이 상당히 높은 편이다. 국내 완성차 5곳의 2016년 평균임금 비중은 매출액의 12.2%로 도요타(7.8%)나 폭스바겐(9.5%)과의 격차가 크다. 그밖에 자동차 1대 생산에 투입되는 시간을 보면 한국의 완성차 업계는 일본의 도요타와 미국의 포드보다 각각 11%, 26% 더 많이 소요된다.

한국 GM은 2018년 군산공장을 폐쇄하기로 결정하였다. 그 이유는 한국에서의 생산이 고비용과 노동경직성으로 더 이상 유지하기 어렵기 때문이라는 것이다. 한국 GM의 1인당 급여는 2016년 기준 연간 8,600만원 수준으로 알려져 있고 이에 퇴직급여를 더하면 평균 9,700만원이 넘어 현대자동차보다 많다고 한다. 한국자동차 산업의 임금경쟁력이 적정한 지는 의문이 되는 상황이다.

1 임금과 총보상의 개념

조직이 구성원에게 지급하는 금품을 모두 임금이라 생각할 수는 없다. 이를테면 회사에서 명절에 지급하는 선물 같은 것은 임금이라 부르기 어렵다. 따라서 근로기준법이 규정한 임금의 정의를 다음에서 알아보기로 한다.

(1) 근로기준법에서 정의한 임금

임금의 정의는 근로기준법에 의해 비교적 명확하게 규정되어 있다. 근로기준법 제2조 제1항 제5호에 의하면 '임금이란 사용자가 근로의 대가로 근로자에게 임금, 봉급, 그밖에 어떠한 명칭이든지 지급하는 일체의 금품'을 말한다. 임금의 정의에서 벗어나는 금품을 생각해보면, 사용자가 지급한 것이 아니거나, 근로의 대가로 주어진 것이 아니거나, 금품이 아닌 것은 일단 임금이라 할 수 없다. 다음에서는 근로기준법의 임금이 갖추어야 할 조건에 대해 더 자세히 설명하고자 한다.[2)]

① 임금은 근로가 이루어지는 사업장의 사용자가 지급한 것만을 말한다. 이를테면 근로자가 사용자가 아닌 고객으로부터 봉사료를 받을 경우 이는 임금에 해당되지 않는다.

② 임금은 근로의 대가이어야 한다. 사용자가 근로의 대가로 지급한 것이 아니라 호의

적인 의미에서 금품을 지급하였다면 이는 임금에 해당되지 않는다. 이를테면 사용자가 명절 상여금, 회사 창립기념 보너스, 경조위문금 등을 지급할 경우 이는 근로의 대가로 보기보다 호의적 금품으로 해석될 수 있고 따라서 임금에 해당되지 않을 수 있다.

특수한 경우로 스톡옵션 같은 금품이 지급될 수 있지만 스톡옵션 역시 임금으로 보기 힘든 경우가 있다. 스톡옵션은 미래 특정한 조건이 충족되어야 지급되는 금품이기 때문에 현재 확정된 것으로 보기 힘들다. 이를테면 회사의 미래 주가가 특정 수준 이상이 될 때 스톡옵션을 지급할 예정이라면 스톡옵션은 실현될 수도, 실현되지 않을 수도 있는 항목이다.

스톡옵션과 유사한 것으로 회사가 지급하는 이익분배금 역시 근로기준법 상의 임금에 해당되지는 않는다. 회사의 이익분배금은 연말 이익이 특정 수준 이상이 될 경우에만 지급되기 때문이다.

스톡옵션과 이익분배금은 회사가 특정 조건이 충족될 경우에만 지급하는 금품이기 때문에, 근로기준법이 정의한 '근로의 조건으로' 명확히 정해진 것으로 보기 힘들다. 근로기준법의 임금은 그 지급이 직접적인 근로에 의해 명확히 정의될 수 있는 것만을 포함하고 있다.

회사가 근로자에게 지급하는 발명장려금 같은 것을 또 다른 예로 살펴보자. 이 경우에는 근로자가 회사에 도움이 되는 발명을 하지 못할 경우 금품의 지급이 이루어지지 않는다. 발명장려금은 근로의 직접적인 대가이기 보다는, 확률적이고 사용자의 호의적인 의사결정이 전제되어야 한다. 따라서 발명장려금은 스톡옵션이나 이익분배금과 같이 근로기준법의 임금에 포함시키고 있지 않다.

③ 임금은 금품이더라도 실비 변상적 금품일 경우 임금에 해당되지 않는다. 이를테면 해외 주재원에게 지급되는 주재수당 및 주택수당, 중식대로 지급한 금품, 통근지원금 등은 금품으로 지급하더라도 실비 정산되는 것임으로 임금에 해당되지 않는다. 회사가 지급하는 복리후생비의 상당수는 임금이 아닌 실비변상적 혹은 은혜적 성격으로 분류될 수 있기 때문에 임금에 포함되지 않을 수 있다.

[그림 7-1]은 근로기준법 상의 임금과 임금이 아닌 것을 구분하여 보여주고 있다. 임금이 아닌 것으로는 실비변상적 금품, 복리후생비, 스톡옵션 등이 있다.

(2) 총보상의 개념

근로기준법은 임금의 개념을 매우 구체적으로 정의하여 임금의 범위를 다소 협소하게

그림 7-1 임금과 임금이 아닌 것의 비교

구분	조건		해당
사용자가 근로자에게 지급하는 것	지급조건이 명백하고 근로자에게 근로의 대가로 청구권이 있는 것	⇒	임금
	지급조건이 명백하지만 실비 변상적인 것(비임금)	⇒	출장여비(실비변상) 제공기기(지입자동차 등)
	지급조건이 불명확하고 임의적, 은혜적인 것(비임금)	⇒	복리후생적 금품 경조위문금
	지급조건이 명백하지만 근로의 대가가 아닌 것(비임금)	⇒	발명장려금·스톡옵션, 개선제안보상금 등

규정하고 있다. 이는 근로기준법이 임금과 관련된 사용자와 근로자 간의 분쟁을 해결하기 위해 임금의 범위를 좁게 규정하여 구체화하였기 때문이다. 그러나 근로 현장에서 근로자는 사용자로부터 지급 받는 임금 이외에도 실비 변상적, 은혜적 금품, 스톡옵션, 이익분배금 등을 지급받고 있다.

전문적 용어로서 임금(wage)보다 넓게 정의된 개념에는 보상(compensation)이란 용어가 있다. 보상은 임금에 복리후생까지를 포함하여 보다 넓게 정의된 개념이다. 특히 총보상은 임금에 복리후생 뿐만 아니라 근로조건 전반을 포함하는 개념이다. 이를테면 근로시간을 유연하게 조정할 수 있거나 휴가제도를 근로자에게 유리하게 바꿀 경우 이는 금품은 아니지만 넓게는 임금과 유사한 혜택이라 볼 수 있다. 총보상의 영어 'total reward'라는 용어는 직장에서 근로자가 기대할 수 있는 유형과 무형의 혜택을 총괄할 때 사용된다. [그림 7-2]는 총보상의 범위를 보여주고 있다.

임금에 대한 근로자의 선호도는 다양하기 때문에 총보상에서 금품 형태의 임금이 많다고 반드시 좋은 것은 아니다. 누구는 임금을, 누구는 복리후생을, 누구는 근로시간과 같은 근로조건을 더 중요한 혜택으로 볼 수 있기 때문이다. 이를테면 어린 자녀를 둔 여성은 임금의 비중이 높은 것보다 근로시간이 유연하게 조정될 수 있는 직장을 선호할 수 있다. 직장을 시작한 초년생 직장인은 임금보다 자신의 경력희망을 탐색할 수 있는 기회를 제공하는 직장을 더 선호할 수 있다. 따라서 조직은 총보상을 근로자의 욕구에 따라서 유연하게 제공

그림 7-2 총보상(total reward)의 개념

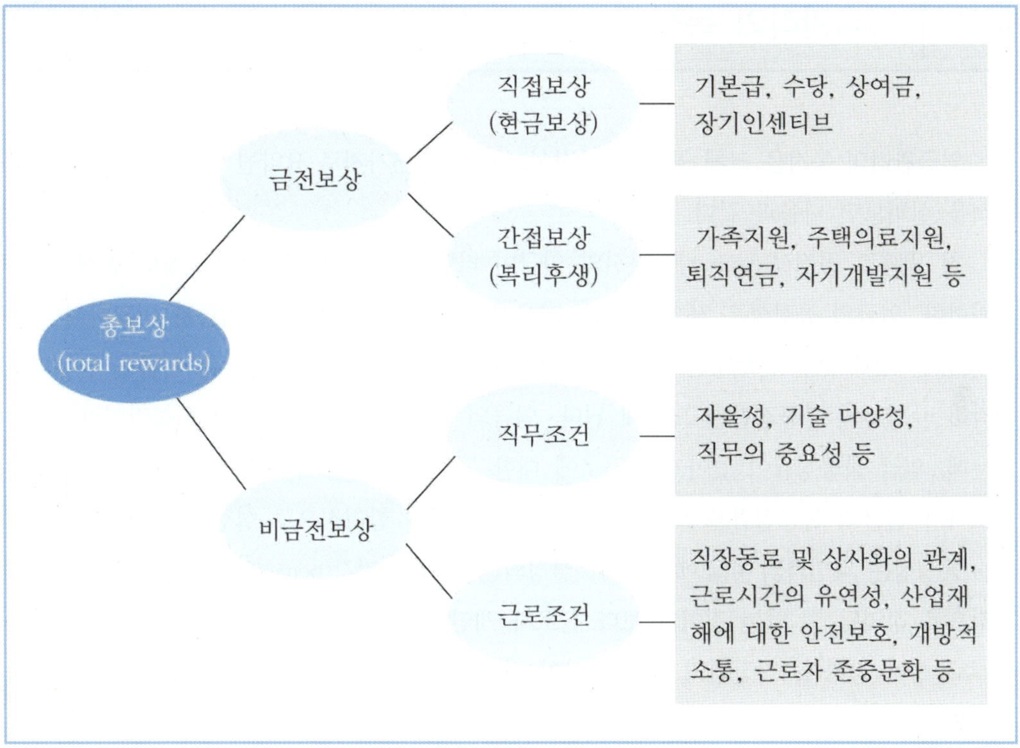

할 수 있는 환경을 마련해야 한다.

박스사례 7-1 여성과 모성보호제도[3)]

2016년 통계청 일가정양립지표에 의하면 '가사분담은 공평해야 한다'고 생각하는 사람이 조사대상의 53.5%로 절반을 넘어섰다. 그러나 실제로 가사를 분담한다고 답한 비율은 남녀 모두 17%에 불과하였다. 여성들은 직장을 다니다가 출산과 육아로 직장을 그만두는 경력단절이 30대의 경우 절반을 넘어섰다. 여성들은 고임금보다 오히려 경력단절을 막을 수 있는 휴직제도와 탁아제도의 지원이 더 시급할지 모른다. 한국 여성은 세계 최고수준의 고등교육 이수율을 기록하고 있지만 여성의 경제활동참가율은 OECD 국가 중 하위에 속한다. 여성도 이제 결혼 여부와 상관없이 계속 일하는 시대가 되었다. 4인 가구에서 한사람만 일을 해도 기본적 생계가 유지되던 과거와 달리, 오늘날의 가정은 맞벌이를 해야 생활이 가능한 가구가 늘고 있다. 따라서 한국의 기업은 임금수준만 높이기보다 총보상의 관점에서 다양한 보상제도를 설계해야 한다. 특히 총보상 항목 중 육아와 모성보호에 대한 보상이 필요하다.

2 임금관리의 목적

임금관리의 목적은 크게 공정성, 안정성, 효율성의 3가지로 요약될 수 있다. 임금관리의 목적을 살펴보면 다음과 같다.

첫 번째로 공정성(equity)은 자신의 임금이 타인의 임금에 비해 어느 정도 공정한지를 의미한다. 임금의 공정성은 자신의 임금이 '유사한 일을 하는' 타인의 임금과 비교하여 너무 낮지 않은 상태이다. 근로자는 자신과 유사한 타인과 비교하여 너무 낮은 임금을 받는다고 생각하면 임금의 불공정감을 느끼게 된다. 임금의 불공정감은 임금에 대한 불만이라 볼 수 있는데, 임금 불공정감이 높아지면 근로에 대한 동기가 약화될 수밖에 없다. 따라서 조직은 근로자가 임금의 불공정감을 느끼지 않도록 임금수준을 합리적으로 설정하여야 한다.

공정성은 타인과의 비교에 의해서 결정되는 주관적 지각(perception)이다. 공정성은 객관적으로 정의될 수 있는 것이기 보다 근로자 개인마다 자신이 지각한 내용에 따라 결정되는 주관성이 강하다. 직장인의 90% 이상이 자신의 임금이 유사한 동료의 임금보다 낮다고 생각한다는 한 설문조사의 결과를 보면 공정성이 매우 주관적 지각임을 알 수 있다. 임금의 불공정감은 직장인에게 매우 보편적으로 발견될 수 있는 정서이기도 하다.

공정성의 개념을 조금 더 세분화해 보자, 공정성은 내부 공정성과 외부 공정성으로 구분될 수 있다. 내부 공정성은 그 비교 대상이 조직 내부의 유사한 근로자이고, 외부 공정성은 그 비교 대상이 조직 외부의 유사한 근로자인 경우를 말한다. 이를테면 근로자 A가 자신의 임금을 회사 내 유사한 동료인 근로자 B와 비교하여 자신의 임금이 부당하게 너무 낮다고 생각하면 임금의 내부 불공정성이 높아지게 된다. 이는 근로자 A가 임금의 '내부 공정성'이 낮다고 지각하게 되는 상황이다.

이번에는 근로자 A가 자신의 임금을 회사 외부의 유사한 근로자 C와 비교하여 보고 자신의 임금이 부당하게 너무 낮다고 생각하면 임금의 불공정감을 느끼게 된다. 이는 근로자 A가 임금의 '외부 공정성'이 낮다고 지각하게 되는 상황이다.

임금의 불공정감은 내부 공정성이 낮거나 외부 공정성이 낮거나 혹은 두 가지 공정성이 모두 낮을 경우에 발생한다. 따라서 한 회사의 임금수준이 다른 회사의 임금수준보다 매우 높다 하더라도 그 회사의 근로자는 내부 공정성이 낮다고 생각할 수 있다. 이를테면 중소기업보다 임금 수준이 월등히 높은 대기업에서 근무하는 근로자라 하더라도 내부 공정성이 부족하다고 생각하면 여전히 임금의 불공정감을 느끼게 된다. 따라서 임금의 공정성 목표를 확보하기 위해 조직은 내부 공정성과 외부 공정성을 동시에 확보하려는 노력을 해야 한다.

두 번째로 안정성(stability)은 임금의 수준이 생활의 안정을 가능하게 하고 큰 변동성이 없어야 함을 의미한다. 임금수준이 높으면 생활안정이 가능하여 임금의 안정성이 확보될 가능성이 높다. 또한 임금수준이 크게 변동되지 않으면 소득의 안정성이 확보될 수 있다.

국가가 매년 공시하는 최저임금은 임금의 안정성을 보장하기 위한 조치로 해석된다. 그러나 안정성은 임금의 총액이 최저임금보다 높다 해서 반드시 확보되는 것은 아니다. 임금의 지급주기가 불규칙하거나 임금의 지급액이 기간마다 크게 변동되면 가계 경제를 안정적으로 계획할 수 없게 되기 때문이다. 이를테면 이번 달에 100만원을 지급하고 다음 달에 500만원을 지급하는 회사가 있다면 평균 임금은 300만원이지만 임금의 안정성이 확보되지 못한다. 왜냐하면 가계 지출은 100만원에서 500만원 사이로 매달 임금과 같이 변동되기 어렵기 때문이다. 또한 임금이 생활급여가 되기 위해서는 근로자의 가계상황 즉, 자녀 수, 부모 부양 여부 등을 반영해야 한다.

세 번째로 효율성(efficiency)은 임금이 근로자의 근로의욕을 높이는 정도를 의미한다. 임금 수령자인 근로자가 자신의 임금을 높이기 위해 더 열심히 근로한다면 이는 임금의 효율성이 높은 상태로 볼 수 있다. 이를테면 개인의 성과에 따라 임금을 높여주는 개인 성과급은 전통적으로 임금의 효율성을 높이기 위한 제도이다.

성과급은 임금효율성 목표를 달성하기 위한 제도이다. 그러나 개인 성과급에 비해 집단 성과급은 개인의 성과가 아니라 집단의 성과에 따라 임금을 높여주는 제도이기 때문에 개인 성과급에 비해 임금의 효율성이 상대적으로 높지 않다. 이는 개인의 성과와 집단의 성과가 반드시 비례하지 않기 때문이다. 개인 성과급에 비해 집단 성과급은 성과 촉진 효과가 적지만 그 대신 근로자 간의 협동행동을 높이기 때문에 흔히 개인성과급과 함께 활용된다.

이상에서와 같이 임금관리의 목적은 공정성, 안정성, 효율성의 3가지로 볼 수 있다. 그러나 이들 목적을 동시적으로 달성하기는 어려운 경우가 적지 않다. 임금의 목적 3가지는 각자 독립적으로 작용하는 것이 아니라 서로 긴밀하게 상호작용을 하기 때문에 하나를 높이면 다른 하나가 낮아지는 상쇄관계가 가능하다.

특히 임금의 안정성과 효율성 목적은 서로 충돌하는 경우가 있다. 이를테면 효율성을 높이기 위해 개인 성과급의 비중을 지나치게 높이면 성과에 따라서 임금의 등락이 심해질 수 있다. 이번 달에 성과가 많아서 높은 임금을 받았으나 다음 달에 성과가 낮아지면 낮은 임금을 받을 수밖에 없다. 따라서 임금 총액 중에서 개인 성과급의 비중이 지나치게 높게 설정된 조직에서는 임금의 안정성이 유지되기 힘들다. 반대로 개인 성과급의 비중이 너무 낮은 경우 임금의 안정성은 유지될 수 있으나 개인의 성과에 따라 임금을 연동시킬 수 없기 때문에 임금의 효율성은 낮아지는 문제가 발생한다. 따라서 임금목적을 달성하기 위해서는 3가지 목표 간의 적절한 균형이 필수적이다.

박스사례 7-2 카카오 카풀서비스와 택시 기사의 월급제 제안

2018년 택시업계가 카카오의 카풀서비스에 반대를 표방하자 정부는 택시기사의 사납금제도를 폐지하고 월급제를 제안하였다. 택시업계가 카풀 서비스를 수용해준다면 월급제를 정부가 지원한다는 약속이다. 사납금제도는 택시기사가 차량을 대여해준 회사에 매일 일정액을 내는 제도이다. 사납금제도는 택시기사가 승차거부를 하고 교통신호를 위반하도록 만드는 원인을 제공하고 있다는 비판을 받아왔다. 사납금을 채우기 위해 택시기사가 한 명이라도 더 손님을 태우려하고, 근거리 손님을 거부하게 되었다는 것이다. 택시기사의 임금은 손님의 숫자와 운행거리에 비례해서 결정되는 구조를 가지고 있다. 택시기사의 임금은 임금의 효율성 측면에서 성과급에 가깝지만, 지나치게 효율성이 강조되어 임금의 부정적 측면이 나타나고 있다. 따라서 정부는 택시기가에 대한 월급제를 제안하게 된 것이다.

3 임금의 제반 관리활동

한 조직이 위와 같은 임금관리의 3가지 목적을 달성하기 위해서는 실제적인 관리수단이 필요하다. 임금관리의 목적이 원칙적이고 추상적인 것이라면 임금관리의 활동은 구체적이고 현장과 밀착되어 있다.

임금관리의 활동은 [그림 7-3]에서와 같이 임금수준관리, 임금체계관리, 임금항목관리의 3가지로 분류될 수 있다.

임금수준관리는 한 조직의 임금수준을 '외부'와 비교하여 합리적인 수준으로 설정하는 활동이다. 임금수준관리는 주로 임금의 외부 공정성을 확보하기 위한 활동이다. 따라서 임금

그림 7-3 임금관리의 제반 활동

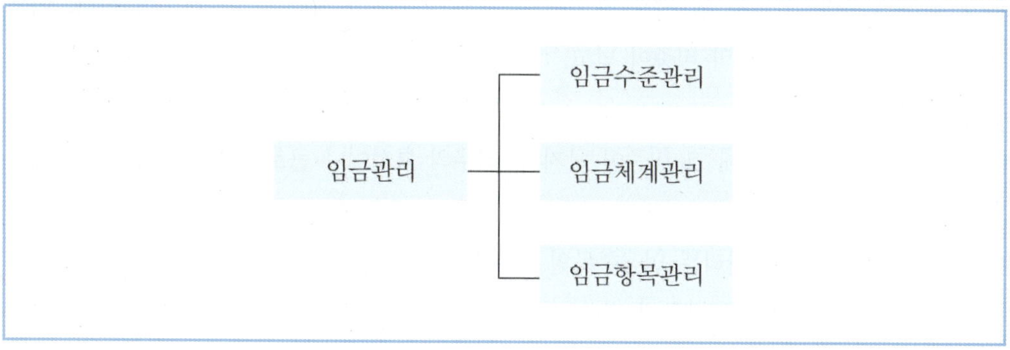

수준관리의 주요 활동은 특정 조직의 임금수준을 여타 유사한 조직의 임금수준과 비교하는 활동이다. 이를테면 당사인 회사 A의 팀장 임금을 경쟁사인 회사 B의 팀장 임금과 비교하여 임금이 외부 경쟁력이 있는지를 가름해 보는 활동이 곧 임금수준관리의 활동이다.

한편 임금체계관리는 한 조직 내부의 구성원 간 임금수준의 격차를 합리적으로 설정하는 활동이다. 임금수준관리가 조직과 조직 간의 임금수준을 비교하는 활동이라면 임금체계관리는 한 조직 내부 구성원 간에 임금격차를 설정하는 활동이다. 임금체계관리는 임금의 공정성 중 내부 공정성을 관리하는 활동에 속한다.

내부 구성원간의 임금격차가 합리적이면 내부 공정성이 개선되기 때문에, 조직은 구성원들이 공감하고 합리적인 기준을 찾아 개인 간 임금격차를 설정하여야 한다. 일반적으로 구성원이 공감하는 기준에는 근속연수, 직무가치, 직무역량, 성과의 4가지가 있는데, 조직은 어느 한 기준을 선택할 수도 있고 4가지 기준을 복합적으로 융합할 수도 있다.

한국의 임금체계는 전통적으로 내부 구성원 임금격차의 기준으로서 근속연수를 많이 수용하여 왔다. 즉, 한국의 전통적인 조직은 근속연수가 높은 구성원일수록 임금이 올라가는 임금체계를 채택하여 왔다. 그러나 최근 한국기업들은 근속연수 외에 직무가치, 직무역량, 성과 등의 기준을 구성원 개인 간 임금격차의 기준으로 도입하고 있는 실정이다. 인구의 고령화가 진행되면서 근속연수에 기반한 임금체계가 과도한 임금을 초래하는 문제점이 있기 때문에 한국의 조직들은 임금체계의 기준을 근속연수가 아닌 것으로 바꾸고 있다.

마지막으로 임금항목관리는 임금총액을 결정하는 임금항목들의 상대적 비중을 결정하는 활동이다. 임금항목에는 기본급, 상여금, 수당, 복리후생 등이 있는데, 이들 항목들이 임금총액을 구성하게 된다.

일반적으로 임금항목 중에 그 비중이 가장 큰 것은 기본급이며, 그 다음이 상여금이 되는 경우가 흔하다. 그러나 임금항목의 비중은 조직의 특수한 상황을 고려하여야 한다. 이를테면 어떤 조직은 기본급의 비중이 낮고, 그 대신 성과를 반영하는 성과상여금의 비중이 높은 경우도 있다.

수당은 기본급에 비해 그 비중이 낮지만, 직무의 특성이나 근로환경의 차이를 반영해주고 있다. 이를테면 지방 소외지역에 근무하는 경우 조직은 수당항목을 신설하여 이를 보상해줄 수 있다. 임금항목관리는 임금항목의 상대적인 비중을 결정하고, 각 항목을 다시 세부적으로 어떻게 구성할지를 다루게 된다.

다음에서는 이들 3가지 임금관리의 내용을 살펴본다.

4 임금수준관리

임금수준관리는 자사 조직의 임금수준을 다른 유사한 조직과 비교하는 활동이다. 임금수준을 비교하기 위해서는 먼저 조직 간에 쉽게 비교할 수 있는 임금을 중심으로 조사해야 한다. 이를테면 금전형태로 지급되는 임금은 복리후생에 비해 계량적 측정이 용이하기 때문에 조직 간 비교가 쉽다.

임금수준을 비교할 때는 배와 사과를 서로 비교하지 않도록 주의해야 한다. 임금수준관리를 하기 위해서 조직은 업종과 직무, 지역, 규모를 고려하여 비교 가능한 대상을 결정해야 한다.

'유사한' 다른 조직이라 함은 업종, 산업, 지역, 규모 등 정의하기 나름이지만 원칙적으로 자사 조직의 근로자들이 이동할 수 있는 잠재적 경쟁사를 말한다. 만약 회사 A의 유능한 인재들이 경쟁사 B로 이동하는 사례가 빈번하다면 경쟁사 B는 임금수준관리에서 말하는 '유사한' 조직이다.

임금수준관리는 임금의 공정성 중 특히 외부공정성을 확보하기 위한 활동이다. 외부공정성은 자사의 임금수준이 다른 유사한 조직의 임금수준에 비해 '적절한' 상태를 말한다. 만약 자사의 임금수준이 너무 낮을 경우 조직은 현재의 우수인력을 유지하기 어려울 것이다.

또한 현재의 임금수준이 법이 정한 최저임금을 가까스로 충족할 정도라면 임금수준관리는 사실상 형식적인 것에 그칠 것이다.

일반적으로 임금수준관리는 자사와 경쟁사의 임금수준을 비교한 후 전략적으로 그 수준을 결정하는 활동이 되어야 한다. 임금수준관리는 경쟁 타사와 반드시 동일한 수준을 확보하는 활동만을 의미하지 않는다. 임금수준을 결정하는 전략에는 개념적으로 3가지가 존재하는데, 선도전략(lead policy), 동행전략(match policy), 추종전략(lag policy)이 그것이다.

선도전략이란 자사의 임금수준을 동종 경쟁사보다 높게 설정하는 전략이다. 한편 동행전략은 자사의 임금수준을 동종 경쟁사의 수준과 동일하게 설정하는 전략이다. 마지막으로 추종전략이란 자사의 임금수준을 동종 경쟁사보다 낮게 설정하는 전략이다. 추종전략이라 하더라도 임금수준이 경쟁사 대비 지나치게 낮게 설정되면 '전략(strategy)'이라 할 수 없을 정도로 그 실효성이 없음은 당연하다.

임금수준에 있어 선도전략, 동행전략, 추종전략 각각은 나름의 장단점을 가질 수 있다. 선도전략의 장점은 임금수준이 경쟁사보다 높기 때문에, 유능한 인력을 확보하는 데 용이하다. 단점은 임금수준이 높기 때문에 인건비 부담이 크다는 점이다. 조직의 지불능력에 여유가 있다면 선도전략은 단점보다 장점이 더 클 수 있다.

반면에 추종전략은 선도전략의 장단점을 거꾸로 생각하면 된다. 추종전략은 임금수준이 경쟁사 대비 낮기 때문에 경쟁사에 비해 인건비 부담이 적다는 장점이 있다. 그러나 단점은 유능한 인재의 확보가 어렵고 기존의 인재가 경쟁사로 이동할 가능성이 높다. 장기간에 걸쳐 유능한 인력이 조직을 떠나게 되면 사업경쟁력 역시 약화될 가능성이 크다. 따라서 추종전략은 현금유동성이 부족하거나 영업이익률이 낮은 조직의 경우에 당장의 비용압박을 줄일 수 있는 전략이라 할 수 있다.

동행전략은 선도전략과 추종전략의 장점을 모두 누릴 수 없는 대신, 단점 역시 없는 중도적 전략이다.

실무적으로 임금수준관리는 한 조직의 평균임금 하나만을 관리하는 것 이상으로 복잡한 활동이다. 평균임금이란 직급별 평균임금, 근속연수별 평균임금, 직종별 평균임금 등 한 조직 내에서도 다양한 종류의 평균임금이 존재하기 때문이다. 이를테면 대졸 신입사원의 평균임금에서 한 조직이 선도전략을 채택했다 하여도 근속연수 20년차 부장의 평균임금 역시 선도전략을 채택한다고 볼 수만은 없다. 특정 조직은 대졸신입사원에 대해서는 임금의 선도전략을, 20년차 부장급 임금에서는 추종전략을 추구할 수도 있기 때문이다. 한 조직은 스스로 인재 경쟁력을 어디에서 확보할지를 결정하고 특정 직급, 직종, 근속에 따라 상이한 임금 수준전략을 추구할 수 있다.

결과적으로 임금수준관리는 한 조직에 존재하는 여러 인력군에 따라서 가장 합리적인 임금경쟁력을 계획하는 활동이라 할 수 있다.

박스사례 7-3 대기업과 중소기업의 임금차이, 중소기업을 기피하는 근로자

2018년 경제사회노동위원회는 양극화 해소와 양질의 일자리 창출에 관해 세미나를 개최하였다. 한 조사에 의하면 한국 대기업과 중소기업 간의 임금격차는 선진국에 비해서 매우 과도한 것으로 나타났다.[4)]

한국에서 500명 이상 대기업 소속 종업원 1인당 월 평균임금(2017년 기준)을 100으로 했을 때 종업원 1~4명의 기업과 5~9명 기업의 임금수준은 각각 32.6%와 48.3%에 불과하다. 반면 미국(2015년 기준)은 동일한 비교를 했을 때 각각 78.8%와 64.8%, 일본(2016년 기준)은 65.1%와 72.6%, 프랑스(2015년 기준)는 58.8%와 63.4%다.

한국의 종업원 1인당 평균임금은 3,302달러로 미국(4,200달러), 일본(3,504달러), 프랑스(3,811달러)의 78.6%~94.2% 수준인데 비하여, 한국의 500명 이상 대기업 월 평균임금은 6,097달러로, 미국(4,736달러), 일본(4,079달러), 프랑스(5,238달러)의 임금수준보다 116.4%~149.5% 정도 더 높다. 이들 국가별 평균임금은 물가 등을 종합적으로 고려한 구매력평가 기준으로 산출된 수치이기 때문에 단지 환율의 차이라 보기는 어렵다. 따라서 한국의 임금수준은 서구 국가에 비하여 조직규모별 임금양극화가 심한 문제를 보여주고 있다.

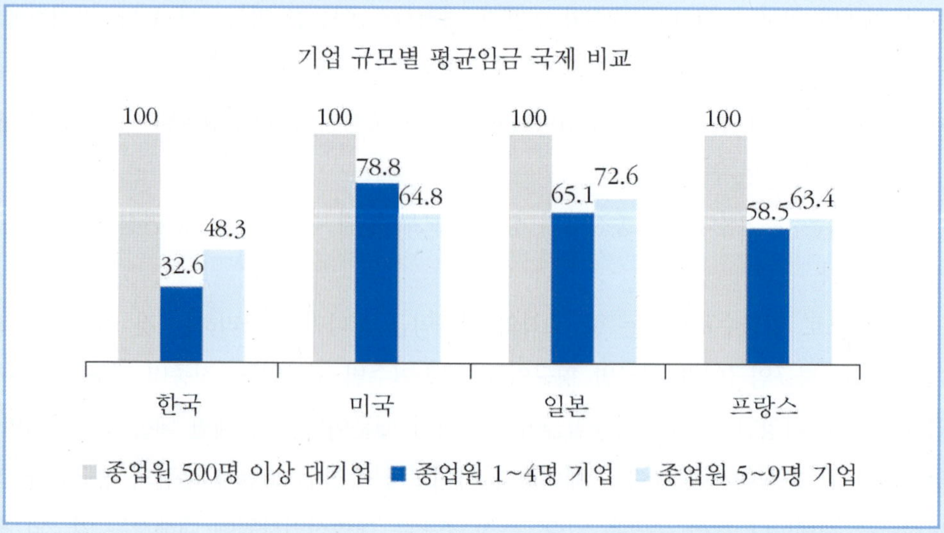

한국의 임금양극화는 근로자들이 중소기업을 기피하고 대기업으로 몰리는 이유 중 하나이다. 대기업 취업 관문이 수백 대 1의 경쟁력을 보이지만, 실제 상위 50대 대기업의 고용여력은 전체 취업희망자의 1%가 안 되는 것이 현실이다. 임금수준은 높을수록 근로자의 확보에 효과가 있다고 하지만 지나친 임금양극화는 사회적 이슈가 될 수 있다.

5 임금항목관리

임금항목이란 개인의 월급봉투에 기재된 다양한 임금을 몇 가지 항목으로 구분한 것이다. 임금항목은 매우 다양하지만 크게는 기본급, 상여금, 수당의 3가지로 구분된다. 임금총액에서 차지하는 크기로 보면 기본급이 가장 크며, 그 다음이 상여금, 수당의 순이지만 이 순서는 반드시 일반화할 수는 없다.

(1) 기본급

임금항목 중 기본급은 성과에 관계없이 직원에게 매달 지급하는 고정적 임금을 가리킨다. 기본급이 상대적으로 큰 비중을 차지하는 이유는 임금의 안정성과 밀접한 관계가 있다. 기본급은 통상적으로 지급되는 고정적 임금의 성격으로, 봉급생활자 소득의 대부분을 차지하는 주된 임금이라 할 수 있다. 또한 기본급은 주 40시간이란 표준근로시간을 초과해서 근로를 할 때 초과근로수당을 계산하는 기준이 되기도 한다. 주 40시간 이상 근로하는 근로자의 경우 기본급이 클수록 초과근로수당이 증가하는 것은 당연하다.

<표 7-1> 임금항목의 예시를 보면, A사는 기본급이 임금총액의 60%를 차지하는 경우이고, B사는 기본급이 임금총액의 40%를 차지하는 경우이다. A사와 B사는 상여금을 고정상여금과 변동상여금으로 나누고 있는데, 고정상여금의 비중은 A사의 경우 20%이고 B사의 경우는 10%이다. 고정상여금은 상여금 중 매년 고정액을 지급하는 항목을 말하며, 변동상여금은 연도마다 조직의 성과에 따라 지급액이 변동되는 항목을 말한다. 변동상여금을 살펴보면 A사는 임금총액의 20%에 불과하지면 B사는 임금총액의 40%가 된다. 한편 수당의 비중

표 7-1 임금항목의 예시(A사와 B사 비교)

	A사	B사
기본급	60%	40%
수당	10%	10%
고정상여금	20%	10%
변동상여금	10%	40%

은 A사와 B사 모두 총임금의 10%로 동일하다.

A사와 B사의 임금항목관리 상의 차이는 무엇일까? A사는 임금총액 중 고정적으로 지급하는 기본급과 고정상여금의 비중이 큰 특징을 보이며, 한편 B사는 임금총액 중 고정적으로 지급하는 기본급과 고정상여금의 비중이 상대적으로 적다. 즉, A사는 기본급과 고정상여금의 총합이 임금총액의 80%가 되지만 B사는 기본급과 고정상여금의 총합이 임금총액의 50%밖에 되지 않는다. B사는 그 대신 회사 성과에 따라 매년 지급액이 변동되는 변동상여금을 임금총액의 40%로 설정하고 있다. 이와 같이 조직은 임금항목의 구성비율을 조정함으로써 고정급과 변동급의 비중을 정할 수 있으며, 조직의 성과와 임금을 연동시키는 정도 역시 결정할 수 있다.

(2) 상여금

임금항목 중 상여금은 기본급과 어떻게 다른 것인지를 살펴보자. 상여금의 역사를 보면 상여금은 원래 명절과 같은 시기 교통비 혹은 선물과 같은 은혜적 금품을 지급한 데서 유래되었다. 그러나 1980년대 후반 들어 상여금은 은혜적 금품이 아닌, 임금총액의 상당부분을 구성하는 항목으로 자리 잡게 되었다.[5)]

상여금은 원래 고정급적인 기본급을 보완하기 위해 변동성을 가진, 임시적으로 주어지는 임금항목으로 의도된 항목이었다. 고용노동부는 이러한 이유로 임금통계를 발간할 때 상여금을 기본급이 아닌 특별급여라는 명목으로 따로 구분해서 집계하고 있는 실정이다.

1998년 노사 간에 체결된 단체협약서를 분석해보면 상여금의 지급원칙이 불명확한 경우가 전체의 25%가 되며, 지급원칙을 노사가 정한 경우라도 경영실적이나 근무성적에 따라

상여금을 산정한 경우는 20% 정도에 불과한 것으로 나타나고 있다.[6] 특히 상여금 중 고정적으로 지급하는 고정상여금은 그것이 기본급과 어떻게 다른 지 모호한 실정이다.

결과적으로 상여금에 대한 논의는 그것이 기본급인가 아니면 별도의 역할을 하는 임금항목인가 하는데 초점이 맞추어질 수 있다. 특히 고정상여금은 성과에 따라 변동되는 임금이 아니기 때문에 기본급처럼 고정적으로 주어지는 임금으로 간주될 수 있다.

상여금 중 기본급과 차별화가 안 되는 고정상여금을 기본급 항목과 합산하면 어떤 문제가 발생할까? 기본급의 규모가 커질 것이다. 그리고 기본급을 기준으로 지급되는 초과근로수당, 즉 주당 40시간을 넘어서 근무할 경우 지급되는 수당이 이에 따라 증가할 것이다. 기업 중 초과근로가 많은 경우 고정상여금을 기본급으로 통합하게 되면 인건비가 증가할 것으로 예상된다.

이러한 맥락에서 대법원은 2013년 12월 18일 대법원전원합의체 판결을 통해서 고정상여금이 실제 기본급(통상임금)에 포함되어야 함을 결정하였다.[7] 대법원 판례에서 알 수 있듯이 임금총액을 사용자가 편의적으로 배분하는 것은 나중에 문제가 될 수 있다. 대법원 판례 이후 국내 기업은 상여금 개편을 시도하고 있으며 특히 상여금 중 고정상여금을 기본급에 통합시키고 있는 실정이다.

(3) 수당

임금항목의 마지막 유형은 수당이다. 국내 기업들은 기본급, 상여금 외에 각종 수당을 지급하고 있는데 수당은 개별적인 근로의 대가로 지급되는 부가적 급여이다. 이를테면 특정 근로자가 야간과 주간을 번갈아가며 교대근무를 한다면 교대근무수당을 받게 되며, 직장 외부에서 근무하는 시간이 증가하면 외근 수당 등을 받는 경우 등이 있다. 이와 같이 수당은 개별 근로자의 특수한 근무상황을 보상하기 위해 지급된다.

수당은 크게 법정수당과 임의수당으로 구분되는데, 법정수당은 근로기준법에 지급이 명시된 수당이고, 임의수당은 기업이 특정한 목적을 가지고 지급하는 수당을 말한다.[8] 법정수당과 임의수당 중 대표적인 것들을 분류해보면 <표 7–2>와 <표 7–3>과 같다.

법정수당은 법에 의해 의무화된 수당으로 연장근로수당, 야간근로수당, 휴일근로수당, 연차미사용수당, 휴업수당, 해고예고수당, 주휴수당 등이 있다. 법정외 수당은 기업이 임의로 지급하기로 결정한 수당으로 그 내용을 분류해보면 크게 직무수당, 근무수당, 장려수당, 생

표 7-2 법정수당

수당	지급사유
연장근로수당	1주 40시간을 초과한 근로시간에 대하여 지급하는 수당
야간근로수당	오후 22시부터 그 다음날 오전 6시까지의 야간근로에 대하여 지급하는 수당
휴일근로수당	휴일에 근로한 것에 대하여 지급하는 수당
연차미사용수당	연차휴가를 사용하지 않고 근무한 경우에 지급하는 수당
휴업수당	사업주의 책임으로 휴업이 발생한 경우 근로자에게 지급하는 수당
해고예고수당	해고 30일전에 통지하지 않고 즉시해고를 한 경우 지급하는 수당
주휴수당	주1회 유급휴일로 정하여 지급하는 수당

활보조수당, 기타 조정수당 등이 있다.[9)]

국내 기업의 수당관리에서 나타나는 문제는 그 숫자가 너무 많고 복잡하다는 점이다. 복잡한 것이 반드시 문제라 할 수는 없지만 복잡한 구조의 수당은 조직 간 임금수준을 비교하는 것을 매우 어렵게 한다. 한 조직에서만 지급하는 수당은 다른 조직에서는 지급되지 않기 때문에 조직 간에 임금이 높고 낮음을 평면적으로 비교하는 것을 어렵게 한다. 뿐만 아

표 7-3 임의수당

수당	지급사유
직무수당	직무의 책임과 중요성, 그리고 작업환경의 위험도 등을 고려하여 지급되는 수당. 직급수당, 자격수당, 금전출납수당 등 직무의 성격에 따라 지급된다.
근무수당	근로자의 근무시간, 근무장소, 근무일수, 교대근무 등 특수한 근무여건에 따라서 지급되는 수당이다. 출장수당, 해외근무수당, 교대근무수당, 외근수당, 특수작업수당 등 근무여건의 특수성을 반영한 수당이다.
장려수당	기업에 대한 공헌과 기여를 촉진하고 장려할 목적에서 지급되는 수당이다. 근속수당, 생산장려수당, 정근수당 등이 이에 속한다.
생활보조수당	근로자의 의식주 등 삶의 질을 개선하기 위해 지급되는 수당이다. 가족수당, 주거수당, 통근수당, 생활보조수당, 식대수당, 피복수당 등이 이에 속한다.
조정수당과 임시수당	임시로 임금을 인상할 때 설정하는 수당이다. 일정한 시기가 지나면 조정(임시)수당은 기본급에 흡수되거나 다른 명목으로 바뀌거나 소멸된다.

니라 복잡한 수당구조는 근로자가 자신의 임금을 이해하는 것을 어렵게 만든다.

국내 기업의 수당개수가 증가하게 된 배경에는 과거 정부의 임금통제가 원인을 제공하고 있다. 즉, 경제개발기간 동안 정부가 기업의 기본금의 수준을 통제하다 보니 기업은 규제대상인 기본급의 인상보다는 수당을 신설하는 쪽을 채택하였기 때문이다.

따라서 앞으로 국내 수당관리의 방향은 수당을 대폭 간소화하고 일부는 기본급에 포함시키는 쪽으로 변화되어야 한다. 앞서 고정상여금을 기본급에 포함시켜야 한다는 대법원의 판례와 같이 수당 역시 일부를 기본급으로 환원시켜야 할지 모른다.

결국 이상의 논의를 종합해보면 기본급, 수당, 상여금 같은 임금항목을 관리할 때 중요한 점은 그것이 근로기준법에 규정한 내용을 위반해서는 안 된다는 점이다. 기본급에 있어야 할 임금이 수당이나 상여금으로 넘어와서 기본급이 줄어드는 문제는 초과근로에 대한 임금을 실제보다 과소하게 만드는 문제를 일으키기 때문이다.

토론

토론과제

본 장에서 학습한 내용을 기반으로 다음 이슈에 대해 토론해보자.

1. 근로기준법에 규정된 임금의 정의가 기업의 임금관리에 있어 왜 중요한지를 토론해보자. 임금인 것과 임금이 아닌 것에 따라 사용자의 지급책임에 어떤 차이가 발생하는지를 토론해보자.
2. 국내에서 대기업과 중소기업의 임금양극화가 발생하게 된 이유를 조사해보고, 임금양극화를 개선할 방안에 대해 토론해보자.
3. 국내 회사들이 지급하는 수당의 명칭과 내용을 살펴보고, 각 수당이 지급되어야 했던 배경과 목적을 조사해보자.
4. 국내 회사들의 상여금 지급실태를 조사하고, 상여금 지급에 대한 문제점과 개선방안을 토론해보자.

토론사례 상여금은 통상임금인가?

H종합화학의 노동조합은 2015년 단체교섭에서 회사가 그동안 지급해오던 상여금 600%를 전액 통상임금으로 간주하고, 과거 3년간 발생한 초과근로시간에 따라 누락된 초과근로수당을 지급해줄 것을 요청하였다.[10] 그러나 노사는 합의에 이르지 못하고 21차례의 교섭 끝에 결국 파업에 들어가게 되었다. 노동조합의 주장은 그동안 회사가 지급한 600%의 상여금이 실제로는 고정적으로 지급되어 온 임금이라 보아야 하며 따라서 상여금을 통상임금으로 보아야 한다는 내용이다. 즉, 상여금이 통상임금에 포함되면 40시간 이상의 근로를 했을 때 지급되는 초과근로수당이 이에 맞추어 증액되어야 하는데 그동안 이러한 조치가 이루어지지 못했다는 것이다. 한편 회사의 주장은 노동조합과 크게 다르다. 회사는 지급한 상여금이 통상임금이 아닌 조직의 성과에 따라 변동되는 변동급적 임금으로 보아야 한다고 주장하고 있다. 2013년 대법원의 통상임금 전원합의체의 판결은 상여금이 고정적으로 지급될 경우 통상임금에 포함되어야 하며, 이에 근거하여 미지급한 초과근로수당을 과거 3년간 소급하여 지급해야 한다는 내용이다. 결국 노사가 다투는 갈등의 핵심은 H종합화학의 상여금이 통상임금으로 간주되어야 하는지의 여부이다.

토론문제

1) 상여금이 통상임금으로 간주되기 위해서는 어떤 조건을 갖추어야 하는가?

2) 상여금이 통상임금으로 간주되면 회사는 초과근로수당과 관련해 어떤 책임을 져야 하나?

CHAPTER 08

임금관리 II – 임금체계

CHAPTER 08

임금관리 II - 임금체계

학습목표

본 장에서는 임금체계의 개념을 알아보고 다양한 유형의 임금체계를 학습한다. 또한 연봉제와 임금피크제와 같은 최근의 임금제도에 대해 학습한다. 학습자는 본장을 학습한 후 다음과 같은 목표를 달성할 수 있다.

❶ 임금수준과 임금체계의 개념을 서로 구분할 수 있다.
❷ 임금체계의 유형인 연공급, 직무급, 직능급, 성과급의 특징을 설명할 수 있다.
❸ 사무관리직 임금제도인 연봉제의 특징과 유형을 설명할 수 있다.
❹ 임금피크제의 개념과 유형을 구분해서 설명할 수 있다.

[도입사례] 신입과 고참 간의 임금격차, 한국이 일본보다 크다[1)]

한국경제연구원의 조사에 의하면 한국의 30년 이상 근속자의 월임금은 1년 미만 근속자 임금의 3.11배가 되는 것으로 나타났다. 이는 일본의 2.37배보다도 높은 수준이다. 근속연수의 차이를 신입직원과 근속 10년~14년차 직원과, 신입직원과 근속 20년~24년차 직원 간에 비교해보아도 그 차이는 2배가 넘어간다.

한국은 근속에 따른 임금격차가 일본보다 클 뿐만 아니라 이에 추가하여 대기업과 중소기업 간의 임금격차 역시 일본보다 높은 편이다. 왜 한국은 근속에 따라 임금격차가 크게 형성되었을까? 가장 큰 이유는 근속에 따라 임금이 자동적으로 올라가는 임금제도 때문이다. 일본은 1990년대 경기침체를 경험하면서 일찌감치 임금의 연공성(근속성)을 줄였다. 그러나 한국은

2000년대 들어서야 임금의 연공성을 줄이기 시작했으며, 임금피크제와 같은 임금의 상승을 절제하는 조치를 취하였다. 그 결과 한국 기업 중 근속에 따른 임금제도를 유지한 비율은 2010년 76%에서, 2017년 60%로 감소하였다. 향후 한국기업들은 계속 근속에 의해 임금이 결정되는 임금제도를 줄여나가는 한편 새로운 임금제도를 모색할 것으로 보인다.

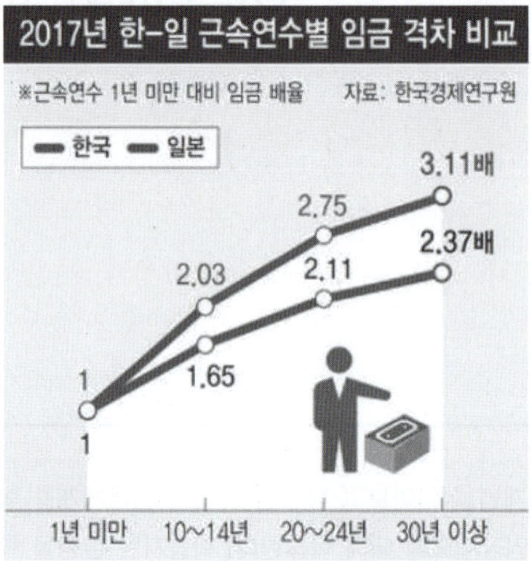

1 임금체계의 개념

앞장에서 살펴본 임금수준관리가 특정 조직과 외부 조직간 임금수준을 비교하는 활동이라면 임금체계관리는 조직 내부의 임금격차를 계획하는 활동이다. 즉, 임금체계관리는 동일 조직 내 근로자 A와 근로자 B의 임금수준을 어느 정도로 설정해야 합리적인 차이인지를 결정하는 활동이다.

임금수준관리가 외부 공정성을 확보하기 위한 것이라면 임금체계관리는 내부 공정성을 확보하기 위한 것이다. 내부 공정성을 확보하는 것은 실무적으로 임금의 개인 간 임금차이를 어떤 기준에서 결정하는지에 달려있다. 기준만 명확하다면 개인 간 임금격차는 해당 기준에 따라 자연히 결정되기 때문이다.

조직은 '조직 내부' 근로자 간의 임금격차를 합리적 기준에 따라 설정하지 못하면 임금의 불공정감이 높아지는 문제를 피할 수 없다. 합리적 기준이란 조직마다 다를 수 있는데, 이를테면 조직은 근속연수, 직무의 난이도, 직무역량 등 일정한 기준을 세우고 이에 따라 개인 간의 임금격차를 설계할 수 있다. 만약 근속연수가 직원간 임금격차의 기준으로 확정되면 직원들은 회사에 근속한 연수에 따라 임금이 높아지는 것을 기대할 수 있다.

조직 구성원들은 회사의 임금체계관리가 불합리하면 임금에 대한 신뢰를 상실하게 된다. 임금을 결정하는 기준이 공정하지 못하고 합리적이지 못하다고 생각할 수 있기 때문이다. 따라서 조직은 임금수준관리와 함께 임금체계관리에도 신중을 기해야 한다.

2 임금체계의 제반 관리활동

임금체계관리는 임금항목 중 주로 기본급의 지급기준을 계획하고 관리하는 활동이다. 즉, 임금체계관리는 임금총액 중 가장 큰 비중을 차지하는 기본급을 관리하는 활동이다. 또한 임금체계는 개인 근로자 간 기본급의 차이를 합리적 기준에 의해 형성시키는 것이 목적이다. 임금항목에는 기본급 외에 상여금과 수당 등의 항목이 있는데 기본급 이외의 임금항목에 대해서는 일반적으로 임금체계라는 표현을 쓰지 않는다.

따라서 임금체계관리는 기본급의 결정기준을 정하는 활동, 즉 기본급의 차이를 만들기 위한 기준의 설정, 그리고 기준을 적용하여 실제 개별 근로자의 기본급을 결정하는 활동 등이다.

임금체계에서 개인 간 임금차이를 내는 기준에는 크게 근속연수, 직무가치, 직무능력, 성과라는 4가지가 있다. 이들 기준에 해당되는 임금체계 각각에 명칭을 붙인다면 다음과 같다.

첫째 근속연수가 개인 간 기본급의 차이를 만들어내는 임금체계는 연공급이라 한다.

둘째, 직무가치가 개인 간 기본급의 차이를 만들어내는 임금체계는 직무급이라 한다.

셋째, 직무수행능력이 개인 간 기본급의 차이를 만들어내는 임금체계는 직능급이라 한다.

넷째, 성과가 개인 간 임금 차이를 만들어내는 임금체계는 성과급이라 한다.

임금체계의 4가지 기준 중 성과급은 원칙적으로 기본급에 적용되는 기준이 아니라 기본급에 대한 부가적 임금으로 운영되는 사례가 일반적이다. 그러나 성과급의 비중이 늘어나면 넓은 의미에서 성과급을 임금체계의 하나로 포함시킬 수 있다.

엄밀하게 구분하면 성과급은 나머지 3개의 임금체계에 부가적으로 합산되는 부가급여적 성격으로 운영된다. 이런 점에서 성과급을 임금체계의 기준으로 볼 수 있는 지는 논란의 여지가 있다. 그러나 성과급을 임금체계관리에서 제외한다면 임금수준이나 임금항목에서 다루어야 하는데 이것 또한 논리적이라 할 수 없다. 따라서 본 장에서는 성과급을 임금체계에 포함시켜 설명하고자 한다.

임금관리는 전체적으로 임금수준관리, 임금항목관리, 임금체계관리의 3가지가 모두 합리적으로 이루어져야 완결성을 가진다. 본 장에서는 이중에서 임금체계에 초점을 맞추어 임금체계를 구성하는 4가지 유형을 각각 설명하고, 이를 근거로 사무관리직 연봉제, 그리고 임금피크제 같은 주제를 다루고자 한다. 다음에서는 임금체계의 4가지 기준 각각에 대해서 더 자세하게 설명한다.

3 연공급

(1) 연공급의 개념

근로자가 한 직장에 들어가 근속연수가 늘어나면서 1년에 한 번씩 임금이 상승되는 임금체계를 연공급(seniority based wage)이라 부른다. 연공급이 실시되면 근로자마다 근속연수가 다르기 때문에 자연스럽게 직원 개인 간 임금격차가 생성된다.

연공급 임금체계는 근속에 따라 임금이 상승하기 때문에 회사에 먼저 들어온 선배 사원의 임금이 후배 사원의 임금보다 많아지고 이는 한국의 유교적 전통과도 부합하는 것으로 간주되었다. 2010년대 한국기업의 임금체계 유형 중 가장 많은 것이 연공급 체계라는 사실은 연공급이 장유유서를 강조하는 한국의 유교적 전통에 잘 어울리는 제도임을 시사하고 있다.

(2) 연공급의 도입과정

연공급 임금체계를 도입하기 전 회사는 근속 1년에 따라 근로자의 임금을 어느 정도 인상해 주어야 할지를 결정해야 한다. 근속연수에 따라 1년에 한번 상승되는 임금인상분을 가리켜 '호봉'이라 하는데 연공급을 도입한 기업은 보통 '호봉표'라는 임금인상분을 정리한 표를 작성한다.

호봉표에는 입사 시의 임금과 이후 근속에 따라 인상되는 호봉이 기재되어 있다. 이를테면 입사 5년차는 7호봉이고, 입사 10년차는 12호봉 같이 입사이후 근속연수에 따라 호봉이 높아지는 패턴이 기재되어 있다. <표 8-1>은 근속에 따라 임금이 인상되는 계획을 표로 정리한 호봉표를 예시적으로 보여주고 있다. 해당 호봉표는 일반직 공무원과 일반직에 준하는 특정직 및 별정직 공무원의 2021년 임금기준표를 나타내고 있다. 호봉표에는 공무원의 직급과 근속에 따른 호봉이 기록되어 있다.

표 8-1 호봉표 예시

(월지급액, 단위: 원)

계급·직무등급 / 호봉	1급	2급	3급	4급·6등급	5급·5등급	6급·4등급	7급·3등급	8급·2등급	9급·1등급
1	4,122,900	3,711,600	3,348,600	2,870,000	2,564,700	2,115,800	1,898,700	1,692,800	1,659,500
2	4,267,400	3,849,300	3,472,500	2,987,200	2,668,400	2,214,200	1,985,300	1,775,100	1,682,300
3	4,415,600	3,988,800	3,600,100	3,106,300	2,776,000	2,315,800	2,077,000	1,861,800	1,720,400
4	4,567,100	4,129,700	3,728,600	3,228,200	2,887,800	2,419,500	2,173,400	1,950,300	1,773,600
5	4,722,300	4,272,500	3,859,200	3,351,800	3,002,500	2,526,400	2,273,200	2,042,300	1,842,100
6	4,879,400	4,415,500	3,991,100	3,476,500	3,119,600	2,636,200	2,375,400	2,136,600	1,928,200
7	5,038,800	4,560,400	4,124,500	3,602,400	3,238,500	2,746,300	2,478,300	2,231,200	2,013,800
8	5,199,600	4,705,100	4,258,300	3,728,900	3,358,900	2,856,700	2,581,900	2,322,100	2,096,400

9	5,362,600	4,850,800	4,393,300	3,855,900	3,479,600	2,967,500	2,680,400	2,408,800	2,175,400
10	5,526,500	4,996,400	4,528,100	3,982,600	3,601,200	3,071,400	2,774,400	2,490,800	2,251,400
11	5,690,200	5,142,700	4,663,100	4,110,500	3,714,800	3,170,000	2,863,100	2,570,300	2,324,000
12	5,859,300	5,293,900	4,803,100	4,230,900	3,824,400	3,267,100	2,950,300	2,647,900	2,396,100
13	6,029,400	5,446,200	4,933,200	4,343,500	3,928,400	3,358,400	3,033,000	2,722,500	2,465,200
14	6,200,000	5,583,900	5,054,000	4,448,500	4,025,400	3,444,600	3,112,100	2,793,700	2,532,400
15	6,349,000	5,711,000	5,165,300	4,547,400	4,117,000	3,527,500	3,187,600	2,862,200	2,596,400
16	6,481,300	5,827,400	5,269,100	4,640,700	4,203,200	3,605,100	3,259,100	2,928,300	2,658,500
17	6,598,700	5,934,600	5,365,600	4,727,400	4,284,300	3,679,100	3,327,700	2,990,000	2,719,100
18	6,703,200	6,032,500	5,455,200	4,808,300	4,360,900	3,749,100	3,393,300	3,049,900	2,775,500
19	6,796,800	6,123,100	5,538,100	4,883,900	4,433,000	3,815,600	3,455,100	3,107,300	2,831,100
20	6,880,700	6,205,600	5,615,800	4,954,500	4,500,600	3,878,100	3,513,900	3,162,100	2,884,100
21	6,958,000	6,281,100	5,687,600	5,020,600	4,564,200	3,938,200	3,570,100	3,214,400	2,934,100
22	7,026,800	6,350,400	5,754,300	5,082,500	4,623,900	3,994,800	3,623,100	3,264,600	2,982,000
23	7,085,000	6,413,700	5,815,700	5,140,600	4,680,400	4,047,900	3,674,400	3,312,400	3,027,700
24		6,465,500	5,873,100	5,195,400	4,733,000	4,098,400	3,723,000	3,358,600	3,071,500
25		6,515,000	5,920,200	5,245,500	4,782,900	4,146,600	3,769,100	3,402,300	3,113,400
26			5,965,200	5,287,900	4,829,900	4,192,000	3,813,400	3,444,800	3,151,300
27			6,006,900	5,327,100	4,868,800	4,235,100	3,850,700	3,480,200	3,183,800
28				5,364,500	4,906,100	4,271,300	3,885,500	3,514,200	3,215,200
29					4,940,500	4,305,200	3,919,200	3,546,500	3,245,400
30					4,973,900	4,338,600	3,951,300	3,577,700	3,274,800
						4,369,600	3,981,500	3,608,000	3,303,700
						4,398,900			

출처: 국가법령센터, 공무원보수규정 [별표 3], 개정 2021.1.5.

(3) 연공급의 장단점

원칙적으로 연공급은 경제개발이 이루어지는 산업화 초기에 적합한 임금체계이다. 경제성장기에는 근로자를 고용하려는 기업이 많기 때문에 근로자의 기업 간 이동이 빈번하다. 기업은 근로자의 기업 간 이동을 줄이고 더 많은 인력을 확보하기 위해 연공급을 도입하게 된다. 연공급은 근로자의 근속에 따라 임금을 올려주기 때문에 근속이 오래된 숙련된 인력의 유출을 방지하는 효과를 기대할 수 있었다. 연공급은 숙련근로자의 이동을 줄이고 숙련자를 우대하는 임금제도라 할 수 있다.

그러나 연공급은 숙련 근로자를 유지하는데 도움이 되는 임금체계이긴 하지만 단점 또한 적지 않다. 임금이 근속에 따라 계속 올라가다 보면, 어느 수준 이상에서 노동생산성보다 임금이 더 높아지게 되는 순간이 온다. 숙련 근로자라 하더라도 노동생산성이 근속연수에 따라 무한정 올라갈 수는 없으며 일정 수준의 근속연수에 도달하면 노동생산성의 상승은 둔화되거나 정체된다. 따라서 연공급을 도입한 회사는 근속에 따라 임금을 계속 올려주다 보면 결국 임금이 노동생산성을 상회하는 결과를 피할 수 없다. 특히 고령근로자의 비중이 높은 회사는 연공급으로 인한 인건비 부담이 커질 수 있다.

연공급은 경제가 저성장 단계로 들어가고 인구의 고령화가 진행되면 지속되기 어려운 임금제도로 간주된다. 특히 인구의 고령화는 고령근로자의 비중을 높이게 되어 한 조직 내 근로자 임금이 장기근속자의 고임금에 집중되도록 만든다. 장기근속자의 임금은 노동생산성보다 높을 가능성이 있기 때문에, 조직 내 장기 근속 근로자 비율이 증가하면 조직은 과도한 인건비를 부담해야 한다. 따라서 인구가 고령화되고, 경제가 저성장단계에 들어가면 연공급은 점차 퇴조하는 추세를 보이게 된다.

한국의 경우 현재 연공급은 중소기업이나 전통적인 조직에서 여전히 중요한 임금제도이다. 그러나 1990년대 중반 외환위기 이후 경제성장률이 낮아지고 인구고령화가 가파르게 진행되자 기업은 연공급을 다른 임금제도로 대체하려는 노력을 기울이고 있다. 이들 조직은 호봉표를 없애고 그 대신 업적이나 직무역량에 따라서 개인별 임금을 차등화하고자 시도하고 있다. 최근까지 한국기업이 연봉제, 직무급 등 다양한 이름으로 대안적인 임금제도를 시도하는 배경에는 연공급으로 인한 인건비 부담이 작용하고 있다.

4 직무급

(1) 직무급의 개념

유럽과 미국 등 서구의 임금제도는 직무급에 기반하고 있다. 서구는 일찍부터 직무에 따라 직업이 발달하고 한 직무의 숙련자가 좋은 대우를 받는 임금제도가 형성되었기 때문이다. 이러한 직무에 기반한 임금이 전통이 되어 서구에서는 직무에 따라 임금의 높고 낮음이 결정되는 환경이 조성되었다.

직무급(job based wage)이란 직무의 상대적 가치에 따라서 임금이 결정되는 임금체계를 말한다. 예로서 소프트웨어 기술직 근로자의 임금체계를 살펴보자. <표 8-2>는 2018년 국내 소프트웨어 기술직의 평균임금을 조사한 내용이다. 표에서 주목해야 할 내용은 기술자의 임금은 직무에 따라 차등된다는 점이다. 소프트웨어 기술자의 직무가 높은 기술적 역량을 필요로 하면 해당 직무의 임금이 높아지는 구조를 가지고 있다.

만약 소프트웨어 회사가 직무급 대신 앞서 살펴본 연공급을 선택하였다고 가정하면 <표 8-2>와 같은 직무별 임금체계는 필요하지 않을 것이다. 왜냐하면 연공급은 직무보다 근속연수에 따라서 임금수준을 결정하기 때문이다. 반대로 소프트웨어 회사가 연공급 대신 직무급을 선택하였다면 임금은 기술자의 직무에 따라 결정되고 근로자의 근속이 올라가더라도 임금의 변화가 없을 것이다. 따라서 직무급은 근속연수가 아니라 직무의 가치에 따라 임금을 차등하는 제도라 할 수 있다.

표 8-2 2018년 소프트웨어 기술자의 평균임금

구분	일평균임금(M/D)	월평균임금(M/M)
(1) IT기획자	316,403	6,581,182
(2) IT컨설턴트	443,652	9,927,962
(3) 정보보호컨설턴트	212,881	4,427,925

(4) 업무분석가	413,856	8,608,205
(5) 데이터분석가	292,480	6,083,584
(6) IT PM	377,354	7,848,963
(7) IT PMO	323,207	6,772,706
(8) SW 아키텍트	342,701	7,128,181
(9) Infrastructure 아키텍트	343,040	7,135,232
(10) 데이터 아키텍트	339,179	7,054,923
(11) UI/UX 개발자	208,809	4,343,227
(12) 응용SW 개발자	260,046	5,408,957
(13) 시스템SW 개발자	235,596	4,900,397
(14) 임베디드SW 개발자	256,186	5,328,669
(15) 데이터베이스 운용자	291,249	6,057,979
(16) NW엔지니어	316,056	6,573,965
(17) IT시스템운용자	247,442	5,146,794
(18) IT지원 기술자	307,532	6,396,666
(19) SW제품 기획자	253,055	5,263,544
(20) IT서비스 기획자	253,563	5,274,110
(21) IT기술영업	368,834	7,671,747
(22) IT품질관리자	167,144	7,636,595
(23) IT테스터	183,091	3,808,293
(24) IT감리	238,242	4,955,434
(25) IT감사	290,773	6,048,078
(26) 정보보호관리자	225,306	4,686,365
(27) 침해사고대응전문가	197,358	4,105,046
(28) IT교육강사	267,067	5,554,994
(29) 자료입력원	117,145	2,436,616

직무급에서 근로자의 임금이 올라가는 경우는 이전보다 전문적인 역량이 요구되는 직무로 이동한 경우에만 가능하다. 따라서 근로자는 낮은 임금의 직무에서 높은 임금의 직무로 이동하길 희망할 경우 더 높은 전문성을 습득하도록 꾸준히 자기 개발에 힘써야 한다.

최근 한국 기업들 역시 직무 전문성을 강조하면서 임금을 근속연수 대신 직무와 연동시키려 노력하고 있다.

(2) 직무급과 직무평가

직무급을 도입하려는 조직은 사내 직무들의 상대적 가치를 어떤 형태로든 평가할 수 있어야 한다. 조직은 내부에 존재하는 직무들의 가치를 평가할 기준을 나름대로 설정한 후 기준에 따라서 직무의 가치를 서열화거나 혹은 수치화해야 한다.

이때 직무의 가치를 측정해서 서열화, 등급화, 점수화하는 활동을 가리켜 직무평가(job evaluation)라 한다. 직무평가는 앞 장에서 살펴본 직무분석의 자료를 근간으로 직무의 가치를 측정하는 것을 말한다. 직무분석(job analysis)은 직무의 수행자가 담당하는 과업(task), 책임(responsibility), 의무(duties) 등을 조사하는 것이다. 직무평가는 직무분석과 무관한 것이 아니며 오히려 직무분석의 자료를 활용하여 다양한 직무들의 가치를 평가하는 활동이라 할 수 있다.

직무평가는 우선 직무분석으로부터 수집한 정보를 필요로 하기 때문에, 직무분석의 다음 단계로 생각할 수 있다. 직무평가는 직무급을 운영할 때 필수적인 활동이기 때문에, 직무급을 운영하지 않는 조직의 경우 반드시 직무평가를 할 필요는 없다.

직무평가를 할 때는 직무의 가치를 평가하기 위해 설문과 인터뷰, 직무전문가의 의견 등을 고려할 필요가 있다. 직무평가를 수행하는 사람은 우선 직무를 평가하는 수개의 기준(compensable factor)을 정한 후 각 직무를 이들 기준에 따라 평가하게 된다.

직무의 가치를 평가하는 기준은 각 조직이 속한 산업과 업종, 규모에 따라 정할 수 있다. 회사는 직무평가를 할 때 근로자의 의견을 반영하면 직무평가 결과의 수용성을 크게 높일 수 있다. 이를테면 노사가 공동으로 참여하는 직무평가위원회 같은 조직을 만들거나 직무평가 과정에 근로자 대표를 참여시키면 직무평가의 결과로 인한 갈등을 방지할 수 있다.

그림 8-1 직무급의 도입과정

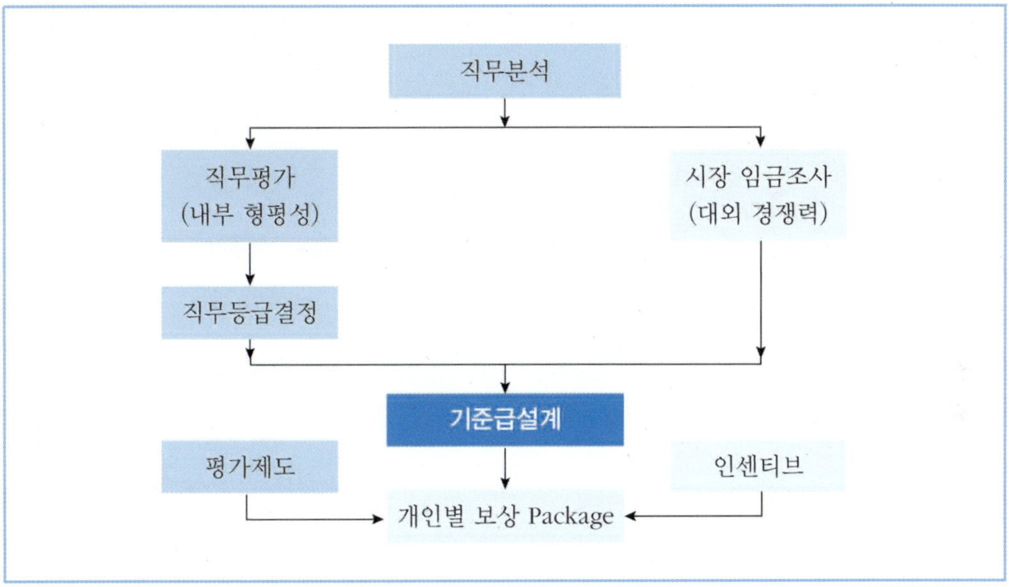

(3) 직무급의 도입과정

직무급을 도입하기 위해서는 3가지의 활동이 필요하다. 첫째는 직무분석, 둘째는 직무평가, 셋째는 임금정책선(wage policy line)을 결정하는 것이다. 직무분석은 직무에 대한 정보를 수집하고, 직무평가는 이를 기반으로 직무의 가치를 측정하고, 임금정책선은 직무별로 임금수준을 정하는 활동이다. [그림 8-1]은 직무급의 도입과정을 간략하게 나타내고 있다.

직무분석과 직무평가는 앞서 설명하였기 때문에, 여기서는 임금정책선을 설명하고자 한다. 임금정책선(wage policy line)이란 직무를 가치 순으로 나열한 후, 각 직무에 어느 정도의 임금을 부여할 것인가를 보여주는 정책선이다. [그림 8-2]는 직무평가에 따른 직무별 점수와 임금 간의 관계를 예시화한 것이다.

임금정책선은 가장 가치가 낮은 직무의 임금부터 가장 가치가 높은 직무의 임금까지를 보여준다. 임금정책선은 [그림 8-2]와 같이 반드시 직선으로만 설정될 필요는 없다. 직무의 가치가 증가할수록 임금정책선의 기울기가 점증적으로 높아질 수도 있으며, 반대로 직무의 가치가 증가할수록 임금정책선의 기울기가 점증적으로 낮아질 수도 있기 때문이다.

임금정책선은 사용자가 임의로 결정하는 것이 아니라 시장평균임금과 현재 회사의 임

그림 8-2 직무평가 등급과 임금정책선

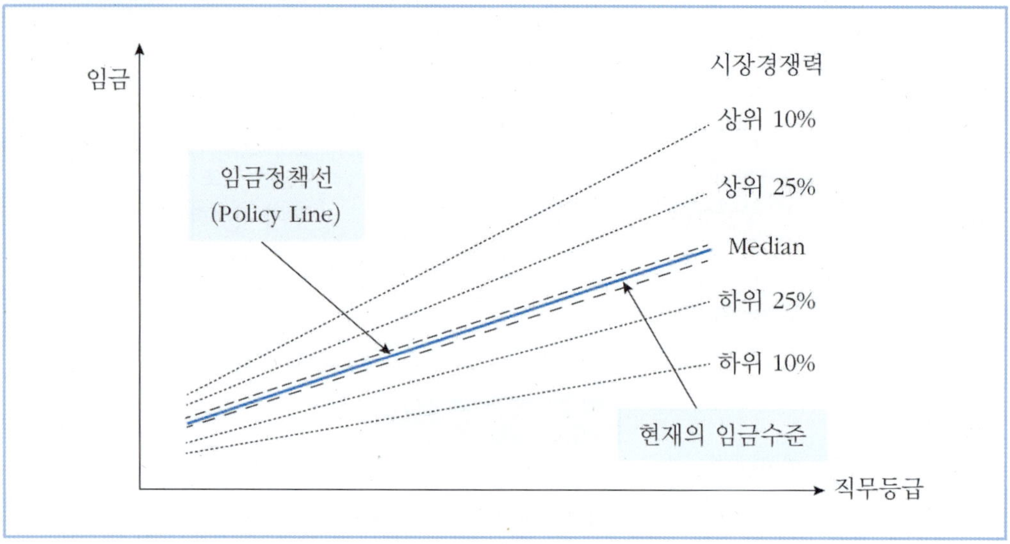

금수준을 비교하는 과정을 통해 결정된다. 이를테면 조직은 임금정책선을 시장평균임금보다 더 높게 설정할 수도, 더 낮게 설정할 수도 있다. 혹은 회사의 임금정책선을 시장평균임금과 동일하도록 설정할 수도 있다.

[그림 8-2]에서 median으로 표기된 부분은 시장임금의 중간값을 연결한 것이다. 일반적으로 한 회사의 임금정책선을 median 시장임금(혹은 시장평균임금)보다 높게 설정하는 회사는 임금선도정책을 채택한 회사라 한다. 또한 임금정책선을 median 시장임금(혹은 시장평균임금)보다 낮게 설정한 회사는 임금추종정책을 채택한 회사라 한다. 한편 회사의 임금정책선을 median 시장임금(혹은 시장평균임금)과 동일하게 설정한 회사는 임금동행정책을 채택한 회사라 한다.

직무급을 도입한 조직은 임금정책선을 설정하기 위해 무엇보다 시장임금 조사를 정기적으로 해야 한다. 직무급은 시장임금의 변동을 민감하게 반응하는 임금체계이기 때문이다. 특정 직무의 임금이 시장평균임금에 크게 미치지 못하게 되면 이직이 빈번하게 발생할 수 있다. 특히 서구의 노동시장처럼 이직과 해고가 비교적 쉽게 이루어지는 노동시장 상황에서 직무급은 시장임금의 변동을 임금정책선에 민감하게 반영하는 특징을 보이게 된다.

직무급은 직무별 전문성을 강조하는 조직에 적합하다. 직무 전문가는 한 조직에 머물지 않고 더 높은 임금을 주는 다른 조직으로 이동해가려는 성향이 높기 때문에 직무급을 도입한 조직은 전문가의 이탈을 방지하기 위해 자연히 시장평균임금의 변동을 임금에 민감하게 반영하게 된다.

(4) 직무급의 유형

직무급의 유형을 구분해보면 개별직무급과 범위직무급으로 2분화해 볼 수 있다. 개별직무급은 개별 직무마다 각기 임금액이 설정되어 있는 경우이다. 개별직무급은 직무평가 점수 1점당 임금액을 곱하여 임금총액을 결정한다. 이를테면 직무 A의 직무평가점수가 300점이고, 1점당 임금액이 1만원이라면 직무 A의 임금총액은 300만원이 되는 것이다.

한편 범위직무급은 개별 직무마다 임금을 설정하지 않는다. 그 대신 직무들을 몇 개의 범위로 구분한 후 각 범위를 대표하는 임금등급을 설정하는 방식이다. 이를테면 직무평가점수가 100점 이상 200점 미만인 직무들을 하나의 범위로, 직무평가점수가 200점 이상 300점 미만인 직무들은 그 다음의 범위로 정의해서 각 범위별로 하나의 임금수준을 배정하는 방식이다.

[그림 8-3]은 범위직무급을 나타내고 있다. 그림에서는 범위를 5개 등급으로 정의하

그림 8-3 범위직무급의 임금정책선

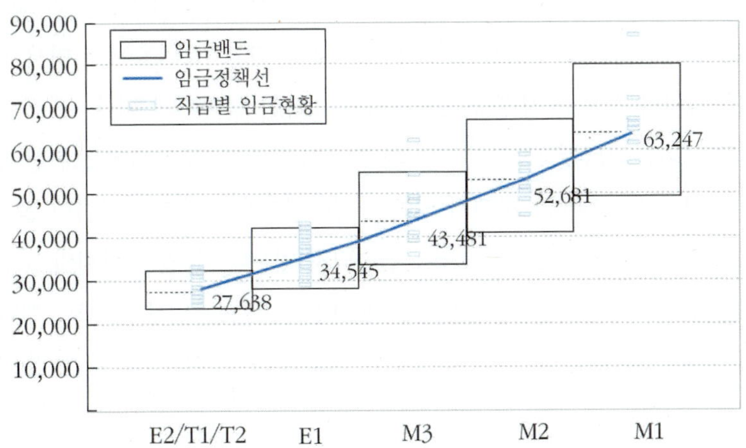

주: 화폐단위는 $. y축은 임금액.

고, 각 범위마다 중간임금값을 각각 해당 범위의 임금수준으로 배정하고 있다. 동일한 범위 내에서는 최고 임금과 최저임금을 두고 있다.

[그림 8-3]에서 블록처럼 보이는 것은 임금밴드(wage band)라고 하는데, 한 임금밴드는 중간임금값을 기준으로 최고 임금와 최저임금을 정하고 있다. 범위직무급에서 임금정책선은 각 임금밴드의 중간임금값을 통과하게 된다.

직무급을 도입한 조직들은 개별직무급보다 범위직무급을 더 많이 채택하는 경향이 있다. 범위직무급은 개별 직무의 평가점수에 따라 임금을 자동적으로 결정하는 대신, 직무평가점수가 유사한 직무들을 묶어 임금을 보다 유연하게 설정할 수 있다. 이를테면 동일한 임금밴드에 속한 2명의 근로자 사례를 살펴보자. 임금밴드가 동일하면 직무급 기본임금은 동일하겠으나 개인의 인사평가 결과에 따라 임금차이가 발생할 수 있다. 즉, 두 직무가 동일한 범위에 속하더라도, 인사평가 결과가 좋은 근로자는 그렇지 않은 근로자보다 더 높은 임금을 받는 것이 범위직무급 하에서 가능하다.

(5) 직무급의 장단점

직무급 역시 그 자체의 장단점이 존재한다. 직무급의 장점은 무엇보다 직무에 따라 임금을 차등하여 근로자의 직무선택에 큰 영향을 줄 수 있다는 점이다. 직무급 하에서 근로자는 자신의 적성과 능력에 적합한 직무를 탐색하고 자신이 원하는 직무의 임금을 조사할 수 있어 명확한 직무개념을 갖게 된다. 자신에게 적합한 직무들과 해당 직무의 임금을 인식하면서 근로자는 직무전문가로 성장하려는 마음을 갖게 되고, 숙련을 쌓으면서 낮은 가치의 직무에서 높은 가치의 직무로 경력개발을 하려는 의욕이 높아지게 된다.

직무급의 또 다른 장점은 동일한 가치의 노동을 하는 근로자에게 노동한 임금을 지급한다는 점이다. 연공급은 직무가 바뀌지 않아도 근속연수가 올라가면 임금이 올라간다. 그러나 직무급은 직무가 바뀌지 않으면 임금이 변화되지 않는다. 동일한 가치의 노동에는, 동일한 임금을 지급하는 것이 직무급의 원리이기 때문이다. 직무는 업무 난이도, 책임의 정도 등에 따라 가치가 다르기 때문에, 임금을 직무와 연동시키는 것은 합리적인 결정이라 할 수 있다.

직무급은 임금을 근속연수와 연동시키지 않기 때문에 인구고령화에 따른 과도한 임금발생을 예방할 수 있는 장점이 있다. 특히 경제성장이 정체된 선진국의 경우 직무급은 인구

고령화에 따른 조직의 과도한 임금부담을 줄일 수 있는 임금제도이다.

물론 직무급은 장점만 있는 것이 아니다. 직무급은 직무분석과 직무평가를 해야 하기 때문에, 기술적으로 복잡한 절차를 거쳐야 한다. 또한 직무급을 운영하는 조직은 직무별 시장임금을 정기적으로 조사해야 하기 때문에, 임금조사 비용이 발생할 수 있다.

박스사례 8-1 DHL 코리아의 직무급 전환[2)]

DHL 코리아는 2005년부터 과장급 이상 직급에 직무급을 도입하였다. 그리고 2006년에는 전 직원으로 직무급을 확대하였다. DHL 코리아는 그 이전에는 호봉제를 근간을 한 연공급 임금제도를 채택하고 있었다. DHL 코리아가 직무급을 도입한 배경에는 만성적인 인사적체의 문제가 있었다. 회사가 오래되면서 직원들의 근속이 늘어나는 가운데 연간 400여 명의 직원이 승진대상자 명단에 올라오기 시작하였다. 근속이 높은 직원들은 자연히 승진을 기대하게 되고 승진이 되어야 임금 역시 올라가기 때문이었다. 그러나 회사는 모든 직원을 승진시켜 임금을 올려줄 여력이 없었으며, 무엇보다 승진이 곧 생산성의 증가로 연결되는 것도 아니었다. DHL 코리아는 고민 끝에 미국 본사의 직무급 임금제도를 한국 실정에 맞게 수정하여 도입하였다. 직무급이 도입된 후 직원들은 전문성과 역량에 맞추어 적합 직무에 배치되고 직무의 가치가 높은 경우 더 높은 임금을 기대할 수 있게 되었다.

5 직능급

(1) 직능급의 개념

직능급은 근속연수도 아니고, 직무가치도 아닌 직무수행자의 역량에 따라 임금을 결정하는 임금체계이다. 근속연수가 늘어나면 자연히 근로자의 직무역량이 향상되지만 근로자마다 근속과 역량의 관계는 동일하지 않다. 어떤 근로자는 근속연수가 얼마 되지 않아도 역량이 빠르게 향상되는 반면, 다른 근로자는 근속연수가 많아도 비례해서 역량이 향상되지 않을 수 있다. 따라서 직능급은 근속이 아니라 실제 직무수행역량을 측정해서 임금을 결정하는 임금체계라 할 수 있다.

직능급은 서구 국가가 아닌 일본에서 발전된 임금체계라 할 수 있다. 일본의 기업은 경제가 저성장단계로 들어가면서 어느 시점부터 근속연수 하나로만 임금을 결정하는 연공급이 합리적이지 않다는 인식을 하게 되었다. 그리고 기존의 연공급을 개량하여 근로자의 개별 노동생산성에 따라서 임금을 결정하는 임금체계를 고안했는데 이것이 직능급이다.

(2) 직능급의 도입과정

직능급을 도입할 때 가장 어려운 점은 직무수행자의 역량을 객관적으로 측정하고 등급화하여 임금을 직능등급에 따라 비례해서 결정하는 작업이다. 직능급은 직능등급에 따라 낮은 직능등급에서 높은 직능등급으로 점차 임금을 올려주는 방식을 채택한다.

표 8-3 직능등급과 직능의 판단기준

<table>
<tr><th></th><th>등급</th><th>요구역량</th><th>수행직위</th><th>판단기준</th><th>기본연한</th></tr>
<tr><td rowspan="4">직능 단계 구분 및 정의</td><td>P4</td><td>고기술/
현장관리</td><td>직장</td><td>• 생산현장 작업운영 각 설비에 대한 operation 능력을 구비하고 있어 설비 생산 문제 발생시 이에 대응할 수 있는 능력
• 생산관리책임자 또는 부서장(팀장)의 부재시 설비 가동 흐름 조율, 라인 관리 등을 통해 전체 생산스케줄을 지원할 수 있는 능력</td><td>• 5년 이상</td></tr>
<tr><td>P3</td><td>숙련작업</td><td>반장</td><td>• 작업운영 각 설비에 대하여 작업 생산을 위한 초기 준비 과정 내지 제품 교체 생산 등에 필요한 제반조치(setting)할 수 있는 능력
• 본인 담당 작업운영 설비뿐만 아니라 타인 작업 운영 설비의 operation을 위한 사전 작동 지식 숙지를 통한 유사시 대응할 수 있는 능력</td><td>• 3년~5년</td></tr>
<tr><td>P2</td><td>저숙련
작업</td><td>조장</td><td>• 본인 담당 작업운영설비 뿐만 아니라 타인 작업 운영 설비에 대한 제품 생산을 위한 단순원료 투입 내지 제품 생산 역할 수행 능력</td><td>• 1년~3년</td></tr>
<tr><td>P1</td><td>기초작업</td><td>사원</td><td>• 가장 기초적인 기술능력 및 지식을 토대로 현장 작업 지원 및 단순 생산 작업 수행 가능 능력
• 제품 생산을 위한 기본 작업원료 투입 내지 제품 생산 역할 수행 능력</td><td>• ~1년</td></tr>
</table>

출처: 임금체계 개편사례, 「임금정보브리프」, 49호, 한국노동연구원, 2020.

표 8-4 직능등급의 평가

생산직 직능 등급(4단계)

직능등급: P1 → P2 → P3 → P4

직능 등급별 요건 및 결정 기준

직능등급	재직연한	직능자격 평가요소		평가방식				평가주기
		평가영역(실무)	가중치	지식(내부 Test)	실무역량	근속	승급기준	
P4	10년 이상	• 공정관리	50	40	50	10	70점 이상	–지식: 연간 1회 –실무: 연간 2회
		• 안전관리	30					
		• 품질관리	20					
P3	7년 이상	• 안전관리	30	30	60	10	60점 이상	
		• 품질관리	35					
		• 작업실무	35					
P2	5년 이상	• 품질관리	50	20	70	10	60점 이상	
		• 작업실무	50					
P1	5년 이하	• 작업실무	100		90	10	60점 이상	

* 직능자격 평가영역별 상세 평가기준은 직무 특성 및 요구역량 반영한 후 상세 설계

** 재직연한 마지막 연도에 도달한 직원 대상 매 연도 말 직능평가 실시, 탈락 시 차년도 응시 가능

출처: 임금체계 개편사례, 「임금정보브리프」, 49호, 한국노동연구원, 2020.

직능급을 도입하기 위해서는 직능(직무수행능력)을 구체적으로 정의한 후, 그 정도에 따라서 직능별 등급을 정해야 한다. 직능급을 도입하는 조직은 직능등급을 정의한 후 이에 따라 관리자가 근로자의 직능을 평가 구분하게 된다. <표 8–3>은 직능급에서 활용하는 직능등급과 직능의 판단기준의 사례를 보여주고 있다. 사례는 한 자동차 부품을 생산하는 기업의 직능급으로서 생산직 근로자와 감독의 직능등급을 4개(P1~P4)로 정의하고 있다.

또한 <표 8–4>는 직능등급을 판정할 때 회사가 고려하는 기준과 평가방식을 예시화하고 있다. 이를테면 가장 높은 생산직 직장은 적어도 10년 이상 재직한 직원 중에 지식, 실무역량, 근속점수가 70점 이상 된 자 중에서 선발된다. 생산직 직원은 입사한 후 직능을 꾸

준히 개발 향상시켜야 P1 등급에서 점차 P4 등급으로 이동할 수 있으며 이에 준하여 임금이 높아지는 것을 기대할 수 있다.

직능급을 도입하기 위해 조직은 여러 어려운 작업을 해결해야 한다. 우선 조직은 직능을 정의하고 관리자가 개별 근로자의 직능수준을 객관적으로 측정하여야 한다. 그러나 관리자가 최대한 객관적으로 직능을 평가했다고 주장하더라도 근로자 입장에서 보면 측정결과를 수용할 수 없는 경우가 있다. 이는 직능의 측정과정에서 관리자의 주관적 판단이 개입할 수 밖에 없고 근로자는 자신의 직능을 과대평가하려는 경향이 있기 때문이다.

직능급은 임금을 온전히 근로자의 직능에만 기초하여 정한다고 보기는 힘들다. 직능급은 근속연수를 평가기준의 하나로 포함해서 직능을 측정하기 때문이다. 이 점에서 직능급을 연공급에 부분적인 수정을 가한 임금체계로 보는 입장도 존재한다.

실제로 직능급에서의 기본급은 근속연수에 의해 결정되는 연공급적인 부분과 직능측정에 의한 결정되는 직능급적인 부분의 총합으로 결정된다. 그래서 직능급은 일종의 복합적 임금체계라 볼 수 있다. <표 8-5>는 앞서 살펴본 자동차 부품회사의 직능급 임금체계를 예시하고 있다. 표에서 기본급은 P1~P4 사이에 차이가 없다. 그러나 근로자의 직능이 향상되면 직능수당이라는 것을 지급받는다. 직능수당은 기본급에 추가되는 임금으로 직능급을 생성하는 주요 요소가 된다. 직능수당은 근로자가 일단 해당 직능등급을 인정받게 되면 기

표 8-5 직능급의 임금구조

직능등급	임금구성*	
	기본급	직능수당(통상임금 포함)
P4	기본급	기본급*α%**
P3	기본급	기본급*β%
P2	기본급	기본급*γ%
P1	기본급	기본급*ω%

* 기본급 및 직능수당 외 직책수당, 생산성과수당 별도 책정
** $\alpha > \beta > \gamma > \omega$

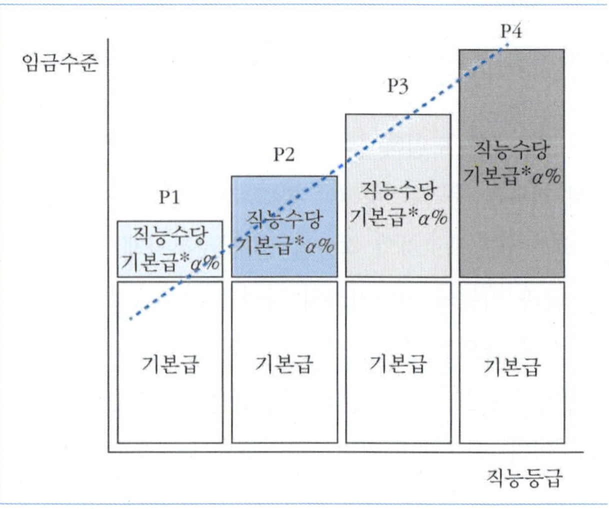

출처: 임금체계 개편사례, 「임금정보브리프」, 49호, 한국노동연구원, 2020.

본급에 추가된다.

(3) 직능급의 장단점

직능급을 시작한 일본에서 연공급이 퇴조하고 직능급이 확대된 배경은 고령 근로자의 증가와 관계가 있다. 경제가 완만한 성장단계로 들어가고 인구에서 고령자의 비중이 커지면서 기업은 장기 근속자에 의한 임금부담이 커지게 된다. 특히 기업이 호봉표에 기초해서 임금을 올려줄 경우 장기근속자의 임금은 생산성보다 높아지게 되는 경우가 흔하다.

이런 상황에서 직능급은 직능을 임금결정의 한 기준으로 도입하여, 장기근속자라도 직능(직무수행능력)이 향상되지 않으면 임금인상이 정지된다. 또한 직능급은 근속에 비해서 직능이 빠르게 올라가는 근로자에 대해서는 더 높은 임금을 허용하기 때문에 임금과 생산성을 일치시키는 효과가 있다.

그러나 직능급은 연공급의 약점을 보완하기 위해 개발되었다 하더라도 자칫 연공급처럼 운영될 수 있다. 이를테면 관리자가 근로자의 직능수준을 측정할 때 직능 대신 근속을 과도하게 고려하게 되면 직능급은 이름뿐인 직능급이 될 위험이 있다. 직능급은 장유유서의 유교적 조직문화가 강한 조직에서 잘못 운영되면 자칫 연공급적으로 운영되는 경우가 많다.

한국에 직능급이 처음 도입된 시기는 1960년대이지만 당시 기대와 달리 직능급의 운영은 그리 성공적이지 못했다. 그 이유는 직능을 정의하고 등급화한 것을 근로자가 수용하지 못한 점과 직능급이 실제 연공급처럼 운영되는 사례가 많았기 때문이었다. 그러나 1980년대 후반부터 한국전자, LG전선, 제일제당 등 국내 기업들은 다시 직능급을 도입하여 운영하기 시작하였다.[3)]

6 성과급

(1) 성과급의 개념

성과급은 성과에 따라서 임금을 연동시키는 임금제도이다. 이를테면 생산량 1개당 임금을 A원이라고 하면 임금총액은 총생산량에 A원을 곱한 액수가 된다. 임금총액이 성과에 의해서만 결정되는 경우는 단시간 생산직과 같은 일부 업종에 국한되며, 대부분의 경우 임금은 기본급에 성과급을 추가하는 방식으로 결정된다.

성과급은 기본급을 결정하는 기준이기보다는 다른 기본급 임금체계에 추가되는 보조적인 임금이다. 이를테면 기본급 + 성과급이라는 형태의 임금이다. 연공급, 직능급, 직무급은 기본급에 적용되는 임금인 반면 성과급은 성과에 따라 보조적으로 기본급에 추가되는 임금체계에 가깝다.

성과급을 정의하려면 우선 성과목표가 있어야 하고, 조직은 성과목표를 초과할 경우 그 초과분에 대해 성과급을 지급하는 방식으로 운영한다. 성과목표는 일종의 표준성과라 할 수 있고, 표준성과를 초과하는 정도에 따라 성과급이라는 추가급을 지급하는 것이 일반적이다. 이를테면 야구경기의 투수처럼 시즌 10승을 하면 이후 1승에 추가하여 성과급을 지급하는 것 같은 방식이다. 기본급이 일종의 고정급이라 보면 성과급은 변동급의 성격을 가진다. 기본급과 성과급 간의 비중은 업종에 따라, 직무에 따라, 조직문화에 따라 다르다.

성과급의 유형을 구분해 보면 성과급은 크게 실적급과 고과급, 혹은 개인성과급과 집단성과급 등으로 구분될 수 있다.

(2) 실적급과 고과급[4)]

실적급은 성과급을 평가기간마다 새로 결정하는 임금제도이다. 이를테면 금년에 성과급을 받더라도, 내년 성과급은 금년 성과급과 관계없이 새로 산정하는 방식이다. 즉, 실적급은 평가기간의 성과에 따라서 매번 새롭게 산정되는 변동급이다. 실적급은 흔히 인세티브(incentive)라고 부르기도 한다.

이에 비해 고과급(merit pay)은 과거에 받은 성과급이 현재 평가기간의 성과급에 계속 가산되어 누적되는 경우를 말한다. 이를테면 금년에 받은 성과급 금액은, 작년의 성과급에 가산되어 성과급 총액이 결정된다. 고과급은 성과급이 계속 쌓여서 커지게 된다는 점에서 누적식 성과급이라고 한다. 고과급은 한번 인상되면 떨어지는 법이 없다. 메릿(merit)이라는 영어표현은 한번 지급된 성과급이 누적되어 사라지지 않는다는 의미를 가지고 있어, 고과급을 merit pay라고 지칭하는 이유가 된다.

고과급으로 지급되는 성과급의 크기는 대체로 실적급에 의해 지급되는 성과급의 크기보다 작은 편이다. 이는 고과급이 한번 산정되면 이후에 계속 누적되기 때문이다. 이에 비해 실적급은 매 평가기간마다 성과에 따라 다시 결정되기 때문에, 성과가 좋은 기간에는 상대적으로 큰 폭의 증가를 보인다.

실적급은 평가기간 동안의 근로의욕을 자극하기 위한 단기성과급의 의도를 가지고 있다. 한편 고과급은 근로자가 재직하는 기간 동안 성과를 지속적으로 자극하는 장기 성과급의 의도를 가지고 있다. 고과급은 그 크기가 실적급보다 작지만, 시간이 흐르면 개인 간의 임금차이를 크게 벌리는 결과를 가져온다. 따라서 유능한 인력을 장기간 보유하고자 할 때 조직은 실적급보다 고과급을 지급하는 것이 더 현명한 결정이다.

국내 기업들은 외환위기 이후 실적급을 주로 도입하였으나 최근에는 실적급에 고과급을 일부 가미하여 장단기 간의 성과촉진을 도모하고 있는 실정이다.

(3) 개인성과급과 집단성과급

개인성과급은 개인이 표준성과를 초과하여 성과를 냈을 때, 집단성과급은 집단이 표준성과를 초과하여 성과를 냈을 때 지급된다. 개인성과급은 개인의 성과를, 집단성과급은 근로집단의 성과를 촉진하기 위한 것이다. 조직의 성과는 개인의 노력과 개인간 협력의 결과이기 때문에 양자를 모두 촉진하도록 조직은 성과급을 2가지 형태로 지급하는 경우가 일반적이다.

개인성과급은 원칙적으로 표준성과목표를 정한 상태에서 목표를 초과한 정도에 따라 지급되는데, 성과급의 규모는 절대평가를 해서 지급할 수도 있고, 개인 간 성과를 상호 비교하여 산정할 수도 있다.

집단성과급은 개인의 성과가 아닌, 조직단위의 집단성과에 따라 산정되는 성과급이다.

집단성과는 주로 조직의 성과를 말하는데 이를테면 조직이 거둔 이익(profit)이나 비용절감(cost saving) 같은 것이 기준으로 활용된다. 집단성과급에는 조직이 거둔 이익에 따라 성과급을 산정하는 이익배분제(profit sharing plan)와 조직이 절감한 비용에 따라 성과급을 산정하는 비용절감배분제(cost saving plan)의 2가지 유형이 있다.

이익배분제는 조직이 거둔 이익이 연초에 정한 이익목표보다 높을 경우 집단성과급을 지급하는 제도이다. 이익배분제는 이익이 증가하는 호경기에 주로 활용된다.

이에 비해 비용절감배분제는 불경기와 같이 이익이 나기 어렵지만, 비용은 절감가능한 시기에 주로 활용된다. 비용절감분을 계산하는 공식은 다양하며 비용절감 계산식의 특징에 따라서 비용절감배분제는 스캔론 플랜(Scanlon plan), 럭커 플랜(Rucker plan) 등으로 구분될 수 있다.

스캔론 플랜은 매출액 대비 비용절감액을 계산하는 방식이고, 럭커 플랜은 생산액 대비 비용절감액을 표시하는 방식이다. 스캔론 플랜은 매출액이 중요한 판매회사에, 럭커 플랜은 생산비용이 중요한 제조회사에 주로 적용된다.[5] 집단성과급은 이익과 비용 이외에 생산성과 부가가치 등을 기준으로 해서 산정될 수도 있다.

(4) 성과급과 기본급의 관계

성과급은 기본급에 대한 일종의 추가적 임금에 해당되기 때문에, 성과급을 개인에게 배분할 때는 흔히 기본급의 크기에 연동시키게 된다. 즉, 개인이 연초에 설정한 표준성과를 초과하게 되면 개인 기본급의 x%라는 식으로 성과급을 추가하게 된다.

성과급을 개인의 기본급에 따라 연동시킬 때는 정율제와 정액제의 방법이 있다. 정율제는 앞서와 같이 개인 기본급의 x%로 성과급을 산정하는 경우이고, 정액제는 기본급에 관계없이 절대액수로 성과급을 정하는 것을 말한다. 따라서 개인성과급을 지급하는 방법은 정율제만을, 정액제만을, 혹은 정율제와 정액제를 혼합해서 하는 3가지 경우가 있다.

2가지 방식 모두를 적용해서 성과급을 지급하는 경우를 생각해보자. 이를테면 개인은 기본급의 3%는 정율 성과급으로, 50만원은 정액 성과급으로 지급받을 수 있다. 정액 성과급은 기본급의 크기에 따라 연동되지 않기 때문에, 모두에게 균등한 액수의 성과급을 지급할 수 있다. 반면에 정율제 방식은 성과급이 기본급에 비례하기 때문에 기본급의 차이에 따라 개인 간의 성과급차이가 발생한다.

7 복합 임금체계

임금체계는 하나의 순수한 형태로만 존재하지 않는다. 이를테면 조직은 기본급을 연공급, 직능급, 직무급으로 설정한 후, 부가적으로 성과급을 이에 추가함으로써 임금체계를 구성할 수 있다. 이와 같이 임금체계는 2가지 이상의 임금체계가 복합되어 설계되는 경우가 일반적이다. 기본급의 유형이 연공급, 직능급, 직무급의 3가지라 하면 복합임금체계는 이들 유형이 성과급과 혼합된 형태가 될 것이다.

어떤 조직이 기본급을 직무급으로 설계하고 이에 성과급을 추가한다면 이는 직무성과급이라 불릴 수 있다. 사실 직무성과급은 서구의 가장 일반적인 임금체계라 할 수 있다. 마찬가지로 직능급을 운영하는 조직이 이에 성과급을 추가하면 직능성과급을 구성하게 된다. 또한 연공급을 도입한 조직이라도 성과급을 기본급에 추가하는 것이 가능하다.

[그림 8-4]는 기본급에 성과급이 혼합된 복합 임금체계의 3가지 경우를 예시하고 있다. 조직이 어떤 형태의 복합 임금체계를 선택할 지는 회사의 상황에 따라 다를 수 있다.

그림 8-4 복합 임금체계

기본급		부가급여		
연공급	+	성과급	=	연공·성과 복합임금
직능급	+	성과급	=	직능·성과 복합임금
직무급	+	성과급	=	직무·성과 복합임금

8 사무관리직 연봉제

(1) 연봉제의 개념

국내에서 사무관리직에 적용되는 임금제도로는 연봉제가 대표적이다. 사무관리직이라도 모두 연봉제의 적용을 받는 것은 아니지만 최근까지 연봉제는 사무관리직의 대표적인 임금제도가 되었다. 연봉제는 앞서 설명한 임금체계의 한 유형으로 보기는 힘들다. 그 대신 연봉제는 연공급, 직무급, 직능급 등 단일 유형의 임금체계가 혼합된 임금제도로 보아야 할 것이다. 이를테면 연공급 임금체계를 가지고 있더라도 연공급에 개인성과급을 가미한 후 연봉제로 명칭하는 경우가 있다. 따라서 이때 연봉제는 사실 연공급에 성과급이 가미된 임금체계라 할 수 있다.

연봉제는 별도의 임금체계가 아니라 개인이 받는 임금을 1년 단위로 결정하는 임금제도로서, 개인 근로자의 임금을 인사평가 결과에 기반하여 결정하는 임금제도이다. 따라서 연봉제는 개인의 성과와 능력을 임금에 반영하는 성과급의 성격이 강하다. 이와 같은 연봉제는 다음과 같은 특징을 가지고 있다.

첫째, 연봉제는 임금총액을 월단위로 표시하지 않고 연간 단위로 표시하는 임금제도이다.

둘째, 연봉제는 인사평가를 통해 개인의 업적과 능력에 비례해서 개인 간 임금차등을 둔다. 인사평가에 의한 임금차이는 보통 성과연봉이라는 이름으로 지급된다.

셋째, 연봉제는 기존의 복잡한 수당과 상여금 등 임금항목들을 단순하게 통합해서 기본연봉과 성과연봉, 그리고 꼭 필요한 수당으로 간소화한다. 일반적으로 개인의 연봉은 기본연봉과 성과연봉으로 구분되며 기존의 상여금은 상당부분 기본연봉, 성과연봉, 집단성과급 등으로 흡수된다.

연봉제를 도입하는 조직은 흔히 기존의 호봉표를 없애고 연공급 임금체계를 연봉제로 대체한다. 따라서 연봉제가 도입되면 근속연수의 임금결정력은 약화되며 그 대신 성과와 능력에 따라서 임금이 인상되는 정도가 증가하게 된다.

[그림 8-5]는 연봉제 하에서 임금총액을 구성하는 임금항목을 예시적으로 보여주고

그림 8-5 연봉제 하의 임금구성

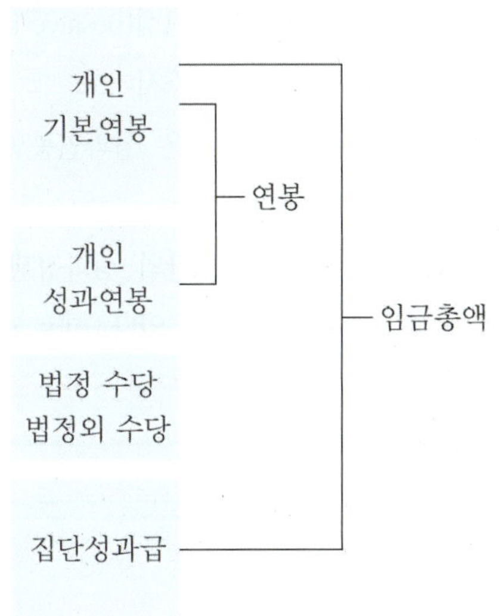

있다. 개인의 연봉은 기본연봉과 성과연봉으로 구성되고 성과연봉은 개인에 대한 인사평가 결과에 따라 결정되는 부분이다. 인사평가에서 좋은 평가를 받을수록 성과연봉이 증가하게 됨은 물론이다.

(2) 연봉제의 유형

연봉제는 1990년대 후반부터 확대되기 시작하였는데 다양한 유형으로 발전하여왔다. 연봉제의 유형은 크게 비누적식 연봉제, 누적식 연봉제, 비누적 및 누적식을 병행하는 혼합식 연봉제로 구분될 수 있다. 다음에서는 연봉제를 유형별로 구분하여 설명하고자 한다.[6)]

(가) 비누적식 연봉제

비누적식이란 성과연봉을 1년 단위로 매번 새롭게 산정한다는 의미이다. 연봉제 하의 연봉은 기본연봉과 개인 성과연봉으로 구분될 수 있는데 비누적식 연봉제는 개인 성과연봉을 1년 단위로 매번 새로이 산정한다. 성과연봉은 작년의 성과평가(혹은 인사평가) 결과에 따라서 결정되는데 상대평가에서 우수한 등급을 받은 개인일수록 성과연봉이 높아지는 구조를 가지고 있다. 성과연봉의 수준은 인사평가 결과에 따라 매년 변동하게 된다.

비누적식 연봉제에서 성과연봉은 개인 간의 임금차등을 두는 중요한 요소이다. 비누적식 연봉제는 다시 제로섬(zero sum) 방식과 포지티브섬(positive sum) 방식으로 구분될 수 있다. 제로섬 방식은 인사평가 하위등급의 임금을 감소시키고, 그 절감분으로 인사평가 상위등급의 임금을 올려주는 방식이며, 포지티브섬 방식은 성과연봉의 감소 없이 모든 직원에게 최소한의 연봉인상을 허용하는 방식을 말한다.

제로섬방식은 포지티브섬 방식에 비해 개인 간의 성과경쟁을 가속화시키는 효과가 있으나 과도할 경우 개인 간의 협력을 저해할 우려가 있다. 제로섬방식은 성과연봉을 개인 간

그림 8-6 비누적식 연봉제

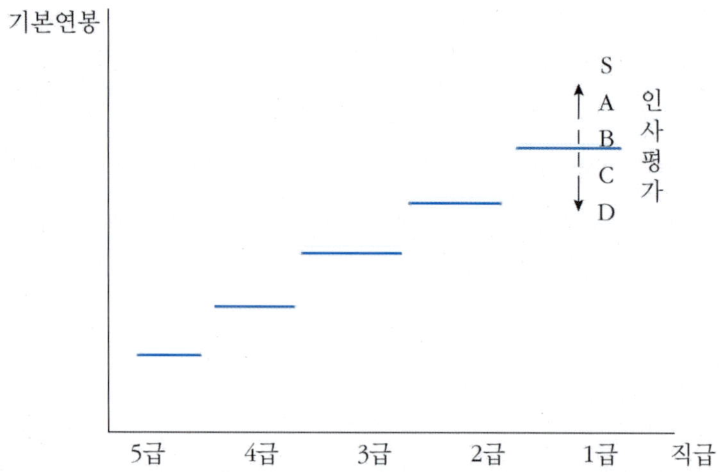

비누적식 연봉제(제로섬 방식)

인사평가등급	S등급	A등급	B등급	C등급	D등급
성과연봉 인상률	+30%	+20%	0%	−20%	−30%

비누적식 연봉제(포지티브섬 방식)

인사평가등급	S등급	A등급	B등급	C등급	D등급
성과연봉 인상률	+30%	+20%	+10%	5%	0%

출처: 정종태(2013), 인사관리 – 기본과 실제, 시그마프레스, p.165. 원래 도표를 일부 수정 편집함.

에 나누어갖기 때문에, 포지티브섬 방식에 비해 인건비 부담이 적은 것이 장점이다.

반면 포지티브섬 방식은 모든 등급의 개인에게 어느 정도의 성과연봉 인상을 허용하기 때문에, 인건비 부담이 상대적으로 큰 단점이 있다. 그러나 포지티브섬 방식은 경쟁으로 인한 협력 분위기의 악화를 방지할 수 있는 장점이 있다.

[그림 8-6]은 비누적식 연봉제를 그림과 도표로 예시한 것이다. 근로자의 직급이 5급에서 1급까지 있는 경우, 각 직급의 기본연봉은 수평선으로 그려진 수준으로 결정된다. 그리고 각 직급의 기본연봉에서 개인 간의 연봉차이는 다시 인사평가의 결과(S등급에서 D등급까지)에 따라서 차등화된다. 차등화되는 방식은 제로섬 방식으로 하거나 포지티브섬 방식으로 할 수 있는데, 각 방식의 예시는 1급의 경우를 중심으로 그래프 아래 표로 예시화되어 있다.

(나) 누적식 연봉제

누적식 연봉제는 인사평가에 의해 연봉수준이 일단 증가하면 다시 감소하지 않고 누적되는 특징을 가진다. 따라서 인사평가를 첫 해에 S를 받고 그 다음 해에 C를 받는다 하더라도 S등급 받은 해의 연봉인상분은 그 다음 해 C등급의 평가로 인해 다시 감소하지 않는다. 누적식 연봉제에서 한번 인상된 연봉은 다시 감소하는 법이 없다.

누적식 연봉제는 서구 기업들이 흔히 활용하는 연봉제로 순수연봉제라고도 불린다. 누적식 연봉제는 연봉을 기본연봉과 성과연봉으로 이분화하지 않고, 연봉 그 자체를 매년 인사평가에 의해 조정한다.

누적식 연봉제는 한 번에 인상되는 폭이 비누적식 연봉제에 비해 크지 않다. 그러나 연봉인상분이 누적되기 때문에 인사평가를 거듭해서 우수하게 받는 직원은 그렇지 못한 직원에 비해 시간이 흐를수록 더 큰 연봉을 받게 된다.

[그림 8-7]은 누적식 연봉제 하에서 인사평가 등급에 따라 연봉의 수준이 변화되는 패턴을 예시하고 있다. 이를테면 [그림 8-7]에서 S등급을 받은 직원은 총연봉이 한해에 7% 정도 인상될 수 있는데, 향후 5년간 거듭해서 S등급을 받게 되면 총연봉이 7%의 복리로 5회 연속 인상될 수 있다. 이에 비해 총연봉의 3%의 인상을 받게 되는 B등급은 5년 거듭해서 받게 되더라도 S등급에 비해 상대적으로 낮은 연봉을 받게 될 것이다. 이와 같이 누적식 연봉제는 개인 연봉 격차를 장기적으로 누적하기 때문에 비누적식에 비해 근로자의 임금경쟁을 촉진하는 효과가 더 클 수 있다.

그림 8-7 누적식 연봉제

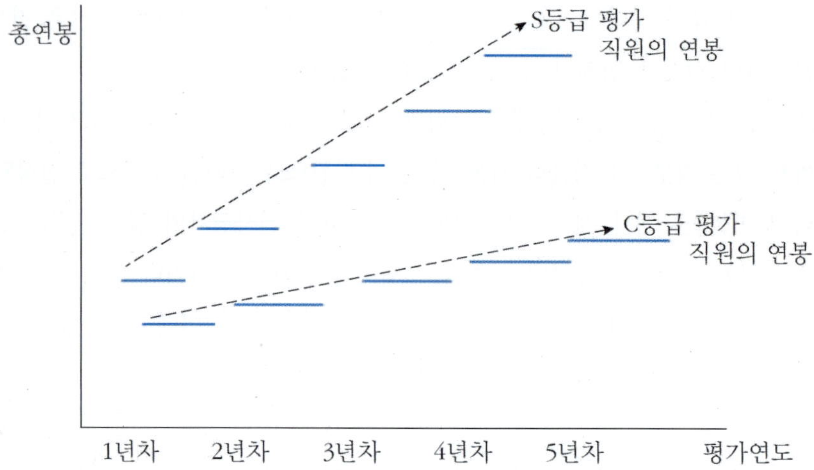

인사평가등급	S등급	A등급	B등급	C등급	D등급
연봉 인상률	+7%	+5%	+3%	1%	0%

(다) 혼합식 연봉제

혼합식 연봉제는 비누적식과 누적식을 혼합한 형태의 연봉제이다. 혼합식 연봉제는 연봉을 기본연봉과 성과연봉으로 구분하고 일반적으로 기본연봉은 누적식으로, 성과연봉은 비누적식으로 운영한다.

<표 8-6>은 혼합식 연봉제에서 기본연봉과 성과연봉이 각각 누적식과 비누적식으로 운영되는 사례를 예시하고 있다. 기본연봉은 누적식이기 때문에 인사평가에 의해 인상되는 %가 비누적식인 성과연봉에 비해 적은 것을 알 수 있다.

혼합형 연봉제에서는 인사평가 하위등급을 받은 근로자라도 기본연봉이 감소하지 않는다. 왜냐하면 기본연봉은 누적식이고 통상적으로 감액되지는 않기 때문이다. 따라서 혼합형 연봉제는 연봉 감액으로 인한 임금 불안정성을 상당히 방지할 수 있다. 이런 이유에서 혼합형 연봉제는 연봉제 도입 초기 근로자의 저항을 줄일 수 있다.

표 8-6 혼합식 연봉제

총연봉 = 기본연봉(누적식) + 성과연봉(비누적식)

기본연봉(누적식)

인사평가등급	S등급	A등급	B등급	C등급	D등급
기본연봉 인상률	+7%	+5%	3%	1%	0%

성과연봉(비누적식)

인사평가등급	S등급	A등급	B등급	C등급	D등급
성과연봉 인상률	+20%	+15%	10%	5%	0%

박스사례 8-2 삼성전자의 연봉제 개편[7)]

삼성전자는 2010년 기존의 연봉제를 비누적식에서 누적식 연봉제로 전환하였다. 2010년 이전 비누적식 연봉제 하에서 직원들의 연봉은 매년 큰 폭으로 변화하였다. 한 해에 상위평가를 받아 연봉이 크게 오른 직원은 그 다음 해 평가가 좋지 않으면 연봉이 다시 큰 폭으로 하락하게 된다. 예를 들어 한해 연봉 7,000만원을 받은 직원은 다음 해 하위 평가를 받게 되면 연봉이 6,000만원으로 줄어들어 소득불안정이 초래되었다. 삼성전자 관계자에 따르면 기존 비누적식 연봉제는 인사평가에 따라 매년 받게 되는 금액의 편차가 너무 컸고, 따라서 직원들이 안정적으로 생계계획을 세울 수 없었다고 한다.

그러나 2010년부터 연봉제가 누적식으로 변화하여 직원의 연봉이 매년 오르락 내리락 하는 현상은 줄어들었다. 누적식 연봉제 하에서는 직원이 7,000만원을 받았다면 그 다음해 인사평가가 좋지 않더라도 연봉수준은 최소한 그대로 유지될 수 있다. 따라서 누적식 연봉제는 임금수준의 안정성을 높이는 작용을 할 것으로 보인다.

(3) 연봉제 운영 시 유의점

연봉제를 운영할 때는 예상하지 못한 문제점이 발생할 수 있기 때문에 다음과 같은 점에 유의해서 신중을 기할 필요가 있다.

첫째, 연봉제가 도입되면 하위 직급의 임금이 상위직급의 임금을 상회하는 임금역전 현상이 일어날 수 있다. 하위 직급에 속한 직원이 우수한 인사평가를 거듭해서 받고, 상위 직급의 직원이 그렇지 못할 경우 흔하지는 않지만 직급 간의 임금역전이 일어날 수 있다. 그 외에 경력직으로 입사한, 근속연수가 얼마 안 된 직원이 기존의 근속연수가 많은 직원보다 더 많이 받는 경우도 발생할 수 있다. 이러한 경우 연봉제에 대한 근로자의 저항이 커질 수 있는데, 조직은 연봉제를 도입하는 목적과 취지가 성과와 능력에 의한 보상이라는 점을 내부 구성원에게 효과적으로 전달해야 할 것이다.

둘째, 연봉제를 도입하면 인사평가의 공정성에 대한 우려가 커진다. 이는 연봉의 결정이 인사평가 결과에 좌우되기 때문이다. 따라서 연봉제의 도입과 함께 기존의 평가방식과 절차를 개선하고 공정한 인사평가를 위한 관리자 교육이 필수적이다.

셋째, 연봉제의 도입 이후 개인 간 과도한 임금격차가 발생하면 업무수행 과정에서의 협력이 크게 저하될 위험이 있다. 조직은 개인의 성과와 능력을 강조하는 연봉제를 도입하는 것과 함께 집단성과를 임금에 반영하여 협력을 촉진해야 할 것이다. 조직단위의 집단성과급이 개인 연봉에 합산되면 조직성과가 개인의 연봉에 영향을 주기 때문에 개인 간의 과도한 경쟁 분위기를 완화시킬 수 있다.

연봉제는 한국의 기업들이 호봉표에 기반한 종전의 연공급을 대체하는 임금제도로서 향후에도 다양한 형태로 발전될 가능성이 높다. 그리고 연봉제는 기존의 연공급을 대신하여 인사평가를 받는 사무관리직에 적용되는 대표적인 임금제도로 자리잡을 것이다.

9 임금피크제

(1) 임금피크제의 개념

국내 기업은 고령근로자가 증가하면서 기존의 연공급 임금체계로 인한 인건비 부담이 증가하였다. 그 결과 제조업, 공기업, 은행 같은 금융기관을 포함해 국내 기업들은 인건비 부담을 완화하기 위해 임금피크제를 도입하고 있다. 임금피크제는 일정 연령 혹은 근속시점을 기준으로 그 이후 임금을 줄여나가는 특수한 임금제도이다. 임금피크제는 정년 수년 전부터 임금감액이 이루어지는 경우, 정년을 연장하는 조건으로 임금감액이 이루어지는 경우 등 법률로 정해진 정년을 기준으로 그 이전과 이후에 임금을 조정하는 임금제도로 볼 수 있다.

그림 8-8 정년연장형 임금피크제

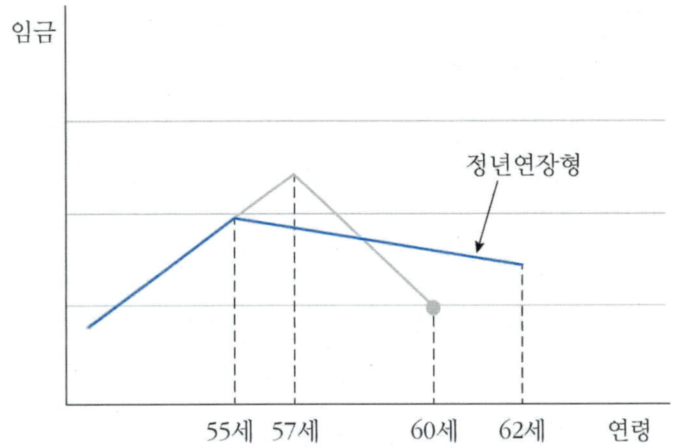

출처: 고용노동부(2014), 합리적 임금체계 개편 매뉴얼, 노사정책협력과.

임금피크제는 노동조합과 근로자의 반대에도 불구하고 공기업뿐만 아니라 점차 시중은행, 민간기업으로 확대되고 있다. 이러한 움직임은 국내 경제가 저성장단계에 들어가고 고령화가 진행되는 환경변화를 반영한 것이다. 임금피크제는 기존의 임금체계 중 연공급을 채택한 조직에서 특히 도입이 고려되는 제도인데 이는 연공급이 장기근속자의 숫자가 누적되면서 조직에 인건비 부담을 높였기 때문이다.

(2) 임금피크제의 유형

임금피크제의 유형에는 크게 정년연장형, 고용연장형, 근로시간 단축형의 3가지가 있다. 각각의 특징을 설명하면 다음과 같다.

(가) 정년연장형 임금피크제

정년연장형은 기존의 정년을 연장하는 조건으로 그 이전 일정 시점부터 임금을 감액하는 임금피크제이다. 이를테면 사용자와 근로자가 정년을 법이 정한 60세에서 그 이상으로 연장하기로 동의하였다면 임금은 그 이전 수년전부터 감액된다. 정년 얼마 전부터 감액이 일어나는지, 감액하는 비율은 기존임금 대비 어느 정도인지는 근로자와 사용자, 혹은 노동조합과 사용자 간의 합의를 거쳐야 한다.

(나) 고용연장형 임금피크제

고용연장형은 정년에 이른 근로자를 일단 퇴직하게 한 후 재고용을 거쳐 고용 자체를 연장하는 제도이다. 즉, 기업은 근로자의 정년 이후 재고용을 약속하는 대신 근로자의 임금을 정년 전에 감액하게 된다.

고용연장형은 정년에 도달한 근로자를 일단 퇴직시킨 후 다시 고용하는 형식을 취하고 재고용 시 근로자는 기간제 근로 등 '근로기간의 정함'이 있는 형태로 고용되는 것이 일반적이다.

임금 감액의 정도와 고용기간은 사용자와 근로자 간의 합의에 의해 결정된다. 고용연장형은 정년을 연장하기 곤란한 경우에 대안적으로 채택할 수 있는 임금피크제의 유형이라 할 수 있다.

(다) 근로시간 단축형 임금피크제

근로시간 단축형은 정년연장형과 고용연장형 임금피크제와 결합되어 사용될 수 있다. 근로시간 단축형은 임금 자체를 감액하는 것이 아니라 근로시간을 줄여서 임금총액을 줄여 나가는 방식을 취한다. 즉, 근로시간 단축형은 임금률 자체를 감소시키기보다 근로시간을 줄여 임금총액을 감소시키는 제도라 할 수 있다. 따라서 정년연장이나 고용연장의 경우에 근로자는 종전보다 더 적은 시간을 근무함으로써 임금총액이 감액된다.

(라) 단계적 감액과 일회적 감액

임금피크제에서 임금을 감액하는 방식은 [그림 8-9]와 같이 2가지 방식이 있다. 하나는 단계적 감액이며 다른 하나는 일회적 감액 방식이다.[8)]

(3) 임금피크제 운영 시 유의점

임금피크제가 도입되어 임금이 계속 감액되면 근로자는 근로의욕을 상실할 수 있는 문제점이 발생한다. 따라서 일부 조직은 감액이 되는 과정에서도 성과에 따라 성과급을 추가

그림 8-9 임금피크제의 임금감액 방식

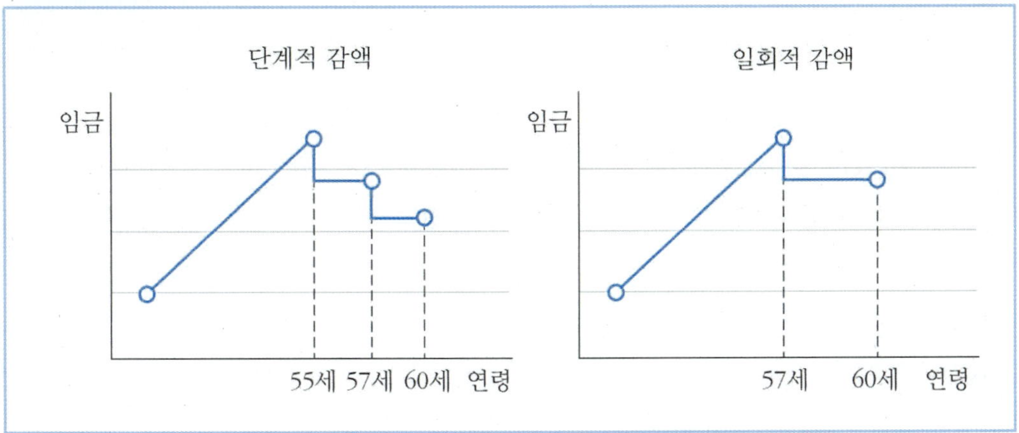

출처: 고용노동부(2014), 합리적 임금체계 개편 매뉴얼, 노사정책협력과.

로 지급하는 조치를 취하기도 한다. 이 경우 성과가 좋은 근로자는 임금이 감액되더라도 성과급을 추가로 받게 되어 근로의욕을 유지할 수 있다.

또한 임금피크제는 단지 임금만을 감액하는 제도가 아니다. 임금이 감액되면 대부분 그에 걸맞게 근로자는 기존의 일에서 다른 일로 이동하게 된다. 임금피크제 하에서 이동되는 일은 이전의 일보다 직무가치가 낮은 일이 될 가능성이 높다. 낮은 가치의 직무에서 낮은 임금을 받게 되는 구조가 더 상식적이기 때문이다.

조직은 임금피크제의 도입과 함께 그 대상자가 직무를 전환할 수 있도록 임금피크제 대상자의 이동가능 직무를 미리 선정하기도 한다. 만약 근로자가 임금피크제 대상이 되기보다 퇴직을 선택할 경우에 회사는 해당 근로자의 재취업을 돕기 위해 전직지원서비스를 제공하기도 한다.

박스사례 8-3 공기업 임금피크제 권고안

정부는 2015년 7월에 '공기업 임금피크제 권고안'을 확정하여 기관별 임금피크제 도입 추진계획을 수립하도록 하고 있다. 그 내용을 살펴보면 임금피크제가 국내 공기업의 임금수준에 큰 영향을 미치고 있음을 알 수 있다.[9)]

1. 모든 공공기관은 전 직원을 대상으로 임금피크제를 도입해야 한다.

정년을 종전 60세 미만에서 60세로 연장하는 기관뿐만 아니라 현 정년이 60세 이상인 기관도 임금피크제를 도입해야 한다.
직급별 정년이 상이하여 일부 직급만 정년을 연장하는 경우에도 전 직원을 대상으로 임금피크제를 도입해야 한다.

2. 정년은 60세를 초과하여 연장할 수 없다.
직급별로 정년을 달리 적용하는 기관도 직급별 정년 일치를 이유로 60세 미만 직급의 정년을 60세를 초과하여 연장할 수 없다.

3. 임금피크제 적용기관은 신규채용 규모를 설정해야 한다.
임금피크제로 인해 절감된 인건비를 활용하여 신규채용 규모를 재설정해야 한다.

토론

토론과제

본 장에서 학습한 내용을 기반으로 다음 이슈에 대해 토론해보자.

1. 호봉표에 의해 임금이 결정되는 회사를 하나 선정해서 근속연수에 따라 임금이 어떻게 상승하는지를 살펴보자. 호봉이 인상되는 패턴을 조사하여 입사부터 입사 후 20년차까지의 임금상승곡선을 그려보자.
2. 직무급을 적용하는 회사를 하나 선정해서, 직무에 따라 어떻게 임금격차가 발생하는지 조사해보자. 직무급 하에서 근속연수가 임금에 전혀 영향을 미치지 못하는지 아니면 어느 정도 임금에 영향을 미칠 수 있는지를 토론해보자.
3. 실적급과 고과급의 사례를 하나씩 선정하여, 양자의 차이점을 토론해보자. 실적급과 고과급은 언제 활용되는지를 토론해보자.
4. 연봉제를 적용하는 회사를 하나 선정해서, 연봉을 구성하는 항목들과 연봉이 인상되는 방식을 토론해보자.
5. 임금피크제를 도입한 회사를 하나 선정해서, 임금피크제가 어떻게 운영되는지를 살펴보자. 임금피크가 되는 기간, 임금피크 후의 임금삭감방식, 임금피크제의 문제점과 해결방안 등을 토론해보자.

토론사례 연봉 4,000만원이 넘는 근로자도 최저임금법 위반[10)]

2017년 제조업체 A사 생산직에 입사한 박기흥씨의 초봉은 4,140만원이다. 적지 않은 금액이지만 내년 최저임금이 시간당 7,530원으로 오르면 박씨의 연봉도 덩달아 오른다. 지금의 시급(6,542원)이 내년 최저임금에 한참 미달하기 때문이다. 연봉 자체는 높지만 기본급이 낮고, 상여금 비중이 큰 임금 구조 탓이다.

박씨 연봉은 기본급, 근속·직무수당과 2개월마다, 명절·연말에 나눠 받는 상여금(기본급의 800%), 휴가비와 성과급 등을 모두 합해 4,140만원이다. 하지만 최저임금을 계산할 때는 전체 연봉의 46%인 기본급과 직무·근속수당만 적용된다. 그래서 박씨의 올해 시급은 올해 최저임금(6,470원)을 조금 넘는 6,542원이지만 내년 최저임금이 7,530원으로 오르면 A사는 여기에 맞춰 박씨의 기본급을 올려줘야 한다. A사 관계자는 "대부분 제조업 생산직 초임을 최저임금수준에 맞춰왔다"며 "최저임금이 7,530원이 되면 우리 회사는 10호봉까지도 최저임금 시급에 미달한다"고 말했다.

내년 최저임금이 오르면 박씨는 기본급 인상으로 284만6400원을 더 받는다. 기본급에 연동하는 상여금 등을 합하면 올해보다 474만원 늘어난다. 2020년 시급 1만원이 되면 박씨 연봉은 5,800만원으로 뛴다. 올해 연봉보다 40% 넘게 오르는 것이다.

토론문제

1) 한국의 생산직 임금제도가 가지는 문제점을 조사하여 토론해본다.
2) 위의 사례에서 생산직 근로자가 4,000여만의 연봉에도 불구하고 최저임금에 미치지 못하는 임금을 받는 것으로 나타난 이유는 무엇인가?

CHAPTER 09

복리후생관리

1. 복리후생의 개념
2. 복리후생의 제반 관리활동
3. 복리후생제도의 유형
4. 일과 삶의 균형을 위한 복리후생제도

CHAPTER 09

복리후생관리

학습목표

본 장에서는 금전형태의 임금이 아닌 복리후생에 대해 살펴볼 것이다. 이와 관련해서 본 장에서는 복리후생의 개념과 복리후생관리 활동, 그리고 복리후생의 유형 등을 학습한다. 학습자는 본 장을 학습한 후 다음과 같은 목표를 달성할 수 있다.

❶ 복리후생의 개념과 역할을 설명할 수 있다.

❷ 복리후생을 위한 4가지 관리활동을 설명할 수 있다.

❸ 법으로 의무화된 법정 복리후생과 조직이 자율적으로 제공하는 법정외 복리후생의 내용을 설명할 수 있다.

❹ 일과 삶의 균형을 지원할 복리후생제도를 설명할 수 있다.

[도입사례] 네이버와 카카오의 복리후생

한국 IT업계의 양대 산맥인 네이버와 카카오는 우수 인력을 유치하기 위해 직원 복지 분야에서 경쟁하고 있다. 두 회사 모두 평균 이상의 복리후생을 제공하지만 그 내용에 있어 차이가 있다. 두 회사의 복리후생을 비교해보자.[1)]

첫째, 출퇴근과 휴가에 있어서 차이가 있다. 네이버는 연차나 병가, 휴가를 조직장 결재없이 자율적으로 신청할 수 있다. 현직자 중 한명은 "책임근무제를 실시하고 있어 내 할 일만 하면 아무도 건드리지 않는다. 자유로운 출퇴근 시간과 휴가 사용으로 분위기가 좋다"고 말한다.

카카오 역시 출퇴근과 휴가 사용에 자유롭다. 사내 시스템에 날짜만 입력하면 되고 상사 눈치를 볼 필요가 없다. 카카오는 3년 근속 시마다 한 달의 안식휴가를 주고 200만원의 휴가비를 별도로 지급한다. 카카오 현직자 중 한명은 "한 달 안식유급휴가는 업계 최고의 복지라고 생각한다"고 말하고 있다.

둘째, 식사제공에 있어서 차이가 있다. 네이버는 6,000원대 식사를 2,000원에 제공하고 맛과 질이 좋은 편이다. 아침 식사는 무료이다. 카카오는 별도의 사내 식당을 두지 않고 식비를 지원한다. 두 회사 직원들은 점심식사에 평균 1시간 30분가량을 쓰고 있다.

셋째, 건강에 대한 지원에 있어서 차이가 있다. 네이버는 직원들을 대상으로 종합 건강 검진을 지원하고, 병원진료를 받을 경우 수술비, 치료비, 약제비를 지급하는 상해보험을 제공하고 있다. 카카오 역시 질병이나 사고로 인한 통원 치료비, 입원비를 최고 3,000만원까지 지원한다. 모든 직원들에게 연 1회의 종합 건강검진을 제공하고 직원이 사망할 경우 유족에서 2억 원의 사망보험금을 지원하고 있다.

그 외 두 회사는 주거안정을 위한 대출금지원, 사내 전문 트레이너와 헬스장 운영 등 다양한 복리후생들을 제공하고 있다.

1 복리후생의 개념

복리후생(fringe benefit)의 의미는 원칙적으로 비금전적 보상(pay) 형태로 근로자에게 지급되는 부가적 혜택을 말한다.[2] 혹은 고용 상태에서 지급되는 부가적 보상으로 금전적 가치를 가지고 있으나 임금(wage)에는 포함되지 않는 보상을 의미하기도 한다.[3] 복리후생이 임금과 다른 점은 다음과 같다.

첫째, 복리후생은 간접 보상으로 업무성과와 관계없이 일정 조건을 충족한 모든 직원에게 지급되는 집단적 성격을 가지고 있다. 이를테면 자녀 학자금 지원, 육아비용은 자녀가 있는 직원이면 모두가 해당이 된다. 이에 비해 임금(wage)은 근로에 대한 직접 보상이기 때문에 업무성과 및 업무시간에 따라 개인 간 차등이 있다.

둘째, 복리후생은 원칙적으로 서비스 혹은 현물, 시설이용 혜택 등을 주는 것으로 반드시 금전으로 지급될 필요가 없다. 이를테면 보험 같이 근로자에게 직접 금전을 지급하는 것

표 9-1 임금과 복리후생의 차이

	임금	복리후생
지급형태	금전	현물, 서비스, 금전
배분기준	근로의 양과 질, 성과, 능력에 따라 개인 간 차등	근로의 양과 질, 성과, 능력과 무관하게 집단 내 평등
지급방식	신청하지 않더라도 주기적으로 지급	신청해야만 혜택을 제공

이 아니라 회사가 보험료의 일부 혹은 전액을 근로자 대신 지급하는 경우가 이에 해당된다. 기업이 직원에게 흔히 제공하는 육아지원, 유연근무제도, 휴가제도, 자기개발지원, 사내 편의시설제공, 건강보험, 퇴직연금 등의 복리후생 역시 현물성 간접보상의 성격이 강하다.

셋째, 복리후생은 직원이 신청할 경우에만 혜택이 주어진다. 이를테면 육아지원, 유연근무, 사내 편의시설 사용과 같이 직원이 특정 서비스를 신청할 경우에만 회사가 이를 제공한다. 그러나 임금은 정해진 주기(월단위)에 따라, 직원이 신청하지 않더라도 정기적으로 지급되어야 한다.

총보상(total compensation)은 임금과 복리후생으로 구성되어 있고 복리후생은 금전적 가치로 환산하면 일반적으로 총급여의 20%에서 30% 사이의 비중을 차지할 정도이다. 따라서 복리후생은 경제적 가치에서 상당한 의미를 갖고 있다.[4] 고용주가 임금 외에 복리후생 같은 간접급여를 지급하는 이유는 다음과 같다.

첫째 복리후생과 같은 간접급여는 업무성과와 능력에 따라 개인별 차등을 두지 않기 때문에 모든 구성원의 공동체적 연대를 강화할 수 있다. 즉, 임금의 개인별 차등성에 추가하여 복리후생은 조직 내 평등성을 강화하여 소속감과 연대감을 형성할 수 있다. 이를테면 휴가제도는 업무성과와 관계없이 일정 조건을 충족한 구성원 누구에게나 제공되며, 금전 급여 중 하나인 기본급의 크기와 상관없이 제공되기 때문에 평등성이 강하다.

둘째, 복리후생은 회사 내 근로자를 집단별로 묶어 특정 서비스를 제공하기 때문에 규모의 경제를 기대할 수 있다. 근로자가 특정 서비스를 개인적으로 구매할 때와 비교하여 회사가 동일한 서비스를 원하는 직원들을 위하여 집단으로 구매하면 더 낮은 비용으로 제공할 수 있다. 이를테면 특정 보험을 개인보험이 아닌, 회사가 단체보험 형태로 구매하면 더 좋은 조건으로 보험을 구매할 수 있다. 또한 복리후생은 임금이 아닌 실물(서비스)로 지급되기 때문에 다양한 세제혜택까지 누릴 수 있다. 따라서 동일한 보상이라도 회사가 일부를 복리후생으로 지급하면 근로자는 더 큰 가치의 경제적 혜택을 누릴 수 있다.

셋째, 복리후생은 우수한 인재를 유인하고 유지하는 데 도움을 준다. 조직은 경쟁기업과 다른 특유의 차별화된 복리후생 서비스를 개발하여 제공하면, 임금수준이 동일하더라도 인재유치에 유리하다. 왜냐하면 근로자가 원하는 서비스로 복리후생을 잘 설계하면 조직은 임금이 주지 못하는 매력을 근로자에게 제공할 수 있다. 구글(Google) 같은 회사가 사내 유기농 식당이나 애완견 직장동행 서비스 등 차별화된 복리후생을 제공하는 이유는 우수한 인력을 유인하기 위한 것이다.

넷째 일부 복리후생은 법적으로 의무화되었기 때문에 회사는 복리후생을 제공하기도 한다. 이를테면 건강보험, 고용보험, 산재보험, 국민연금보험 등 4대 사회보험은 법적으로 의무화되어 있는 복리후생 항목이다. 또한 퇴직금 역시 근로기준법에 따라 대부분의 직장에서 의무화되어 있다.

2 복리후생의 제반 관리활동

복리후생관리와 관련된 활동은 복리후생의 제도설계, 복리후생의 예산관리, 복리후생의 개인 맞춤관리, 그리고 복리후생제도의 일상적 운영관리를 포함한다. <표 9-2>는 복리후생 관리의 주요 활동들을 보여주고 있다.

표 9-2 복리후생 관리활동

	제도 설계	예산관리	개인 맞춤관리	운영관리
복리후생 관리활동	복리후생의 목적과 대상, 법적 요구사항, 현금성 임금대비 비율 등을 고려하여 복리후생제도를 설계	복리후생의 비용추정, 재원조달, 외부 아웃소싱 여부 점검	개인 복리후생 수요 조사, 비용대비 만족도 조사, 복리후생에 대한 개인 선택권 확대	근로자에게 복리후생 정보제공, 신청 및 처리업무 수행

표 9-3 복리후생 설계 시 고려요인

요인	내용
법적 요구사항	법으로 의무화된 복리후생과 그렇지 않은 복리후생을 구분하여 설계한다. 법정 복리후생은 관련 법규를 충족해야 한다.
총보상과의 관계	총보상 안에는 현금성 임금과 복리후생이 있는데 총보상에서 임금대신 복리후생으로 제공하는 것이 근로자에게 더 유익한지를 결정해야 한다.
재원조달방법	복리후생에 소요되는 비용이 조달가능한지를 고려해야 한다. 복리후생 비용을 회사와 근로자가 분담하는 것이 가능할지 등도 고려해 본다.
비용편익효과	복리후생을 제공하는 비용 대비 편익이 충분히 높은지를 평가해야 한다. 기존 복리후생 항목 중 비용편익효과가 적은 것을 새로운 복리후생 항목으로 교체할지를 평가해야 한다.
경쟁기업의 복리후생 수준	경쟁기업이 제공하는 복리후생 수준과 비교하여 경쟁력 있는 수준의 복리후생을 제공하고 있는지를 점검해야 한다.
개인의 욕구	개인마다 원하는 복리후생의 유형이 다르기 때문에 근로자가 원하는 복리후생을 조사해야 한다. 연령별, 성별, 결혼유무에 따라 복리후생에 대한 욕구가 어떻게 다른지를 파악해야 한다. 설문과 인터뷰 같은 방법으로 복리후생 항목에 대한 근로자 선호도를 조사한다. 또한 근로자가 다양한 복리후생 항목 중에 자신이 원하는 항목을 선택할 수 있도록 해야 한다.

(1) 복리후생의 설계

복리후생을 설계하기 위해서는 다양한 요소를 고려해야 한다. 복리후생을 설계할 때는 법적 요구사항, 임금을 포함한 총보상과의 관계, 지불능력 및 재원조달가능성, 비용편익효과, 경쟁기업의 복리후생수준, 근로자 개인의 욕구 등을 고려해야 한다. <표 9-3>은 복리후생 설계 시 고려해야 할 요인들과 각 요인별로 점검해야 할 이슈들을 보여주고 있다.

복리후생의 설계과정에 있어 근로자가 참여할 기회를 주는 것은 복리후생의 비용편익효과를 높이는데 중요하다. 근로자가 원하지 않는 복리후생을 제공할 경우 비용만 지출되고 만족도는 높지 않을 수 있기 때문이다. 근로자의 의견은 근로자 대표기구인 노사협의회와 노동조합, 혹은 근로자 집단에 대한 인터뷰 및 설문조사를 통해 수집될 수 있다.

또한 복리후생을 새롭게 설계할 때는 어떤 목적을 달성할지를 먼저 정해야 한다. 복리후생을 제공하는 목적에는 크게 경제적 목적, 사회적 목적, 윤리적 목적 등이 있다. 경제적 목적은 성과향상, 이직률의 감소, 우수인재 유치 등이며, 사회적 목적은 인간관계 형성촉진, 가족 친화적 환경조성 등이고, 윤리적 목적은 근로자의 생활존중을 위한 것이다. 따라서 새로운 복리후생의 추가가 이러한 목적의 관점에서 합리적인지를 판단해야 한다.

(2) 복리후생의 예산관리(budget planning)

총액인건비 예산에서 복리후생 예산을 얼마나 책정할 것인지는 매우 중요한 의사결정이다. 일반적으로 인건비 예산은 조직의 사업수익에 따라서 그 한계가 책정되는 경향이 있다. 인건비를 과다하게 지출하면 영업이익이 줄어들고 나아가 그 다음 기간의 사업 운영예산까지 감소시킬 수 있다. 조직이 적정한 수준의 인건비 지출을 넘지 않아야 하는 이유는 사업에 대한 재투자와 제품 및 서비스 생산, 일반 행정업무 등의 비용을 확보해야 하기 때문이다.

임금과 같은 직접 노동비용은 우수 인력을 확보할 정도의 적정한 수준으로 책정되어야 하는데 복리후생비용 역시 현금성 임금과 비교하여 적절해야 한다. 복리후생은 총액임금의 10%에서 30% 수준으로 조직마다 차이가 크기 때문에 복리후생에 대한 나름의 차별적 경쟁력을 고민해 보아야 한다.

복리후생비용은 최근으로 올수록 점차 증가하는 추세이다. 이는 국내 기업이 우수인재를 더 많이 유치하기 위해 복리후생 예산을 증가시킨 결과이기도 하며, 노동조합의 요구로 복리후생 수준이 점차 증가하였기 때문이다. 또한 사회적으로 법정 복리후생의 요구가 증가하면서 더 많은 근로자가 4대 사회보험의 적용대상이 되고 있기 때문에 전반적으로 조직의 복리후생비용은 증가세를 지속하고 있다.

<박스사례 9-1>은 2019년 임금성 직접노동비용과 법정 복리후생(퇴직급여, 4대 사회보험료 등), 법정외 복리후생, 교육훈련, 채용비용 등의 구성비율을 보여주고 있다.

박스사례 9-1 국내조직의 복리후생 지출 추이

아래 <그림 9-1>을 보면 2019년 10인 이상을 고용한 기업체의 1인당 직접노동비용은 약 425만이었고 이에 추가하여 1인당 간접노동비용은 109만원 수준이었다. 총노동비용은 이 2가지

비용을 합산한 것으로 534만원에 이른다. 비율로 보면 총노동비용에서 간접노동비용이 차지하는 비율은 약 20.4% 정도이다.

법정 복리후생은 퇴직급여, 4대 사회보험 등으로 구성되는데, 간접노동비용에서 차지하는 비율이 약 77%(아래 그림에서 83만8천원임)에 이른다. 이는 법정 복리후생이 기업 복리후생의 거의 대부분을 차지한다는 의미이다. 기업이 자발적으로 제공하는 법정외 복리후생은 1인당 22만4천원으로 간접노동비용의 20%에 불과하다. 따라서 퇴직급여와 법정 노동비용의 증가는 전체 복리후생비용의 증가로 이어지게 된다.

그림 9-1 2019년 1인당 노동비용

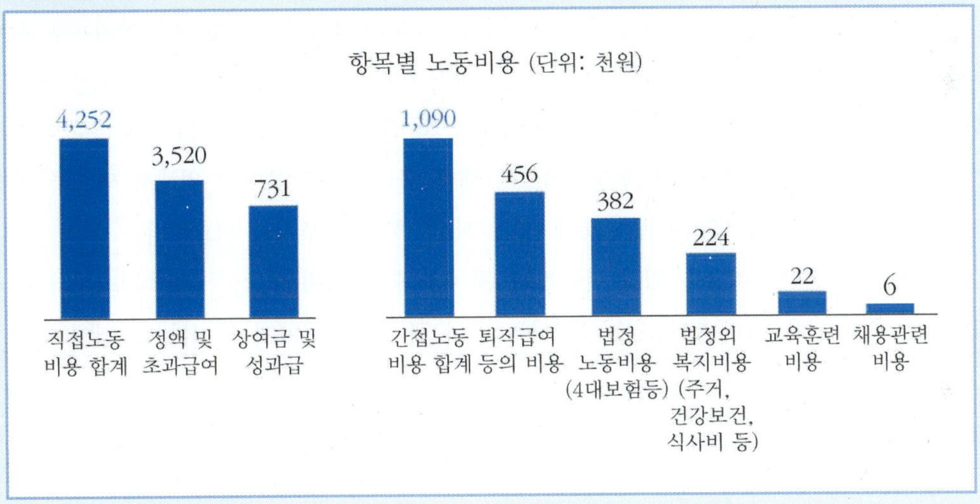

출처: 고용노동부, 2019년 회계연도 기업체노동비용조사결과, 보도자료, 2020.9.24.

<표 9-4> 노동비용의 연도별 추이를 보면, 2016년부터 2019년까지 법정 노동비용, 다시 말해 4대 사회보험 같은 법정 복리후생 비용은 매년 뚜렷하게 증가하는 추세를 보이고

표 9-4 회계연도별 노동비용 추이

	2016	2017	2018	2019
총 노동비용	4,934(3.2)	5,023(1.8)	5,196(3.4)	5,341(2.8)
간접노동비용	996(0.1)	1,029(3.2)	1,049(2.0)	1,090(3.9)
퇴직급여 등의 비용	442(0.7)	449(1.6)	442(−1.4)	456(3.1)

법정 노동비용	331(3.6)	340(2.9)	359(5.6)	382(6.3)
법정외 복지비용	198(−5.6)	211(6.8)	219(3.8)	224(2.1)
교육훈련 비용	21(−11.3)	23(8.1)	23(0.0)	22(−2.6)
채용 관련 비용	5(10.9)	5(5.9)	5(−1.9)	6(5.7)

주: ( )내는 전년대비 증감률.
출처: 고용노동부, 2019년 회계연도 기업체노동비용조사결과, 보도자료, 2020.9.24.

있다.

복리후생비용이 증가하는 국면에서 복리후생 지출을 합리화하는 방법은 복리후생 서비스 제공업체를 주기적으로 검토하여 더 낮은 비용으로 동일한 수준의 서비스를 제공하는 업체로 바꾸거나, 근로자의 만족도가 낮은 복리후생 서비스를 만족도가 높은 서비스로 대체하는 것 등이다. 또한 다양한 복리후생서비스에 대한 관리비용을 줄이기 위해서 되도록 복리후생의 신청 및 처리를 IT시스템을 통해 셀프 서비스화하는 조치가 필요하다.

그러나 복리후생 비용을 절감하는 것이 곧 복리후생 혜택을 줄이는 것이 되어서는 안되며 복리후생 비용 대비 만족도를 개선하는 것이 궁극적인 목표가 되어야 할 것이다.

(3) 복리후생의 맞춤관리(plan customization)

인적자원관리 담당자는 구성원들이 원하는 복리후생 서비스를 주기적으로 조사하고, 그 결과를 분석한 후 복리후생 프로그램을 주기적으로 정비해야 한다. 구성원들의 만족도가 낮은 복리후생 서비스는 비용만 지출되고 차별적 경쟁력은 미흡하기 때문에, 복리후생 서비스의 만족도를 정기적으로 조사하여 만족도를 높이려는 노력을 해야 한다.

사회 전반의 소득수준이 증가하면서 복리후생 서비스 역시 개선되어야 조직은 인재경쟁력을 확보할 수 있다. 이를테면 최근 국내 기업들은 정밀 건강검진, 동호인 모임 지원, 일·가정양립을 위한 휴가제도 등 과거보다 높은 수준의 복리후생을 제공하고 있다.

또한 복리후생에 대한 요구는 구성원 개인마다 다르기 때문에 일괄적으로 하나의 복리후생패키지를 제공하기보다 개인 맞춤형 서비스를 계획할 수 있어야 한다. 복리후생을 개인 맞춤형으로 계획하기 위해서는 근로자의 성별, 나이, 가족관계 등을 고려하여 각 집단별로 어떤 복리후생에 대한 요구가 있는지를 파악해야 한다.

조직이 복리후생 서비스를 개인화할수록 복지후생 관리는 복잡해지고 규모의 경제를 기대하기 어려워지는 문제가 있다. 그러나 개인맞춤형 복리후생은 개인 근로자의 만족도를 높일 수 있다는 장점이 크다. 이를테면 <박스사례 9-2>의 선택적 복리후생제도는 근로자가 복리후생 서비스를 개인 맞춤형으로 각자 선택할 수 있도록 하기 때문에 개인 맞춤관리에 적합한 제도라 할 수 있다.

박스사례 9-2 셀트리온의 선택적 복리후생제도[5)]

셀트리온은 한국 제약 바이오 생태계를 선도하는 기업 중 하나이다. 연구개발에 과감한 투자를 하는 동시에 우수인재를 확보하는 데 노력을 기울이고 있다. 셀트리온 임직원의 평균나이는 34세로 젊은 편이다. 셀트리온 본사에는 축구, 농구, 테니스 등의 스포츠시설을 갖추고 있고 사내 동호인 활동에 회사가 적극적인 지원을 하고 있다. 직원들에게 아침, 점심, 저녁을 무료로 제공하고 통근버스를 운영하며, 여성에게는 출산 및 육아휴직을 보장하고 있다. 셀트리온은 선택적 복리후생제도를 도입하여, 학자금, 체력단련비, 학원비, 의료비, 휴양시설 이용 등 다양한 복리후생 중 임직원이 각자 자신에게 맞는 것을 골라 선택할 수 있도록 하고 있다. 직원들은 연간 120만원의 복지포인트를 부여받아 온라인 복지몰에서 자신에게 맞는 서비스를 사용할 수 있다.

(4) 복리후생의 운영관리(administrative activities)

조직은 복리후생제도에 대한 정보를 구성원들에게 제공하여 사내에 어떤 복리후생 서비스가 있는지 파악할 수 있도록 도와주어야 한다. 직원들은 사내 복리후생 서비스를 잘 모르고 있는 경우가 빈번하며 그래서 복리후생 서비스 신청이 예상보다 저조한 사례가 발생할 수 있다. 인사담당자는 복리후생 서비스 정보를 구성원에게 반복해서 공지하여야 할 것이다.

인사부서는 복리후생의 신청을 받을 경우 이를 신속히 처리해 주는 역할을 수행해야 한다. 복리후생 서비스의 신청자격을 명확히 하고, 신청절차를 정하며, 되도록 간단한 절차를 거쳐 근로자가 해당 서비스를 신청할 수 있도록 해야 한다. 사내에 복리후생 서비스가 다양해지면 행정적 복잡성이 증가하기 때문에 인터넷 사이트를 통해 근로자 각자가 원하는 복리후생 서비스를 신청할 수 있도록 하는 시스템 역시 필요하다.

복리후생의 신청에는 조직문화적 풍토가 영향을 미친다. 이를테면 유연근무 혹은 휴가를 신청할 때 상사의 눈치를 보거나 회사의 관행을 생각해서 육아휴직을 신청하지 못하는 경우가 있기 때문에 복리후생에 대한 조직문화적 풍토를 점검해야 한다.

3 복리후생제도의 유형

(1) 복리후생제도의 유형구분

복리후생제도에는 다양한 유형이 있지만 크게는 법으로 의무화된 법정 복리후생과 법으로 의무화되어 있지 않은 법정외 복리후생으로 나누어진다. 법정 복리후생에는 다시 4대

표 9-5 복리후생의 유형구분

대분류	소분류	
법정 복리후생	사회보험제도	건강보험
		산업재해보상보험
		국민연금보험
		고용보험
	휴가제도	주휴일, 연월차휴가 등
	퇴직급여제도	퇴직금 혹은 퇴직연금제도
법정외 복리후생	국내 도입비율이 30% 이상인 복리후생	경조비, 식사비, 건강보건비용, 자녀학비, 통근비용
	국내 도입비율이 30% 미만인 복리후생	근로자휴양, 문화체육오락비용, 주거비, 보험료, 자기계발지원, 사내복지기금, 근로자상담서비스, 보육지원, 종업원지주제, 간병휴업제도, 저축장려금

출처: 1. 법정외 복리후생 제도의 구분에 대해서는 다음의 자료를 인용함. 사업체의 법정외 복리후생제도의 변화', KLI Panel Brief, 11호, 2018.
2. 법정외 복리후생 도입비율은 2013년 한국노동연구원 사업체패널조사를 기반으로 하며, 해당 제도를 도입한 기업의 비율을 의미함.

사회보험에 해당되는 건강보험, 산업재해보상보험(산재보험), 국민연금보험, 고용보험, 퇴직자에게 지급되는 퇴직금, 그 외 연월차휴가와 같은 휴가제도가 있다.

법정외 복리후생은 회사가 근로자와 그 가족의 부양을 지원하는 취지에서 제공하는 복리후생들이다. 이를테면 경조비, 식사비, 건강관리비용, 통근비용 등은 근로자의 의식주를 지원하고, 가족부양을 위한 부담을 덜어주는 복리후생들이다. <표 9-5>는 복리후생의 유형 구분을 보여주고 있다.

다음에서는 법정 복리후생으로 분류된 사회보험제도, 휴가제도, 퇴직금제도, 그리고 법정외 복리후생 순으로 살펴본다.

(2) 사회보험제도

사회보험이란 건강, 고용, 재해, 노후복지 차원에서 국민에게 발생할 수 있는 위험을 보험을 통해 완화해주는 제도를 말한다. 사회보험은 크게 건강보험, 국민연금보험, 산업재해보상보험, 고용보험의 4가지 보험으로 구성되어 있다. 이들 보험은 사회보험이기 때문에, 개인의 선택으로 가입하는 것이 아니라 법으로 의무화되며 정부가 정한 일정한 조건을 충족한 국민이면 누구나 그 혜택을 받을 수 있다. 사회보험은 사회보장정책에 의해 법으로 회사 복리후생에 포함되어야 한다. 4대 사회보험의 보험료 징수는 2011년부터 국민건강보험공단에서 통합하여 운영하고 있다. 다음에서는 각 사회보험의 취지와 수급자격에 대해 알아본다.

(가) 건강보험

건강보험이란 질병이나 부상으로 인해 발생한 고액의 진료비를 근로자가 부담하게 되는 상황을 방지하기 위해, 국민들이 평소 보험료를 내고 보험자인 국민건강보험공단이 이를 관리 운영하면서 보험급여를 지급하는 사회보험이다.

민간 건강보험은 질병에 대한 보장범위에 따라 보험료가 인상되는 구조지만, 사회보험으로서의 국민건강보험은 소득수준에 따라 보험료를 내도록 하고 있다. 국민건강보험은 국민이면 누구나 가입해야 하는 보험으로 소득에 비례해 보험료를 납부하고 혜택은 소득에 관계없이 동등하게 받을 수 있도록 설계되었다. 즉, 소득에 따른 보험료 부과와 균등한 혜택보장이 특징이다. 보험료의 징수는 직장을 가진 근로자와 해당 근로자의 사업주가 각각 100분의 50씩을 분담하는 것을 원칙으로 한다.[6)]

(나) 국민연금보험

국민연금보험이란 노령, 질병, 사망 등으로 소득이 중단된 사람들과 그 가족에게 다양한 급여를 제공하는 사회보험이다. 국민연금으로 제공되는 급여에는 노령으로 근로소득이 중단된 사람에게 지급되는 노령연금급여, 가정 내 주소득자의 사망으로 인한 소득상실을 보전해주는 유족연금급여, 질병 또는 사고로 인한 소득상실을 보전해주는 장애연금급여 등이 있다.

국민연금은 사회 내 소득재분배 기능을 수행하는데 고소득층은 보험료에 비해 낮은 연금혜택을, 저소득층은 보험료에 비해 높은 연금혜택을 볼 수 있도록 설계되었다. 국민연금은 물가가 오른 만큼 수령 연금액을 높여 실질가치가 항상 유지되도록 하고 있으며 그 지급은 국가가 보장하고 있다.

국민연금 가입자는 사업장 가입자, 지역가입자, 임의가입자로 구분된다. 사업장 가입자는 직장을 가진 18세 이상 60세 미만의 사용자 및 근로자이며, 지역가입자는 사업장 가입자가 아닌 18세 이상 60세 미만의 사람이다. 임의가입자는 그 외 60세 이전 가입을 희망하여 가입신청을 한 사람이다. 지역가입자에는 주로 종업원이 없는 개인 사업자들이 포함되며, 임의가입자는 전업주부와 같이 국민연금 당연가입 대상에서 제외된 사람들이다.[7)]

국민연금의 보험료는 사업장 가입자의 경우 근로자 소득의 9% 금액을 사용자와 근로자가 각각 4.5%씩 부담하며 매월 납부하는 방식이다. 이를테면 근로자의 월소득(기준소득월액)이 1,060,000원이면 매월 95,400원을 국민연금 보험료로 납부해야 하며 이 중 47,700원은 근로자 본인이, 나머지 47,700원은 사용자가 부담해야 한다.

(다) 산업재해보상보험

산업재해보상보험(이하 산재보험)이란 근로자가 업무상 재해를 당했을 때 이를 신속하고 공정하게 보상해주는 보험이다. 산재보험은 재해 근로자의 재활 및 사회 복귀를 촉진할 목적으로 '산업재해보상보험법'에 의해 설정된 사회보험이다.[8)]

업무상 재해란 업무상의 사유로 인해 발생한 근로자의 부상, 질병, 장애 또는 사망을 말한다. 따라서 보험급여는 산재유형에 따라서 요양급여, 휴업급여, 장애급여, 간병급여, 유족급여, 상병보상연금, 장의비, 직업재활급여 등으로 구분된다.

산재보험의 보험료는 원칙적으로 사업주가 전액 부담한다. 보험료는 사업주가 경영하는 사업의 임금총액에 법으로 정한 산재보험료율을 곱한 금액으로 한다. 재해가 발생하였을 때, 재해근로자에 대한 손해보상은 평균임금을 기초로 산정된 일정한 금액 내에서 보상한다. 따라서 재해로 인한 손해 전액을 근로자에게 보상하는 것은 아니다.

산재보험의 적용대상은 근로자를 고용한 모든 사업장이다. 단, 공무원, 군인, 선원, 사립학교 교직원 같은 경우에는 별도의 재해보상법이 존재하여 이에 따르도록 되어 있다.

(라) 고용보험

고용보험은 실직이나 휴직 등으로 소득이 끊겼을 때 기초적인 생활을 유지할 수 있도록 도움을 주는 사회보험이다. 보험료는 근로자가 자기 소득의 0.8%에 해당되는 금액을, 회사는 이에 추가하여 동일한 금액을 합산하여 결정된다.

근로자가 고용보험의 혜택을 받으려면 고용보험 가입기간이 최소 180일 이상, 즉, 약 6개월 이상의 근무를 해야한다. 고용보험이 적용되는 경우는 비자발적 퇴사로 한정된다. 이를테면 근로자 본인이 계속 근로를 원하지만 회사에 의해 해고될 경우 근로자에게는 구직을 위한 구직급여가 지급된다. 그러나 자발적인 퇴직의 경우에는 구직급여가 지급되지 않는다.

근로자는 실직 당시의 나이와 고용보험 가입기간에 따라 최소 120일에서 최대 240일치의 구직급여를 수령할 수 있다. 구직급여는 해고로 인한 퇴직 전 평균임금의 60%가 원칙이다. 구직급여는 취업하지 못한 기간에 대하여 적극적인 구직활동을 한 사실이 확인되어야 지급될 수 있다.[9)]

박스사례 9-3 전 국민 고용보험 적용

취업한 근로자가 실직하면 고용보험에서 실업급여를 지급받게 된다. 그러나 1인 자영업자, 예술인, 특수고용직 근로자는 고용보험의 가입대상에서 제외되어 있다. 왜냐하면 이들은 한 사용자에 소속되어 일하는 근로자가 아니라 스스로의 사업을 영위하는, 혹은 다수의 기업을 위해서 일하는 프리랜서 신분으로 분류되기 때문이다.

2019년 기준으로 한국의 고용보험 가입자는 전체 취업자의 49.4%에 불과한 1,352만 명에 그치고 있다. 나머지 절반은 고용보험에 가입하지 않았거나 가입자격이 없다. 그래서 불경기 동안 이들은 실업 위험에 노출되어 생활이 취약해진다.

정부는 2020년 특수고용직 근로자, 예술인, 자영업자까지 전 국민 고용보험 가입을 추진하고자 하는 계획을 발표하였다. 그러나 고용보험기금이 2018년부터 적자를 기록하고 있는 상황이기 때문에, 당장 고용보험 확대를 위해서는 상당한 재정확보가 해결되어야 하는 과제로 남아 있다.[10)]

(3) 유급휴일 및 법정 휴가제도

근로기준법 55조에 의하면 모든 근로자는 주 1회의 유급휴일을 보장받게 되어 있다. 즉, 근로자는 주당 1일이상의 유급휴일을 보장받을 수 있다. 이는 근로자의 피로를 줄이고 노동의 재생산을 가능하게 하기 위함이다.

또한 '근로기준법'과 '남녀고용평등법'에 의하여 법으로 의무화한 휴가제도가 있다. 다음 <표 9-6>은 법정 휴가의 다양한 유형과 요건, 그리고 근거를 나타내고 있다.[11)]

근로자는 주휴일 외에도 연차유급휴가를 보장받게 되어 있다. 근로기준법으로 의무화된 연차유급휴가제도는 1년간 80퍼센트 이상 출근한 근로자에게 연 15일의 유급휴가를 주는 제도이다. 만약 근로자의 근속기간이 1년이 안되었거나 1년간 80퍼센트 미만으로 출근한 경우에는 적어도 1개월 개근에 1일의 유급휴가가 보장된다. 연차유급휴가제도에 의하면 15일의 유급휴가는 매 2년의 근속기간이 누적되면서 1일씩 늘어나 근로자가 최대 25일까지 유급휴가를 보장받게 되어 있다. 연차유급휴가의 취지는 근로자에게 정신적, 육체적 휴양의 기회를 제공하는 것이다.

생리휴가, 출산전후휴가, 배우자출산휴가, 난임치료휴가는 여성 근로자의 건강과 출산을 지원하기 위한 휴가제도이다. 따라서 사용자는 법으로 정한 휴일과 휴가를 복리후생에 포함

표 9-6 법정 휴가

법정 휴가	발생요건	일수	근거
연차유급휴가	1월간 개근하고, 연간 80퍼센트 이상 출근한 근로자	월 1일, 연간 15일	근로기준법 제60조
생리휴가	여성인 근로자	월 1일	근로기준법 제73조
출산전후휴가	임신 중의 여성 출산 후의 여성	총 90일(산후는 45일 이상이 되어야 함)	근로기준법 제74조
배우자 출산휴가	배우자가 출산한 근로자	5일(이 중 3일은 유급)	남녀고용평등법 제18조의2
난임치료휴가	인공수정 혹은 체외수정 근로자	3일(최초 1일은 유급)	남녀고용평등법 제18조의3

하여 실행해야 할 의무가 있다.

(4) 퇴직급여제도

(가) 퇴직급여제도의 의의

퇴직급여는 퇴직하는 근로자에게 1년 계속 근무 당 30일분의 평균임금을 지급하는 것을 말한다. 이를테면 5년을 계속 근무한 근로자는 퇴직 시에 150일분의 평균임금을 퇴직금으로 수령할 수 있다. 퇴직급여는 취약한 사회보장을 보완하기 위해 기업으로 하여금 퇴직급여의 명목으로 퇴직 이후의 생활을 지원해주는 취지에서 시작되었다. 퇴직급여는 근로기준법에 의해 1963년부터 법으로 의무화되었는데, 2005년부터는 관련 법규가 근로기준법 대신 '근로자퇴직급여보장법'(약칭 퇴직급여법)으로 이관되어 시행되고 있다.[12)]

퇴직급여의 지급방식은 퇴직금제와 퇴직연금제로 구분되는데 퇴직금은 일시금으로 근로자에게 지급되는 방식이고, 퇴직연금제는 연금형태로 지급되는 방식이다. 퇴직급여를 어떤 방식으로 지급할 것인가는 노사의 자율적 합의에 따라 단체협약이나 취업규칙으로 정할 수 있다.

퇴직급여제도가 생긴 유래는 공로보상설, 생활보장설, 임금후불설 등으로 다양하다. 공로보상설은 근무 기간 동안의 근로자 공로를 회사가 인정하여 은혜적으로 지급하는 보상이라는 주장이다. 생활보장설은 회사를 퇴직한 이후 근로자의 생활불안정을 국가를 대신해서 회사가 지원해주는 제도라는 주장이다. 임금후불설은 근로자 재직 시의 임금이 노동의 가치보다 낮은 수준이었기 때문에 퇴직 시 퇴직급여로 그 차이를 보전해준다는 주장이다. 어느 주장이 가장 합리적인지는 판단하기 어렵지만, 사용자는 공로보상설이나 생활보장설의 입장을 취하고자 한다. 만약 퇴직금이 공로보상과 같은 은혜적 급여라면 사용자의 상황에 따라 지급을 중단할 수 있으며, 생활보장적 급여라면 사회보장의 확충과 함께 더 이상 사용자가 부담하지 않아도 되기 때문이다. 그러나 노동조합이나 근로자는 임금후불설의 입장을 지지하는 편이다. 이는 근로기간 중의 임금이 노동의 진정한 가치를 충분히 반영하지 못했기 때문에 사용자는 퇴직급여를 당연히 지급해야 한다고 주장할 수 있기 때문이다.

사용자단체는 한국이 OECD국가 중 퇴직급여제도를 법적으로 강제하는 유일한 국가이고 사용자가 전적으로 부담하는 구조를 가지고 있어 퇴직급여를 하루 빨리 폐지해야 한다고 주장하고 있다.[13] 한편 노동조합 단체는 근로자의 사회보장수준이 낮은 상황에서 퇴직급여는 지속되어야 한다는 입장이다.

(나) 퇴직연금제도의 유형

퇴직급여는 퇴직금제도와 퇴직연금제의 2가지로 구분되는데, 퇴직급여는 현재 퇴직연금제로 전환되는 과정에 있다. 퇴직금제도는 퇴직금을 일시금으로 지급하는 것인데, 연금이 아니기 때문에 퇴직 근로자의 노후소득 보장 기능이 약하고 기업도산 시 퇴직금을 지급받지 못하는 등의 문제점이 있다.

퇴직연금제는 다시 3가지 유형의 연금으로 나누어진다. 퇴직연금제도는 확정급여형, 확정기여형, 그리고 개인형 퇴직계좌가 있다. 노사는 자율적 합의를 통해 어느 유형의 연금제도를 선택하든 근로자에게 불리하지 않도록 해야 한다.

정부는 기업의 퇴직금제도를 폐지하고 그 대신 퇴직연금제도를 의무화하기 위해 연금수수료 체계를 합리화하는 등의 조치를 취하고 있다.[14] 다음에서는 각 퇴직연금제도의 특징을 알아본다.

① 확정급여형(defined benefit retirement plan)

확정급여형 퇴직연금은 근로자가 퇴직 시 지급받을 급여수준을 사전에 결정하는 퇴직연금을 말한다. 확정급여형에 의한 급여수준은 퇴직금제도에서 지급하는 퇴직일시금 수준(계속 근로기간 1년에 대하여 30일분의 평균임금) 이상이어야 한다. 사용자는 당해 사업장의 근로자 전체 명의로 금융투자계좌를 개설하고 매년 혹은 매월 퇴직적립금을 투자하고 나중에 근로자가 퇴직하면 이 투자계좌에서 퇴직연금을 지급하여야 한다.

② 확정기여형(defined contribution retirement plan)

확정급여형이 퇴직 시 급여수준을 사전에 정하는 것과 달리 확정기여형은 퇴직 시 급여수준을 미리 확정하지 않는다. 그 대신 확정기여형 퇴직연금은 사용자가 퇴직연금에 납입하는 기여분만을 사전에 정하는 연금제도이다. 확정기여형에서 연금의 가입주체는 근로자 자신이며, 사용자는 단지 근로자 연봉의 1/12 이상을 부담금으로 매년 납입하면 그만이다. 근로자는 가입자로서 스스로의 책임 하에 계좌를 운영하고 실적에 따라 본인의 퇴직급여가 결정된다. 확정기여형에서는 근로자가 가입자이기 때문에 퇴직 시 퇴직급여를 일시금으로 받을지, 연금으로 받을지를 결정할 수 있다.

③ 개인형 퇴직계좌(Individula Retirement Account)

개인형 퇴직계좌는 노후 소득을 더 많이 확보하기 위해 근로자 개인이 자기의 부담으로 가입하는 퇴직연금이다. 이를테면 확정급여형 퇴직연금제도 또는 확정기여형 퇴직연금제의 가입자로서 근로자가 기존의 퇴직연금 외에 추가로 가입할 수 있는 자기 부담 연금제도이다. 단, 개인이 불입할 수 있는 부담금의 수준은 대통령령으로 정한 한도를 초과할 수 없도록 하고 있다.

(5) 법정외 복리후생제도

(가) 법정외 복리후생의 개념과 유형

법정외 복리후생은 회사가 자발적으로 제공하는 복리후생을 말한다. 법정 외 복리후생은 일반적으로 회사가 제공하거나 노동조합과의 단체교섭을 통해 제공된다. 법정 외 복리후생은 근로자들의 필요에 따라 다양하게 설계될 수 있으나, 회사의 재정적 능력이 뒷받침되어야 한다. <표 9-7>은 법정외 복리후생의 유형을 내용별로 구분해서 보여주고 있다.

(나) 선택적 복리후생

법정외 복리후생에는 모든 직원에게 하나의 정해진 복리후생 프로그램을 획일적으로

표 9-7 법정외 복리후생의 유형

구분	복리후생의 종류
일상생활지원	주택구입, 임대보조, 사원아파트, 생필품 염가판매, 통근차량운행, 교통비와 연료비보조, 주차공간제공, 탁아소와 유치원 운영
보건위생	헬스센터, 진료시설, 휴양소
급식	식당, 식권 발행
문화생활	공연, 도서구매지원, 강연회 개최, 위탁교육, 교양강좌개설, 체육대회, 친목회보조
재무	우리사주매입, 우선주 배당
생활보장	가족보험, 출산축하금, 조위금, 전별금

출처: 임창희, 인적자원관리, 3판, 비앤엠북스. 2014. p.360.

제공하는 경우와 근로자 개인이 복리후생 중에서 선택하여 개인맞춤형으로 계획할 수 있는 2가지 유형이 있다.

복리후생은 복리후생 전체를 획일적으로 제공하기보다 개인 맞춤형으로 제공하여야 효과를 볼 수 있다. 왜냐하면 복리후생은 근로자의 신청이 있을 경우에만 제공되는 것이기 때문에, 근로자가 필요성을 느끼지 못하는 복리후생을 제공하면 실제 활용되지 못하는 상황이 발생하기 때문이다.

선택적 복리후생제도란 근로자 개인의 선호에 따라 사전에 설계된 복리후생 중 일정 금액이나 포인트 한도 내에서 개인이 원하는 항목을 자유롭게 선택할 수 있도록 한 제도이다.[15)]

선택적 복리후생제도에는 크게 4가지의 유형이 있는데 다음에 각 유형의 특징을 설명하면 다음과 같다.

① 선택항목추가형

선택항목추가형은 최소한의 복리후생항목을 모든 근로자에게 공통적으로 적용한 후, 그 외 복리후생항목들에 대해서는 일정 수혜범위 내에서 근로자가 선택하게끔 하는 제도이다.

② 모듈선택형

모듈선택형은 전체 복리후생항목들을 여러 개의 모듈로 그룹화한 후 근로자가 이들 모듈 중 하나를 선택하도록 허용하는 제도이다. 단, 모듈들의 수혜가치는 거의 유사하게 설계되어야 할 것이다. 이 경우 근로자의 선택은 개별 복리후생 항목이 아니라 모듈이 될 것이다.

③ 혼합선택형

혼합선택형은 모든 복리후생항목에 대해 근로자의 선택권을 최대로 보장하는 제도로서, 일정한 수혜범위 내에서 근로자가 원하는 개별 항목들을 자유롭게 선택하게 하는 제도이다.

④ 소비계정형

소비계정형은 근로자 개인에게 복리후생 계좌를 부여하고 일정한 지원금액을 지원하는 제도이다. 근로자는 자신의 복리후생 계좌의 금액 한도 내에서 복리후생 항목을 선택하여 소비할 수 있다. 소비계정형은 독자적으로 운영되는 제도이기보다 선택항목 추가형과 혼합선택형 같은 다른 형태와 연결되어 운영되는 것이 일반적이다. 즉, 회사는 근로자 개인마다 복리후생 소비계정을 부여하고 계정의 한도액 내에서 자신이 원하는 항목을 선택하도록 하는 것이다.

박스사례 9-4 선택적 복리후생제도의 운영사례[16)]

다음은 선택적 복리후생제도의 유형을 서강주식회사라는 가상의 회사를 예로 들어 설명하고 있다.

서강주식회사(가칭)의 특성

- 업종: 서비스업
- 규모: 180명
- 근로자의 성별비율: 남성(60%), 여성(40%)
- 1인당 복지예산: 400,000원

근로자의 욕구

- 건강관리영역: 건강검진의 내실화(80%), 운동프로그램 제공(67%), 의료실비지원(45%)
- 자기개발의 기회 확대: 자기개발강좌(75%), 도서구입(40%)
- 문화여가활동 확대: 영화, 공연, 전시관람(60%), 여행 및 숙박(30%)
- 가족친화 지원: 자녀보육 및 교육지원(55%), 기념일 선물(25%)
- 주거지원: 주거마련지원(40%)

선택적 복지제도의 유형 설계

① 선택항목추가형

직원 A가 선택한 복리후생항목과 필수항목을 표시하면 다음과 같다. 직원 A는 1인당 복지예산 40만원을 400점으로 환산한 소비계정을 가지고 있다. 실제 직원 A는 400점 중 380점을 복리후생계좌로부터 소비하기로 결정하였다.

구분	항목	선택	사용포인트
필수항목	건강진단	필수	100
선택항목	운동프로그램	○	30
	의료실비지원		
	자기개발강좌	○	100
	도서구입		
	영화, 공연, 전시	○	50
	여행 및 숙박		
	자녀보육 및 교육지원	○	100

	기념일선물		
	주거마련지원		
사용포인트			380

② 모듈선택형

서강주식회사는 복리후생항목을 A, B, C모듈로 구분해서 제공하고 있다. 직원은 이들 3가지 모듈 중에서 하나를 선택할 수 있다. 각 모듈의 내용은 다음과 같다.

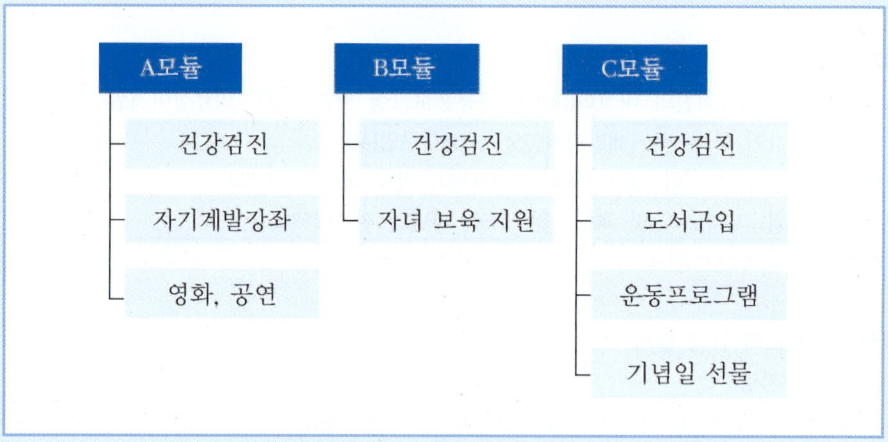

4 일과 삶의 균형을 위한 복리후생제도

최근 일과 삶의 균형이 직장인 특히 Y세대와 밀레니엄세대의 직장만족을 결정하는 중요한 요인이 되고 있다. 경제개발기간 동안 긴 근로시간에 익숙해진 베이버부머세대가 은퇴하면서 직장의 세대구성이 바뀌고 복리후생관리 역시 일과 삶의 균형을 개선하는 방향으로 변화되고 있다. 한국은 OECD 국가 중 연간근로시간이 긴 국가 중 하나이기 때문에 일과 삶의 균형을 유지하기 힘든 국가로 볼 수 있다. 한국의 연간 근로시간은 2017년 기준으로 2,024시간으로 OECD 평균 근로자보다 연간 35일을 더 일하고 있다.

다음에서는 직장환경과 관련해 일과 삶의 균형이란 무엇이고 이를 지원할 복리후생제도의 특징을 살펴보고자 한다.

(1) 일과 삶의 균형

일과 삶의 균형(WLB, work-life balance)은 개인의 업무와 사생활 간의 균형을 의미하는 용어로 1970년대부터 쓰이기 시작하였고 1980년대 이후부터 활발히 논의되기 시작하였다.[17] 균형이란 일터에서의 삶과 일터를 벗어난 삶 간의 갈등이 적은 상태를 말한다. 유사한 용어로 직장생활의 질(QWL, quality of working life) 혹은 가족친화적 일터(family-friendly workplace)라는 것이 있는데 넓게는 유사한 개념으로 볼 수 있다.

직장생활의 질(QWL)은 1972년 미국 GM과 노동조합 간에 이루어진 작업장 혁신 프로그램의 목적이었는데, 근로자의 욕구에 따라 자신의 삶을 설계할 수 있도록 기업이 근로자를 지원하는 프로그램에서 유래되었다.[18] 한편 가족친화적 일터는 부부 모두가 일하는 경우가 늘어나면서 회사가 자녀와 배우자를 가진 근로자를 지원해야 한다는 점을 강조하고 있다.

일과 삶의 균형이 확보된 직장은 적절한 근로시간, 유연근무, 휴가, 모성보호와 같은 근로자 지원, 과도한 작업스트레스로부터 근로자 보호, 관리자 및 동료와의 건강한 관계 등 다양한 요소들에 의해 개인 및 직장생활의 통제권을 근로자에게 보장해주는 직장이다. 따라서 일과 삶의 균형을 추구하는 직장은 법정 근로시간의 준수, 유연근무제, 휴가보장, 탁아소 운영, 자율성을 강조하는 조직문화, 직원 존중의 리더십, 직원의 동호인모임 지원 등 다양한 노력을 기울여야 한다.

(2) 일과 삶의 균형과 복리후생제도

일과 삶의 균형을 위한 복리후생제도는 공식적으로 정의되어 있지 않지만, 우선 근로시간과 휴가에 있어 개인 생활이 보장될 정도의 수준을 제공해야 한다. 예를 들어 유연근무제와 법으로 의무화된 휴가 이상의 약정휴가제도 등이 일과 삶의 균형을 위한 복리후생 제도가 될 것이다. <표 9-8>은 법정 휴가 외에 회사가 근로자와 합의 하에 제공할 수 있는 약정휴가의 유형들과 유연근무제의 유형들을 예시하고 있다.

회사는 법정 휴가 외 약정휴가를 추가로 제공하고, 근무시간 및 근무장소를 유연근무제

표 9-8 자율적 약정휴가와 유연근무제

	명칭	내용
약정휴가	경조휴가	결혼, 장례 등을 위한 휴가
	병가휴가	업무상 상병 시 휴가
	육아휴가	육아를 위한 휴가
	특별휴가	기타 특별한 사유에 의한 휴가
유연근무제[19]	시차출퇴근제	기존에 정해진 근로시간을 준수하면서 출퇴근시간을 조정하는 제도
	선택적 근로시간제	1개월 이내의 정산기간을 두고 평균 1주 40시간을 초과하지 않는 범위 내에서 1주 또는 1일의 근무시간을 정하는 제도
	원격근무제	주거지에서 가까운 원격근무용 사무실로 출근하여 정보기술을 활용해 근무하는 제도
	재택근무제	근로자가 정보통신기술을 활용하여 주거지에서 업무를 보는 제도
	재량근로시간제	업무수행방법을 근로자의 재량에 맡기되, 업무성과에 대해 사용자와 근로자가 합의한 시간만큼을 인정해 주는 제도

의 형태로 변경할 수 있으면 근로자에게 이전보다 일과 삶의 균형을 회복할 기회를 더 많이 줄 수 있다.

또한 가족이 있는 근로자에 대해서는 가족친화적인 제도를 도입하여 근로자의 복지를 증진시킬 수 있다. '가족친화 사회환경의 조성 및 촉진에 관한 법률'에 의하면 가족친화제도에 포함될 수 있는 제도로서 유연근무제, 자녀의 출산 및 양육, 교육 지원제도, 부양가족 지원제도, 가족여가문화 촉진제도 등이 포함되어 있다. <표 9-9>는 가족친화제도의 유형들을 예시하고 있다.

표 9-9 가족친화제도 예시[20)]

제도	내용
유연근무제	시차출퇴근제, 재택근무제, 시간제근무 등
자녀 출산 양육 및 교육지원제도	배우자 출산휴가제, 육아휴직제, 직장보육지원, 자녀교육 지원 프로그램 등
부양가족지원제도	부모 돌봄 서비스, 간호가족휴직제 등
근로자 지원제도	근로자 건강, 교육, 상담 프로그램 등
가족관계 증진제도	자녀 방학 중 휴가제, 근로자가족 초청행사, 정시퇴근제, 육아데이, 가정의 날 등
가족여가문화 촉진제도	가족단위 문화체험 지원
가족친화 사회공헌제도	한부모가족, 다문화가족, 독거노인, 장애인가족 등 소외계층 지원제도

토론

토론과제

본 장에서 학습한 내용을 기반으로 다음 이슈에 대해 토론해보자.

1. 법정휴가 및 약정휴가에 대한 국내 활용실태를 조사하고 문제점과 개선방안에 대해 토론해보자.
2. 퇴직급여제도에 대한 실태를 조사하고, 퇴직급여제도의 문제점과 개선방안에 대해 토론해보자.
3. 국내 기업 중 선택적 복리후생제도를 운영하는 기업을 하나 선정하여 제도의 내용과 운영방식, 문제점 등을 조사 분석해보자.
4. 국내 가족친화 우수기업의 가족친화제도의 도입과 운영실태를 토론해보자.

토론사례 퇴직금과 퇴직연금[21]

2005년에 퇴직연금제도가 처음 시행되어, 그동안 퇴직금을 일시금으로 받던 것을 연금형태로 전환하여 받는 것이 가능해졌다. 급여를 받는 직장인은 국민연금, 개인연금과 더불어 퇴직연금을 받게 되면 노후를 위해 3개의 연금혜택을 기대할 수 있게 되었다.

그러나 2019년 금융감독원 자료에 의하면 많은 사람들이 퇴직연금을 노후생활비로 인식하지 못하고, 연금대신 일시금으로 한 번에 수령하는 관행을 지속하는 것으로 나타났다. 퇴직연금 수급 개시자 중 97.9%가 퇴직연금 대신 일시금을 선택하여 수령하였다. 노후에 사용할 수 있는 연금으로 수령한 퇴직자는 전체의 2.1%에 불과하였다. 퇴직자는 회사가 퇴직에 대비하여 그동안 불입한 퇴직연금이 DC형인지, DB형인지 조차 모르는 경우가 대다수이다.

퇴직연금제도란 근로자의 노후 소득보장과 생활안정을 위해 근로자 재직기간 중 사용자가 퇴직급여 지급재원을 금융회사에 적립하는 제도이다. 퇴직연금제도는 기존의 퇴직금제도를 대체하게 된다. 따라서 회사가 파산하더라도 퇴직연금제도에 가입한 근로자는 외부금융기관에 적립된 퇴직급여를 수령할 수 있다.

그러나 퇴직연금제도는 근로자의 노후보장과 적립기금의 안정성에도 불구하고 아직 널리 활용되고 있지 못하다. 근로자들은 퇴직일시금을 선호하고 있으며, 퇴직연금을 수령할 자격이 되더라도 일시금으로 연금액을 지급받으려 하기 때문이다.

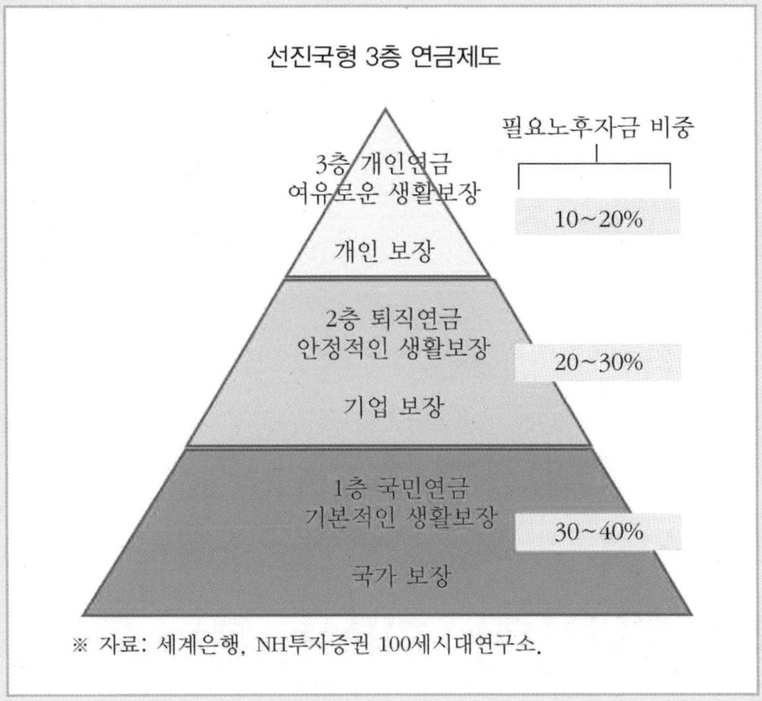

토론문제

1) 직장인들이 퇴직연금보다 퇴직일시금을 더 선호하는 이유는 무엇인가?
2) 퇴직연금의 유형 중 DC형과 DB형의 차이는 무엇인가? 최근 어떤 유형의 퇴직연금이 더 선호되는지를 조사해보고 그 이유를 논의해보자.

PART 05

인적자원의 개발 및 유지

CHAPTER 10

경력개발관리

1. 경력개발의 개념과 동향
2. 경력개발의 제반 관리활동
3. 경력개발제도를 통한 지원
4. 경력개발관리의 도구

CHAPTER 10

경력개발관리

학습목표

본 장에서는 경력의 개념과 개인 및 조직이 경력개발을 위해 어떤 노력을 기울여야 할지 살펴본다. 또한 개인이 가진 경력의 개념과 조직이 개인의 경력을 개발하도록 지원하는 경력관리시스템을 살펴본다. 학습자는 본 장을 학습한 후 다음과 같은 목표를 달성할 수 있다.

❶ 경력관리의 개념과 조직의 경력관리 활동들을 설명할 수 있다.
❷ 개인의 경력욕구 유형을 구분하고 각 유형들의 특징들을 설명할 수 있다.
❸ 조직이 개인의 경력관리를 지원하기 위해 마련한 경력관리제도를 설명할 수 있다.
❹ 경력경로의 유형과 개념들을 설명할 수 있다.
❺ 경력관리의 수단으로 이동 및 배치관리, 그리고 방출관리의 방법들을 설명할 수 있다.

[도입사례] 밀레니엄 세대의 경력관

1980년대 초반부터 2000년대 초반까지 출생한 세대를 일명 '밀레니얼 세대'라 부른다. 기성세대는 보수나 승진을 중시하고 상사의 지시에 비교적 순종하는 경향이 강했지만 밀레니얼 세대는 이와는 상반된 경향을 보인다. 이들은 보수나 승진을 중요하게 생각하지만 일이 주는 보람과 자부심 또한 이에 못지않게 중시한다. 또한 밀레니엄 세대는 상사의 지시에 일방적으로 따르는 것보다 쌍방향 소통을 더 선호한다. 이들은 회사의 성장보다 자신의 미래 가치에 더 많은 관심을 가지는 경향이 있다.

이러한 2030 밀레니얼 세대가 직장에서 조화롭게 어울리고 능력을 발휘할 수 있도록 하려면 회사는 이들의 자아실현 욕구를 이해하고 동기부여를 돕는 것이 중요하다. 한국리서치의 조사 결과에 의하면 20대와 30대는 '나를 위한 투자 가치'를 연봉 보다 중요하게 여기는 것으로 나타났다. 이들은 원칙을 중시하며 경쟁보다 자아실현을 추구하며 베이비부머 세대에 비하여 승진이나 임금에 대한 우선순위가 높지 않다. 따라서 기성세대들은 밀레니엄 세대의 특성을 파악하고 서로 공감대를 구축할 필요가 있다.[1)]

1 경력개발의 개념과 동향

(1) 경력과 경력관리의 개념

경력(career)이란 한 사람이 직장생활을 하는 동안 거치게 되는 일련의 직무들(a series of jobs)이다. 경력은 개인이 한 조직에서만 거치는 직무가 아니라 일생동안 담당한 직무들을 모두 총칭하는 개념이다.

또한 경력관리란 근로자 개인이 장기적으로 직무의 묶음을 어떻게 계획하고 실행해나갈 지에 대한 관리이다. 경력관리의 주체는 원칙적으로 개인 자신이어야 한다. 그러나 그가 몸담고 있는 조직 역시 구성원 개인의 경력희망을 고려하여 지원해줄 필요가 있다. 그렇지 않으면 조직은 구성원의 근로의욕을 높이기 어렵다.

개인의 관점에서 경력관리는 자신의 미래 직무를 계획하고 사전적으로 필요한 역량과 자격조건을 갖추어 나가는 노력을 전제로 한다. 한편 조직의 관점에서 경력관리는 구성원이 원하는 직무를 파악해서 원하는 직무로 이동할 수 있도록 지원하는 것이다. 이상적인 경력관리는 조직과 개인 양쪽의 노력이 서로 합치될 경우에만 실현될 수 있다. 경력관리를 성공적으로 하게 되면 근로자 개인에게는 성취감과 만족감을 줄 수 있고 조직에게는 높은 생산성을 제공해줄 수 있다.

근로자 개인이 경력관리를 하려면 자신이 어떤 직무를 희망하며 해당 직무로 이동하기 전 갖추어야 할 기본적 역량과 능력은 무엇인지를 파악해야 한다. 그러나 현실은 근로자들이 이러한 계획을 구체적으로 설정하지 않는 경우가 많다는 것이다. 따라서 조직은 개인들의 희망직무들을 조사한 후 조직이 제공 가능한 직무들과 개인의 희망직무를 매칭(matching)해주는 조치를 해야 한다.

결과적으로 경력관리란 근로자 개인이 희망하는 직무와 조직이 제공 가능한 직무를 장기간에 걸쳐 일치시켜 나가는 계획 활동(career planning)이다.

(2) 경력관리의 동향

경력에 대한 전통적 인식은 주로 상위 직위로 이동하는 승진개념에 가까운 것이었다. 그러나 최근으로 오면서 개인의 경력관리는 다분히 주관적인 선호도에 따라 직무 간 수평이동을 중요시 하고 있다. 근로자는 승진만을 우선시 하지 않고 자신이 좋아하고 성취감을 느낄 수 있는 직무를 찾아 수평적인 경력을 개척하려는 욕구를 가진다. 더욱이 국내 조직들은 직급의 단계를 축소하여 과거보다 더 수평적인 조직구조를 지향하고 있기 때문에 경력의 개념 역시 수직적인 개념에서 수평적인 개념으로 변화되고 있다.

또한 조직 구성원들은 한 직장에 대한 충성보다는 자신이 좋아하는 직무 혹은 직업에 대한 충성도가 높아지는 경향을 보이고 있다. 근로자의 직장 간 이동이 과거보다 빈번해지면서 조직은 개인의 경력관리에 과거보다 더 많은 신경을 기울이고 있다.

결과적으로 최근의 경력관리는 수직적인 경력에서 보다 수평적인 경력으로, 조직 내부에서의 경력에서 조직 외부로의 경력으로 변화되고 있다. 수평적인 경력이 중시되는 경향과 함께 조직들은 직급의 숫자를 축소하고 있다. 근로자를 부르는 호칭 역시 파트너, 팀원 등 수평적인 의미를 가지는 경우가 증가하고 있다.

경제구조가 저성장단계로 들어가면서 경력관리는 승진이나 직급상승보다 구성원 자신이 원하는 직무로의 선택권과 직무의 전문성을 강조하고 있다. 따라서 이제 경력은 과거 수직적이고 신분적 상승을 추구하는 방향에서 개인의 선호도와 전문성 강화의 방향으로 변화되고 있다.

경력개념은 모든 구성원에게 최고의 경력으로 통하는 객관적인 경력성공이 존재하기보다는 개인마다 자신이 추구하는 생활양식에 맞추어 주관적인 경력성공을 추구하는 쪽으로 변화되고 있다. 이를테면 높은 급여보다는 고용안정을 추구하거나, 한 조직에만 속하려는 정규직 경력보다 다양한 조직을 위해 일하는 프리랜서형의 경력을 추구하는 사례가 늘어나고 있다. 이는 개인 맞춤형의 주관적 경력만족을 추구하려는 사례가 증가함을 의미한다.

2 경력개발의 제반 관리활동

(1) 경력관리의 과정

경력관리는 경력을 계획하는 과정과 희망 경력을 구현해나가는 실행과정으로 구분될 수 있다. 계획과정은 자신이 어떤 경력욕구를 가지고 있는지를 탐색하는 활동과 미래 희망 경력인 경력목표를 설정하고 마지막으로 경력경로를 계획하는 활동으로 이루어진다.

경력 욕구의 탐색은 자신의 적성과 역량을 고려하여 조직 내 직무들 중에서 자신에게 적합한 직무를 찾아나가는 활동이다. 경력목표의 설정은 근로자가 중장기적으로 이동을 희망하는 직무를 결정하는 활동이다.

경력경로의 선택은 자신의 경력목표에 도달하는 과정에서 거치게 되는 직무들을 생각해보고, 단계적으로 최종 희망직무로 접근할 수 있는 이동경로를 계획하는 활동이다. 희망직무에 도달하기까지는 상당한 시간이 걸릴 수 있기 때문에 장기적인 관점에서 이동계획이 필요하다.

경력개발의 계획이 세워지고 이어서 실행단계로 들어가면 구성원은 조직의 지원을 받아 경력경로 상의 직무들을 거쳐 이동할 수 있어야 한다. 구성원이 직무 간에 이동을 하기 위해서는 각 직무들이 요구하는 역량을 충족해야 한다. 만약 구성원이 직무역량을 충분히 갖추지 못했을 경우 추가적인 교육과 훈련을 이수해야 한다. 따라서 경력개발의 실행은 직

그림 10-1 경력관리의 과정

경력욕구의 탐색 → 경력목표의 설정 → 경력경로의 선택 → 경력개발의 실행 → 수정과 조정

무 간 이동과 그에 따른 교육훈련 등을 모두 포함한다.

경력개발계획을 장기간에 걸쳐 실행되는 과정에서 개인은 중간에 경력목표를 재설정해야 하는 상황이 발생할 수 있고, 경력경로 역시 계획대로 실행되지 않을 수 있다. 이러한 경우 개인과 조직은 서로의 필요성에 따라 경력개발계획을 수정하고 보완할 필요가 있다.

이상의 내용을 요약하면 [그림 10-1]에서와 같이 경력개발의 과정은 구성원의 경력욕구 탐색, 경력목표의 설정, 경력경로의 선택, 경력개발의 실행, 그리고 경력개발 계획의 주기적인 수정과 보완으로 구성되어 있음을 알 수 있다.

(2) 경력관리의 역할 분담

경력개발은 구성원 혼자의 힘으로만 실행할 수 없다. 개인이 속한 조직이 구성원의 직무 간 이동 권한을 가지고 있기 때문이다. 따라서 조직은 개인의 경력개발 계획을 수집 분석하여 구성원 개인이 원하는 경력을 실현하도록 지원해주어야 한다. 조직이 개인의 경력관리를 지원하는 제도를 가리켜 경력개발제도(career development system)라 한다. 경력개발제도는 관리자가 임의적으로 근로자의 경력을 지원해주는 것이 아니라 조직 내 지침이나 규정 등을 통해 조직 전체 차원에서 구성원 개인의 경력개발을 지원하는 제도이다.

경력관리와 관련하여 구성원 개인이 할 역할과 조직이 지원해줄 역할을 구분해 보면 다음과 같다.

(가) 개인의 역할

① 자신의 직무역량과 관심있는 직무들을 파악한다.
② 자신의 경력목표를 설정한다.
③ 자신의 경력목표와 역량개발 계획을 관리자와 상담한다.
④ 경력목표에 이르는 경력경로를 관리자와 상담한다.
⑤ 조직의 인력계획과 개인의 경력목표를 함께 고려하여 계획의 실행가능성을 분석한다.
⑥ 경력계획에 따른 교육과 역량개발 계획을 세운다.

(나) 조직의 역할

① 조직은 미래 인력규모 및 이동계획을 점검한다.

② 조직은 미래에 필요한 조직 역량과 직무들을 분석한다.
③ 조직 내부의 이동가능한 경력경로를 설계한다.
④ 개인의 경력개발수요와 조직의 인력수요를 일치시킨다.
⑤ 관리자들을 통해 경력상담, 현장훈련, 역량개발 등을 지원한다.

결과적으로 경력개발은 구성원 개인이 주체가 되는 활동이지만, 조직의 지원 없이는 가능하지 않다. 따라서 조직은 경력개발제도를 구축하여 개인과 조직의 직무수요를 경력개발의 형태로 실행해 나가야 한다.

3 경력개발제도를 통한 지원

경력개발제도(career development system)는 개인의 경력관리를 지원하기 위해 조직이 마련한 제도와 규정이다. 경력개발제도는 다음과 같이 요약될 수 있다.

(1) 경력개발제도의 구성요소

제도(system)란 추상적인 개념이 아니라 구체적인 규정이나 규칙, 절차 등을 의미한다. 따라서 경력개발제도 역시 개인의 경력관리에 도움을 주고자 하는 조직 내 규정, 규칙, 절차를 의미한다. 조직의 경력개발제도는 크게 4가지의 핵심요소로 이루어져 있다. 각 요소별로 조직은 구체적인 절차와 지침, 규정을 마련하여 근로자들의 경력개발에 도움을 줄 수 있다. 경력개발제도의 4가지 요소들은 다음과 같다.

(가) 경력정보 제공과 경력에 대한 교육 및 상담

조직 내 경력에 대한 정보를 DB로 구축하고 이를 구성원에게 제공하며, 구성원에게 경력에 관한 교육과 상담을 수행하는 활동이다. 경력정보를 제공하기 위해서는 조직 내의 직무들, 직무별 자격요건, 직무간의 관계성 등을 이해하기 쉽게 요약하여 제공할 수 있어야 한다. 그리고 경력상담은 관리자가 근로자 개인의 희망직무를 파악하고 적성과 능력에 맞추어 미래 직무선택을 코칭해주는 것을 말한다.

(나) 경력경로의 설계

조직이 제공한 직무정보를 기반으로 구성원 개인은 현재 직무로부터 미래 희망직무로 가는 경력경로를 설계하고 관리자가 근로자의 경로설계를 지원해주는 활동이다. 경력경로란 현재부터 미래 특정 시점까지 담당하고자 하는 직무들을 배열해 놓은 계획이다. 관리자는 구성원이 계획한 경력경로가 현실적으로 가능한지, 경력경로를 거치는 과정에서 어떤 역량을 준비해야 하는지를 상담해주어야 한다.

(다) 이동관리

근로자가 계획한 경력경로에 따라 직무 간 이동이 이루어지도록 지원하는 제도가 필요하다. 이동관리는 직무전환배치, 승진, 이동 등 경력개발의 차원에서 조직이 개인의 희망 직무로의 이동을 통합적으로 지원해주는 것을 말한다. 이동관리란 직무 간의 전환배치가 가능하도록 조직이 회사 내 공석이 된 직무를 파악하고 근로자를 직무 간 순환시키는 노력 등을 말한다.

(라) 평가 및 재설계과정

조직과 개인은 경력관리의 결과를 주기적으로 평가하고 경력계획과 실행 간에 괴리가 발생할 경우 경력목표와 경력경로를 재설계하고 수정해나가야 한다. 조직은 주기적으로 근로자의 경력계획과 실제 이동실태를 파악하여 경력개발계획을 조정하고 지원해주어야 한다.

(2) 경력욕구의 탐색

경력욕구란 개인마다 자연스럽게 형성된, 자기 나름의 직무 정체성을 말한다. 경력욕구는 개인이 특정 성격의 직무들을 선호하는 현상으로 나타난다. 자신이 선택한 직무가 자신의 경력욕구와 일치할 경우 근로자는 상당 기간 동안 해당 직무에 체류하게 된다.

경력닻(career anchor)이란 개념은 개인이 특정한 직무들을 선호하는 현상을 말한다. 조직은 근로자의 경력닻을 조사하여 인력배치에 적용하여야 구성원의 경력욕구를 충족시킬 수 있다.

근로자의 경력욕구 혹은 경력닻이 어떻게 형성되는 지는 정확히 알려진 바가 없으나, 개인의 유전적 소질, 개인이 속한 집단의 가치관, 부모와 교육의 영향, 그리고 과거 수행한 직무경험 등이 복합적으로 작용하여 형성된다.

경력욕구를 유형별로 구분한 Schein의 연구에 의하면 개인은 서로 다른 경력욕구를 가지고 있으며 그 유형은 대략 다음과 같이 구분될 수 있다고 한다.[2)]

(가) 관리지향형(managerial competence)

조직 내 일과 사람의 활동을 계획하고, 지휘하며, 통제하는 관리기능의 경력을 말한다. 이러한 경력욕구를 가진 개인은 관리자와 같이 다양한 일과 사람들을 관리하고 문제를 해결하는 데 관심을 가진다.

(나) 기술/기능지향형(technical–functional competence)

이러한 경력욕구를 가진 개인은 전문지식을 습득하고 한 전문분야의 전문가가 되고자 한다. 기술/기능지향형 경력욕구는 엔지니어와 연구개발자들에서 많이 발견된다.

(다) 안정지향형(security/stability)

고용안정성을 추구하며 변화와 위험보다는 질서와 안정을 선호하는 경력욕구를 말한다. 안정지향형 경력욕구를 가진 개인은 일상적으로 반복되는 일을 선호하고 원칙과 규율을 중시하는 경향이 강하다.

(라) 사업가적 창의성(entrepreneurial creativity)

조직에 속하기보다는 독자적으로 창의적인 작업에 몰두하는 경우로서 새로운 가치를 창출하는데서 성취감을 느끼는 경력욕구이다. 스타트업 창업자에서 흔히 발견된다.

(마) 자율지향형(autonomy/independence)

조직의 통제에 얽매이기 싫어하며 한 조직에만 정착하려는 성향이 낮은 경력욕구를 말한다. 프리랜서와 컨설턴트와 같이 밀접한 감독이 없고 근로시간이 유연한 직무에서 흔히 발견된다.

(바) 봉사지향형(sense of service)

타인에 대한 봉사를 가치 있게 여기는 경력욕구를 말한다. 타인의 필요를 감지하고 타인에게 도움을 주려는 욕구가 강한 개인들에서 흔히 발견된다. 고객서비스, 사회사업 종사자, 비영리기관의 근로자에서 많이 발견된다.

(사) 도전지향형(pure challenge)

도전 그 자체로부터 성취감을 추구하는 경력욕구를 말한다. 어려운 문제해결과 같이 도전적 과제를 수행하길 선호한다.

(아) 생활지향형(lifestyle)

가정의 보조적인 소득원으로서, 일보다 가정을 우선시 하는 경력욕구를 말한다. 일과 개인적 생활 간의 균형을 중요시하며 긴 휴가와 적은 근로시간을 선호하는 경향이 강하다.

박스사례 10-1 나의 경력욕구는 어떨까?

위 Scein의 경력욕구를 읽어본 후 아래 표에 자신의 경력욕구를 표시하여 봅시다.

	아래의 욕구 중 당신이 미래에 희망하는 직무가 어떤 성향을 가져야 하는지를 그 중요도에 따라 표시하십시오. (5=매우 중요하다, 1=거의 중요하지 않다로 표시하여 봅시다)	자신이 현재 수행하고 있는 직무에 대해 어떤 지향성이 가장 중요한지를 표시하십시오. (5=매우 중요하다, 1=거의 중요하지 않다)
관리지향형		
기술/기능지향형		
안전지향형		
사업가적 창의성		
자율지향성		
봉사지향형		
도전지향형		

생활지향형		
기타(구체적으로 그 특징을 적어보세요)		

박스사례 10-2 자신의 경력을 개척하는 사람들, 긱 근로자(Gig Worker)

우버 근로자로 대표되는 프리랜서 경제가 확대되면서 서구에서는 긱 근로자(gig worker) 혹은 긱 이코노미(gig economy)의 규모가 지속적으로 확대되고 있다. 그러나 긱 이코노미에 대한 대응은 기업과 공공조직에서 아직 구체적으로 이루어지고 있지 못한 실정이다. 오히려 조직의 입장에서 긱 근로자를 보는 관점은 이들이 조직에 적응하지 못했거나 개인적으로 자유로운 생활을 선호하는 사람들이라는 보수적 관점에 머물러있다.

긱 근로자에 대한 보수적 관점에도 불구하고 주목할 점은 이들의 비중이 꾸준히 증가하고 있다는 점이다. 미국의 경우 긱 근로자의 비중은 2017년 현재 전체 근로자의 16%에 이르고 있다. 긱 근로자를 위한 다양한 플랫폼이 개발되면서 우버(Uber), 리프트(Lyft), 에어비엔비(Airbnb), 테스크래빗(Task Rabbit), 클로셋 콜렉티브(Closet Collective) 같은 앱이 긱 근로자의 프리랜싱을 촉진하고 있다.

긱 근로자를 주로 우버와 에어비엔비형 프리랜서로 보는 경향이 있지만 이는 현실을 정확히 보지 못하는 것이다. 전체 긱 근로자를 100으로 보았을 때 차량공유에 종사하는 근로자는 약 9%에 불과하다. 에어비엔비와 같은 주택공유는 5%, 음식배달이 4%에 그친다. 나머지 80%는 누구일까? 이들은 다양한 서비스를 제공하는 긱 근로자들이다.

최근 경향은 우버와 에어비앤비 같은 자산공유형 긱 근로자 외에 역량공유형 긱 근로자가 증가한다는 점이다. 역량공유형 긱 근로자는 자기 소유의 자산은 없지만 기업이나 개인에게 전문적인 서비스를 제공하는 지식근로자들이다. 이들은 옷을 골라주고, 크고 작은 집안일을 도와주는 것뿐만 아니라 엔지니어링이나 컨설팅까지 전문서비스를 제공하는 자들이다.

이들 역량공유형 긱 근로자는 긱 이코노미가 확대되면서 그 성격이 보다 전문적인 근로자로 변화하고 있다. 이들은 전문직일 뿐만 아니라 소득도 높다. 미국의 긱 근로자 배경을 살펴보면 이들의 44%는 34세 이하의 젊은 근로자이고 66%가 대졸자이며, 51%가 5만 달러 이상의 연소득을 올리고 있다. 이 정도의 소득을 올리려면 배달과 같은 단순 노무제공에 그쳐서는 안 된다.

역량공유형 긱 근로자 대다수는 공유오피스 혹은 집 근처의 카페 같은 공간에서 전문서비스를 제공하고 있다. 이들은 과거에 정규직장에 다녔던 사람들이다. 이들은 전통적 직장의 통제된 작업을 싫어하며 일과 개인 생활의 균형을 확보하고 싶어한다. 상사의 통제 밖에서 일에 며칠이고 몰입하다가 시간을 내서 자신의 취미 등 개인생활을 하는 사람들이다. 직장에서 배운 전문적 경험을 가지고 다수의 개인이나 기업을 대상으로 서비스를 제공하는 긱 근로자도 많다.

각 이코노미 하에서 근로자는 하나의 직장에 올인하는 것에 더 이상 의미를 두지 않는다. 이들은 정규근로와 긱 근로를 병행하다 차차 시장에서 인정받으면 풀타임 긱 근로자로 둔갑한다. 긱 근로자의 연간 소득이 5만 달러가 넘는 이유는 이들이 정규직에서 점차 프리랜서로 옮겨가면서 일정한 소득을 유지할 수 있기 때문이다.[3)]

(3) 경력목표와 경력경로의 계획

(가) 경력목표

경력목표를 정하고 경력목표에 도달하는 경로를 설계하는 것은 경력개발에 있어 매우 중요한 활동이다. 경력목표는 중장기적으로 자신이 수행하기를 희망하는 직무와 조직 내에서의 위치를 정하는 것이다. 이를테면 마케팅 기획 직무로서, 조직본부를 관리하는 책임자가 되거나, 연구개발 직무에서 개발 프로젝트 관리자가 되는 것과 같이 경력목표란 중장기적으로 자신이 도달하고 싶은 직무와 해당 직무의 조직 내 위치를 결정하는 것이다. 경력목표는 수평적으로는 희망하는 직무군을, 수직적으로는 조직 위계상의 직위를 구체적으로 결정하는 것이다.

실제 경력목표는 경력의 탐색단계를 거치면서 구체화된다. 경력단계는 탐색단계를 거쳐 확립단계, 유지단계, 쇠퇴단계 순으로 전개된다. 경력단계는 직무가 바뀔 때마다 직무수행자가 거치게 되는 성장단계라고 볼 수 있다. 경력단계를 4개로 구분할 때 각 단계는 다음과 같다.

① 탐색단계: 여러 경력을 고려해보고 이중에서 자신에게 가장 적합한 경력을 선택하는 단계이다.

② 확립단계: 특정 경력에 정착하여 역량이 개선되고 능력을 발휘하는 단계이다.

③ 유지단계: 선택한 경력에서 바람직한 지위에 올라, 높은 생산성을 유지하는 단계이다.

④ 쇠퇴단계: 기존의 경력으로부터 탈피하여 새로운 경력을 준비하는 단계이다. 생산성이 점차 하락하면서 대안적인 경력을 모색하게 되는 단계이다.

경력의 탐색관계에서 개인은 다양한 경력을 고려한 후, 확립단계에서는 특정 경력을 선택하여 정착하게 된다. 그리고 유지단계에서는 생산성이 최고 수준으로 높아지고 해당 경력에서 많은 책임을 감당한다. 그리고 쇠퇴단계에 접어들면 개인은 다른 직무를 찾아 다시 새

표 10-1 경력단계별 경력관리 활동

경력단계	경력관리 활동
1단계: 직업준비기	희망직업군 탐색, 직업 분석 및 최종결정, 직업별 필요자격 분석과 기초적 교육 및 훈련 습득
2단계: 조직진입기	희망 조직을 선정, 채용을 위한 지원, 취업 후 직무배정
3단계: 경력초기	배정된 직무의 역량을 학습하고, 전체 조직의 규정과 절차를 파악하여 적응. 조직 내에서 장래 희망 경력을 결정
4단계: 경력중기	경력경로를 계획하고 이동과 승진을 통해 경력목표를 적극적으로 추구함. 직무에 대한 지식과 역량을 극대화하고 생산성을 높여가는 과정
5단계: 경력후기	생산성을 최대한 높은 수준에서 유지하고 미래 은퇴를 준비하기 위한 계획을 수립함. 일선 관리직이나 전문직에서 물러나 구성원을 후방에서 지원하는 지원업무를 담당함.

로운 경력을 추구하게 된다. 쇠퇴단계는 정년이 가깝거나 관리직에서 물러난 경우와 같이 기존의 직무를 더 이상 수행하기 곤란할 경우에 해당된다.

최근으로 오면서 경력의 탐색단계에서 쇠퇴단계까지의 시간이 더욱 짧아지는 추세가 나타나고 있다. 이는 기술이나 산업의 변동이 심하여 새로운 직무가 만들어지고 기존의 직무가 소멸되는 속도가 빨라져 경력의 한 사이클이 짧아지는 현상이 나타나기 때문이다. 따라서 경력목표를 정할 때는 평생 한 가지 직무만을 고집하지 말고, 기술과 산업의 지각 변동을 고려하여 유연하게 직무의 범위를 넓게 생각하는 것이 중요하다.

<표 10-1>은 경력단계를 5개로 더욱 세분화하여 각 단계에서 근로자가 준비해야 할 활동들을 보여주고 있다.[4]

(나) 경력경로

경력경로(career path)란 개인이 한 조직에서 희망 직무에 이를 때까지 거치게 되는 직무의 배열이다.[5] 한 근로자가 조직에서 거치게 되는 여러 직무들을 시간순으로 배열하게 되면 직무 간의 이동경로를 알 수 있는데 이를 경력경로라 말할 수 있다. 그러나 경력경로의 개념은 계획적인 경로라는 의미가 강해서 경력목표를 정한 후 가장 이상적으로 목표 직무에 이르는 직무들의 시간적 순서를 정한다는 뜻이다.

경력경로의 유형에는 조직계층의 상층으로 수직적 이동이 이루어지는 전통적 경력경로(traditional career path)와 동일한 조직 계층에서 수평적 이동이 이루어지는 네트워크 경력경로(network career path)의 2가지가 있다. 이를테면 회계부서의 평직원으로 입사한 근로자가 경리팀 대리, 회계팀장, 회계세무본부장 등 유사한 직무군에서 높은 계층으로 수직적 이동을 거듭하는 경우는 전통적 경력경로에 해당된다. 전통적 경력경로를 거치게 되면 근로자는 더 높은 직급의 직무로 이동하게 된다.

한편 근로자가 동일한 직급 내에서 영업부서, 홍보부서, 생산부서 등 다양한 직무를 거치는 경우는 네트워크 경력경로에 해당된다. 네트워크 경력경로는 근로자로 하여금 다양한 직무를 체험하게 함으로써 경력탐색의 기회를 줄 수 있으며, 조직 입장에서는 근로자를 조직의 필요성에 따라 유연하게 배치할 수 있게 되어 유익하다.

또한 경력경로의 특수한 유형으로 이중경력경로(dual career path)가 있다. 이중 경력경로는 전문직에 종사하는 근로자가 특정 시점에서 전문가로서의 역할을 내려놓고 관리자로 전환하는 경우를 말한다. 이중경력경로는 개인이 경력의 일정 단계에 이르면 전문직으로서의 경력과 전반관리자로의 경력 중 하나를 선택할 수 있도록 하는 경우에 발생한다. 예를 들면 엔지니어는 일정한 직급에 이르면 전반관리자의 경력을 선택할 기회가 주어지는데 이러한 경우가 이중경력경로라 할 수 있다.

경력경로는 한 직무에서 다른 직무로 움직여가는 계획인데 간혹 하나의 직무에서 움직임 없이 장기간 체류하는 근로자가 발생하기도 한다. 이러한 경우를 경력정체(career plateau)라 하는데, 경력정체는 일정한 직급까지 경력을 추구한 후 수직적 상승이나 수평적 이동이 더 이상 이루어지지 않는 상태를 말한다. 조직 내에서 근로의욕이 매우 낮은 근로자는 경력정체에 빠질 가능성이 높아진다.

경력경로에 대한 최근의 추세는 전통적 경력경로보다 네트워크 경력경로에 대한 필요성이 더 커진다는 점이다. 이는 한국경제가 저성장국면으로 들어가 직급이나 신분 상승의 기회가 그만큼 줄어들었고, 빠른 승진보다는 자신이 좋아하는 일을 찾으려는 가치관의 변화 때문이다. 물론 전통적 경력경로를 선호하는 개인도 있겠으나 직급이나 신분상승의 기회가 과거보다 줄어들어 개인이 수직적 신분상승만을 추구하기는 더 어려워지고 있다.

박스사례 10-3 딜로이트의 격자형 경력개발 실험

딜로이트 컨설팅 그룹은 사내 컨설턴트의 경력 유연성을 높이기 위해 미래지향적 경력개념인 'MCC(mass career customization)'를 실험적으로 제도화하였다. MCC는 전통적인 수직적 경력사다리를 대체하는 격자형 경력을 의미한다. MCC하에서는 경력을 사다리(ladder)형이 아닌, 격자(lattice)형으로 가정하여, 직급이 높아지기만 하는 것이 아니라 직급이 낮아질 수도 있고, 동일한 직급의 다른 직무로 이동하기도 하는 등 모든 경로가 가능하다.

MCC에서 직무선택의 기준은 크게 승진기회(Pace), 작업량(Workload), 장소와 일정(Location/Schedule), 역할(Role)의 4가지이다. 승진기회는 상위 직급으로 이동하는 기회의 정도로서 전통적으로 수직적 상승을 의미하는 경력이다. 작업량이란 업무부담이 증가하는 것을 의미하며, 장소와 일정은 업무를 수행할 수 있는 장소와 일정을 유연하게 결정할 수 있는 선택권을 말한다. 또한 역할은 관리자와 비관리자 간에 역할을 정하는 것을 말한다.

승진기회가 많이 주어지는 직무는 통상적으로 작업량이 많고, 관리자 역할을 상당부분 수행해야 하는 직무들이다. 그러나 이들 직무들은 수직적으로 직급이 올라가고 급여수준이 향상되는 장점이 있는 반면, 일-가정균형을 유지하기 어렵고, 새로운 직무로 옮겨가기 위한 교육시간이 부족하다는 단점이 있다.

근로자들은 때론 자신의 개인적 사정에 따라 관리자보다 개인적 기여자로 활동하기 바라는 경우가 있다. 따라서 MCC는 직급이 하강하거나 수평으로 이동하는 경력경로를 적극적으로 반영한 접근법이다. 그리고 전체적으로 경력경로가 수직적 사다리형이 아닌, 수평과 하락을 포함한 격자형을 형성하게 된다.

MCC는 전통적인 사다리형 경력관리보다 근로자의 라이프사이클을 잘 반영하기 때문에 중고령 인력에게 도움이 되는 제도이다. 중고령근로자가 새로운 경력을 준비하기 위해 교육기관에 등록하거나 혹은 육체적 제약과 인지적 역량의 한계로 인해 업무량이 적은 직무로 이동하고자 할 때 전통적인 수직형 경력관리제도는 이를 수용할 수 없다. 그러나 MCC는 업무량이나 책임이 낮은 직무로 옮겨가거나 직급과 급여가 낮아지는 경력하강까지를 포함하기 때문에, 개인의 신체적 상황을 고려할 수 있다.

MCC는 한국과 같이 승진 중심의 사다리형 경력관리와 조화를 이루지 못하지만 근로자의 전생애적 필요에 보다 충실할 수 있다. 특히 직급상승을 거듭하다 50대 초반에 퇴직하게 되는 국내 사무관리직 근로자의 조기퇴직의 문제점을 돌아볼 때, MCC는 경력 유연성을 높이고 고용안정성을 개선해 나가는 한 방법이 될 수 있다.[6)]

(4) 이동관리

경력목표에 이르는 경력경로가 계획되면 그 다음에 할 일은 조직 내에서 수직과 수평적 이동을 관리하는 것이다. 수직적 이동은 승급과 승진에 해당하고 수평적 이동은 유사한 수준의 직무 간 이동을 말한다. 각 이동 방식에 대한 것을 살펴보면 다음과 같다.

(가) 수직적 이동

수직적 이동이란 근로자가 수행하는 직무가 바뀌면서 직급이 높아지고 승진이 이루어지는 경우를 말한다.

수직적 이동관리를 위해서는 우선 직급과 승진에 대한 사내 규정이 필요하다. 직급이란 앞서 직무관리에서 살펴본 것과 같이 한 근로자가 수행하는 직무의 책임과 난이도의 정도를 몇 개의 등급으로 나눈 것이다. 이를테면 1급, 2급, 3급과 같이 직급이 올라가면 해당 근로자가 수행하는 직무의 책임과 난이도가 높아지는 구조를 말한다. 직급에 관한 규정은 낮은 직급에서 높은 직급까지 몇 개의 등급을 설정하느냐 그리고 근로자가 직급 간에 수직이동을 할 경우 어떤 자격조건을 갖추어야 하는 지 등을 포함하고 있다. 이를테면 1급에서 2급으로 직급이 상승할 경우 최소 교육훈련시간, 이전 직급에서의 최소체류연한, 인사평가의 결과 등에서 일정 수준을 충족해야 하는 식으로 규정이 만들어진다. 직급이 상승하면 근로자는 더 높은 책임과 난이도를 가진 직무를 수행해야 하며, 더불어 임금과 근로처우가 좋아지게 된다. 직급이 높아지는 것을 '승급'이라 부르는데 일반적으로 근로자는 자신의 역량을 꾸준히 개발하면 승급을 통해 더 높은 임금과 근로처우를 받게 된다.

그 다음으로 중요한 것은 승진에 관한 규정이다. 승진이란 승급과 유사한 개념이지만 조직도표 상에서 더 높은 직책으로 이동하는 것을 말한다. 직책의 예로서는 팀원, 팀장, 부문장, 본부장 등이 있으며 연구원의 경우 보조연구원, 책임연구원, 연구원장 등 있는데 이와 같이 승진은 조직 내에서 더 높은 수준의 직책으로 이동하는 것을 말한다.

승진은 일정한 수준의 직급에 도달한 구성원 중에서 조직이 추가적인 책임을 부여하여 특정한 직책을 부여하는 경우에 해당된다. 이를테면 3급 직급에 해당되는 구성원 중 우수한 성과를 낸 직원을 선발하여 조직은 해당 구성원에게 팀장의 직책을 부여할 수 있다. 승진은 조직 내 신분의 상승을 동반하게 된다. 이를테면 팀장으로 승진하면 의사결정 권한이 상승하고 예산에 대한 권한 역시 증가하게 된다.

승급과 승진 개념 간에는 뚜렷한 구분이 안 되고 있는 경우가 적지 않다. 이는 승진과 승급이 일반적으로 밀접하게 동시 발생적이기 때문이다. 승진이 이루어지면 조직도표 상 더 높은 계층으로 이동하는 신분상승이 이루어지고 일반적으로 직급 역시 상방으로 이동하게 된다. 그러나 승진과 직급의 상승은 반드시 일치되지 않는 경우도 있다. 이를테면 팀장 중에는 직급이 높은 팀장이 있고 직급이 낮은 팀장이 있는 것과 같이 팀장이 된다고 하여 모두 동일한 직급으로 승급되는 것은 아니기 때문이다.

승진은 다음과 같이 3가지의 유형으로 구분될 수 있다.

① 직책승진: 권한이 높은 직책으로 이동하면서 직급 역시 함께 상승하는 명실상부한 승진을 말한다. 해당 직책에 공석이 발생하고 아래 직급의 구성원 중 한 명이 해당 직책으로 이동하는 경우이다. 이때 승급도 이루어진다.

② 자격승진: 권한이 높은 직책으로 이동하지는 않지만 직급이 상승하여 급여 및 근로처우가 상향 조정되는 경우이다. 주로 직무역량이 높아지면서 근로 처우를 좋게 해줄 필요성에서 발생하는 승진이다. 그러나 이는 직책승진과 달리 직급만의 상향 조정으로 보아야 할 것이다. 조직 내 상위 직책에 공석이 나지 않고 상당수 구성원의 승진적체가 심화되면 그 대안으로 직급만을 상향조정해주는 자격승진이 발생할 수 있다.

③ 대용승진: 직급이나 직책의 상향 조정이 일어나지 않고 호칭만을 높여주는 형태의 가짜 승진이다. 과거 많이 쓰이던 호칭인 부장, 차장, 과장 등 호칭을 없애지 않고 그대로 병존시킨 조직에서 장기 근속자를 예우하는 차원에서 호칭을 높여주는 경우이다. 이를테면 과장에서 차장으로, 차장에서 부장으로 호칭만 바뀌는 것이다. 대용승진은 구성원이 조직 외부 활동을 할 때 위신을 세워지는 기능을 하기 때문에, 많이 활용되는 승진형태이다. 그러나 실제적으로 직급이 올라가거나 처우가 좋아지는 결과가 동반되지 않기 때문에, 국내 기업에서 점차 유명무실해지고 있다.

일반적으로 직급이 낮은 상태에서 수직이동은 주로 직급만이 올라가는 자격승진의 형태를 띠게 되지만 직급이 상위 수준으로 높아지면 점차 상위 직책으로 옮겨가는 직책승진의 형태를 띠게 된다. 이를테면 조직 내 상위 직책 중 하나인 팀장이 되기 전 근로자는 직무역량이 높아지면서 자격승진을 거듭하다 나중에는 팀장 직책으로 보임되는 직책승진을 하게 된다.

조직은 근로자의 직책승진이나 자격승진을 합리적으로 관리하기 위한 규정을 마련해야 한다. 이러한 방법 중 하나는 승진의 조건을 명확히 문서로 규정하고 승진자 선택에 있어 관리자의 주관적 판단이 과도하게 개입되지 않도록 하는 것이다. 이를테면 국내 기업 중에는 승진포인트제도라 하여 인사평가와 교육이수 정도, 최소 근속연수 등을 점수화하여 그 총점을 기준으로 승진자를 선별하는 제도를 두고 있다. <표 10-2>는 승진포인트제도의 한 사례를 보여주고 있다. 표에서 보면 직급은 G1에서 G4로 높아지는 구조를 가지고 있고

표 10-2 승진포인트제도의 사례

<table>
<tr><th rowspan="3">구분</th><th rowspan="3">기초 연한</th><th rowspan="3">승진자격 기준 포인트</th><th colspan="5">기준항목(포인트 취득 기준)</th></tr>
<tr><th rowspan="2">인사 평가</th><th colspan="2">교육</th><th colspan="2">가감점</th></tr>
<tr><th>리더십</th><th>기초교육</th><th>상별</th><th>어학</th></tr>
<tr><td>G3(과장) → G4(부장)</td><td>4년</td><td>14P</td><td>S → 5P</td><td rowspan="5">0~1P</td><td rowspan="5">0~0.5P</td><td rowspan="5">−0.5~0.5P</td><td rowspan="5">0~1P</td></tr>
<tr><td>G2(대리) → G3(과장)</td><td>3년</td><td>11P</td><td>A → 4P</td></tr>
<tr><td>G1(주임, 대졸) → G2(대리)</td><td>2년</td><td>8P</td><td>B → 3P</td></tr>
<tr><td>G1(사원, 전졸) → G2(대리)</td><td>4년</td><td>14P</td><td>C → 2P</td></tr>
<tr><td>G1(사원, 고졸) → G2(대리)</td><td>8년</td><td>26P</td><td>D → 1P</td></tr>
</table>

출처: 정종태, 인사관리 2판, 시그마프레스, 2017, p.287에서 인용.

상위 직급으로 옮겨가기 위해서는 해당 직급에서의 최소 근속연수(기초연한), 인사평가점수, 교육점수, 기타 가점을 획득해야 한다. 이를테면 고졸 학력의 직원이 G1에서 G2로 직급이 올라가려면 8년을 G1 직급에서 근무하면서 총 26점을 획득해야 G2 직급으로 갈 자격을 획득할 수 있다.

승진포인트제도는 다시 입학방식과 졸업방식으로 구분될 수 있는데, 입학방식은 정해진 총점을 다 채우면 해당 근로자를 승진대상자 명단에 올리는 방식이다. 이에 비해서 졸업방식은 정해진 총점을 다 채운 직원은 누구나 자동적으로 승진(승격)하는 방식이다. 입학방식은 승진적체가 심한 조직에서 활용되는데, 승진대상자가 되어도 반드시 승진이 되는 것은 아니다. 이에 비해 성장하는 조직은 공석이 된 직책이 많기 때문에, 자연히 졸업방식의 승진포인트제도를 도입할 수 있다.

(나) 수평적 이동

이동관리와 관련해서 또 다른 중요한 이동형태는 직렬(sub–job family) 간 이동이다. 직렬은 앞서 직무관리 장에서 정의한대로 유사한 직무들의 집단이다. 일반적으로 근로자의 직무 간 이동은 주로 같은 직렬 내에서 이루어지기 쉽다. 왜냐하면 같은 직렬 내 직무들은 유사한 업무들이고 서로 연관되어 있기 때문이다. 이를테면 인사직렬 내의 직무들은 노무관련 직무들, 교육훈련 직무들, 그리고 인사제도 기획 및 운영직무들을 포함하고 있는데, 이들 직무들은 직원들의 인사처우 및 역량개발과 연관된 업무들을 처리하는 업무들이다. 따라서 인사 부서에서 근무하는 구성원은 아무래도 인사직렬 내 직무들 간에 이동하기가 용이할 것이다.

한편 현재 직무와 연관성이 적은 다른 직렬로 이동할 때 근로자는 상대적으로 큰 변화를 감내해야 한다. 직원이 희망하고 조직이 필요하다고 판단할 경우 직원은 다른 직렬의 직무로 이동하기도 한다. 이를테면 인사직렬에 있던 근로자가 영업마케팅직렬의 직무로 이동할 수도 있다. 직렬 간 이동은 직렬 내 이동보다 근로자에게 더 큰 변화를 요구하는데 이는 직무가 요구하는 업무지식이나 능력이 달라지기 때문이다.

한 근로자가 이질적이고 다양한 직무를 수행할수록 경력의 폭(span of career)은 늘어난다. 경력의 폭이란 한 근로자가 얼마나 다양한 직무를 수행했느냐에 의해 결정되는데, 경력의 폭이 클수록 직렬 간의 경계를 넘어 다양한 직무들을 수행하게 된다. 반대로 경력의 폭이 좁을수록 하나의 직렬 내 직무들만을 수행하게 된다. 전반관리자(general manager)는 여러 직무들을 전반적으로 관리하고 감독할 수 있는 사람이어야 하기 때문에 관리자의 경력의 폭은 일반 근로자에 비하여 상대적으로 넓어야 한다.

이상에서 이동관리는 주로 수직적 방향의 이동과 관련된 승진과 수평적 방향의 이동인 직렬 간 혹은 유관 직무 간 이동을 모두 포함하고 있다. 이동관리는 수직과 수평방향으로의 이동을 거듭하면서 근로자 자신이 목표한 경력목표를 찾도록 도와주는 활동이다. 따라서 이동관리는 경력계획을 실제 실행해나가는 차원으로서 그 의미가 크다.

박스사례 10-4 여성관리자의 유리천장(glass ceiling)

한국 기업 이사회 내 여성 임원 비율은 세계 주요국 가운데 꼴찌로 드러났다. 여성 최고경영자(CEO) 비율도 거의 최저 수준이었다. 글로벌 투자은행(IB) 크레디트스위스가 2019년 10월 발표한 '2019 젠더 3000: 변화하는 기업의 얼굴 보고서'에 따르면 올해 한국의 이사회 내 여성 임원의 비율은 3.1%에 그쳤다. 이는 상대적으로 여성 차별이 심한 이슬람 국가인 파키스탄보다도 2.2% 포인트나 뒤진 결과다. 게다가 이는 조사 대상 39개국 전체 평균인 20.6%보다 크게 떨어지는 낮은 수준이다.

동일한 지표의 과거 수치와 비교해보면, 다른 나라에서는 여성 임원이 늘어나는 사이 한국은 상대적으로 줄어들면서 최하위로 떨어졌다. 한국 기업 이사회에서 여성 비율은 2015년 3.9%로 파키스탄(2.2%)이나 일본(3.4%)보다 높았고, 2016년에는 3.6%로 역시 파키스탄(2.3%)보다 높았지만, 2017년과 2018년에는 2.9%로 급감했고 올해는 3.1%에 그쳤다. 한국의 여성 임원 비율의 감소는 글로벌 트렌드에 역행하는 결과이다. 한국의 경우 조사 대상 73개 기업에서 여성 CEO 비율은 4%였지만, 여성 CFO(Chief Financial Officer)는 단 한 곳도 없었다. 크레디트스위스는 여성 임원 비율이 높을수록 기업의 실적과 주가에 긍정적인 영향을 미친다는 점도 덧붙였다. "경영진이 젠더 다양성을 높게 가진 기업들은 주가 대비 초과 실적이 4%에 달했고, 이는 이사회 내 젠더 다양성만을 고려할 때보다도 3배 이상 높은 결과이다" 이제 기업의 젠더 다양성이 주가 및 기업 실적과 강력한 상관관계를 맺고 있는 것이다.[7)]

(다) 직무순환제도와 전문가제도

조직은 구성원의 이동관리를 돕기 위해 직무순환제도와 전문가제도 같은 제도적 뒷받침을 할 수 있다.

직무순환제도는 구성원이 다양한 직무를 경험하도록 주기적으로 사내의 직무들 간 순환을 의무화한 제도이다. 직무순환제도의 목적은 다음과 같다. 첫째, 구성원들이 자신의 직무와 연관된 다양한 직무를 경험하게 되어 보다 전체적인 시각으로 업무의 전후관계를 이해할 수 있게 한다. 둘째, 구성원들은 다양한 직무를 주기적으로 순환함으로써 지루함이나 매너리즘(mannerism)을 극복할 수 있다. 셋째, 다양한 직무경험을 한 구성원은 자신의 역량을 확장하고 개발하여 조직의 인력 배치를 보다 유연하게 만들 수 있다.

직무순환제도를 실행하기 위해서는 공식적인 지침과 정책이 필요하다. 이를테면 조직은 순환 가능한 직무군을 정해야 한다. 또한 순환하는 주기를 몇 년으로 할지도 원칙을 정해야 하고, 순환대상 구성원이 순환 전에 어떤 교육훈련을 받아야 하는지 등을 지침으로 정해두어야 한다.

직무순환제도는 인력의 역량을 배양하고 인력배치의 유연성을 제고한다는 점에서 많은 장점이 있으나 사내 전문가를 육성하기 힘들다는 단점이 있다. 직무순환제도에 의해 모든 구성원들이 직무 간에 이동을 거듭하다 보면 특정 직무에 대한 전문성이 아무래도 약화되기 때문이다.

조직은 직무순환제도의 이러한 단점을 보완하기 위해 전문가제도를 함께 고려해 볼 수 있다. 전문가제도는 직무순환제도와는 반대로 직무간의 이동을 상당부분 제한하고 관련성이 높은 직무로만 구성원의 경력을 한정하는 제도이다. 같은 직무에서 오랜 기간 지식과 경험을 쌓게 되면 전문가적 역량이 높아지게 되기 때문이다. 전문가제도를 도입하려면 전문가트랙을 신설하고 구성원들의 역량을 고려하여 전문가 양성 대상 근로자를 선정하며 전문가의 수준을 단계별로 구분할 수 있어야 한다.

전문가제도는 직무순환제도의 단점을 보완할 수 있지만 그 자체의 한계점을 가지고 있다. 첫째, 전문가로 육성되는 근로자는 특정 직무에 대한 지식과 경험을 쌓을 수 있지만 다양한 관점을 개발할 수 없다. 둘째, 경력의 폭이 좁기 때문에 매너리즘에 빠지기 쉬우며, 관리자가 되기엔 경력의 폭이 너무 협소해진다. 따라서 전문가제도는 관리자를 육성하는 데는 제약이 많다.

직무순환제도와 전문가제도는 각기 장단점을 가지고 있기 때문에, 양자를 서로 보완적으로 활용해야 할 것이다.

박스사례 10-5 삼성의 전문가제도

삼성전자와 삼성전기는 2020년 사내 최고기술 전문가 '삼성명장'을 각각 3명, 1명 선정했다. '삼성명장'은 기술 전문성과 노하우가 특히 요구되는 제조 분야에서 최소 20년 이상 근무해 장인 수준의 숙련도와 노하우를 겸비한 직원을 최고 전문가로 인증하는 제도이다. 삼성전자는 IT 현장의 기술 경쟁력 제고와 최고 기술 전문가 육성을 위한 '삼성명장' 제도를 도입해 지난해 처음 4명을 선정했다.

삼성전자는 기존 제조기술 · 금형 · 품질 · 설비 · 계측 등의 분야 외에도 반도체 관련 기술 전문성을 고도화하기 위해 '레이아웃(반도체 패턴 회로설계)' 분야까지 선발 분야를 확대했다. 삼성전자는 전문 역량, 기술 수준, 후배 양성, 경영 기여도 등을 종합적으로 판단해 제조기술 · 설비 · 레이아웃 분야에서 각 1명씩 '삼성명장'을 선정했다.

삼성전기도 최고 기술 전문가를 육성하기 위해 '삼성명장' 제도를 처음 도입해 제조기술 분야에서 1명의 명장을 선발했다. 한편, 삼성전자와 삼성전기는 2020년 시무식에서 '삼성명장'으로 선발된 직원들에게 '명장' 인증패를 수여했다.[8)]

(라) 승계계획(succession plan)

승계계획이란 조직이 결원이나 공석이 될 직책에 대하여 후계직원을 미리 선정해 놓는 것을 말한다. 그러나 승계계획은 단지 후계자를 선정하는 것에 그치면 안 된다. 승계자 대상이 될 구성원을 평가하고 선발하는 과정이 우선 필요하고, 이들의 역량을 개발하기 위한 코칭과 교육훈련이 사전적으로 이루어져야하며, 주기적인 평가를 통해 승계자를 재선정 조정하는 과정까지 필요하다.

승계계획이 세워져 있지 않을 경우 관리직과 핵심연구직 같은 직책에 갑작스런 공백이 발생할 경우 조직은 효과적으로 적임자를 찾기 어려울 수 있다. 따라서 이직이 많은 조직은 평소 승계계획과 승계자 교육에 각별한 신경을 써야 한다.

4 경력개발관리의 도구

(1) 경력개발계획서

경력개발계획서는 경력목표, 이동희망직무, 교육훈련계획 등 경력개발을 실행하기 위한 가이드가 된다. 근로자와 관리자는 근로자의 경험, 업무지식, 역량 등을 고려하고 조직 내 직무이동 실태를 참고한 후 근로자 개인의 경력개발계획을 세울 수 있다.

조직은 경력개발계획서 양식을 제공하여야 하는데 구체적으로 경력계획서에는 현재 직무명, 현재 직무의 복무기간, 장래 경력목표, 경력목표에 이르기 위한 중간직무들(경력경로), 현재 직무역량과 미래 역량개발 계획(지식, 경험, 기타 역량), 교육훈련 계획 등이 포함되어야 한다.

경력개발계획은 한번 작성되면 고정적인 것이 아니라 조직과 개인의 상황에 따라 주기적으로 업데이트되고 수정되어야 한다. 조직은 주기적으로 구성원들의 경력개발계획을 수집 분석하여 이동계획 및 교육훈련계획 시 참고해야 한다.

관리자는 구성원이 경력개발계획서를 작성하는 과정에서 경력상담을 해줄 수 있으며 근로자가 이동 및 교육훈련 신청을 할 경우 적극 지원해 주어야 한다.

(2) 사내 경력개발 DB

조직은 사내 직무들(직무명, 수행과업, 책임과 의무 등), 직무수행에 필요한 자격(지식, 경험, 역량), 직무 관련 교육훈련, 연관 직무군 등을 경력개발 DB로 구축하여 구성원에게 제공해줄 수 있어야 한다. 구성원은 경력개발계획서를 작성할 때 이러한 경력개발 DB를 참고할 수 있으며 관리자가 구성원의 경력개발을 지원할 때도 유용하게 활용할 수 있다.

조직은 경력개발 DB 이외에도 경력개발 계획을 지원하는 웹사이트를 구축하여 적성과 경력욕구에 대한 자기진단도구(self-assessment tool), 경력경로, 직무관련 교육훈련 등을 제공할 수 있다.

(3) 경력코칭

코칭은 주로 상사가 경력개발상담 시 구체적인 도움을 구성원에게 제공하기 위한 대화기법(communication skill)이다. 코칭은 주로 상사에 의해 이루어지며 질문과 답변이 오가는 쌍방향 대화를 통해 구성원 스스로 원하는 경력을 찾아가도록 지원해준다. 코치는 구성원을 옆에서 돕는 역할에 한정되기 때문에, 구성원은 무엇보다 자신의 경력계획을 스스로 주도하려는 태도를 가져야 한다.

(4) 교육훈련

근로자가 경력을 개발하기 위해서는 장래 희망직무가 요구하는 지식과 기술, 역량을 평소 준비할 수 있어야 한다. 근로자는 미래 희망직무에서 요구하는 역량을 미리 파악하고 조직 내부에서 제공하는 교육과 외부기관의 교육기회를 활용할 수 있다.

(5) 사내 이동

근로자는 경력개발계획에 따라 경력경로를 설정하고, 사내공모제도, 순환보직제도, 전문가제도 등을 활용하여 원하는 직무로 이동해갈 수 있다. 그 외 근로자는 조직 내 팀 간 인력교류가 이루어질 때 관리자의 도움을 받아 부서 간 이동에 자원할 수 있다. 수직이동을 희망할 경우에는 승진제도를 통해 필요한 조건을 습득하여야 할 것이다.

토론

토론과제

본 장에서 학습한 내용을 기반으로 다음 이슈에 대해 토론해보자.

1. 신세대들의 경력관이 가진 특징들을 조사하고 기업이 이를 수용하기 위해 취해야 할 경력관리의 정책들을 제안해보자.
2. 본인의 경력욕구는 어떠한지, 그러한 경력욕구는 어떻게 형성되었는지, 자신이 추구하고 싶은 경력과 경력추구 이유를 구체적으로 제시해보자.
3. 직장인이 생각하는 성공적인 경력이란 어떤 특징을 가지고 있는지 신문, 잡지, 출판물, 방송 등을 조사하여 살펴보자. 성공적인 직장인의 경력에 대해 자신의 주관적 생각은 어떤지 토론해보자.
4. 여성의 유리천장(glass ceiling)은 무엇 때문에 발생하게 되는지 가장 직접적인 원인에서, 간접적인 원인까지 토론해보자.

토론사례 나의 직업선호도 및 직업가치관은?

대학 졸업을 앞둔 김민수(가명) 학생은 국내 일자리 정보를 제공하는 워크넷(work.go.kr) 사이트를 통해 직업선호도와 직업가치관 검사를 해보았다. 그리고 이러한 검사를 기반으로 자신의 미래 희망직무를 선정하여 보았다. 그 결과는 다음과 같다.

〈김민수 학생의 직업선호도 검사결과〉

나의 대표 흥미 코드: 'EA'형

진취형(E): 목표를 정하고 성취하도록 이끄는 것을 좋아함.

예술형(A): 창의적이고 변화를 추구하는 일을 좋아함.

나에게 적합한 추천 직업: 경기감독 및 코치, 무용가 및 안무가, 문화·예술·디자인 및 영상 관련 관리자, 상품 기획 전문가, 쇼핑호스트, 연예인 및 스포츠 매니저, 웹 기획자, 인테리어 디자인 및 시공 기술자(의장 포함), 학예사(큐레이터), 행사·이벤트 및 전시 기획 전문가, 홍보 및 광고 전문가

〈김민수 학생의 직업가치관 검사결과〉

개인이 직업을 선택할 때 중요하게 생각하는 가치가 무엇인지를 확인해보는 검사.

안정, 금전적 보상, 성취, 직업안정, 영향력 발휘

나에게 적합한 추천 직업: 광고 및 홍보 전문가, 행정사무원, 홈쇼핑 근로자, 건축설계기술자

김민수 학생은 이런 결과를 참고해서 자신이 선호하는 직업 2개를 선택한 후 그 내용을 살펴보았다.

1. 광고 및 홍보 전문가: TV, 신문, 잡지, 라디오, 포털사이트 등에서 한편의 광고를 만들기 위해 광고계약 체결부터 제작 완성까지 광고제작의 모든 과정을 진두지휘한다.

2. 상품 기획 전문가: 소비자가 원하는 상품이 무엇인지 파악하여 만드는 활동을 수행한다. 대부분의 상품기획전문가는 소비자의 욕구를 평가 분석하고, 소비유형과 구매패턴을 파악하여 시장성 있는 신상품의 기회를 발굴할 뿐 아니라 생산, 개발, 구매 및 판매, 재고조절 등 상품흐름의 전 과정을 총괄하는 일을 수행한다. 뿐만 아니라 광고 및 홍보전문가와 광고 전략을 협의하며, 업체의 마케팅부서 사무직원과 협의하여 마케팅을 위한 전략 및 방안을 수립하여 실행한다. 이들은 특정 상품 및 서비스에 대한 현재의 판매수준, 소비자의 취향 등을 조사 분석하여 효율적인 마케팅 전략을 수립하거나 자문하는 일도 수행한다.

토론문제

이제 여러분 자신의 경력욕구를 탐색하기 위해 자신의 직업적성과 직업가치관을 워크넷 사이트를 통해 살펴보고, 자신이 선호하는 직업 2~3개를 선정한 후 그 내용을 요약해본다. 이러한 과정을 통해 갖게 된 경력계획에 대한 자신의 입장은 무엇인가?

CHAPTER 11

교육훈련관리

CHAPTER 11

교육훈련관리

학습목표

본 장에서는 인력의 교육과 훈련이 수행하는 역할, 교육훈련의 필요성 분석, 그리고 교육훈련 프로그램 개발 시 유의해야 할 사항 등 조직의 교육훈련관리를 체계화할 수 있는 방법에 대해 학습한다. 본 단원을 마치면 학습자는 다음과 같은 목표를 달성할 수 있다.

❶ 교육훈련관리의 역할과 교육훈련관리를 구성하는 제반 활동에 대해 설명할 수 있다.
❷ 교육훈련의 필요성을 분석할 수 있다.
❸ 교육훈련 프로그램의 유형을 구분하고 설명할 수 있다.
❹ 교육훈련 프로그램을 설계할 때 고려해야 할 사항을 설명할 수 있다.
❺ 교육훈련 프로그램의 실행 과정에서 고려해야 할 사항을 설명할 수 있다.
❻ 교육훈련의 효과를 어떻게 측정할지를 설명할 수 있다.

[도입사례] 사내 대학을 통한 교육훈련

SK그룹은 싱크탱크인 SK경영경제연구소와 기업문화 교육기관인 SK아카데미는 구성원들의 딥 체인지(Deep Change) 역량을 키워나갈 교육, 연구 통합플랫폼인 SK유니버시티를 설립할 계획이라고 밝혔다. 강의, 워크숍, 코칭 프로그램, 프로젝트 기반 교육 등 다양한 방식으로 진행되는 커리큘럼을 운영하고, 기업 구성원들이 매년 근무시간의 10%인 200시간씩 희망하는 교육과정을 자발적으로 이수하게 함으로써 기업은 직원 교육을 실행하고 구성원들의 미래역량을 키울 수 있도록 하려는 것이다.

엔씨소프트는 판교에 회사의 가치를 공유하고 직원들의 교육을 지원하기 위해 엔씨 유니버시티를 2013년 설립하여 운영하고 있다. 직원들은 게임기획과 개발, 기술 동향, 리더십 교육뿐만 아니라 스토리텔링이나 게임아트 수업, 문화평론가나 작가의 강연과 같이 업무와 직접적인 관련이 없는 분야까지 다양한 분야의 교육을 받을 수 있다. 또한 엔씨소프트는 업무시간에 진행되는 수업을 근무시간에도 자율적으로 들을 수 있도록 하고, 직책이나 직무에 제한을 두지 않고 횟수에도 제한을 두지 않는 방식으로 엔씨 유니버시티를 운영하고 있다.

삼성전자와 삼성중공업은 평생교육법에 의해 학사나 전문학사 자격을 취득할 수 있는 사내대학을 운영하고 있다.[1)]

1 교육훈련의 개념과 목표

(1) 교육훈련의 개념

교육훈련이란 조직의 목표를 달성하기 위하여 구성원의 업무지식과 기술, 능력을 향상시키는 활동이다. 교육과 훈련은 크게 구별 없이 혼용되는 용어지만 교육이란 주로 정신적이고 인지적인 개발활동을 많이 포함하며 훈련은 기술과 육체적인 활동이 강조되는 개발활동이다. 교육훈련은 다음과 같은 특성을 가지고 있다.

첫째, 교육훈련의 효과는 가시적으로 관찰되기 어렵기 때문에 흔히 그 효과가 과소평가되는 경향이 있다. 교육훈련은 조직의 성과를 높이는 수단이지만 구성원의 자질, 경영관리시스템의 문제, 조직 외부적 요인 등 교육 외적 원인들로 인해 교육훈련의 결실이 왜곡 이해되기 쉽다. 그럼에도 불구하고 교육훈련의 성과는 과소평가되지 말아야 한다. 경영시스템의 문제로 인해 성과가 낮아진 상황을 업무 담당자의 무능력으로 그 원인을 몰아가지 않도록 해야 한다. 또한 경쟁자의 신제품 출시와 같은 환경적 변화로 매출이 떨어진 것을 영업사원의 무능력으로 그 원인을 돌리는 것은 잘못된 것이다. 교육훈련의 효과는 쉽게 관찰될 수 없지만 교육훈련은 다양한 경로를 통해 조직의 경쟁력을 높이는 데 기여할 수 있다.

둘째, 조직은 조직특수적 교육훈련(specific training)에 주로 투자하려 하고 전반적인 자질향상을 위한 범용적 교육훈련(general training)에 대한 투자는 인색하다. 조직특수적 교육훈련은 주로 특정한 기업에서만 효용성이 있는, 매우 현장중심적인 교육훈련이다. 따라서 조직특수적 교육훈련은 특정 기업의 외부에서는 잘 활용되지 않는 내용들로 구성되어 있다.

반면에 범용적 교육훈련은 그 내용이 다수의 기업에 두루 활용될 수 있는 지식과 기술을 개발하는 것이다. 범용적 교육훈련을 많이 받은 구성원은 한 조직에 전속되기보다 다른 조직으로 이동할만한 능력을 개발하기 때문에 조직의 입장에서는 역설적으로 구성원의 이직을 촉진하는 결과를 가져올 수도 있다. 이러한 이유에서 조직들은 조직특수적 교육훈련에는 적극적이지만, 범용적 교육훈련에 대해서는 소극적인 태도를 보인다.

그러나 조직은 범용적 교육훈련 없이 조직 특수적 교육훈련의 학습에만 집중할 수는 없다. 범용적 지식 없이는 조직 특수적 교육이 효과를 내기 힘든 경우가 많기 때문이다.

셋째, 교육훈련에 대한 투자비용은 기계 같은 물적 시설에 대한 투자비용과 다르다. 물적 시설에 대한 투자는 상당기간 동안 잔존가치가 존재하여 중간에 물적 시설을 처분하여 얼마간의 비용을 회수할 수 있다. 그러나 교육훈련 비용은 장부에 즉각 계상되는 지출성 항목으로 잔존가치라는 것이 없다. 생산시설은 잔존가치가 금액으로 표기되어 시장에서 거래될 수 있지만 교육훈련 투자비는 잔존가치가 금액으로 표기될 수 없어 투자비용을 중간에 회수하는 것이 불가능하다.

교육훈련은 위와 같은 특성 때문에 흔히 사회적인 최적수준에 이르지 못하고 과소 투자되는 경우가 흔하다. 따라서 정부가 공적 교육훈련 투자를 늘리거나 혹은 개인이 자신의 비용으로 사적 교육훈련 투자를 늘려 사회 전체적으로 필요한 교육훈련 수준을 유지하려는 경향이 나타난다.

(2) 교육훈련관리의 역할과 목표

교육훈련의 역할은 다음과 같다. 첫째 교육훈련은 근로자의 직무수행역량을 높여 직무가 요구하는 표준성과(standard performance)에 도달하도록 돕는다. 교육훈련이 근로자로 하여금 표준성과를 상회하는 최고의 성과(maximum performance)를 보장할지는 명확하지 않다. 왜냐하면 최고의 성과는 근로자의 자질, 조직의 지원, 시장의 상황 등 복합적인 요인들이 어우러져야 가능하기 때문이다. 교육훈련은 최고의 성과를 보장하지는 못하지만 적어도 근로

그림 11-1 경영전략과 교육훈련

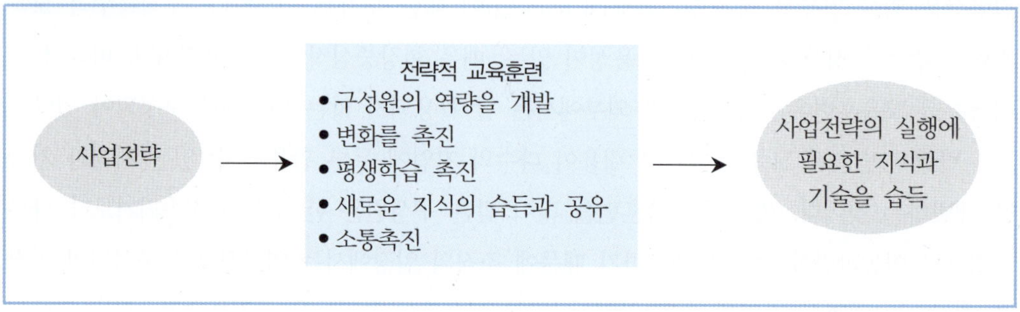

자가 표준성과에 빨리 도달하는 데 도움을 줄 수 있다.

둘째, 교육훈련은 조직의 전략실행 가능성을 높이는 작용을 한다. 교육훈련은 조직의 경영전략 실행을 뒷받침하고, 기업의 성공에 필수적인 기술과 지식을 근로자가 습득하도록 돕는다. 교육훈련은 기업이 경영전략을 수립한 후 이를 실행하는 과정에서 조직의 실행력을 높이는 작용을 한다. [그림 11-1]은 경영전략과 교육훈련의 밀접한 연관성을 보여주고 있다.

2 교육훈련의 제반 관리활동

교육훈련의 관리활동은 교육훈련의 필요성분석, 교육훈련 프로그램의 설계, 교육훈련 프로그램의 실행, 교육훈련의 효과성 평가라는 4가지 활동으로 구성되어 있다. 교육훈련관리는 다음과 같은 하나의 과정(process)으로 볼 수 있다.

교육훈련의 과정은 먼저 필요성분석(training needs assessment)에서 시작되어 교육프로그램을 계획하는 설계과정(design process), 그리고 교육훈련을 현장에서 전달하는 실행과정(delivery process), 그리고 교육훈련의 성과를 평가하고 개선하는 평가과정(evaluation)으로 이어진다. 이들 과정은 전체적으로 하나의 순환고리를 이루어야 지속적으로 교육훈련의 내용과 구성을 개선하는 효과가 있다. [그림 11-2]는 교육훈련의 과정을 나타내고 있다.

그림 11-2 교육훈련의 과정(process)

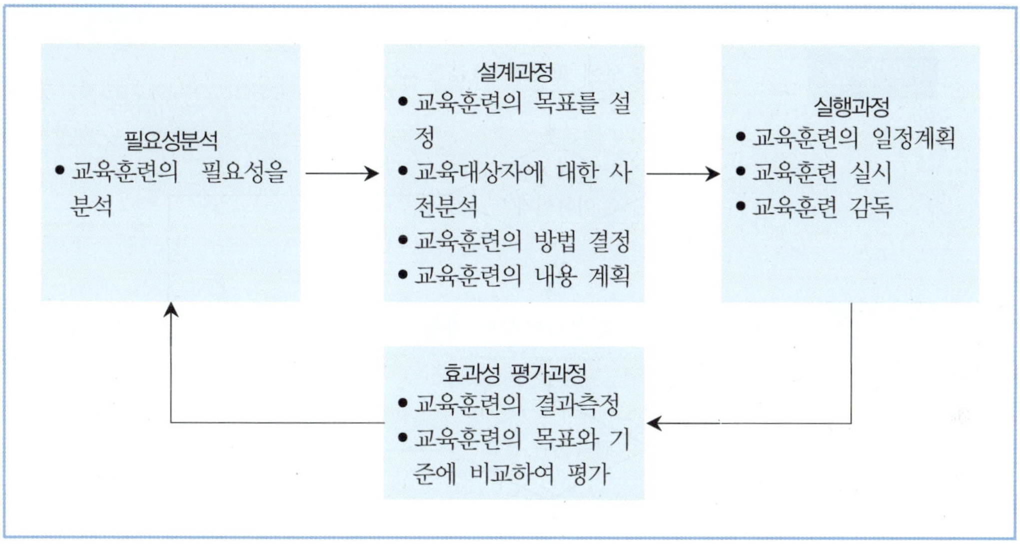

3 교육훈련의 필요성분석

교육훈련의 필요성분석은 기본적으로 차이분석(gap assessment)에 해당된다. 즉, 근로자가 현재 보유하고 있는 지식, 기술, 능력(KSA: Knowledge, Skill, Abilities)을 직무가 필요로 하는 지식, 기술, 능력과 비교하여 그 차이를 분석하는 것이다. 이러한 차이를 판단하기 위해서는 평소 근로자에 대한 인사평가 및 관찰자료를 참고해야 한다. 조직은 직무수행자의 지식, 기술, 능력이 해당 직무가 요구하는 수준에 미치지 못한다고 판단하면 교육훈련이 필요하다고 평가한다. 이를테면 구성원이 조직 내에서 새로운 직무로 이동하는 상황을 가정해보자. 해당 구성원은 자신이 현재 가진 역량과 새로운 직무가 요구하는 역량 사이에 차이가 존재한다고 판단하면 교육훈련을 받아야 할 것이다.

교육훈련의 필요성분석은 다음 3가지 측면에서 어떤 역량 결핍(deficiency)이 조직 내에 존재하는지를 파악하는 것이다.

① 지식(Knowledge): 직무수행에 필요한 업무지식

그림 11-3 교육훈련 필요성 분석의 흐름

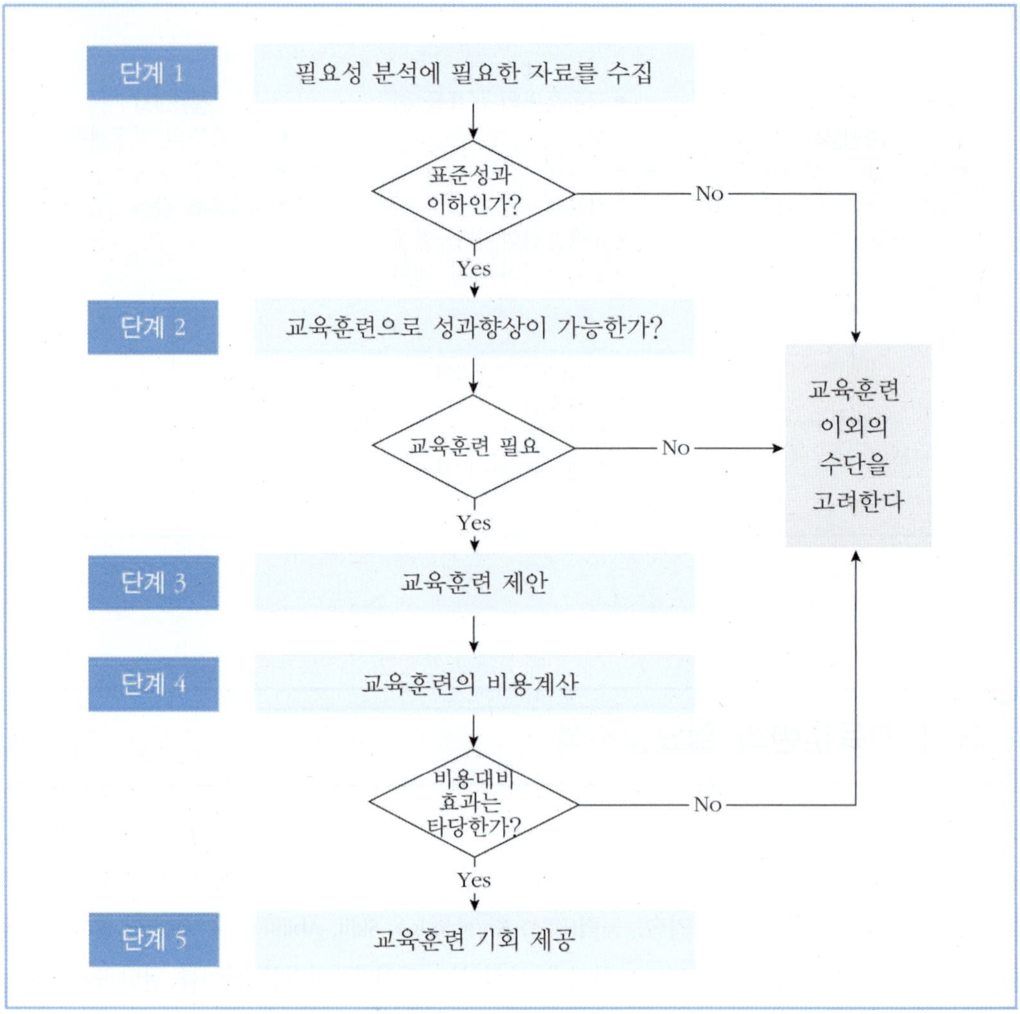

출처: SHRM, Learning System, No.3, p.78.

② 기술(Skill): 직무수행에 필요한 바람직한 업무기술

③ 그 외 능력들(Abilities): 그 외 직무수행에 필요한 능력 혹은 바람직한 태도

조직은 교육훈련의 필요성이 조직 내의 어디에서 어떤 내용으로 발생하는지를 알기 위해 다음과 같은 정보들을 수집해서 검토해야 한다.

① 조직 정보: 사업장내 근로자 고충, 사고발생건수, 근로자 불만접수 건수, 낭비요소, 새로운 설비의 도입, 업무현장 관찰일지 등.

② 직무 정보: 직무명세서 상의 지식, 기술, 능력요건.

③ 근로자 정보: 인사평가 결과, 근로자 설문조사, 이동 및 승진기록, 태도조사, 결근 등 근태기록, 근로자 경력개발계획, 교육훈련 이수실태.

교육훈련의 대상은 업무 성과가 표준보다 미흡한 근로자 혹은 업무성과가 높더라도 미래 승진 혹은 직무이동이 예상되는 근로자가 될 수 있다. 교육훈련의 필요성은 현재의 직무수행에 꼭 국한되지 않는다. 교육훈련은 미래의 업무수행을 위해 직원을 미리 준비시킬 필요성까지 포함하고 있다. 이를테면 조직은 미래 승진할 가능성이 있는 구성원에게 미래 직무가 요구하는 기초적 자질을 사전에 습득하도록 요구할 수 있다. 물론 교육훈련을 얼마나 사전적(proactive)으로 제공해야 할지는 조직의 정책에 따라 달라지지만, 구성원이 사전에 교육훈련을 받게 되면 새로운 직무를 담당했을 때 큰 도움이 될 수 있다.

필요성분석을 하게 되면 조직은 교육훈련의 대상(who)은 누구인지, 이들에게 부족한 자질(capability)은 무엇이고, 교육시기(timing)는 언제가 최적인지 등을 결정할 수 있다. 따라서 조직은 필요성 분석을 거쳐야 교육훈련 투자를 효과적으로 실행할 수 있다.

조직은 교육훈련이 모든 상황에 만병통치약처럼 적용될 수 없다는 점을 우선 이해해야 한다. 근로자의 낮은 성과는 근로자 개인의 능력 때문이 아니라 상사의 리더십, 설비의 노후화, 낮은 보상 등 다양한 원인에서 기인할 수 있기 때문이다. 교육훈련은 성과문제를 해결하

표 11-1 교육훈련의 비용타당성 분석

잠재적 비용
교육훈련 대상자의 급여 교육훈련 기자재 비용 교육훈련 제공업체의 서비스료(외부 업체와 계약 시) 교육훈련 대상자의 교통 및 숙박비용(집체 교육의 경우) 교육훈련 강사의 비용
잠재적 혜택
교육훈련 이후의 생산성 향상 교육훈련 이후의 태도 개선 경영전략 수행능력의 향상 고객서비스 개선 직무 상 발생하는 오류 감소

는 여러 수단 중 하나이다. 따라서 [그림 11-3]에서와 같이 교육훈련 여부를 결정할 때 교육훈련 이외의 수단이 먼저 필요한 지를 신중하게 판단해야 한다.

특히 교육훈련의 필요성이 있다하더라도 교육훈련은 비용타당성을 어느 정도 가지고 있어야 한다. 교육훈련의 타당성은 효과와 비용을 서로 저울질해서 판단해야 한다. <표 11-1>은 교육훈련 시 발생할 수 있는 잠재적 비용과 혜택들을 보여주고 있다.

4 교육훈련 프로그램의 유형과 설계

교육훈련의 필요성이 확인되고 누구(who)에게 교육훈련을 제공할 지 결정하면 다음으로 교육훈련 프로그램을 설계하는 활동이 필요하다. 교육훈련 프로그램을 설계할 때 고려해야 할 사항을 알아보기 전에 우선 교육훈련 프로그램의 유형을 먼저 살펴보자. 그리고 난 후 이들 프로그램을 어떻게 설계할 지를 논의한다.

(1) 교육훈련 프로그램의 유형

교육훈련의 유형은 교육대상에 따른 분류, 교육장소에 따른 분류, 교육방법에 따른 분류 등으로 나누어볼 수 있다.

(가) 교육대상에 따른 분류

① 신입사원 교육훈련

신입사원 교육훈련은 신입사원이 조직에 신속히 적응하도록 돕는 것이다. 신입사원 교육훈련의 주요내용은 조직에 대한 이해(조직문화, 업무관행, 회사 비전과 핵심가치), 조직 내 생활규범 등이며 방법은 멘토링, 강의, 현장방문 등을 통하여 이루어진다.

② 생산기능직 교육훈련

생산기능직 교육훈련은 생산기능직을 대상으로 주어진 업무를 성공적으로 수행하기 위해 직무지식/기능을 습득시키는 것이다. 생산기능직 교육훈련에는 실습훈련, 도제식훈련, 직업학교 훈련 등이 있다.

③ 감독 및 관리자 교육훈련

감독 및 관리자교육은 다시 최고경영층, 중간경영층, 하위경영층, 현장감독층 교육훈련으로 구분될 수 있다. 감독자 및 관리자 교육훈련에는 전략적 의사결정능력, 리더십과 인간관계 능력, 소통능력 등이 계층에 따라 달리 강조된다.

④ 승진 후보자(successor) 교육훈련

교육훈련은 현재 직무수행을 위해서 뿐만 아니라 승진후보자를 위한 사전적 의미의 교육훈련도 있다. 팀원 중 우수한 자를 선발하여 팀장후보군, 팀장 중 우수한 자를 선발하여 임원후보군을 정하고 이들에 대한 교육훈련을 사전적으로 제공한다.

박스사례 11-1 신입사원 오리엔테이션

10여 년 전만 해도 삼상전자는 사내 교육 담당자가 따로 없었고, 매일 OJT(on the job training) 일지를 작성하는 방식으로 교육이 이루어졌다. 따라서 선배의 성향과 실력에 따라 직원들이 받는 학습에는 큰 차이가 발생했다.

하지만 요즘에는 직원들의 역량을 향상시키기 위한 여러 가지 교육훈련 제도가 사내에 잘 갖추어져 있다. 예를 들어, 디바이스솔루션(DS) 부서에서는 EA(Education Agent)들이 부서 내 직원들의 교육을 담당하는 제도를 운영 중이다. EA들은 자신의 본업을 하면서 다른 직원들을 교육시키는 역할을 함께 수행한다.

이들은 인사팀에 소속된 것은 아니지만, 자신의 본래 부서에 소속되어 일을 하면서 중간에 부서 내 직원들의 역량 개발을 돕는다. 구체적인 업무로는 소속된 부서의 목표에 맞추어 직원 육성 전략을 세우고, 직무 역량 강화를 위한 교육 프로그램을 기획하고 운영하기도 하며, 다양한 교육 회의체를 운영한다. 또한 부서원들이 원하는 교육 프로그램을 설계하고 운영하며, 필요하면 조직별로 워크숍을 진행하기도 한다. 그 밖에 자율 학습 모임을 지원하기도 하는 등 다양한 역할을 수행한다.

EA들은 개별 직원에게 삼성전자 내 다양한 온오프라인 교육 프로그램 중 알맞은 것을 골라 추천해주기도 한다. 삼성전자에는 R&D, 외국어, 리더십, 인문학 등 직무와 직접 연관이 있는 분야뿐만 아니라 관련이 적은 분야까지 포함하여 체계적인 교육 과정이 설계되어 있다. EA들은 사내의 다양한 교육 프로그램을 많은 임직원들이 누릴 수 있도록 지원하고 있다. EA의 중요한 역할 중 하나는, 입문 교육을 받는 신입사원들과 소통하는 일이다. EA들은 신입사원들에게 곧 배치 받을 부서의 업무와 직무역량 등을 안내해준다.[2)]

(나) 교육장소에 따른 분류

① 직장 내 교육훈련(on the job training)

직장 내 교육훈련은 회사 내 직속상사 혹은 선배사원에 의한 교육훈련을 말한다. OJT(on the job training)라고 흔히 불리며, 실무능력이 부족하거나 업무를 새롭게 배우는 근로자를 같은 부서의 선배사원이나 관리자가 직접 일을 가르쳐주는 형태의 교육훈련이다. OJT는 따로 교육훈련 시간을 정하지 않고 현장에서 일하면서 필요시 근로자가 코칭을 받는 방식으로 진행된다. OJT의 장점은 교육훈련과 직무수행을 병행할 수 있다는 점과 그 내용이 구체적이고 실무적이라는 점이다. 그러나 OJT의 단점은 교육하는 상사의 잘못된 업무관행이 그대로 전수될 위험이 있으며, 교육훈련의 체계성이 부족하다는 점이다.

② 직장 외 교육훈련(off the job training)

직장 외 교육훈련은 직장 밖 연수원이나 교육기관에서 이루어진다. 교육기관 연수는 기업이 교육기관에 교육훈련을 위탁하여 이루어지는 경우이다. 근로자가 업무 현장을 떠나기 때문에 교육훈련의 현장감이 부족하고, 업무와의 직접적 연관성이 낮을 경우 교육훈련에 대한 동기부여가 어려운 단점이 있다. 또한 학습을 위해 근로자가 업무를 중단해야 하기 때문에 조직은 대체인력을 준비해야 하는 부담이 있다.

그러나 업무와 교육훈련을 동시에 병행할 필요가 없기 때문에 학습자의 부담은 적다. 특히 직장 외 교육훈련은 전략적 사고역량이나 새로운 지식습득에 효과적이다. 직장 내 교육훈련에 비하면 내용의 체계성이 높은 점도 장점이다.

(다) 교육방법에 따른 분류

① 강의(lecture)

강의방식은 한 명의 강의자가 많은 교육생을 담당할 수 있으며, 표준적 내용의 지식을 여러 피교육자에게 전달할 수 있다. 따라서 강의는 교육훈련의 비용타당성이 높다. 그러나 강의식은 강사로부터 일방적으로 지식이 전달되기 때문에 교육생이 쉽게 지루해하고 학습에 대한 동기가 낮아질 우려가 있다. 강의식은 신입사원의 오리엔테이션 혹은 회사 정책 등 표준적 내용을 많은 수의 근로자에게 전달할 때 효과적이다.

② 토론(discussion)

토론은 교육자가 문제제기와 함께 최소한의 지침을 제공한 후 교육생들이 적극적으로 토론에 참여하여 해결방안을 찾는 방식이다. 토론은 강의와 병행하여 이슈에 대한 교육생의 의견을 개진하도록 유도할 때 효과적이다. 토론식은 교육의 주체를 교육자에서 교육생으로 전환하는 접근법이다. 토론은 교육생의 몰입도를 높이고 스스로 생각하는 역량을 개선할 수 있다. 그러나 토론은 지식의 전달에 소요되는 시간이 많이 걸리고, 원하는 방향으로 토론을 인도할 유능한 사회자(facilitator)가 필요하다.

③ 시뮬레이션(simulation)

시뮬레이션은 장비의 조작기술 혹은 교육생의 의사결정 능력을 개선하기 위해 현장의 상황과 문제를 가급적 똑같이 복제한 더미(dummy)를 통해 교육하는 방법이다. 이를테면 항공기의 조정훈련, 상호작용이 가능한 게임방식의 교육훈련이 시뮬레이션에 해당된다.

④ 사례연구(case study)

조직에서 발생한 사례를 분석하여 대안을 발굴하고 문제점을 해결해나가는 교육방식이다. 교육담당자가 사례연구를 진행하려면 우선 교육목적에 맞는 사례를 준비해야 한다. 사례연구가 효과적이기 위해서는 사례가 실제 업무 상황을 잘 반영하고 있어야 하며 사례분석의 결과물을 평가할 전문가가 있어야 한다.

⑤ 역할체험(role playing)

역할체험은 미래 이동가능한 직무 혹은 경험해 보지 못한 직무들을 일시적으로 직접 수행해 봄으로써 해당 직무에 대한 이해도를 높이고, 직무관련 지식과 경험을 쌓는 방법이다. 이를테면 팀원이 팀장역할을 일정기간 수행하거나 연관 직무들을 직접 체험하면서 직무와 관련된 경험을 쌓는 경우가 이에 해당된다. 역할체험은 직책별 후계자(successor) 교육이나 연관 직무에 대한 이해를 높이는데 유용하다.

역할체험과 유사한 방법으로 역할연습(role exercise)이 있는데 이는 실제 업무상황이 아닌 가상적인 환경에서 역할을 연기하는 교육방법이다.

⑥ 온라인 교육훈련

인터넷 기술의 발달로 교육훈련 역시 오프라인 방식과 온라인 방식이 모두 가능해졌다. 온라인 방식의 교육훈련은 교육생이 원하는 시간, 원하는 장소에서 제공될 수 있기 때문에 시공간의 제약이 없는 것이 장점이다. 온라인은 지식의 전달 뿐만 아니라 기기 조작과 같은 동작을 훈련하는데도 유용하게 활용되고 있다. 그러나 온라인 교육훈련은 대인간 접촉이 없기 때문에 학습에 몰입하기 어렵고, 교육이 진행되는 동안 교육생이 PC 앞에서 다른 것에 주의를 분산할 위험이 있다.

최근 조직은 인터넷 기술을 활용하여 사내에 온라인 학습포털(online learning portal)을 구축하고 구성원들이 자신의 필요에 따라 교육훈련 주제를 선택적으로 수강할 수 있는 시스템을 마련하고 있다. 학습포털은 많은 온라인 강좌를 탑재하고, 교육생이 이를 수강하면 인증서를 발급하며, 근로자들이 조직이 요구하는 최소한의 교육훈련 점수를 획득하는 방식으로 진행된다. 또한 해외대학이 자체 강좌를 온라인으로 만든 무크(MOOC)나 코세라(Coursera), 한국 대학이 온라인으로 제공하는 강좌인 케이무크(K-Moocs), KOCW 등은 일반인들에게도 제공되고 있다.

온라인 교육훈련은 학습 집중도가 낮기 때문에, 최근 조직은 전체 학습시간을 5분에서 10분 단위의 작은 클립으로 분할하여 제공하는 마이크로러닝(micro learning)을 실험하고 있다.

박스사례 11-2 마이크로러닝(Micro-learning)

마이크로러닝은 소비하기 쉬운 한입 크기(Bite-sized)의 콘텐츠 학습을 말한다, 따라서 마이크로러닝은 5~7분 내의 짧은 콘텐츠로 구성되어 있다. 최근에는 마이크로러닝의 시간이 90초까지 줄어든 콘텐츠가 등장하고 있을 정도이다.[3)]

마이크로러닝은 짧은 분량의 학습에 기반하지만 교육생은 학습부터 피드백까지 한 번에 전 과정을 경험할 수 있어 시간적 효율성이 높다. 최근엔 마이크로러닝의 새로운 설계 및 개발법이 등장하고 기업의 적용 사례가 확산되는 추세이다.

이처럼 마이크로러닝이 대세로 자리 잡게 된 데는 세대교체라는 시대적 배경이 작용하고 있다. 밀레니엄 세대의 특성은 Youtube 등 짧은 영상이나 시각 자료에 익숙하기 때문에, 짧은 동영상이나 이미지 기반의 마이크로러닝이 현장에서 주목 받기 시작했다. 또한 마이크로러닝이 부상한 배경에는 스마트 디바이스의 확대가 한 몫을 하고 있다.

조직이 마이크로러닝을 실행하기 위해서는 우선 교육내용을 매우 디테일한 수준까지 세분화하는 작업이 필요하다. 이른바 '레고화' 작업이 선행되어야 한다. 또한 조직은 학습자가 필요한 시기에(on-demand) 다양한 형태의 콘텐츠와 미디어들에 접근할 수 있도록 학습플랫폼을 구축해야 한다.

마이크로러닝의 가장 대표적인 사례로는 Grovo의 90초 콘텐츠와 몰입형 학습전략이 있다. Grovo는 2010년 설립되어 높은 성장을 이어가고 있는 마이크로러닝 전문 교육 기관이다. Grovo는 세계 170여 개국에 서비스를 제공하고 있을 정도로 성장하고 있다.

Grovo는 콘텐츠 홍수 시대에 교육에 대한 몰입과 효과를 이끌기 위해 마이크로러닝이 유일한 방법이라는 철학을 가지고 있다. 그리고 이를 위해 단일의 학습 목표를 초소형 콘텐츠(60~90초)로 세분화하여 서비스하고 있다. Grovo는 비디오(내용 전달), 퀴즈(확인), 실습 등의 방법을 활용하며, 즉시 업무에 활용이 가능한 맞춤형 학습을 제공하고 있다.

이상에서 교육훈련 프로그램의 유형을 3가지 관점에서 살펴보았는데, 조직은 교육훈련 프로그램을 도입할 때 교육대상, 교육장소, 교육방법 차원에서 교육프로그램을 설계해야 할 것이다.

교육훈련에 대한 최근 기업의 트렌드는 일방적인 강의보다 쌍방향적인 참여방식을 강조하며, 오프라인보다 온라인과 오프라인을 결합한 브랜디드(blended) 방식을 선택하는 추세이다.

또한 교육훈련의 현장성을 강조하여 직장 외 교육훈련보다는 직장 내 교육훈련(OJT)이 강조되고 있다. 교육훈련의 주체 역시 조직에서 근로자로 옮겨가고 있어, 조직이 주체가 되어 교육훈련 기회를 근로자에게 제공하기보다 직원 스스로 필요한 교육훈련 프로그램을 찾아 신청하면 조직은 지원만 해주는 방식으로 바뀌고 있다.

(2) 교육훈련 프로그램의 설계

교육훈련 프로그램을 설계하기 위해서는 다양한 요소들을 고려해야 한다. 그 중에서 특히 목표설정, 설계주체의 결정, 교육훈련 대상자의 준비도 점검, 학습원리의 활용, 학습의 수준 결정, 그리고 마지막으로 교재개발이 중요한 활동이라 할 수 있다. 각각의 영역을 살펴보면 다음과 같다.

(가) 목표설정

교육훈련 프로그램을 설계할 때 가장 먼저 해야 할 것은 목표를 간결하면서도 명확하게 서술하는 것이다. 목표에는 교육훈련의 대상, 내용, 그리고 이유를 포함해야 한다. 이를테면 회사가 새로운 인사평가 절차를 도입해 교육훈련이 필요하다면 다음과 같은 목표서술문을 작성할 수 있다.[4)]

'본 교육훈련은 일선 감독자와 인사평가를 하는 관리자를 대상으로 회사의 새로운 인사평가과정을 숙지하여, 향후 인사평가의 신뢰성을 한 단계 높이기 위한 것이다' 같은 목표를 설정할 수 있다.

그 다음으로 목표설정에는 교육훈련의 결과가 명확하게 서술되어야 한다. 결과는 교육훈련이 종료된 후 변화되어야 할 행동이나 태도, 역량 등을 말한다. 이를테면 위에 예시한 목표서술문에 추가하여 교육훈련 프로그램의 목표를 서술하면 다음과 같다.

'인사평가 교육훈련을 수료하면 참가자는 다음의 목표를 달성할 수 있다. 첫째, 인사평가의 절차를 파악하여 평가단계를 플로우차트(flow chart)로 그릴 수 있으며, 각 단계에서 평가자와 피평가자의 책임을 설명할 수 있다. 둘째, 새로운 인사평가서식을 구성하는 항목인 평가등급, 등급배정사유, 관련 근거기록, 요약문을 정확하게 작성할 수 있다.'

목표를 측정가능하고 간결한 형태로 작성하면 여러 가지 이점이 있다. 우선 교육훈련 담당자에게 프로그램의 목표를 정확히 전달할 수 있으며, 교육생 역시 교육훈련이 끝난 후 어떤 결과물을 산출해야 할 지 명확히 이해할 수 있다. 따라서 목표를 프로그램 설계 전에 명확히 서술하는 것은 프로그램의 효과를 높이는 데 기여할 수 있다.

(나) 설계주체

교육훈련 프로그램 설계는 사내 담당자가 설계주체가 되는 인하우스(in-house) 프로그램 형태가 있고, 외부 기관의 전문가가 설계주체가 되는 외주 프로그램 형태(off-the-shelf program)가 있다. 즉, 하나는 내부 설계이며 다른 하나는 외부 설계의 경우이다. 조직은 필요에 따라 두 가지 형태를 복합해서 설계할 수도 있음은 물론이다.

교육훈련 프로그램을 인하우스로 설계하려면 조직 내 교육훈련 담당자의 전문성이 높

표 11-2 설계주체별 프로그램의 장단점

	장점	단점
인하우스 프로그램	• 교육훈련의 내용을 조직의 필요성에 더 구체적으로 맞출 수 있다.	• 개발 전담인력이 적으면 개발에 많은 시간이 소요될 수 있다. • 조직 내 교육훈련 개발 전문성이 높지 않으면 효과적이지 못하다.
외주 프로그램	• 기존에 이미 개발된 프로그램이 있으면 바로 활용할 수 있다 • 외부의 전문성이 높은 개발자가 설계한 경우 프로그램의 품질이 높다 • 조직이 자체 설계할 때에 비하여 비용이 적게 들 수 있다.	• 조직의 교육훈련 필요성을 정확히 반영하지 못할 수 있다. • 경영철학, 조직문화, 업종, 산업 등 조직마다의 특수한 상황을 고려하기 어렵다.

아야 하고, 개발에 시간이 많이 걸리는 등 어려움이 있지만 조직의 필요성에 가장 적합하게 프로그램을 개발할 수 있다는 장점이 있다. <표 11-2>는 인하우스 프로그램과 외주 프로그램의 장단점을 보여주고 있다.

따라서 교육훈련 담당자는 교육훈련의 필요성을 충족하기 위해 내부 혹은 외부의 전문성을 어떻게 활용할지를 판단하여야 한다.

(다) 교육훈련 대상자의 준비도

교육훈련 설계자는 교육생의 준비도(readiness)에 맞추어 프로그램을 적합하게 설계해야 한다. 교육생의 준비도란 교육훈련을 받기 전, 학습을 위한 기초 능력과 의욕, 그리고 교육의 성공적 이수에 대한 자신감을 말한다.

① 학습능력(ability to learn): 학습이 요구하는 기초지식을 습득한 정도

② 학습의욕(motivation to learn): 학습의 중요성을 인식하는 정도

③ 자신감(self-efficacy): 교육훈련을 성공적으로 마칠 수 있을 것이라는 자신감

만약 교육생들의 학습능력이 부족한 상태에서 너무 어려운 교육훈련 프로그램을 설계하면 교육훈련의 효과는 반감될 것이다. 또한 교육생들이 교육훈련의 필요성이나 중요성을 인식하지 못한 채 교육훈련 프로그램에 참여하는 것도 큰 문제가 아닐 수 없다. 교육생은 생소한 분야의 교육훈련을 받아야 할 때 혹은 현업과 교육훈련을 병행하기 어려울 때 학습에 대한 불안감이 높아지고 자신감이 부족해질 수 있다.

따라서 교육생의 학습능력, 학습의욕, 자신감이라는 세 가지 사항을 사전에 점검한 후 이에 맞추어 교육훈련 프로그램을 설계해야 한다. 교육훈련 설계자는 교육훈련 대상자의 현재 준비도를 검토하고 준비가 안 된 교육생이 있다면 어떤 사전적 조치를 취해야 할지를 결정해야 한다.

학습에는 항상 저항이 존재하기 마련이다. 교육생은 익숙하지 않은 새로운 것을 학습할 때 저항감을 느끼고 학습에 대해 소극적일 수 있다. 따라서 교육훈련 프로그램을 설계할 때 이러한 저항감을 줄일 수 있는 방법까지 고려해야 한다. 이를테면 학습능력이 부족할 경우 사전이수 프로그램을 요구하거나. 의욕이 낮을 경우 교육훈련의 필요성을 이해할 수 있도록 별도의 교육을 제공하거나, 업무로 바쁜 나머지 학습시간을 충분히 내기 어려울 경우 학습시간을 짧게 나누어 업무와 교육훈련의 병행을 도와야 한다.

(3) 학습원리

교육훈련 프로그램 설계 시 설계자는 학습이론과 학습원리를 효과적으로 적용할 수 있어야 한다. 설계자는 효과적인 학습이 되기 위해 필요한 조건들을 검토보고 이를 프로그램에 어떻게 구현할지를 고민해야 한다. 특히 설계자는 학습을 촉진하는 요인, 성인의 학습방식, 학습커브와 연습패턴 등을 고려해야 한다.

(가) 학습을 촉진하는 요인

교육훈련이 효과적으로 이루어지기 위해서는 학습을 촉진하는 요인들이 프로그램설계에 응용되어야 한다. 이를테면 학습은 명확한 행동모델 제시, 강화, 신속한 피드백 등이 학습의 과정에 결합될 때 촉진될 수 있다.

① 행동모델(behavior modeling)의 제시

학습자는 다른 사람의 행동과 생각을 모방하는 과정을 통해 학습이 촉진될 수 있다. 따라서 행동모델이 될 수 있는 대상을 명확히 보여주고 바람직한 행동을 제시할 수 있다면 학습자의 이해를 도울 수 있다. 행동모델이 되고 있는 사람이 직접 교육훈련을 하면 더욱 효과적으로 학습을 촉진할 수 있다.

② 긍정적 강화(reinforcement)

학습은 학습 행동에 대한 강화를 통해 촉진될 수 있다. 강화란 학습행동에 긍정적이고 좋은 것을 함께 결부시키는 활동을 말한다. 긍정적인 강화는 꼭 금전적 보상만을 의미하는 것은 아니다. 적극적 참여자에 대한 격려, 인정, 칭찬과 같은 것이나, 교육훈련 우수자에 대한 표창, 인사처우의 개선 등 다양하게 고안될 수 있다.

따라서 학습의 노력이나 태도가 개선될 경우 긍정적 강화(positive reinforcement)를 하는 것이 필요하다. 학습은 벌과 같은 부정적 강화보다는 긍정적 강화에 의해 더 크게 촉진된다.

③ 신속한 피드백(immediate feedback)

학습결과에 대한 피드백이 신속하고 정확할수록 교육효과는 높아진다. 따라서 프로그램의 설계 시 학습의 결과를 학습자에게 더 자주 피드백해주도록 프로그램이 구성되어야 한다. 피드백은 되도록 자주, 그리고 학습 후 즉각적으로 제공되어야 효과적이기 때문이다.

(나) 성인의 학습방식

Malcolm Knowles는 성인들에게 나타나는 특징적인 학습스타일을 연구하였다.5) 성인들은 어린 학생들에 비해 독립적이며, 직장경험을 가지고 있고, 현장에 대한 적용가능성을 중시하는 경향이 있다. 따라서 설계자는 교육훈련 프로그램 설계 시 다음과 같은 점을 고려해야 한다.

첫째, 성인은 교육훈련의 목적이 구체적이고 명확해야 학습에 몰입하는 경향이 있다. 성인교육 시에는 교육훈련의 이유를 충분히 교육생에게 설명해 주어야 한다. 성인은 학습의 이유(why)를 공감해야 비로소 학습에 적극적이 될 수 있다.

둘째, 성인은 자신의 직무경험(job experience)을 학습에 접목시키고자 한다. 따라서 업무와 동떨어진, 지나치게 이론적이고 추상적인 교육훈련에 대해서는 저항하는 경향이 있다. 성인들은 학습의 내용 중 자신의 직무경험이 반영된 사례 혹은 실제 상황 등이 포함되기를 희망할 수 있다.

셋째, 성인은 자주적이고 독립적인 학습을 선호하기 때문에, 의견제시와 토론이 없는 주입식 교육훈련 방식을 싫어한다. 성인은 특히 문제해결식 학습방법을 선호한다. 문제를 제시하고 스스로 해법을 찾아가는 주도적인 방식은 성인의 학습을 촉진할 수 있다.

(4) 학습커브 (learning curve)

학습커브는 학습효과가 시간의 경과에 따라 어떻게 나타나는지를 보여주는 곡선(curve)이다. [그림 11-4]처럼 학습커브에는 체감형, 체증형, S자형 같은 유형이 있는데 교육훈련 설계자는 학습효과가 나타나는 패턴을 교육훈련 프로그램 설계에 고려할 수 있다.

체감형(decreasing return of learning curve) 학습커브는 학습효과가 학습초기에 주로 나타나고 학습 후반으로 갈수록 둔화되는 경우이다. 반면에 체증형(increasing return of learning curve) 학습커브는 학습효과가 학습 후반으로 갈수록 증가하는 경우다. 또한 S자형 학습커브(s-shaped curve)는 학습효과가 중간에 갑자기 증가하고 초반과 후반에서는 낮아지는 경우이다.

학습커브의 유형은 학습하는 내용의 복잡성에 따라 결정된다. 학습효과 체감형은 주로 간단하고 일상적인 내용을 학습할 경우에 나타나며 학습효과 체증형은 복잡한 내용을 학습

그림 11-4 학습커브의 유형

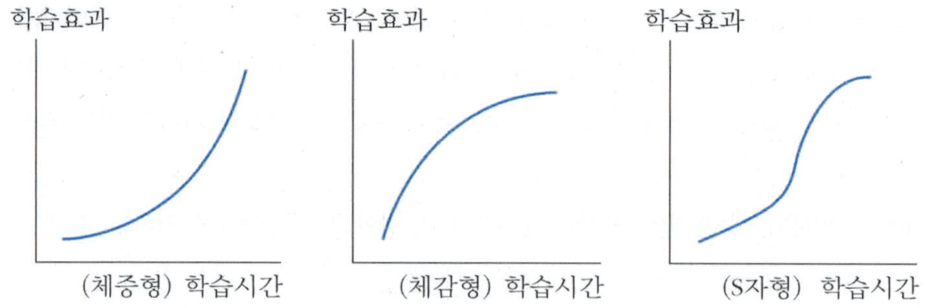

할 경우에 나타나는 학습커브이다. 또한 문제해결식 학습은 주로 s자형 학습커브의 모양으로 나타나는 경우가 많다.

따라서 교육훈련 프로그램을 설계할 때 학습커브를 고려하지 못하면 자칫 교육훈련의 효과를 기대할 수 없다. 이를테면 복잡한 내용의 교육훈련은 일상적인 내용의 교육훈련에 비하여 더 긴 기간의 교육이 필요할 수 있다. 복잡한 내용의 학습은 체증형으로 효과가 나타나기 때문에, 강의자는 학습자가 지식과 생각을 충분히 정리할 시간을 주어야 한다. 반면에 간단한 내용의 학습은 체감형으로 효과가 나타나기 때문에, 굳이 긴 시간의 학습이 필요하지 않다.

(5) 연습패턴(practice pattern)

설계자는 연습과정을 교육훈련 과정에 결합하여 직접 교육훈련의 내용을 체험할 수 있도록 하면 동기부여를 높일 수 있다. 연습(exercise)은 학습자가 학습내용을 조금씩 나누어 단계적으로 실행해보는 부분연습(spaced practice)과 학습한 내용을 모두 한 번에 실습해보는 전체연습(massed practice)으로 구분될 수 있다.

학습하는 내용이 복잡할수록 전체연습보다는 부분연습을 통해 주어진 내용을 단계적으로 학습하는 것이 효과적이다. 물론 부분연습을 한 후 나중에 최종적으로 전체연습까지 할 수 있다면 가장 이상적이다.

(6) 교재개발

교재개발은 교육훈련 프로그램 설계과정의 일부이다. 교재는 문서, 동영상, 온라인 형태 등 다양하게 개발될 수 있다. 특히 인터넷을 통한 매체를 이용하면 학습자는 학습 시간과 학습 장소의 제약을 받지 않게 된다. 교재개발 시에는 교육훈련을 오프라인에서 제공할 것인지, 온라인으로 제공할 것인지를 먼저 고려해야 한다. 또한 교재내용의 일부를 나중에 다른 교육훈련에서 부분적으로 활용할 수 있도록 모듈화하는 것도 필요할 수 있다.

5 교육훈련 프로그램의 실행

교육훈련의 실행단계는 파일럿 프로그램(pilot program)실시, 교육훈련 내용 수정 보완, 프로그램 일정수립, 대상자 선정 및 통지, 교육훈련 프로그램 집행 및 지원의 순으로 이루어질 수 있다.

(1) 파일럿 프로그램 실시

파일럿 프로그램 실시단계는 대상자 중 일부에 대해 설계된 프로그램을 실험적으로 실행해보는 단계이다. 파일럿 프로그램을 해보고 난 후 교육훈련 담당자는 내용을 일부 수정하거나 계획한 교육훈련 시간이 학습에 충분한지를 판단할 수 있다. 또한 교육훈련 장소가 학습에 적합한 지, 교육훈련 중 지원해야 할 부분은 없는지를 판단할 수 있다. 파일럿 프로그램 참가자는 교육훈련의 최초 수강자들이기 때문에, 교육훈련 담당자는 이들에게 피드백을 받아 프로그램을 개선할 수 있다.

(2) 교육훈련 내용의 수정 보완

파일럿 프로그램을 실시한 후 교육생으로부터 받은 피드백을 살펴보고, 내용이나 방법

중 학습에 효과적이지 못한 부분을 분석하여 개선할 수 있다.

(3) 프로그램 일정수립

교육훈련 담당자는 프로그램 일정을 업무가 있는 주중에 할 것인지, 업무가 없는 주말에 할 것인지를 결정해야 한다. 또한 수일이 소요되는 프로그램이라면 한 번에 모든 학습일정을 연이어 할 것인지, 전체를 나누어 시간을 쪼개어 단계적으로 할 것인지 등을 결정해야 한다.

강의자가 있는 경우 교육생뿐만 아니라 강의자의 일정까지 고려해서 모두가 가능한 일정을 수립해야 할 것이다. 또한 강의장소가 회사 외부라면 장소가 예약가능한 지도 고려해야 할 것이다. 교육생의 일정, 강의자의 일정, 강의장소의 예약상황 모두 프로그램의 일정수립에 영향을 주게 된다. 인터넷을 통한 교육훈련 프로그램은 교육생, 강의자, 장소적 제약을 받지 않기 때문에 일정 수립에 상대적으로 수월하다.

(4) 대상자 선정 및 통지

교육담당자는 교육훈련대상자를 선정할 때 대상자 소속부서의 인력수요를 잘 살펴서, 업무에 큰 지장이 발생하지 않도록 해야 한다. 대상자가 갑자기 업무를 떠나 교육훈련 프로그램에 참가하면 전체 팀 업무에 지장이 초래될 수 있기 때문이다. 교육담당자는 충분한 시간적 여유를 가지고 대상자에게 프로그램 참가를 통지하고 담당부서의 업무장애가 일어나지 않도록 세심하게 배려해야 한다.

교육훈련 대상자의 숫자가 매우 많을 경우 이들을 적당한 규모로 나누어 1기, 2기, 3기 등으로 구분한 후 순차적으로 교육훈련에 참여할 수 있도록 하는 것도 바람직하다. 대상자의 숫자가 적으면 강의자가 교육생과 더 많은 상호작용을 할 수 있기 때문이다.

(5) 프로그램 집행 및 지원

프로그램을 실행하는 과정에서 교육생들은 여러 불편을 경험할 수 있기 때문에 교육부서의 지원이 필요합니다. 좌석배치, 교재배포, 강의자 소개, 강의장의 온도와 통풍, 휴식 시간, 교육생의 고충 대응 등 교육부서가 점검하고 지원해야 할 부분이 적지 않다.

6 교육훈련의 효과성 평가

교육훈련 프로그램 실행이 종료되면 교육훈련의 효과성을 평가해야 한다. 교육훈련의 효과는 프로그램이 원래 설정한 목표를 달성했는지, 프로그램 참가자 중 학습이 성공적인 경우와 그렇지 못한 경우는 누구인지, 프로그램의 비용대비 효과성은 타당한지, 교육훈련 프로그램에 대한 교육생의 만족도는 어느 정도인지 등 다양한 측면을 포함하고 있다.

교육훈련은 단지 교육생의 만족도뿐만 아니라 궁극적으로 현업의 성과로 이어져야 효과가 있다. 현업의 직무수행에 아무런 변화를 동반하지 않는 교육훈련은 비용대비 효과측면에서 정당화되기 힘들다.

교육훈련의 효과를 평가할 때는 교육 참가자뿐만 아니라 참가자의 상사, 참가자의 동료 등 교육훈련과 관련된 이해관계자들의 의견을 폭넓게 조사하는 것이 필요하다.

(1) 교육훈련의 전이(transfer)

교육훈련의 전이(transfer)는 특히 효과를 논의할 때 중요한 개념인데 만약 전이가 일어나지 않으면 교육훈련의 효과가 있다고 보기는 힘들다.

교육훈련의 전이란 학습한 내용이 실제 현장에서 응용되고 적용되는 현상을 말한다. 학습한 내용이 실제 현장에서 활용되도록 하기 위해서, 즉 전이가 일어나기 위해서는 몇 가지 조치가 필요하다. 첫째, 학습내용을 구성할 때 현장의 상황을 되도록 밀도 있게 반영하도록 해야 한다. 즉, 학습의 현장성이 높아야 한다. 이를테면 현장의 상황을 사례로 연습하거나 학습내용이 실제 업무상황에서 일어나는 문제들을 포함하는 것이 필요하다.

둘째, 학습의 전이를 높일 수 있는 방안에는 초과학습(over-learning)이 있다. 초과학습이란 교육생이 학습한 내용을 자동적으로 적용할 때까지 연습을 반복시키는 것이다. 초과학습은 학습한 내용을 반복하여 학습내용을 충분히 숙지하고 체화시키는 방법으로 교육생이 현장의 저항을 극복하고 새롭게 학습한 내용을 적용하도록 돕는다. 초과학습은 교육생의 자동성(automaticity)을 높여주는 작용을 한다. 특히 교육생의 학습이 자동성에 이르지 못할 정도로 부족할 때 학습의 전이는 잘 일어나지 못한다.

학습의 전이를 가로막는 요인들은 다양하다. 이를테면 새로운 방식을 조직이 잘 수용하려 하지 않을 때 학습자는 새로운 방식을 적용하는 것이 어려워진다. 동료 및 상사의 저항이 발생할 수 있기 때문이다. 조직문화 역시 변화를 수용할 준비가 되어 있지 못할 경우 교육훈련의 전이는 제한적으로만 나타난다.

(2) 교육훈련의 효과측정

Kirkpatrick은 교육훈련의 효과측정에 대해 연구하였는데, 그에 따르면 교육훈련의 효과는 다음 4가지 영역에서 측정될 수 있다.[6)]

① 반응(reaction)

② 학습(learning)

③ 행동(behavior)

④ 결과(result)

반응 측정은 학습자의 주관적인 느낌에 의존하는 측정이다. 주로 참가자의 만족도를 측정하고자 설문을 배포하고 설문항목에 체크하도록 하는 방식이다.

학습 측정은 교육훈련 후 참가자의 지식, 개념, 이해도에 어느 정도의 변화가 발생했는지를 측정하는 것이다. 이를테면 참가자들에게 교육 전과 후로 필기시험(exam)을 치르게 하고, 그 점수를 비교하면 교육으로 인한 차이를 발견할 수 있다. 단, 시험점수는 학습의 정도를 나타내는 한 척도에 불가하며, 시험으로 파악이 어려운 학습차원이 존재할 수 있다는 점은 이 측정방법의 한계이다.

Bloom의 연구에 의하면 학습의 수준은 가장 아래 단계에서부터 점차 높은 수준까지 발전하는데 필기시험은 높은 단계로 갈수록 정확한 측정치를 제공하기 힘들다고 한다.[7)] Bloom이 주장한 학습의 단계를 알아보면 다음과 같다.

① 1단계: 지식단계(Knowledge)

② 2단계: 이해단계(comprehension)

③ 3단계: 응용단계(application)

④ 4단계: 분석 및 통합단계(analysis & synthesis)

⑤ 5단계: 가치평가단계(evaluation)

가장 기본적인 단계의 학습은 새로운 학습내용을 인식하고 기억하는 지식단계이다. 그 다음으로는 학습한 내용을 깊이 이해하는 단계로서 지식의 의미(meaning)를 정확히 해석하고 관련된 예를 들 수 있으며, 유사한 개념들과 비교할 수 있는 상태이다. 응용단계는 절차에 따라 지식을 관련된 상황에 적용할 수 있는 단계이다. 분석과 통합단계는 개념과 지식을 세부적으로 나누어 보고 부분들이 어떻게 조화를 이루어 전체가 되는지를 설명할 수 있는 단계이다. 마지막 단계는 가치 평가단계로서 지식의 가치를 평가하고 비판적으로 사고하는 단계이다. 학습은 심화되면서 1단계에서 점차 5단계까지 발전하게 된다.

학습정도를 측정하기 위해서는 필기시험뿐만 아니라 다양한 방식을 고민해야 한다. 필기시험에서 높은 점수를 획득하더라도 지식을 응용하는 역량이 있다고 보기는 힘들다. 지식 습득이 5단계인 가치평가단계까지 발전하는지를 평가하기 위해서는 필기시험 외 다양한 측정이 필요하기 때문이다.

행동 측정은 교육 참가자가 교육훈련 이후 현업으로 복귀한 후 달라진 행동을 측정하는 방법이다. 행동 관찰을 하기 위해서는 상당한 시간과 노력이 필요하기 때문에 행동 측정으로 교육훈련의 효과를 평가하기는 현실적으로 쉽지 않다. 그러나 현업으로 복귀한 참가자를 이후에 심층인터뷰하거나, 동료들의 의견을 조사해봄으로써 간접적으로 행동변화를 측정할 수 있다.

결과 측정은 교육훈련 이후 실제 성과개선 정도를 측정하는 방식이다. 특히, 계량화된 성과는 측정이 가능하기 때문에 학습효과 평가의 한 지표로 활용될 수 있다. 그러나 업무성과는 교육훈련 때문이 아니라 시장 상황이나 기술의 변화 등으로 향상될 수 있기 때문에 교육훈련의 효과로만 주장하기 어려울 수 있다.

토론

토론과제

본 장에서 학습한 내용을 기반으로 다음 이슈에 대해 토론해보자.

1. 최근 한국기업들이 활용하는 새로운 교육훈련 방법들과 교육훈련 베스트 프랙티스(best practices)를 신문, 잡지, 방송 등의 매체를 통해 조사해보자.
2. 국내 기업의 관리직, 사무직, 생산기능직 근로자에 대한 교육훈련의 방법들을 조사해보자.
3. 직장인을 대상으로 한 교육이 소기의 효과로 이어지지 못하는 상황을 찾아보고 그 이유를 토론해보자.
4. 국내 기업들이 교육훈련의 효과를 측정하고 평가하는 방법을 살펴보고 가장 효과적으로 교육훈련의 효과를 검증하는 방법에 대해 알아보자.

토론사례 일학습병행제

마이스터고를 졸업하고 광반도체 제조업체에 들어간 홍길동(가명) 씨는 입사 직후 회사에서 개발 보조일을 맡았지만 학교에서 배운 지식만으로는 업무 수행에 한계가 있었다. 체계적으로 교육을 다시 받아 업무능력을 개발하고 싶었지만 중소기업인 회사 형편으로는 신입사원 교육에 투자할 여력이 부족했다.

홍씨에게 일·학습병행제 참여는 새로운 기회가 됐다. 회사는 고용노동부의 지원을 받아 그에게 필요한 실무교육을 제공했다. 실무자가 가르치는 교육은 현장과 밀접하게 연계되어 있어 유용했다. 훈련비를 비롯한 인센티브도 지급돼 큰 도움이 되었다. 홍씨는 이렇게 배운 내용을 토대로 사내 공정을 개선하는 아이디어를 제안해 회사로부터 상을 받는 성과를 냈다. 자신감을 얻은 그는 이후 야간대학교에 진학해 전문학사 학위까지 취득하는 등 역량 개발을 위한 노력을 지속했다.

2014년 고용부가 도입한 일·학습병행제는 홍씨 같은 청년들이 직업능력을 향상시키고 취업률을 높이는 것을 지원하는 제도이다. 일·학습병행제는 근로자가 회사와 학교를 오가며 현장훈련과 이론교육을 함께 이수하는 제도이다. 일·학습병행제는 독일과 스위스 등 기술강국에 뿌리 깊게 자리 잡은 도제제도를 한국 현실에 맞게 설계했다는 평가를 받고 있다.

일 · 학습병행제 참여 기업 및 학습근로자 수

	2014년		2019년 6월	
참여기업	2014년 1897곳	▶	2019년 6월 1만4599곳	6.7배 증가
학습근로자	2014년 3154명	▶	2019년 6월 8만5395명	26배 증가

자료: 고용노동부.

일 · 학습병행제는 학습근로자의 유형에 따라 재학생 단계와 재직자 단계로 나뉜다. 특성화고, 전문대, 4년제 대학 재학생이 참여하는 재학생 단계는 청년이 기업에 우선 채용돼 현장직업훈련(OJT)을 받은 후 학교에서 이론교육인 현장외 훈련(OFF-JT)을 받는 선(先)취업 후(後)학습 형태다.[8)]

토론문제

1) 국내 기업의 일 · 학습병행제의 실태를 조사해보고 실행과정에서 발생하는 문제점을 알아보자.
2) 향후 일 · 학습병행제를 실효적으로 발전시키기 위한 개선방안을 제안해보자.

CHAPTER 12

유지 및 이직관리

1. 유지관리
2. 이직관리

CHAPTER 12

유지 및 이직관리

학습목표

본 장에서는 근로자가 생산적이고 의욕적인 상태로 일하도록 지원하는 유지 관리활동과 우수한 직원의 이직을 예방하기 위한 관리활동을 살펴볼 것이다. 본 장을 마치면 학습자는 다음과 같은 목표를 달성할 수 있다.

❶ 유지관리의 개념과 유지관리의 다양한 활동들을 설명할 수 있다.
❷ 이직과 퇴직의 개념을 노동법에 따라 구분하고 이직과 퇴직의 유형과 절차를 설명할 수 있다.
❸ 이직 및 퇴직 시 필요한 회사의 관리활동을 설명할 수 있다.

[도입사례] 직원이 행복한 회사의 3가지 공통점1)

모기업 공채로 입사한 A씨는 주변 친구들의 부러움을 받았다. 엄청난 취업난 속에 대기업의 좁은 관문을 통과하였기 때문이다. 높은 연봉에 탄탄한 복지, 대기업 회사원이라는 것 자체가 곧 자부심을 느끼게 했다. 그러나 A씨는 근무 3개월이 지나자 이런 생각이 사라지게 되었다. 급여는 좋지만 반복되는 야근, 저녁이 없는 삶, 상사 눈치 보기, 말 한마디 못하고 수 시간 이어지는 회의 등 회사에서 일하는 보람을 찾기 어려웠기 때문이다. 높은 연봉과 복지만을 염두에 두고 회사를 선택한 것이 꼭 잘한 것인지 후회가 되었고, 그래서 A씨는 경력을 어느 정도 쌓은 후 다른 회사로 이직할 생각을 하고 있다.

잡플래닛이 직장인을 대상으로 조사한 일하기 좋은 기업들은 다음 3가지의 공통점을 가지고 있다고 한다.

첫째, 직원의 행복이 곧 회사의 경쟁력이라 생각하고, 즐거운 직장환경을 만들어주는 회사
둘째, 휴식을 통해 재충전의 시간을 주는 휴가제도가 있는 회사
셋째, 자유롭고 수평적인 조직문화를 갖춘 회사
이를테면 에이스프로젝트란 회사는 전 직원이 참여하는 야구경기관람, 팝아트 초상화 그리기, 볼링대회 등 다양한 행사를 매달 진행하고 있으며 직원을 행복하고 즐겁게 근무하도록 지원해주고 있다. 또한 이노레드라는 회사는 매달 10만원의 휴가비를 제공하는 레저휴가제도와 7년 근무 시 한 달의 유급휴가를 주고 있다. 다음카카오는 자유롭고 수평적인 조직문화로 잘 알려져 있다. 다음카카오는 눈치 보지 않는 수평적 업무 분위기를 조성하기 위해 복장에서부터 회의 방식까지 신경을 쓰고 있다.

1 유지관리

(1) 유지관리의 개념

직원의 유지관리가 제대로 되지 않으면 채용관리의 효과성은 크게 감소하게 된다. 따라서 채용과 유지는 인재관리의 중요한 두 축이 된다. 유지관리는 직원의 이직을 방지하는 활동에 국한되지 않는다. 유지관리에서 직원의 유지란 직원들이 생산적으로 일하도록 근무환경을 조성하는 관리활동이다.

직원의 유지관리를 위해서는 무엇보다 직원의 근로의욕을 촉진할 수 있도록 직원의 역량과 희망에 따라 적재적소에 인력을 배치하는 조치가 필요하다. 그리고 회사는 배치 이후에도 직원이 일에 몰입할 수 있는 환경을 만들어주고 일에서 성취감을 느끼도록 도와주며, 상사 및 동료와 건강하고 협력적 관계를 유지할 수 있도록 지원해 주어야 한다.

유지관리가 효과적으로 이루어지는 회사는 대체로 일하기 좋은 직장이라는 평판을 얻게 되고, 더 많은 인재를 외부로부터 채용하는 것이 수월해진다. 따라서 유지관리를 잘 하는 회사는 직원의 애로사항을 정기적으로 점검하며, 근로의욕에 문제가 있는 직원들을 지원해주고, 근로처우와 직장 내 인간관계 등 다양한 측면에서 직원 맞춤형 유지관리를 해주고

있다.

(2) 유지관리활동

직원들이 생산적으로 일하도록 근무환경을 조성하기 위해서는 다양한 관리활동이 필요하다. 다음에서는 신규입사자를 위한 유지활동, 직원설문조사, 핵심인재관리, 저성과자관리, 직장 내 성희롱과 괴롭힘 근절 활동 등을 순차적으로 알아본다. 이들 관리활동은 모두 일하기 좋은 직장 환경을 구축하고 직원들의 유지에 도움이 되는 활동들이다.

(가) 신규 입사자를 위한 오리엔테이션 및 온보딩(on-boarding)

오리엔테이션은 신규 입사자가 특정 직무에 배치되기 전 회사가 조직에 관한 기본적인 정보를 제공하고 입사자의 직장 적응을 도와주는 활동이다. 신규 입사자 오리엔테이션에서는 회사 사업 및 조직, 회사의 조직문화, 근무예절, 회사의 보안정책 등에 대해 기초적인 정보를 교육한다. 또한 오리엔테이션에서는 신규 입사자가 최고 경영진을 만나 회사의 경영철학이나 직장인의 마음가짐에 대한 이야기를 들을 수도 있다. 경영진은 오리엔테이션을 통해 신규 입사자를 환영하고, 입사자에게 한 조직의 구성원으로서 소속감을 갖도록 격려 할 수 있다.

신규 직원 오리엔테이션과 유사한 개념으로 온보딩(on-boarding) 프로그램이라는 것이 있다. 보통 하루 혹은 수 시간 정도에 그치는 오리엔테이션에 비해 온보딩 프로그램은 직장 적응을 도와주는 보다 포괄적인 과정이다. 이를테면 온보딩 프로그램이란 업무에 적응하는데 필요한 추가적인 직무훈련, 상사에 의한 코칭이나 멘토링, 회사 내 다양한 업무 체험, 팀 동료의 지원 등을 포함하는 복합적인 적응프로그램이다. 따라서 온보딩은 하루 정도에 끝나는 활동이 아니라 직원이 새로운 직장에 적응할 때까지 지속적으로 필요한 활동이다.

박스사례 12-1 카카오뱅크의 신규직원 온보딩 프로그램[2)]

치열한 경쟁을 거쳐 입사한 후 카카오의 신입 개발자들은 2달간의 온보딩 과정을 경험하게 된다. 회사는 신입 개발자의 온보딩을 위한 TF를 만들어 TF 전체가 온보딩 과정을 함께 하도록 한다. 온보딩 TF에는 테크 리더뿐만 아니라 테크 이외의 공통역량을 키워줄 리더들이 참여하며, 특히 일 년 전에 입사한 직원들도 참여하도록 하고 있다. 신규 입사자는 첫 단계로 플래닛 데이라는 오리엔테이션에 참여하고, 제주도 본사에서 1박 2일을 보낸다. '카카오에서 내가 어떤 개발자로 성장하고 싶은지' 얘기를 나누는 시간도 있다. 카카오크루가 되기 위해서 필요한 태도와 자세를 토의하는데, 이를테면 책임감을 가지고 주도적으로 일하기, 문제를 정확히 정의한 후 해결하기, 공유와 커뮤니케이션을 통한 팀워크, 자기 성장을 위한 노력 등 다양한 주제의 이야기를 하게 된다.

그 다음 단계로 넘어가면 3주간 기술교육을 받게 되는데 직무교육과 인프라교육을 거치게 된다. 3주간의 기술교육을 수행한 직원들은 이어서 3~4명이 팀을 만들어 한 달간 팀 프로젝트를 진행하게 된다. 팀 프로젝트는 주도적으로 일하기, 협업하기 등을 몸으로 체득하는 기회를 제공한다. 프로젝트 진행 과정에서 회사는 멘토를 지명해 프로젝트 전 과정에 대해 지원과 조언을 해준다. 이렇게 2달간의 온보딩 과정이 종료되면 그때 가서 신입 개발자들은 각자가 선호하는 부서와 기술부서로 배치되어 일한다.

(나) 직원의견조사

직원의견조사는 정기적으로 직장만족도, 상사에 대한 리더십, 조직문화 등을 직원에게 설문하는 방법이다. Adobe, Intel, IBM, Google 등은 직원의견조사를 직원과 회사 간 소통을 돕는 도구로 활용하고 있다. 직원의견조사는 직무만족도, 직장몰입도, 상사에 대한 리더십 등의 정보를 회사에 제공함으로서 회사가 직원들의 근로환경 개선에 참고할 수 있도록 한다. 직원의견조사에 의해 수집된 정보는 근로환경 개선에 큰 도움이 될 수 있다.

직원의견조사는 조사하는 정보와 방법에 따라서 다양한 형태가 존재한다. 명칭도 구성원 몰입도조사, 구성원 인식조사, 조직문화 서베이, 직장만족도설문, 리더십 서베이 등 다양하다. 그러나 직원의견조사는 대체로 처우 및 근로환경에 대한 만족도(satisfaction)를 묻는 유형과 직장몰입도를 묻는 유형, 경영자와 상사의 리더십을 묻는 유형, 그리고 조직문화에 대해 묻는 유형 등으로 구분될 수 있다.

직원의견조사는 회사마다, 조사목적에 따라 설문항목이 결정되는데, 설문에 포함될 수 있는 내용에는 자율성(임파워먼트), 경력개발에 대한 지원, 부서 간 협업 분위기 및 장애요인, 소통, 리더십, 직원성과에 대한 인정(recognition), 교육훈련 기회, 다양성 존중, 급여 및 복리후생, 직장 내 안전, 사회적 책임준수, 일생활균형(work-life balance) 등이 있다.[3)]

예로서 Adobe는 구성원의 직장몰입도(employee engagement survey)를 정기적으로 조사한다. 직장몰입도 설문은 직원들이 업무에 몰입할 수 있는 환경에 대한 질문들로서, '직원들은 자신의 역할을 수행할 충분한 권한이 주어져 있습니까?', 혹은 '회사는 업무와 관련된 정보를 투명하게 제공하고 있으며, 직원들의 의견을 적극적으로 경청하려 합니까?' 등 직원의 직장몰입도 및 환경에 대한 것을 포함하고 있다.

최근으로 오면서 직원의견조사는 몇 가지 변화를 보이고 있다.[4] 첫째는 설문에 지나치게 많은 항목을 포함시켜 일 년에 한 번 하는 방식이 아니라 10개 내외의 소수 항목들로 구성해 분기, 월, 주단위로 간편하게 조사하는 방식(Pulse Survey)이 늘어나고 있다. 간편한 설문조사 방식을 활용하면 회사가 필요한 정보를 적기에 수집할 수 있으며, 직원 역시 응답에 시간이 걸리지 않아 부담이 적다.

둘째, 직원의견조사에서 주관식의 중요성이 증가하고 있다. 객관식 문항과 달리 주관식 답변은 계량화가 어렵지만, 언어기반의 빅데이터 분석기법이 발달하면서 직원의 몰입도나 만족도 등에 대한 질적 정보를 분석할 수 있게 되었다. 예로서 Intel은 구성원이 작성한 주관식 응답에서 기쁨, 분노, 좌절 등의 감정을 분석하여 조직의 건강도(organizational health) 수준을 평가하고 있다.

셋째, 소셜미디어와 모바일 기기를 활용해 설문조사를 하는 경우가 늘고 있다. 이를테면 IBM은 사내 소셜미디어에 올린 익명의 메시지를 분석하여 직원들이 관심을 갖는 이슈들을 파악할 수 있었다. 또한 모바일 기기를 활용하면 페이퍼 형태보다 신속하고 간편하게 설문을 할 수 있어 많은 기업들이 설문 시에 활용하고 있다.

박스사례 12-2 삼성의 근무만족도 조사인 SCI(Samsung Culture Index)[5]

삼성전자는 2012년부터 매년 조직문화의 강점과 개선점 발굴을 위해 업무만족도, 창의환경, 동료애 등에 관한 사내 설문조사를 실시하고 있다. 설문의 주요 항목은 워크 스마트(work smart), 싱크 하드(think hard), 빌드 트러스트(build trust)인 조직문화의 각 영역에 대해 직원의견을 묻는 것이다. 삼성은 이러한 설문을 SCI라 부르는데 그 내용에는 조직문화 외에도 직원의 근무만족도를 묻는 항목까지 포함되어 있다.

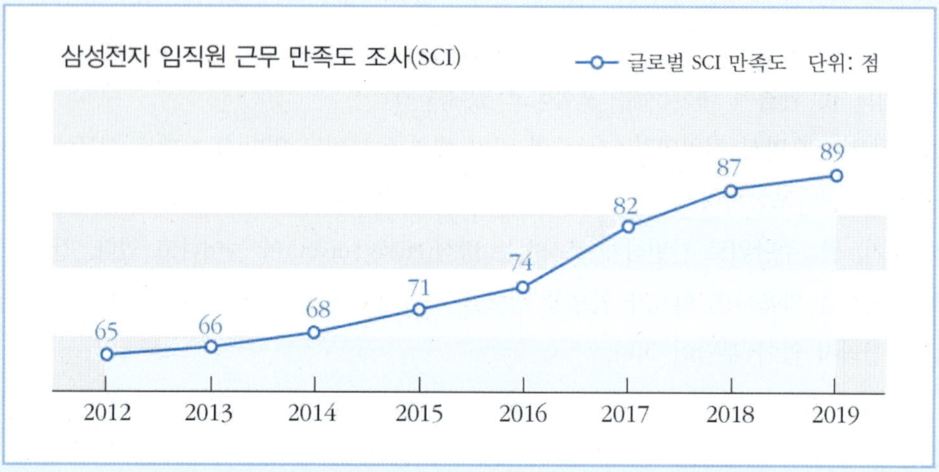

2019년 삼성전자의 근무만족도는 전체 직원의 89%가 현재 근무환경에 만족한다는 의견을 제시하고 있어 그 동안 삼성전자가 근무환경 개선활동에 쏟은 노력이 결실을 본 것으로 나타났다. 설문항목 중 '나의 상사는 부서원들의 다양한 가치관과 개성을 존중한다'는 항목이 2017년 82점에서 2019년 90점으로 상승하였다. 또한 직원들이 회사에 제시하는 고충건수도 지난 3년간 4,403건에서 2,941건으로 약 33%가 줄어드는 결과를 보이고 있다.

(다) 핵심인재의 유지관리

핵심인재는 조직마다 달리 정의될 수 있는데, 일반적으로 핵심인재는 회사의 현재 및 미래 사업에 꼭 필요한 인재, 혹은 직무역량과 성과가 특출난 인재 등으로 이해되고 있다. 일반적으로 핵심인재는 회사의 사업성과에 큰 영향을 미치거나, 회사의 전략수행에 중요한 역량과 기술을 보유하고 있거나 외부로의 이직이 발생할 경우 회사 사업운영에 부정적 영향을 미칠 인력을 가리킨다.

핵심인재관리에 적극적인 사례로는 GE 같은 기업이 있다. GE는 매년 잠재성이 높은 직원을 선발해 사업의 중책을 맡기는 핵심인재제도로 유명하다. GE는 Session C라는 평가회의를 매년 개최하여 사내 우수한 인재를 선발하고 2~5년간의 프로젝트 수행성과를 모니터링하면서 핵심인재로 판단될 경우 고속승진을 시켜 사업을 책임지게 한다.

최근 핵심인재의 개념은 잠재성 높은 차세대 경영자후보에 한정된 것이 아니라 R&D 전문가를 포함한 다양한 직무군으로 확대되고 있다. 이를테면 다양한 직무에 걸쳐 잠재성 있는 팀장급 직원들, 미래 팀장이 될 잠재성 있는 우수직원들까지 핵심인재로 선발하여 별도 관리하고 있다.

회사가 핵심인재를 선발하여 별도 관리하는 데에는 다음과 같은 목적이 있다.

① 우수인재의 이직을 방지하고 유지하기

② 회사 내 중요 직무에 공석이 발생할 경우에 대비하여 우수인재를 사전에 훈련시키고 준비시키기

③ 미래 사업에서 핵심적 역할을 할 구성원을 사전에 확보하기

또한 핵심인재관리를 효과적으로 하기 위해서는 다음의 4가지 활동과 정책이 준비되어 있어야 한다.

① 핵심인재의 정의와 선발기준

② 핵심인재 선발절차(추천 및 심사절차)

③ 핵심인재에 대한 육성 프로그램(교육훈련, 이동관리, 코칭)

④ 핵심인재에 대한 처우(승진기회, 특별급여)

예를 들어 핵심인재의 선발기준은 최근 5년간 인사평가기준 상위 20%에 해당되는 직원으로 부서장이 추천한 자로 할 수 있으며, 심사절차는 회사가 정한 핵심인재숫자의 3배수로 지원자를 선정한 후 핵심인재 심사위원회의 심사를 거치게 할 수 있다. 또한 핵심인재로 한번 선정되었다 하더라도 이후 지속적인 모니터링을 통해 핵심인재자격 유지 여부를 재평가할 수 있다.

국내기업의 경우 핵심인재풀에 들어간 직원이라도 정기적인 재심사를 거치게 하는 경우가 일반적이며 주기적으로 핵심인재풀의 직원을 조정하고 있다. 결과적으로 핵심인재관리에 적극적인 기업은 사업운영이나 전략실행에 있어 우수한 인력을 사전에 준비할 수 있고 그만큼 전략적 경쟁력을 높일 수 있다.

(라) 저성과자의 유지관리

80대 20법칙처럼 정도의 차이는 있지만 성과 높은 직원과 성과가 낮은 직원이 대부분의 조직에 공존한다. 저성과자에 대한 표준적 정의는 없지만 일반적으로 저성과자란 다음과 같은 경우와 연관성이 높다.

① 직무수행역량이 매우 부족하고 자기개발 의지가 없는 직원,

② 업무 수행 시 태도에 문제가 있는 직원으로 대인관계와 소통스킬이 크게 부족하여

동료들과 협업을 잘 못하는 직원,

③ 자신이 원하는 직무에 배치되지 못하여 업무 의욕이 크게 약화된 직원

저성과자는 일시적으로 저성과 상태에 있는 경우가 대부분이지만, 직무와 상사에 관계 없이 지속적인 저성과 상태에 있는 경우도 있다. 저성과 상태란 공식적인 정의가 존재하지 않지만 한국 기업의 경우 평가결과 상 전체의 10% 이하에 속하는 집단으로 저성과가 반복되는 경우로 정의된 경우가 많다. 이를테면 10% 이하의 평가를 3년 연속 받은 직원은 저성과자로 간주되어 회사에 의해 별도 관리되는 경우가 있다.

저성과자의 유형에는 한계성과자, 일시적 저성과자, 저몰입자의 3가지 유형이 있다. 한계성과자와 일시적 저성과자는 저성과 상태가 지속되는 기간에 따른 구분이다. 즉, 저성과자 상태가 오래 지속되고 개선이 없을 경우는 한계성과자로 분류될 수 있으며, 저성과 상태가 일시적으로 발생하는 경우는 일시적 저성과자로 분류된다. 이들과 다른 경우는 저몰입자 유형으로 직무역량은 충분하지만 의도적으로 일에 몰입하지 못하는 경우이다.

한국기업은 저성과자관리에 적극적이지 못한 경향이 있다. 이는 국내기업의 조직문화가 온정주의적인 경향이 강하고 징계와 해고에 따른 노동법적 요건이 까다로운 점이 원인으로 작용하고 있다. 또한 평가시스템이 잘 정비되어 있지 못한 기업에서는 저성과자에 대해 명확한 조치를 할 근거가 희박하기 때문에 저성과자가 오랜 기간 방치되는 문제가 발생한다.

저성과자관리에 대한 회사의 개입은 저성과자 현상이 발생하는 초기에 이루어질수록 효과적이다. 회사는 일시적 저성과자 상태를 확인하면 신속하게 교육 및 코칭 등의 조치를 통해 저성과 상태가 더 이상 지속되지 않도록 해야 한다.

회사가 저성과자관리를 위해 고려할 수 있는 조치로는 다음과 같은 것들이 있다.

① 저성과자를 정의하는 명확한 기준마련

② 직무역량 및 근로의욕 개선을 위한 교육훈련

③ 상사에 의한 코칭 및 멘토링

④ 직무 재배치 및 부서이동

한국의 노동법은 해고에 대해 매우 엄격한 기준을 요구하기 때문에 저성과자란 이유로 해고가 이루어지는 경우가 흔치 않다. 그 보다는 해고 이전에 위의 같은 조치를 회사가 충분히 취할 의무가 법으로 규정되어 있다. 특히 평가제도가 상대적 평가에 따라 서열을 매기는 방식이고 하위 10%를 무조건 저성과자로 정의하여 해고하는 것은 국내 노동법을 위반할 위험이 크다. 따라서 현실적으로 기업은 저성과자에 대해 해고 이외의 노력을 성실하게 수

행하여 저성과 상태가 장기간 지속되지 않도록 해야 한다.

박스사례 12-3 구글의 저성과자관리

구글의 저성과자관리는 4단계를 거쳐 이루어진다. 우선 다면평가의 방법으로 평가 하위 5%에 속하는 직원에 대해 면담을 한 후 저성과 상태가 직원의 의욕이나 역량에 기인한 것으로 판단되면 저성과자에게 별도의 교육을 제공한다. 회사는 6개월의 기간을 두고 직원의 성과개선여부를 점검한 후, 2회 연속 저성과 상태가 반복되면 해당 직원을 다른 팀으로 재배치하고 직원의 역량에 따라 다른 직무를 부여하도록 한다. 만약 저성과 상태가 3회 이상 반복될 경우, 해당 직원은 1년 정도의 유예기간을 거쳐 이직을 하도록 권고한다. 구글은 저성과자 중 퇴사한 사례를 분석하여 향후 채용 시 저성과자를 구분해낼 수 있는 방법을 마련한다. 구글은 저성과자에 대해 적극적인 개입조치를 함으로써 초기 저성과자의 대부분을 정상적 성과자로 전환시키고 있다.

(마) 직장 내 성희롱과 괴롭힘 방지

직장 내 성희롱과 괴롭힘은 모두 직원의 유지에 부정적인 결과를 가져온다. 직장 내 성희롱이란 '사업주, 상급자 또는 근로자가 직장 내 지위를 이용하거나 업무와 관련하여 다른 근로자에게 성적 언동 등으로 굴욕감과 혐오감을 느끼게 하는 행동'이다.[6] 직장 내 성희롱은 「남녀고용평등과 일·가정 양립 지원에 관한 법률」에 의해 금지되어 있다.

또한 직장 내 성희롱과는 다른 부정적 행동으로 직장 내 괴롭힘이 있다. 직장 내 괴롭힘이란 '사용자 또는 근로자가 직장에서의 지위 또는 관계 등의 우위를 이용하여 업무상 적정 범위를 넘어 다른 근로자에게 신체적, 정신적 고통을 주거나 근무환경을 악화시키는 행위'를 말한다. 직장 내 괴롭힘은 근로기준법에 의해 금지되어 있다.

직장 내 성희롱과 직장 내 괴롭힘은 근로자의 인격권을 침해한다는 점에서 유사한 행동이다. 그러나 성희롱은 성적인(sexual) 언동이 수반된다는 점에서 괴롭힘 행동과는 구분된다. 또한 성희롱 행동과 괴롭힘 행동을 규제하는 법이 다르다는 점이 있다.

이상에서 성희롱과 괴롭힘 행동을 예시해보면 다음 <표 12-1>과 같다.

성희롱과 괴롭힘에 대한 법규는 금지행동과 처벌조항을 규정하고 있으나, 사건이 발생한 후에는 이미 직원의 정상적 근무가 어렵게 되는 경우가 많다. 따라서 회사는 사후적 처벌에 앞서 예방적 차원의 조치가 필요하다. 회사는 부정적 행위를 근절하기 위해 평소 예방교육을 반복해서 시행하여야 하며, 부정적 행동 발생 초기에 이를 알릴 수 있는 신고채널을

표 12-1 직장 내 성희롱과 직장 내 괴롭힘 행동

직장 내 성희롱	직장 내 괴롭힘
• 입맞춤, 포옹 또는 뒤에서 껴안는 등의 신체적 행위 • 음란한 농담을 하거나 외모를 평가하는 언어적 행위 • 음란한 사진, 그림, 출판물을 게시하거나 보여주는 시각적 행위 • 사회통념상 성적 굴욕감 혹은 혐오감을 느끼게 하는 언어나 행동	• 폭행 및 협박행위 • 폭언, 욕설, 험담 등 언어적 행위 • 사적 용무 지시 • 집단 따돌림, 업무수행 과정에서의 의도적 무시, 배제 • 업무와 무관한 일을 반복 지시 • 과도한 업무부여

마련해 공지해야 한다.

(3) 일하기 좋은 직장

직원의 유지관리가 효과적으로 수행된 직장은 일반적으로 일하기 좋은 직장(great workplace)에 해당된다. 일하기 좋은 직장은 우수 인재채용에 유리할 뿐만 아니라 우수인재의 동기부여를 통해 기업이 근로자와 함께 성장해나가는 특징을 보인다. 일하기 좋은 직장은 급여가 높은 기업만을 지칭하기보다 직원들이 일상적으로 체험하는 근로환경이 좋은 조직들이다. 전 세계 70개국에서 일하기 좋은 직장을 조사한 GWP라는 기관에 의하면 일하기 좋은 직장은 '직원이 경영자를 신뢰하고, 맡은 업무에 대해서 자부심을 가지며, 동료 직원에 대해 동료애가 깊은 직장'이라 한다.[7)]

급여가 높으면 선호되는 직장이 될 수는 있지만 급여만으로 직장의 품격이 정해지는 것은 아니다. 급여보다 더 중요한 조건은 조직문화로서 구성원 간에 구축된 신뢰(trust)이다. 일하기 좋은 직장의 신뢰적 문화는 경영자에 대한 믿음(credibility), 직원에 대한 존중(respect), 공정(fairness), 동료애(camaraderie), 그리고 일에 대한 자부심(pride)이 높은 문화를 말한다. [그림 12-1]은 일하기 좋은 직장의 조직문화를, <표 12-2>는 GWP 한국지사에서 조사한 기업들 중 2019년에 일하기 좋은 직장으로 선정된 기업들을 나타내고 있다.[8)]

그림 12-1 일하기 좋은 직장에서의 신뢰문화

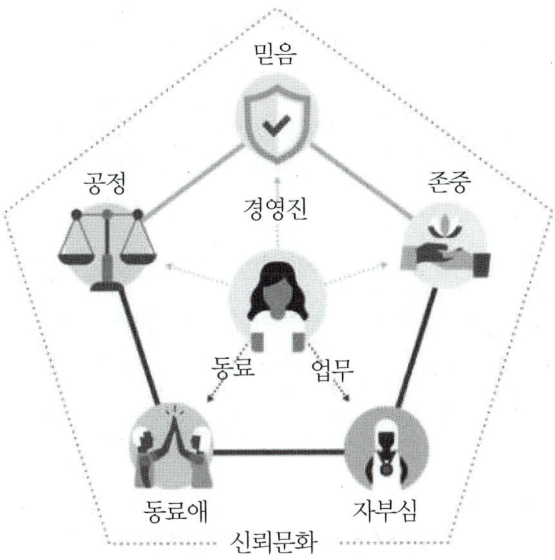

표 12-2 2019년 한국 일하기 좋은 직장 기업

GPTW 명예의 전당 GPTW Hall Of Fame		㈜부산은행(10년 연속 대상) BUSAN BANK
		한국마즈(유)(10년 연속 대상) Mars Korea INC.
GPTW 종합대상 Global GPTW Grand Award		DHL Korea(6년 연속 대상)
신뢰경영대상 Trust Based Management Grand Award		(주)앤비전(2년 연속 대상) ENVISION Co., Ltd.
		한국스트라이커(2년 연속 대상) Stryker Korea
6년 연속 대상 Consecutive Award for 6yrs Grand Award	외국계부문	헨켈코리아 유한회사(대한민국 여성이 일하기 좋은 기업) Henkel AG & Co. KGaA Korea
6년 연속 대상	외국계부문	케이던스디자인시스템즈

Consecutive Award for 6yrs Grand Award		Cadence Korea Ltd.
5년 연속 대상 Consecutive Award for 5yrs Grand Award	금융부문	한화생명보험(주) HANWHA LIFE INSURANCE CO., LTD.
5년 연속 대상 Consecutive Award for 5yrs Grand Award	금융부문	한화생명보험(주)(대한민국 여성이 일하기 좋은 기업) HANWHA LIFE INSURANCE CO., LTD.

일하기 좋은 직장은 직원들의 경영진에 대한 믿음이 있고, 자신의 일에 대한 자부심이 높으며, 동료 간에는 팀워크와 협업이 원활한 직장이다. 이런 직장은 일에 대한 직원들의 의욕이 높으며 우수인재들의 이탈이 적은 경향을 보인다. 결과적으로 일하기 좋은 직장을 구축하려는 경영진의 노력은 유지관리 차원에서 실제적인 성과로 이어지게 된다.

2 이직관리

이직관리는 우수한 인재의 이직을 사전에 예방하기 위한 활동과 이직이 발생하였을 때 회사가 사후적으로 취해야 할 조치, 그리고 노동법을 위반하지 않도록 해고를 진행하는 활동 등으로 구성되어 있다.

이직관리를 하기 위해서는 우선 회사의 이직률이 적정한 수준인지를 판단해야 하며, 이직이 발생하였을 때 이직의 유형별로, 즉 노동법 상으로 해고인지 퇴직인지에 따라 회사가 취해야 할 적절한 절차를 마련해야 한다. 특히 한국의 근로기준법은 해고에 대해 엄격한 제한과 절차를 규정하고 있어 이를 준수해야 할 의무가 있다.

(1) 적정 이직률

회사의 이직률은 낮을수록 좋다는 인식이 있다. 그러나 그렇다고 최적 이직률 수준이 반드시 0이라 할 수는 없다. 최적의 이직률이 0%보다 커야 하는 이유는 적절한 인력의 흐름이 있을 때 조직이 보다 역동성을 가질 수 있기 때문이다. 또한 불경기나 기업의 재정이 악화될 경우에도 회사는 적절한 인력의 방출을 할 수 있어야 재정적으로 사업을 지속할 수 있다. 모든 조직에서는 더 나은 직장을 찾아 떠나는 직원이 있기 마련이다. 따라서 적정 이직률이 0이 되는 경우는 매우 예외적이다. 적정 이직률의 수준을 계산을 통해 발견하기는 현실적으로 어렵다. 그 대신 회사는 이직률에 영향을 미치는 요인들을 고려해서 이직률이 과도하게 발생하지 않도록 노력해야 한다.

이직은 일반적으로 상당한 비용을 발생시킨다. 이직이 발생하면 공석을 또 다른 직원으로 메우거나 신규 직원을 채용해 배치해야 한다. 신규 직원은 아무래도 이직한 직원만큼 높은 생산성을 바로 낼 수 없다. 그래서 이직은 낮은 생산성이라는 비용을 발생시킨다. 이를 이직에 따른 잠재적 비용이라고 한다. 이직의 잠재적 비용은 상실된 생산성뿐만 아니라 이직한 직원의 자리를 채용공고를 통해 다시 메울 때까지의 시간비용까지를 포함한다. 이직비용에는 공석의 업무를 다른 직원이 대신 함으로써 당분간 발생하는 초과근로시간의 인건비(overtime costs), 모집공고를 하는 데 지출한 비용, 지원자에 대한 인터뷰 및 기타 선발비용, 그리고 배치 후 직원에 대한 업무교육 비용이 포함될 수 있다.

이직비용 = 낮은 생산성 + 초과근로 인건비 + 모집공고 비용 + 인터뷰 및 기타 선발비용 + 신규직원의 교육 비용

직원 이직에 따른 비용을 생각하면 인력의 강제적 방출은 가급적 불가피할 경우로 한정되어야 한다. 특히 회사는 해고와 같은 비자발적 이직을 매우 신중하게 결정해야 한다. 자발적 이직은 모든 조직에 자연스럽게 발생하는 현상이지만 사업 구조조정으로 인해 더 이상 고용유지가 어려운 기업은 해고와 같은 비자발적 이직의 방법을 취할 수밖에 없는 경우가 있다.

전통적 유교문화가 강한 동양권 국가에서는 비자발적인 해고를 가급적 피하려 하기 때문에 이직률이 미국과 같은 서구권 국가에 비해 낮은 경향이 있다. 따라서 이직률은 국가의 문화적 배경에 따라 달라질 수 있다. 또한 불경기 같은 거시 경제 상황에 따라 이직률이 높아질 수 있기 때문에 이직률의 최적 수준은 단순하게 산정할 수 없을 것이다.

회사가 이직관리를 해야 하는 이유는 비용을 줄이는 것뿐만 아니라 유능한 인력의 이직을 미리 예방하기 위함이다. 유능한 인력이 회사의 업무환경 때문에 이직하여 이직률이

높아진다면 해당 회사의 이직률은 적정하다고 볼 수 없다. 따라서 이직률을 감소시키고, 인재의 유출을 예방하기 위한 회사의 노력이 필요해진다.

박스사례 12-4 이직률의 계산

연간 이직률과 월별 이직률을 계산하는 방식은 다음과 같다.

월간 이직률 = (해당 월의 이직자수/전월말 기준 재직인원) × 100
월평균 이직률 = 1년 간 매월 이직률의 합/12
연간 이직률 = (1년 간 총 이직자 수/연평균 재직인원) × 100

위와 같은 공식으로 월간 이직률을 계산해보자. 2021년 1월의 이직자가 20명이고, 2020년 12월의 재직인원이 400명이었다면, 1월의 이직률은 5%가 된다.

다음은 2013년부터 2015년까지 3년 동안 삼성과 현대계열사의 연간 이직률을 보여주는 통계이다.[9] 2015년 삼성전자는 약 5%의 이직률을 보이고 있으며, 현대자동차는 2015년 0.11%로 매우 낮은 수준의 이직률을 보이고 있다.

그러나 회사의 이직률 통계는 수평비교가 어려운 경우가 많다. 왜냐하면 회사는 이직자 중 자발석 이식자만을 가지고 통계를 내는 경우가 흔하기 때문이다. 만약 이직률 통계에 비자발적인 해고와 퇴직자 수까지 포함할 경우 혹은 비정규직의 이직까지 포함할 경우 이직률은 다소 달라지게 된다.

삼성 · 현대차 그룹

기업명	2013	2014	2015	비고
삼성SDI	2.70%	6.80%	3.10%	–
삼성물산	5.60%	5.30%	7.10%	–
삼성생명	2%	2.10%	2%	자발적 퇴직자(만 포함)
삼성엔지니어링	2.50%	5.90%	7.40%	–
삼성전자	2.90%	3.10%	5%	–
삼성증권	2.30%	1.90%	3.30%	비정규직 포함 순수 전직자
삼성화재	0.20%	0.40%	0.30%	순수 전직자
기아차	0.80%	0.50%	1%	–

현대글로비스	5.40%	4.30%	5.40%	순수 전직자
현대모비스	2.10%	1.50%	1.90%	-
현대엔지니어링	3.20%	2.50%	2.50%	-
현대제철	3.90%	4.70%	4.70%	-
현대차	0.12%	0.13%	0.11%	순수 전직자

* 그룹별 가나다순.

(2) 이직의 유형

이직은 다니던 직장을 그만두는 행위를 말한다. 직장을 그만두는 경우는 근로자 입장에서 자발적 이직과 비자발적 이직의 2가지가 있다. 자발적 이직은 근로자가 스스로 원해서 하는 이직이며, 비자발적 이직은 근로자가 원하지 않지만 회사에 의해 직장을 그만두게 되는 경우이다.

자발적 이직은 근로자가 현재 직장을 스스로 그만두는 경우로서 다른 회사로 직장을 옮기거나 질병 및 기타 개인상의 이유에서 직장을 더 이상 다니지 못하게 되는 경우를 말한다. 이직에서 근로자에게 큰 고통이 되는 경우는 자발적 이직이 아닌, 비자발적 이직이다. 회사가 재정적 상황이 힘들게 되어 근로자의 고용을 더 이상 유지하기 어렵거나 근로자의 근로태도 및 역량에 문제가 있다고 판단하여 해당 근로자의 고용을 보장해주지 못할 때 비자발 이직이 발생하게 된다.

한편 한국의 노동법은 이직의 유형을 해고와 퇴직의 2가지로 더 구체적으로 구분하고 있다. 해고는 앞서 설명한 비자발적 이직과 유사한 개념이고, 퇴직은 자발적 이직과 유사한 개념이다. 즉, 한국의 근로기준법은 합의된 이직에 대해 '퇴직'이라는 용어를 쓰고, 합의 되지 못한 비자발적 이직에 대해서는 '해고'라는 용어를 쓰고 있다. 그럼 다음에서는 노동법에서 정의한 해고와 퇴직의 개념에 대해 더 자세히 알아본다.

(가) 해고

해고는 사용자 측(회사)에서 근로계약을 일방적으로 해지하는 행동을 말하는 것으로 비자발적 이직에 해당된다. 해고의 경우는 다시 통상해고, 징계해고, 경제적 이유에 의한 해고라는 3가지 유형으로 나뉘어진다. 법적으로 복잡한 개념이지만 각각의 경우를 간단히 설명하면 다음과 같다.

① 통상해고

통상해고란 근로자가 부상 및 질병으로 더 이상 근로가 어려운 경우, 업무능력이나 근무성적이 현저히 떨어진 경우, 그리고 법 위반(징역, 구속)으로 인해 더 이상의 근로가 어려운 경우 사용자가 근로계약을 중단하는 것을 말한다. 통상해고는 이외에도 기업이 파산선고를 하여 더 이상 근로자의 고용을 유지할 수 없는 경우까지 포함하고 있다. 통상해고에서 특히 회사와 근로자 간에 다툼이 심해지는 경우는 근무성적이나 업무능력이 현저히 떨어졌다고 회사가 판단하여 내린 통상해고이다. 근무성적이 어느 정도까지 낮아야 하는지, 업무능력이 어느 정도가 되어야 기대에 못 미치는 지 등 통상해고의 정당성을 명확히 판단하기는 어렵기 때문이다.

② 징계해고

징계해고는 근로자가 회사의 명령이나 지휘를 준수하지 않을 경우 내려지는 해고를 말한다. 징계해고는 사용자의 업무명령을 위반하거나, 근로자의 근무태도가 불량하여 더 이상 지휘가 불가능한 경우, 회사의 명예와 신뢰를 훼손한 경우 회사가 해당 근로자를 해고하는 경우이다. 그러나 회사는 경미한 사유를 가지고 근로자를 함부로 해고할 수 없으며 징계의 이유가 사회적 통념상 정당해야 한다.

③ 경제적 이유에 의한 해고

경제적 이유에 의한 해고는 흔히 '정리해고'라고 불리기도 한다. 이는 사용자가 긴박한 경영상의 어려움이 발생하여 더 이상 근로자를 고용하기 어려울 경우 행해지는 해고이다. 이를테면 기업의 도산, 영업실적의 악화, 기술혁신에 의한 산업구조의 변화 등 회사가 고용을 더 이상 유지하기 어려운 상황이 발생할 경우 회사가 근로자를 해고하게 되는 경우이다. 회사가 고용을 유지할 수 없을 정도로 '경제상황이 어렵다'는 것은 근로자와 회사 간의 해석에 다툼이 가능하다. 따라서 회사가 경영상 이유에 의한 해고를 일방적으로 결정해 실행하기는 현실적으로 어려움이 많다.

일반적으로 긴박한 경영상의 이유에는 사업의 인수, 양도, 합병 등이 불가피한 상황 등 경영상황이 매우 심각한 상황이라 판단할 이유가 충분해야 한다.

또한 경영상 이유에 의한 해고를 할 때 회사는 우선 근로자 대표와 성실히 협의하고 해

그림 12-2 이직의 유형

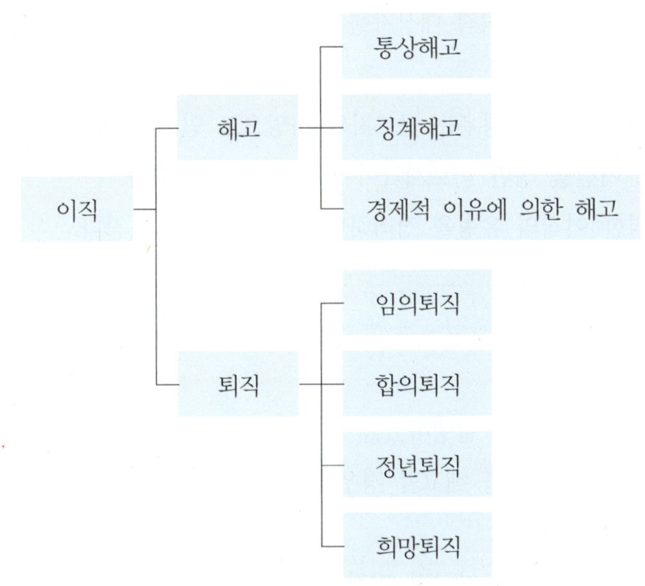

고의 불가피성을 설득해야 하며, 사전에 해고회피를 위한 노력을 충분히 기울여야 한다. 또한 해고자 선정에 있어서도 공정한 기준을 마련해 적용해야 한다.

(나) 퇴직

퇴직은 비자발적 이직에 해당되는 '해고'를 제외한 경우로서 근로자가 근로계약의 종료를 요청하거나 이에 합의할 경우에 발생한다. 퇴직은 다시 임의퇴직, 합의퇴직, 정년퇴직, 희망퇴직의 4가지로 나누어진다.[10] 임의퇴직은 근로자가 회사에 근로계약의 해지를 먼저 요청하여 서로 합의가 이루어지는 경우이고, 합의퇴직은 반대로 회사가 근로자에게 근로계약의 해지를 먼저 요청하여 서로 합의가 이루어진 경우이다. 어느 경우에든 회사와 근로자 양자 간에 합의가 이루어지면 퇴직에 해당된다. 합의퇴직은 회사가 먼저 근로자에게 고용계약 해지를 타진하는 것으로 근로자가 이를 수락하면 성립하게 된다. 합의퇴직은 흔히 권고사직이라고 부르기도 한다. 권고사직 시 회사는 근로자에게 합의를 종용하기 위해 적절한 위로금을 지불하기로 약속할 수 있다.

정년퇴직은 근로계약 상 정년에 도달하여 근로자의 근로계약이 해지되는 경우이다. 한국은 법으로 정년을 60세로 규정하고 있어 근로자는 회사가 별도의 근로기간 연장을 요청하지 않는 한 정년퇴직을 하게 된다.

한편 희망퇴직은 회사가 퇴직 대상자를 미리 지정하지 않고, 퇴직 희망자를 사내에 공고하여 모집하는 경우를 말한다.

그밖에 퇴직에 해당되는 경우는 근로자의 사망으로 인해 더 이상 근로관계가 성립되지 않는 경우, 그리고 기간을 정한 근로계약이 만료된 경우가 있다.

이상에서 설명한 이직의 유형을 정리하면 [그림 12−2]와 같다.

(3) 이직관리 활동

다음에서는 해고와 퇴직이 발생하였을 때 회사가 해야 하는 이직관리 활동을 몇 가지 설명한다. 우선 회사가 근로자를 해고할 경우에는 근로기준법이 정한 해고절차를 성실히 준수해야 한다.

자발적 퇴직자에 대해서는 가급적 퇴직자에 대해 퇴직 인터뷰(exit interview)를 시행하고, 향후 근로환경을 개선하기 위한 자료로 활용하면 좋다. 그 외 고령자에 대해서는 근로시간을 점차 줄이는 점진적 퇴직을 유도하거나 혹은 퇴직자 중에서 나중에 재고용을 모색하는 활동 역시 필요할 수 있다. 또한 법으로 요구되는 것은 아니지만 회사는 퇴직자에 대해 아웃플레이스먼트 서비스를 제공할 수 있다. 회사가 해고 근로자에 대해 아웃플레이스먼트 서비스를 제공하면 해고자의 어려움을 완화시킬 수 있다.

다음에서는 먼저 해고의 절차를 살펴보고, 퇴직 인터뷰, 아웃플레이스먼트 서비스, 퇴직자 재고용, 고령근로자의 점진적 퇴직에 대해 알아본다.

(가) 해고절차의 준수

회사가 해고를 결정하면 우선 법으로 정한 해고절차를 충실히 준수해야 한다. 그렇지 않으면 해고는 나중에 법적인 효력을 상실하게 된다. 자발적 이직의 경우에 근로자가 사직서를 제출하고 이를 사용자가 승인하면 되지만 비자발적 이직인 해고의 경우에는 법적 요건을 지켜 해고절차를 진행해야 한다. 즉, '퇴직'과 같이 자발적 이직에 해당되지 않고 비자발적 '해고'에 해당될 경우 회사는 근로기준법이 정한 해고절차를 준수하여야 한다.

다음에서는 해고에 해당되는 징계해고와 통상해고 시 회사(사용자)에게 요구되는 절차를 먼저 살펴보고 이어서 경영상 이유에 의한 해고절차를 살펴본다.

① 통상해고와 징계해고 시 절차

근로기준법에 의하면 회사(사용자)가 근로자를 해고하려면, 해고 시작일 30일 전에 해고통지를 근로자에게 서면으로 보내야 한다. 해고통지는 서면으로 작성되어야 하고, 통지의 내용에는 해고사유와 해고시작일이 포함되어야 한다. 만약 회사가 근로자에게 해고를 사전 통지하지 않으면 해당 해고는 법적으로 무효가 된다. 이를테면 구두로 근로자를 해고한 경우, 이는 서면통지의 요건을 갖추지 못했기 때문에 해당 해고는 법적으로 무효이다. 이로 인해 구두해고를 당한 근로자가 더 이상 출근을 하지 못한다 하더라도 해당 근로자는 출근하지 못한 기간에 대해 나중에 급여를 사용자에게 청구할 수 있다.

회사가 해고통지를 서면이 아닌 휴대폰 문자나 이메일 등으로 전달할 경우 해고통지로 볼 수 없는 경우가 있어 서면의 형태로 전달하는 것이 바람직하다. 또한 해고통지는 해고가 시작될 날짜로부터 30일 이전까지 근로자에게 전달되어야 하며, 이를 준수하지 못할 경우 해고일은 서면이 전달된 날짜로부터 30일 후부터라고 보아야 한다.

만약 해고된 근로자가 회사의 해고통지를 받고 그 사유에 대해 동의할 수 없다면 해고된 날짜로부터 3개월 이내에 노동위원회라는 공공 구제기관에 해고 이의신청을 할 수 있다. 노동위원회는 근로자의 해고 이의신청을 받고 이를 심의해 해고가 부당하다고 결정하면 근로자를 원직으로 복귀시킬 수 있는 권한이 주어져 있다.

② 경영상 이유에 의한 해고 시 절차

경영상 이유에 의한 해고는 회사가 어려운 재정 및 영업 상황에 놓여 불가피하게 근로자의 고용을 더 이상 지속하기 힘든 상황에서 발생한다. 이를 '긴박한 경영상의 필요성'이라 하는데, 사업의 양도, 인수, 합병 등이 필요할 정도로 긴박성이 전제되어야 한다. 따라서 경영상 이유에 의한 해고절차는 위의 통상해고 혹은 징계해고의 절차와 다르다. 우선 해고통지의 기간이 해고 전 50일 전까지이다. 해고통지를 하기 전 사용자는 근로자 대표와 혹은 근로자 과반수를 대표하는 노동조합과 해고에 대해 성실하게 협의해야 한다.

해고통지를 하기 전 회사는 해고를 피하기 위한 노력을 해야 하고, 그래도 해고가 불가피할 경우 해고자의 선정기준을 합리적이고 공정하게 결정해야 한다. 해고를 피하기 위한 노력에는 임금감소, 휴직 혹은 근로시간을 줄이는 등의 다양한 조치가 포함될 수 있다. 또한 해고자를 선정하는 기준에 부당하게 차별적인 기준이 포함돼서는 안 된다.

표 12-3 해고 및 근로계약의 종료 절차

	절차	충족요건
통상해고	해고예고 통지서를 해고 시작 30일 전까지 근로자에게 통지	해고예고 통지서는 해고의 사유와 해고일자를 기술하여 서면으로 작성
징계해고	해고예고 통지서를 해고 시작 30일 전까지 근로자에게 통지	해고를 피하기 위해 회사는 징계위원회를 소집하고 근로관계 유지를 위한 개선 노력을 해야 함. 그러나 징계를 거듭하였으나 근로자의 고용계약 종료에 이를 정도의 심각한 상황이 해소되지 않을 경우 최종적으로 해고예고 통지를 하게 됨.
경영상 이유에 의한 해고	해고 대상자의 선정은 공정한 기준에 의해 이루어져야 하며, 해고 50일 전까지 근로자에게 해고통지를 해야 함.	해고를 피할 수 없을 정도의 긴박한 경영상의 이유가 발생해야 하고 해고 전 사용자는 성실하게 해고 회피 노력을 해야 함. 해고 전 근로자 대표 혹은 근로자 과반수를 대표하는 노동조합과 성실히 협의해야 함.
근로계약의 자동소멸	계약기간의 종료를 알리는 통지를 하면 됨.	정년, 사망, 사용자의 폐업, 2년 이하의 기간을 정한 근로자

③ 근로계약의 자동적 소멸

통상해고, 징계해고, 경영상 이유의 해고와 달리 근로자의 근로계약이 자동적으로 소멸되는 경우가 있다. 이는 근로자의 정년, 사망, 사용자의 파산이나 폐업, 기간을 정한 근로계약의 만료 등의 경우에 해당한다. 이러한 경우는 앞서 절차와 같이 30일 전 해고통지가 아닌, 근로계약의 종료를 알리는 통지만 하면 된다.

(나) 퇴직 인터뷰(exit interview)

회사의 이직률이 증가한다는 것은 유능한 직원의 이직이 발생하고 있음을 알려주는 신호이다. 회사는 유능한 직원들의 이직을 미리 예방할 목적으로 평상 시 근로환경을 점검하고 이직을 예방하는 환경을 조성해야 한다.

퇴직 인터뷰란 퇴직자에 대해 퇴직 전 근로환경에 대한 솔직한 의견을 묻는 활동이다. 퇴직 인터뷰는 이미 이직을 결심한 근로자를 되돌리기 위한 것이 아니라 현재 회사의 업무환경에 대한 문제점을 파악하고 향후 발생할 수 있는 또 다른 이직을 예방하는 활동이다.

따라서 퇴직 인터뷰는 이직하는 근로자의 마음을 바꾸기 위한 설득이 되어서는 안 되며, 떠나는 근로자에게 직장의 근무환경에 대해 단지 솔직한 의견을 들어보는 인터뷰가 되어야 한다. 퇴직 인터뷰의 담당자는 퇴직예정자의 상사가 아닌, 인사부서의 담당자 같이 전문적인 관점에서 근로환경의 문제점을 분석해볼 수 있는 사람이 적합하다. 퇴직 인터뷰에서 조사해야 할 사항에는 다음과 같은 것들이 있다.

① 입사 시 채용과정에 대한 평가
② 배치된 직무와 자신의 최초 기대 사이의 일치 여부
③ 재직 시 교육훈련 기회
④ 재직 시 승진기회
⑤ 조직의 문화
⑥ 조직 내 의사소통
⑦ 보상에 대한 만족
⑧ 직속 상사의 지원과 배려
⑨ 직무 상 체험한 문제와 어려웠던 점
⑩ 근로 환경 개선을 위한 기타 건의사항

(다) 아웃플레이스먼트 서비스(outplacement service)

아웃플레이스먼트 서비스는 전직지원서비스라고 하기도 하며, 퇴직자에게 퇴직을 준비할 수 있도록 회사가 지원해주는 활동이다. 아웃플레이스먼트 서비스는 퇴직하는 직원의 재취업을 도와주거나 창업을 할 수 있도록 지원해 주는 활동이다.

회사는 아웃플레이스먼트 서비스를 함으로써 회사의 사회적 책임을 수행할 수 있고, 대외적으로 회사 이미지를 좋게 만드는 효과를 기대할 수 있다. 또한 퇴직하는 직원과 우호적인 감정을 유지하면서 구조조정 과정을 원활하게 추진하는 데도 도움이 될 수 있다.

퇴직자 혹은 해고대상자는 현 직장을 그만두는 과정에서 심리적 불안이 심할 수 있다. 그러나 회사가 아웃플레이스먼트 서비스를 제공하면 퇴직자의 재취업 가능성이 높아지기 때문에 큰 도움이 될 수 있다. 아웃플레이스먼트 서비스는 이직 과정에서 근로자의 스트레스 감소, 기업 내 잔류자의 사기유지, 법적 소송의 예방, 조직의 사회적 책임감 제고와 같은 장점을 가지고 있다. 아웃플레이스먼트 서비스에서 제공하는 지원활동에는 이력서 작성요령, 인터뷰스킬, 지원할 회사 탐색 및 구직데이터 이용 방법, 지원 시 연봉협상 요령, 채용예정 직무에 대한 평가 방법 등이 포함될 수 있다.

(라) 퇴직자 재고용

퇴직자의 재고용은 정년을 맞아 퇴직한 근로자를 계약직으로 재고용하는 경우와 이미 이직한 예전의 근로자를 다시 재입사시키는 2가지 경우로 구분될 수 있다. 첫째 경우에서 정년 퇴직자는 정년 이후에도 일할 수 있는 체력과 전문성을 갖추고 있는 경우가 있기 때문에, 회사는 이들을 재고용하여 부족한 전문성을 확보할 수 있다.

박스사례 12-5 KT의 시니어 컨설턴트 제도

KT는 정년퇴직자를 재고용하는 '시니어 컨설턴트 제도'를 2018년 도입하여 통신망 운용이나 전송, 선로 등 KT 자체의 기술직 직원을 확보하는 데 큰 도움을 얻고 있다.[11] 시니어 컨설턴트는 퇴직 후 역량평가를 매년 받아야 하고, 우수한 업무능력을 발휘하는 한, 정년퇴직 후 3년간 고용이 유지되도록 하고 있다. 한국과 같이 고령화가 급속히 진행되고 출생률이 낮은 국가의 경우 퇴직자 재고용제도는 부족한 전문인력을 확보하는 방법이 될 수 있다.

둘째, 고령인력은 아니지만 과거 직원의 재입사를 허용하는 정책이 가능한데, 과거 직원의 지원을 허용하여 재고용하는 것 역시 회사의 부족한 전문성을 확보하는 데 유용하다. 이직한 직원은 새 직장이 자신이 기대한 것과 다름을 인식하는 경우가 적지 않기 때문에 과거의 직장으로 돌아가려는 동기가 있는 경우가 많다. 최근 미국 기업들은 이직한 직원을 퇴직자 커뮤니티에 가입하도록 유도하고, 재입사를 허용하는 정책을 시행하고 있다. 실제 전문인력이 부족한 미국 기업의 신규 입사자 중 10% 정도가 과거 이직한 직원일 정도로 재입사 정책은 점차 일반화되어 가고 있다. 한국의 경우에도 전문인력이 부족한 산업에서는 재입사자가 점차 증가하는 추세에 있다.

(마) 고령자의 점진적 퇴직

점진적 퇴직제도는 고령 근로자의 근로시간을 단계적으로 축소하면서 퇴직에 이르는 제도로서 유럽에서는 근로시간 감소에 따른 소득 감소를 별도의 사회보장제도를 통해 보충해주기도 한다. 점진적 퇴직제도는 1976년 스웨덴에서 처음 도입된 이후 현재는 유럽연합 회원국 중 10개국이 도입하여 운영해오고 있다.[12] 근로자는 정년 전 신체적 기능이 저하되는 경우가 흔한데 점진적 퇴직제도를 도입하면 근로자의 작업부담을 줄여줄 수 있고, 퇴직이후 갑작스런 역할 상실을 경험하지 않아도 되기 때문에 고령근로자에게 도움이 된다. 회사는 점진적 퇴직제를 도입하면 고령근로자의 조기퇴직을 예방하고 고령근로자의 경험과 전문성을 활용할 수 있다.

박스사례 12-6 독일 고령자의 점진적 퇴직제도[13)]

독일은 고령근로자의 고용을 연장하여 이들의 경험과 기술을 계속 활용하고, 연금고갈 문제를 일부 해결하려는 시도를 하고 있다. 독일이 시행하는 점진적 퇴직제도는 55세 이후 일정시점부터 근로시간을 종전의 절반 수준으로 줄이는 제도이다. 또한 이 제도는 소득과 연금 가입기간 상의 불이익을 사용주가 일부 보전해주는 방법으로 운영된다. 사용주는 감소된 근로시간에 해당되는 임금 중 20%를 보전해주고, 연금보험료는 임금의 80% 수준까지 추가 납부해 준다. 고령 근로자가 50% 적은 시간을 일하게 됨으로써 생기는 일자리는 실업자 고용, 직업교육이수, 직업연수 등으로 보충된다. 고령자의 점진적 퇴직제도는 연금기금의 고갈을 완화시키고, 사회에 추가적인 일자리를 제공하며, 고령 근로자에게는 육체적 정신적 부담을 완화시켜주는 효과가 있다.

토론

토론과제

본 장에서 다룬 내용을 기반으로 다음 이슈에 대해 토론해보자.

1. 대졸 신입자가 최초의 직장에서 이직하는 이유들에 대해서 토론해보자.
2. 국내 직장인의 근무시간 실태를 조사해보고, 근무시간 단축이 생산성을 높이는 작용을 하는지 토론해본다.
3. 근로기준법에서 해고에 관한 절차와 규정들을 살펴보고 부당해고가 발생할 경우 구제절차를 알아보자.
4. 회사가 희망퇴직을 실시할 때 지켜야 할 법규와 절차는 무엇인지 토론해보자.
5. 국내 고령인력의 평균 퇴직연령 및 고용실태를 살펴보고 어떤 문제점이 있는지 토론해보자.

토론사례 우수인재가 회사를 떠나는 7가지 이유[14)]

관리자들을 가슴 아프게 하는 일 중 하나는 우수인재가 직장을 떠나는 사건이다. 그들이 정든 회사를 떠나는 데에는 단순히 급여에 대한 불만 이상의 이유가 있다. 이직하려는 이유에는 상사와의 틀어진 관계 혹은 본인이 평소 꿈꾸던 창업이나 학업 등 복합적인 요소가 작용한다. 감성지능 전문가인 Travis Bradberry 박사는 우수한 인재가 회사를 떠나는 이유에 대해 다음과 같이 말하고 있다.

첫째, 관리자가 단기간에 성과를 내기 위해 과도한 근무시간을 요구하는 경우 우수 인재가 떠나게 된다. 우수인재들은 많은 업무를 처리하는 능력을 가졌지만 끝없이 늘어나는 업무로 인해 스트레스가 한계에 도달하면 직장에 대해 회의를 가진다. 미국 스탠퍼드 대학의 연구에 의하면 주당 근무시간이 55시간을 넘어서면 추가적인 생산성이 거의 0에 근접하게 된다고 한다.

둘째, 인정에 인색한 문화를 가진 회사는 우수한 인재를 떠나게 만든다. 관리자들은 최고의 성과를 내는 인재들을 인정해주고 그들이 원하는 방식으로 격려해주지 못하는 경우가 많다.

셋째, 직원에 무관심한 관리자는 우수인재를 떠나게 만든다. 직원들은 성과에 대해 함께 기뻐하고 힘든 일을 함께 공감해주는 관리자가 없는 경우 일에 대한 의미를 상실하게 된다.

넷째, 공정하지 못한 인사가 우수인재를 떠나게 만든다. 능력 없는 직원이 승진하는 사건은 우수인재로 하여금 평가의 공정성에 깊은 불신을 갖게 한다.

다섯째, 열정 있는 직원에게 적합한 직무를 부여하지 못할 경우 우수인재가 떠나게 된다. 우수인재는 일상적이고 지루한 업무에 흥미를 쉽게 잃게 된다. 그 결과 그들은 자신의 열정을 펼칠 직장을 찾게 된다.

여섯째, 자신의 역량을 개발할 기회를 주지 못하는 조직은 우수인재를 떠나게 만든다. 직원은 자신의 역량을 개발할 수 있는 기회가 부족하면, 성장감을 느끼지 못하고 쉽게 좌절하게 된다.

일곱째, 지속적으로 도전의 기회를 주지 않을 경우 우수인재가 떠나게 된다. 뛰어난 인재는 높은 목표를 향해 최선을 다하고자 하며, 동기부여된 상태를 유지하고자 한다. 이들에게 일상적인 목표를 부여할 경우 직장에 대한 의미를 느끼지 못하게 된다.

토론문제

1) 우수인재의 이직에 영향을 미치는 국내 직장의 문제점에는 어떤 것들이 있는지 토론해본다.

2) 우수인재의 이직을 예방하기 위한 기업의 효과적인 실천사례를 토론해보자.

PART 06

인적자원관리의 글로벌 확장

CHAPTER 13 글로벌 인적자원관리

CHAPTER 13

글로벌 인적자원관리

1. 글로벌 인적자원관리의 개념과 역할
2. 글로벌 인적자원관리의 대상
3. 글로벌 인적자원관리의 유형
4. 주재원의 인적자원관리
5. 글로벌 인적자원관리의 기능
6. 문화와 글로벌 인적자원관리

CHAPTER 13

글로벌 인적자원관리

학습목표

본 장에서는 글로벌 지역으로 사업을 확장하여 해외 근로자를 관리하는 조직의 인적자원관리를 살펴본다. 이와 관련해서 학습자는 본 장을 학습한 후 다음과 같은 목표를 달성할 수 있다.

❶ 글로벌 인적자원관리의 개념과 역할을 설명할 수 있다.
❷ 글로벌 인적자원관리의 대상과 관리영역을 설명할 수 있다.
❸ 글로벌 인적자원관리를 유형별로 분류하고 특징들을 설명할 수 있다.
❹ 본사 파견 해외주재원의 역할과 핵심역량을 설명할 수 있다.
❺ 해외 지사의 인적자원관리 기능별로 중요 정책과 이슈들을 설명할 수 있다.
❻ 글로벌 인적자원관리와 문화 간의 관계를 설명할 수 있다.

[도입사례] 삼성전자의 해외 지역전문가제도와 현장전문가제도[1)]

삼성전자의 지역전문가제도는 우수한 직원을 1년간 해외에 파견하여 현지의 언어와 문화, 사업 환경을 익히도록 하는 인재육성 프로그램이다. 지역전문가제도는 1990년에 처음 도입되어 20여 년간 지속되어온 프로그램으로 삼성전자의 글로벌 진출에 큰 역할을 한 것으로 평가받고 있다.

지역전문가로 선발된 직원은 현지 체재비와 급여를 지급받으며 해당 지역에서 1년에서 길게는 2년까지 현지 인력들과 네트워킹을 하고 해외 현지를 제2의 고향처럼 편하게 느낄 수 있도록 문화적응에 힘쓴다. 현지 언어를 배우고, 문화를 습득하고 필요하면 현지 사업 환경을 조사하는 등 프로그램 참여자는 현지 활동계획을 상당부분 자율적으로 설계할 수 있다.

삼성전자는 지역전문가제도 외에도 현장전문가제도를 2005년부터 도입하여 운영하고 있다. 현장전문가제도는 지역전문가제도와 달리 우수직원을 해외 주재원으로 파견하여 해외 법인에서 6개월에서 1년간 해외 법인 업무를 경험하는 프로그램이다. 현장전문가제도는 주재원으로서의 역할과 임무를 경험하고 필요한 역량을 쌓는 등 지역전문가제도보다 업무 연계형 성격이 강한 프로그램이다.

2011년 삼성의 글로벌 성공요인을 분석한 하버드 비즈니스 리뷰 논문에 의하면 삼성의 지역전문가제도가 삼성의 성공에 크게 기여한 것으로 서술되고 있다.

1 글로벌 인적자원관리의 개념과 역할

글로벌 인적자원관리는 조직의 사업영역이 글로벌 지역으로 확대되면서 해외 및 국내 인력의 확보, 평가, 보상, 개발 등의 인적자원관리 기능을 통합적으로 관리하는 것을 의미한다. 글로벌 인적자원관리는 해외 사업장의 운영을 위해 다양한 지역에서 인력을 확보하고

표 13-1 글로벌 확장의 이유

글로벌 확장의 이유	내용
신시장 개척	내수 시장이 포화점에 도달하면 큰 규모의 해외 시장으로 진출한다.
비용 절감	노동비용이 증가할 경우 해외 시장의 낮은 노동비용을 활용할 수 있다.
인력부족	숙련 근로자를 해외에서 쉽게 확보할 수 있다.
원재료의 확보	원재료를 해외에서 낮은 가격으로 확보할 수 있다.
정부정책	기업에 대한 불합리한 규제가 적고 투자에 대한 인센티브를 제공하는 정부가 해외에 있는 경우가 있다.
무역협정	국가 간에 자유무역협정을 체결하여 제품과 서비스의 이동이 자유로운 경우 이를 활용하여 사업을 확대할 수 있다.

관리하는 활동들이다. 글로벌 인적자원관리는 기업이 상품과 서비스를 단순히 수출하는 단계를 넘어 해외 지역에 직접 투자하여 사업체를 설립한 조직에 필수적이다.

제품과 서비스 시장이 과거와 달리 글로벌 영역으로 확대되면서 기업들에게 해외 시장 개척은 기업의 생존에 절대적인 조건이 되고 있다. <표 13-1>은 기업들이 해외로 사업을 확장하는 이유를 설명하고 있다.

글로벌확장의 방법에는 수출, 라이센스협약, 자본투자, 그리고 해외직접투자(Foreign Direct Investment)등이 있다. 해외 직접투자(FDI)는 수출이나 라이센스협약에 비해 해외 시장에 보다 적극적으로 진출하는 방법이며, 인력을 현지에서 직접 채용하여 생산이나 유통을 하는 경우에 해당된다. 해외 직접투자를 한 기업은 인적자원관리를 글로벌 수준에서 해야 한다.

박스사례 13-1 해외 직접투자와 국내 투자의 명암교차[2)]

2019년 한국 기업들의 해외 직접투자 규모는 1980년 이후 최고치인 600억 달러를 기록하였다. 이는 2019년 국내 설비투자가 10년 만에 최대폭으로 감소한 것과 대조를 이룬다. 한국의 해외 직접투자액이 300억을 넘긴 해는 2015년이었다. 불과 4년 만에 한국의 해외 직접투자액은 그 2배인 600억이 된 것이다.

해외 직접투자가 증가한 배경에는 국내의 높은 금리, 높은 임금수준, 정부 규제 등이 복합적으로 작용한 것으로 보인다. 제조업은 2019년 한해 13.8%가 증가했는데 주로 전기차, 반도체, 디스플레이 업체들이 해외 시장 개척을 위해 투자하였기 때문이다. 국가별로 한국기업이 가장 많이 투자한 곳은 미국과 중국이었는데 이는 큰 시장을 확보하기 위한 조치로 보인다. 그러나 국내 설비투자는 오히려 2019년 전년 대비 7.6%가 감소하여 2009년 이후 가장 큰 폭의 감소세를 보였다.

기업들은 일반적으로 사업을 국내 단계에서 국제단계로, 다시 다국적 단계에서 초국가 단계로 확대하려는 경향이 있다. 사업의 글로벌 확장은 국내 단계에서 시작하여 초국가 단계까지 몇 단계를 거치게 되는데 <표 13-2>는 이러한 단계들을 나타내고 있다.[3)]

기업이 국내 단계에서 초국가단계로 성장하면 직원의 규모가 증가하게 되는데 이로 인해 기업은 인적자원관리 상의 다양한 과제를 안게 된다. 회사의 사업영역이 국내에 제한된 경우에는 인력의 채용, 평가, 보상, 개발관리의 전 과정이 한 국가의 노동 및 경제 환경에 따라 결정되지만 국제단계(international stage)부터는 해외 현지국의 채용, 평가, 보상, 개발관리까지를 동시에 수행해야 하기 때문에 인적자원관리의 복잡성이 증가하게 된다.

표 13-2 사업의 글로벌 확장단계

글로벌 확장의 단계	정의
국내 단계 (domestic stage)	상품과 서비스는 국내 소비 위주이며 해외 매출은 주로 수출을 통해 이루어지는 단계
국제 단계 (international stage)	국내 사업이 위주가 되지만 제한적으로 해외에 소수의 지사를 설립하고 운영하기 시작하는 단계
다국적 단계 (multinational stage)	해외 지사가 늘어나면서 본국에서 주요 책임자가 해외 지사에 파견되며 중요한 결정은 본사에서 이루어지는 단계
글로벌 단계 (global stage)	세계를 하나의 시장으로 보고 본사의 관점이 아닌, 세계시장의 동향에 따라 의사결정이 이루어지는 단계
초국가단계 (transnational stage)	해외 지역 시장의 특수한 상황을 반영하면서 세계 시장 공통의 이슈를 다룰 수 있는 단계. 세계 시장 지향적이지만 한편으로 지역별로 유연한 의사결정이 가능한 단계.

표 13-3 글로벌 확장단계별 인적자원관리 이슈들[4)]

글로벌 확장의 단계	인적자원관리의 이슈
국내 단계 (domestic stage)	직원은 한 국가 내에서 충원되며, 국제관련 업무는 수출관련 업무로 제한된다.
국제 단계 (international stage)	본국의 인원을 해외 지사에 배치하기 위해 해외 현지국의 경제 및 노동시장, 문화적 특수성에 대한 지식이 필요해진다.
다국적 단계 (multinational stage)	본국의 인원이 해외 지사에 배치되는 경우가 증가하면서 본사에서 해외 파견자에 대한 관리를 체계화하고, 현지인의 채용과 관리를 위한 인적자원관리제도를 정비해야 한다.
글로벌 단계 (global stage)	본국에 위치한 본사와 해외 지사 간의 인력교류뿐만 아니라 해외 국가 간의 인력교류까지 포함한 인적자원관리가 필요하며, 본사의 인적자원관리만이 아닌, 글로벌 지사들에 공통적으로 적용될 인적자원관리 제도와 절차의 정비가 필요하다.
초국가단계 (transnational stage)	글로벌 지사 전체에 적용 가능한 인적자원관리 제도를 운영하면서 지역적 특성에 따라 지역화(localization)가 이루어져야 한다. 인적자원관리의 글로벌 표준화와 함께 지역별 유연성을 갖추어야 한다.

기업이 사업을 글로벌로 확장하게 되면 자연히 인적자원관리에서도 추가로 다양한 이슈와 과제가 발생하게 된다. <표 13-3>은 기업이 사업을 글로벌로 확장하면서 경험하게 되는 인적자원관리의 주요 이슈들이다. 기업은 글로벌 확장과 함께 새롭게 발생하는 인적자원관리의 이슈들을 해결하지 못하면 글로벌 확장 자체를 효과적으로 수행할 수 없게 된다.

국내 기업이 해외로 진출할 경우 당면하는 인적자원관리의 문제는 다양하다. 이를테면 해외 지사에 대한 본사의 의사결정 지연, 언어로 인한 해외 지사와 본사 간의 소통 장애, 우수한 현지인 채용의 어려움, 해외 파견인의 현지 적응실패, 해외 파견인의 높은 체제비용, 본사 파견인과 현지인 직원들 간의 갈등, 현지 노동법에 대한 지식 부족 등 다양한 문제가 발생할 수 있다.

글로벌 인적자원관리를 통해 이 문제들을 해결하기 위해서는 인적자원관리제도, 즉 채용, 평가, 보상, 개발관리에 관한 전반적 제도 운영이 현지국의 문화 및 법적 환경과 조화를 이루어야 한다. 기업은 본국의 인적자원관리제도를 그대로 해외 지사에 이식한다하더라도 현지 직원의 태도, 자질, 생각이 본국 직원과 다르기 때문에 동일한 효과를 기대하기 어렵다. 따라서 경영자는 문화적 민감성(sensitivity)과 글로벌 마인드셋이 없으면 글로벌 인적자원관리를 효과적으로 수행하기 어렵다.

일반적으로 기업이 글로벌 인적자원관리를 효과적으로 수행하기 위해서는 다음 <표 13-4>와 같은 글로벌 역량을 필요로 하며, 이는 국내 기업이 부족한 역량이라 할 수 있다.[5)]

결과적으로 글로벌 인적자원관리의 역할은 조직의 글로벌 확장을 지원하여 글로벌 사

표 13-4 글로벌 인적자원관리를 위한 핵심역량

핵심역량	내용
해외 인적자원에 대한 지식	해외 근로자와 근무방식에 대한 지식과 경험
해외 사업환경에 대한 전문성	글로벌 시장동향과 사업 환경에 대한 지식과 경험
타 문화에 대한 이해	타 문화에 대한 이해와 공감 능력
소통능력	타 문화권 근로자와의 소통 및 협상 능력
글로벌 리더십	타 문화권 근로자에 대한 리더십과 조직관리 역량
태도	글로벌 마인드, 개방성, 유연성

업전략의 성공을 가능하게 하는 것이다. 이를 위해서 인사담당자는 글로벌 경영을 위한 핵심역량을 지원하고 개발하는 노력을 기울여야 한다.

2 글로벌 인적자원관리의 대상

인적자원관리의 대상은 물론 근로자인 사람이다. 해외 글로벌 조직의 근로자는 국내 조직과 달리 3가지의 그룹으로 구분될 수 있다. 3가지 그룹은 첫째, 본사에서 파견 나온 파견인(expatriate), 둘째, 해외 현지에서 채용된 현지인(regional staff), 셋째, 파견인도 현지인도 아닌 제3국인이다.

파견인은 본사가 있는 모국(home country)에서 해외 지사의 경영을 운영할 목적으로 파견 나온 근로자 혹은 경영자이다. 이들은 주로 본사의 정책과 전략을 해외 지사에 알리고 감독하는 역할을 한다. 또한 해외 지사의 상황을 본사에 알리는 소통 역할도 수행한다. 파견인은 해외 현지국에 영구 거주하는 경우는 드물며 일정한 기간이 지나면 본사로 복귀하는 것을 원칙으로 한다. 파견인은 주로 현지의 공장과 사업체를 총괄하는 경영자, 재무회계업무를 총괄하는 담당자 그 외 본사의 생산 및 기술전문가가 현지 공장을 운영하기 위해 파견 나온 경우가 많다. 파견인은 본사의 정책을 실행하는 과정에서 해외 현지인보다 의사결정권한이 큰 편이며 직급도 높은 경우가 일반적이다.

현지인은 해외 현지에서 채용된 인력으로 해외 법인의 대부분을 구성하는 인력들이다. 현지인들은 해외 현지의 사업 환경에 익숙하고 언어적 소통에 문제가 없으며, 현지에 인적 네트워크를 가지고 있기 때문에 사업운영을 위한 크고 작은 일들을 담당할 수 있다. 그러나 언어적 장벽으로 본사와의 직접적인 소통이 어렵고 본사 파견인의 통솔을 받아야 하는 경우가 많아 일에 대한 자율권이 약한 편이다. 간혹 다국적 기업 중 현지인을 현지 법인의 최고 경영자로 임명하는 경우가 있는데 이는 현지 사정에 밝은 현지인에게 책임경영을 부여하는 정책이라 볼 수 있다.

제3국인은 현지인도, 본사의 파견인도 아닌 경우이다. 이를테면 한국 기업이 싱가포르 지사를 운영할 때 한국인이나 싱가포르 현지인이 아닌, 호주인이나 미국인 같은 제3국인을

표 13-5 글로벌 인적자원관리의 대상별, 기능별 관리영역(15가지)

	채용(선발)관리	평가 · 성과관리	임금관리	개발관리	유지 및 이직관리
파견인	1	2	3	4	5
현지인	6	7	8	9	10
제3국인	11	12	13	14	15

주: 표에 기대된 숫자는 각 영역별 구분을 하기 위한 일련번호이다.

채용하는 경우이다.

글로벌 인적자원관리 기능은 국내 인적자원관리의 기능과 동일하게 구분될 수 있다. 즉, 글로벌 인적자원관리의 기능은 채용관리, 평가/성과관리, 임금관리, 개발관리, 유지 및 이직관리로 5개로 구분될 수 있다. 따라서 앞서 살펴본 3가지 근로자 집단과 인적자원관리의 5개 기능을 서로 통합하면 가능한 관리영역은 <표 13-5>와 같이 15개의 세부영역으로 표시될 수 있을 것이다.

글로벌 사업체를 다수의 국가에서 운영하는 기업으로서 파견인, 현지인, 제3국인에 대한 처우와 인적자원관리를 모두 동일하게 하면 인적자원관리의 영역은 15개에서 5개로 줄어들 것이다. 그러나 파견인, 현지인, 제3국인에 대한 별개의 처우와 인적자원관리를 하기로 결정하면 관리영역은 15개로 확대될 것이다. 3개 집단에 어떤 처우와 인적자원관리를 할지는 해당 기업이 결정할 일이지만, 관리영역이 늘어날수록 관리가 복잡해지는 부담이 있게 된다.

3 글로벌 인적자원관리의 유형

글로벌 인력에 대한 처우와 관리에 대해 어떤 원칙을 설정해야 할지는 크게 4가지의 접근법에 따라 결정될 수 있다. 4가지 접근법은 글로벌 인적자원관리의 유형을 구분하는 데도 기준이 된다.[6] 글로벌 인적자원관리의 각 접근법은 <표 13-6>과 같다.

표 13-6 글로벌 인적자원관리의 유형

인적자원관리의 유형	내용
본사중심 (ethnocentric type)	본사가 인력에 대한 처우와 관리를 강하게 통제하고 해외 지사의 의사결정권은 매우 적은 상태이다. 해외 지사의 중요 직위는 모두 본사에서 파견 나온 파견인으로 채워진다.
현지중심 (polycentric type)	해외 지사는 인력에 대한 독립적인 권한을 부여받아 현지인으로 대부분의 직위를 채운다. 인적자원관리제도와 절차는 현지의 사정에 맞추어 독립적으로 결정한다. 본사와 해외 지사 간의 인력교류는 거의 없는 상태이다.
지역중심 (region-centric type)	여러 국가들을 지역별로 그룹화한 후 인력에 대한 정책을 정한다. 이를테면 북미, 아시아, 유럽, 호주 등 지역단위 별로 인적자원관리의 제도와 절차를 계획한다. 지역 내의 인력교류는 가능하지만 지역 간의 인력교류는 적은 상태이다.
세계중심 (geocentric type)	국가나 지역 구분 없이 모든 근로자를 하나의 통일된 인적자원관리 정책으로 대우하고 관리한다. 직원은 희망과 자격에 따라 해외 어느 지역이든 이동이 가능하다.

본사중심의 인적자원관리를 채택하면 파견인이 해외 지사의 현지인을 관리하고 감독하는 역할이 강화되며, 처우 역시 파견인이 현지인보다 좋다. 반대로 현지중심의 인적자원관리를 채택하면 현지인이 직접 해외 지사의 경영을 책임지고 운영하게 된다. 따라서 본사 중심의 인적자원관리는 파견인 관리에 치중하는 경향이 있고, 현지중심의 인적자원관리는 현지인에 대한 인적자원관리를 강조하는 경향이 나타난다.

파견인과 현지인, 제3국인을 각각 별도로 관리하지 않고 동일한 처우와 기준으로 관리하는 경우는 세계중심 인적자원관리이다. 세계중심 인적자원관리는 근로자가 파견인이든, 현지인이든, 제3국인이든 동일한 제도와 기준을 적용하기 때문에 본사와 지사 간에 인적자원관리의 제도와 절차, 기준에 차이가 없게 된다.

박스사례 13-2 슈나이더 일렉트릭의 국제 순환근무제도[7]

슈나이더 일렉트릭은 세계 100여 개국에 거점을 가진 에너지관리 및 자동화 솔루션 전문기업이다. 슈나이더 일렉트릭은 직원들에게 국제순환근무를 장려하고 있다. 구체적인 상황을 알아보기 위해 슈나이더 일렉트릭에서 일하는 한국인 2명을 인터뷰해 보았다.

A직원(호주근무): 저는 슈나이더 일렉트릭 호주 법인에서 솔루션 리스크 리더로 근무하고 있습니다. 우리 회사는 국제 순환근무를 통한 인재 성장을 장려하고 있습니다. 슈나이더 일렉트릭의 아시아 태평양 리스크 매니지먼트 팀은 인원이 소수지만 서로 업무를 지원해주는 방식으로 유연하게 근무하고 있습니다. 저는 정말로 다양한 국가 출신의 직원들과 함께 일하고 있는데 호주 외에도 중국, 인도, 중국 국적의 직원들이 같이 일하고 있습니다.
B직원(말레이시아 근무): 저는 슈나이더 일렉트릭 말레이시아 지사에서 재무 책임자로 근무하고 있습니다. 저는 이전에 싱가포르에서 근무했었고 호주에서도 다양한 인종과 문화를 경험했습니다. 슈나이더 일렉트릭에서 국제 순환근무를 경험한 직원들은 다양한 국가의 문화를 이해하게 되고 다양성과 포용성을 몸으로 체득할 수 있습니다. 국제 순환근무를 한 직원들은 무엇보다 글로벌 마인드를 가진 경영자로 성장할 수 있는 좋은 기회를 얻게 됩니다. 직원들이 국제간 순환근무를 하면 이질적 문화권의 직원들을 이해하게 되고 다양성을 관리하는 역량이 개선될 수 있습니다.

4 주재원의 인적자원관리

주재원(expatriate)이란 해외 사업체로 파견된 본사의 직원을 말한다. 주재원은 본국에 위치한 본사와 해외에 위치한 지사 간에 소통을 담당하고, 본사의 정책과 지시를 해외 지사에 전달하고 수행하는 역할을 담당한다. 주재원은 일반적으로 해외 지사의 경영관리직, R&D 및 기술직, 재무 및 회계담당 등의 역할을 하는 경우가 많다. 따라서 주재원은 해외

표 13-7 주재원의 역할

역할	내용
의사결정의 일관성 유지	사업목표의 우선순위에 따라 본사의 전략을 집행하며, 본사와 지사 간의 의사결정이 서로 일관성 있게 이루어지도록 조정한다.
업무절차의 집행과 일관성 유지	업무가 합리적 절차 혹은 본사의 표준화된 절차에 따라 집행되도록 하고, 업무절차 상 본사와 지사 간의 갈등이 없도록 감독한다.
가치(values)와 조직문화의 통합	본사가 글로벌 사업을 위해 설정한 가치와 조직문화를 해외 지사 구성원에게 전파하고 본사와 지사 간에 문화적 공감대를 높인다.

현지에서 주요 의사결정을 하는 위치에 있으며 본사의 정책을 해외 지사에서 실행하도록 관리 감독하는 역할을 한다. 주재원의 역할은 <표 13－7>과 같이 요약될 수 있다. 주재원의 역할은 주요 의사결정, 업무집행, 조직문화의 전파라는 3가지 관점에서 규정될 수 있는데, 주재원은 본사와 해외 지사의 양쪽 상황을 모두 알고 있기 때문에 양자 사이에서 의사결정과 업무집행, 조직문화라는 3가지 연결고리를 조율하는 역할을 한다.

주재원은 해외 현지 언어를 현지인만큼 능숙하게 하지 못하고, 문화적으로도 이질적이기 때문에, 자칫 현지인과 갈등이 있을 수 있다. 따라서 본사는 주재원의 선발과 교육훈련에 각별히 신경써야 하며, 그렇지 않을 경우 본사는 주재원 파견의 효과를 충분히 기대하기 어렵다.

주재원을 선발해서 파견하는 전 과정은(process)은 모두 5단계를 거치게 된다. [그림 13－1]은 주재원 파견관리의 단계를 보여주고 있다.

우선 조직은 해외 파견자를 선발하고 평가해야 하는데, 해외 지사 업무를 수행할 충분한 전문성과 경험을 갖추고, 외국 문화에 대한 적응력이 뛰어난 후보자를 선발해야 한다. 그 다음 2번째 단계에서는 최종 선발된 후보자에 대한 동의절차가 진행되는데 후보자가 해외 파견에 동의하고, 경영진 역시 해당 후보자가 적격자라고 판단하면 최종적으로 파견결정을 하게 된다. 3단계에서는 파견을 위한 사전준비를 하게 된다. 파견인이 가족을 동반할 경우 적절한 주거지를 선정해야 하며, 자녀와 배우자의 이사 준비를 위한 제반 지원이 필요하다. 해외 현지국에 거주하기 위한 비자 발급 및 자녀들의 교육계획 역시 이 단계에서 처리되어야 한다. 또한 현지국 언어와 문화, 그리고 해외 지사의 업무상황에 대한 사전 교육이 필요하다.

4번째는 파견 후 직무수행 단계로서 파견인은 해외 지사에서 근무를 시작하고 해외 현지에 적응하는 시간을 갖게 된다. 파견인은 해외 지사의 업무환경에 적응하면서 현지인들과

그림 13-1 주재원 관리의 단계들

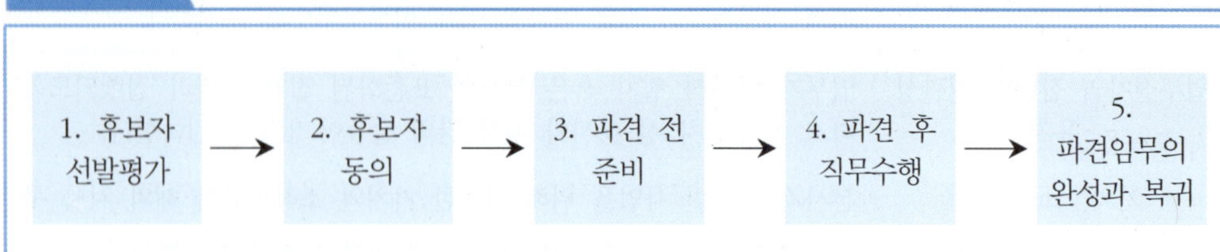

업무를 같이 하게 된다. 마지막 5번째는 파견임무를 완수하고 파견인이 본사로 복귀하는 단계이다. 이때 파견인은 본사로 바로 복귀하지 않고 제 3국의 또 다른 해외 지사로 이동할 수도 있다. 파견기간이 수년간 지속된 후 본사로 복귀한 파견인은 정도의 차이는 있지만 문화적 적응과 업무 수행에 어려움을 경험하기도 한다. 가족 역시 본국으로 돌아왔을 때 새롭게 적응해야 하기 때문에, 조직은 파견인이 본국으로 귀국한 후 일과 가정생활의 균형을 회복하도록 지원해야 한다.

주재원이 효과적으로 현지에 적응하여 업무를 수행하게 되면 주재원 관리 절차가 성공적으로 진행된 것으로 판단할 수 있다. 그러나 주재원의 임무 수행이 최종적으로 성공적이었는지는 상당한 시간을 두고 평가해야 알 수 있다. 주재원의 실패 사례는 크게 3가지로 요약될 수 있다.

첫째는 주재원이 현지 적응에 실패하고 중간에 본사로 복귀하는 경우이다. 현지인과 갈등이 발생하거나, 가족이 현지 적응에 문제가 있었을 때 파견인은 본사 복귀를 원하게 된다.

둘째는 파견인이 현지에서 업무를 수행하지만 본사와 지사 간의 업무조율을 원활하게 하지 못하거나 본사의 정책을 지사에서 제대로 수행하지 못하는 경우이다. 파견인은 시간이 가면서 자연히 의욕이 낮아지고 좌절하는 상황이 발생할 수 있다. 이런 상태로 파견인이 긴 파견기간을 견딘다 하더라도 파견 자체는 성공적이라고 보기 힘들 것이다.

셋째는 파견인이 역할을 잘 수행하고 본사로 복귀하였지만 얼마 안 있어 타사로 이직하게 되는 경우이다. 파견인이 이직하게 되면 그 동안 해외 업무에서 쌓은 전문성과 경험을 조직이 더 이상 활용하지 못하게 됨으로서 파견결정이 성공적이라 보기는 어려울 것이다. 파견인이 본사 복귀 후 이직하게 될 경우 혹은 해외 현지에서 다른 회사로 이직하게 될 경우가 발생하면 그 이유를 점검하여 파견인 관리에 부족했던 점이 있었는지를 파악해야 할 것이다.

주재원 파견의 성공가능성을 높이기 위해서 회사는 선발단계부터 세심한 주의를 기울여야 한다. 우선 주재원 후보자의 파견에 대한 의지가 높아야 하고, 업무를 수행하는 데 필요한 전문성이 충분해야 하며, 이질적 문화에 대한 수용성이 높고, 리더포지션의 경우 자신의 리더십 스타일을 유연하게 조정할 수 있는 능력 역시 요구된다. 그 외 외국어 습득능력과 배우자와 자녀 등 가족들의 의견이 고려되어야 할 것이다.

주재원 선발 시 고려해야 할 기준으로서 Goldsmith 등은 특히 인간관계 및 사고역량에 초점을 맞추고 있는데, 파견인이 해외 자회사의 관리자로 부임할 경우에 필요한 핵심역량은

표 13-8 리더급 파견인의 핵심역량

1. 글로벌 관점에서 업무를 파악하는 능력
2. 문화적 다양성에 대한 존중
3. 업무에 대한 전문성과 경험
4. 파트너십과 협업에 대한 스킬
5. 공유 리더십(shared leadership)

<표 13-8>과 같이 5가지로 보고 있다.[8] 관리자의 리더십에는 현지인을 파트너로 보고 협업을 촉진하는 스킬이 중요하다. 또한 파견인은 현지인에 대한 지시적이고 권위적인 리더십 보다 공유 리더십을 발휘할 수 있다면 이상적이다. 공유리더십은 현지인에게 일정한 자율권을 허용하고 권한위임을 통해 현지인들의 근로의욕을 높일 수 있다.

결과적으로 주재원에 대한 인적자원관리는 주재원의 역할을 명확히 하고, 주재원의 선발에서 복귀까지의 과정을 체계화하여야 가능하며, 특히 주재원 후보자의 역량평가를 통해 적임자를 선발하는 것이 주재원의 성공확률을 높이는 데 중요하다.

5 글로벌 인적자원관리의 기능

다음에서는 글로벌 인적자원관리의 기능별로 글로벌 인적자원관리의 특수한 관리활동을 알아보도록 한다. 기능은 국내 인적자원관리와 동일하게 채용관리, 평가·성과관리, 임금관리, 개발관리, 유지 및 이직관리 등으로 구분될 수 있다. 글로벌 인적자원관리 역시 국내 인적자원관리와 같이 기능별로 각기 관리지침이 필요하며 관리 영역별로 적절한 절차가 마련되어야 한다.

글로벌 인적자원관리의 기능별로 지침과 절차는 앞서 살펴본 글로벌 인적자원관리의 접근법에 따라 달라질 수 있다. 이를테면 사업의 단계가 글로벌 단계(global stage)에 있고, 인적자원관리를 본사 중심이 아닌 세계 중심으로 운영하고 있다면 본사와 해외 지사의 인적자원관리 지침과 절차는 하나로 표준화되어야 한다. 반면에 글로벌 확장단계가 비교적 초기에 머물러 있고 인적자원관리를 현지 중심으로 할 경우 인적자원관리의 지침과 절차는 지역별로 다양화될 것이다.

기업이 인적자원관리의 표준화와 지역별 다양화 중 어느 쪽을 선택하든 글로벌 인적자원관리는 국내와 다른 특수성을 갖게 될 것이다. 다음에서는 이러한 특수성을 기능별로 구분해서 살펴본다.

(1) 채용관리

채용규모를 정하거나 채용기준을 정하는 경우 인적자원관리를 본사 중심으로 할 것인지, 현지중심으로 할 것인지, 아니면 세계 중심으로 할 것인지에 따라 채용의 관리활동에 차이가 있을 것이다. <표 13-9>는 글로벌 인적자원관리의 유형에 따라 채용정책의 특징이 달라짐을 보여주고 있다. 이를테면 세계중심의 인적자원관리 유형을 채택한 기업은 세계 공통의 채용기준이 있고, 직원들이 해외 지사 어느 곳이든 지원신청을 해서 순환근무할 수 있게 된다.

충원은 해외 현지인(local nationals)과 본국에서의 파견인, 그리고 제3국인 중에서 평가를 통해 이루어진다. 특히 공석이 된 직무를 해외 현지인과 본국에서의 파견인 중 누구로 충원할 것인지는 중요한 결정이다. 일반적으로 기업의 해외 확장이 진행되면 파견인의 숫자

표 13-9 인적자원관리 유형에 따른 채용관리 정책의 차이

인적자원관리의 유형	채용관리 정책
본사중심 (ethonocentric type)	해외 지사의 중요 직위는 모두 본사에서 파견 나온 파견인으로 채워진다. 따라서 본사에서 모든 채용계획을 세우고 실행한다.
현지중심 (polycentric type)	해외 지사는 인력채용에 대한 주요 권한을 가지고 있으며 현지인으로 대부분의 직위를 채운다. 해외 지사의 채용정책은 국가마다 현지 사정에 따라 독립적으로 설정된다. 해외 지사 간의 인력교류는 매우 제한적이다.
지역중심 (region-centric type)	국가 단위 이상의 지역별로 인력의 채용정책을 정하고, 지역 내에서는 인력을 순환 근무하도록 허용한다. 인력규모와 인력의 자질 등에 대한 채용기준은 지역 내에서 표준화되어 있다.
세계중심 (geocentric type)	국가나 지역 구분 없이 모든 근로자의 국제 간 근무지 이동이 가능하다. 인력 채용정책은 글로벌 수준에서 설정된다.

그림 13-2 파견인과 현지인의 인력구성

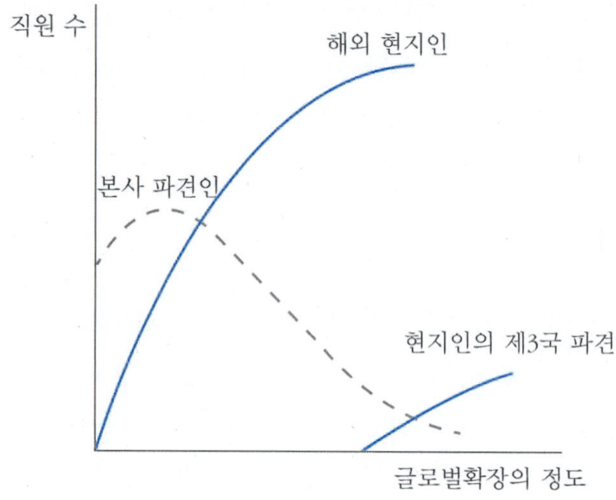

는 줄어들고 해외 현지인의 숫자는 증가하는 경향이 나타난다. 따라서 다국적 기업이나 글로벌 기업으로 해외 확대가 진행되면 현지인 인력의 구성비율은 크게 증가하게 된다. 글로벌 확장이 진행되면서 본사 파견인에 비해 해외 현지인의 비중이 증가하는 이유는 경영시스템이 본사와 지사 간에 상당부분 공유되고 표준화되어 본사 파견인의 역할이 줄어들기 때문이다. [그림 13−2]는 본사 파견인과 해외 현지인의 인력 비중의 변화를 보여주고 있다.[9)]

해외 현지인과 본사 파견인을 활용할 때는 각기 장단점이 존재하는데, <표 13−10>은 이러한 장단점을 요약하고 있다.

글로벌 채용관리는 인력수요예측, 모집, 선발의 순으로 진행된다. 절차 자체는 국내 채용관리와 동일하지만 국내와 달리 해외의 다양한 환경을 고려해야 한다. 채용 시에는 해외 노동시장의 수요공급 상황, 해외 현지의 노동법 규제, 해외 현지의 채용관행과 임금수준, 해외 현지 사업파트너의 의견 등을 종합적으로 고려해야 한다.

외국계 기업은 해외 현지에서의 인지도가 낮은 경우가 많아 채용 시 우수한 지원자를 모집하는데 어려움을 경험할 수 있다. 따라서 평소에 고용브랜드를 알리는 홍보활동에 투자해야 하며, 우수한 지원자를 확보할 수 있는 모집수단을 찾아야 한다. 모집수단으로는 인터넷 홈페이지, 모집대행기관, 신문 및 잡지 광고, 직원추천 등이 있으며 가장 효과적인 수단

표 13-10 파견인과 현지인 활용의 장단점

직원	장점	단점
본사 파견인 활용	• 본사의 경영관리 방식을 지사에 이식하는 데 유리하다. • 본사 직원의 글로벌 역량을 높일 수 있다. • 본사와의 소통이 원활해진다.	• 주거, 자녀교육 등 많은 체제비용이 발생한다. • 이질적 문화에 적응해야 하는 어려움이 발생한다. • 언어문제로 현지 직원과의 소통이 원활하지 않을 수 있다. • 현지 직원과 다른 처우를 받기 때문에 처우에 있어 갈등이 발생할 수 있다.
해외 현지인 활용	• 파견인의 체제비용 같은 추가비용을 절감할 수 있다. • 지역 고객과의 네트워크가 넓다. • 현지 사정을 잘 알고 있어 불합리한 의사결정을 피할 수 있다. • 외국회사로서의 이질감을 줄이고 현지 커뮤니티와 좋은 관계를 유지할 수 있다.	• 본사와의 소통이 원활하지 못하고 본사의 경영관리 방식을 효과적으로 집행하지 못할 수 있다. • 글로벌 관점이 부족하여 의사결정이 현지 중심으로만 이루어질 수 있다.

이 무엇인지를 파악해야 한다. 채용활동의 효과성은 일반적으로 모집경쟁률, 지원자 중 우수 역량자의 비율, 채용 후 이직률, 채용 후 성과수준 등으로 평가할 수 있다.

(2) 임금관리

본사 파견인의 임금은 본사의 임금수준을 따를 것인지, 해외 현지의 임금수준을 따를 것인지에 대한 것은 정책적으로 결정되어야 할 이슈이다.

우선 해외 파견 지역의 평균 임금수준이 본사 임금수준보다 높을 경우 본사 파견인의 임금을 본사의 임금수준으로 지급하면 문제가 발생할 수 있다. 해외 지역의 임금수준이 높다는 것은 생활물가 역시 높다는 것을 의미하기 때문에, 본사의 낮은 임금수준을 그대로 해외 파견인에게 적용하면 생활수준의 저하를 가져올 수 있다. 또한 현지인에 비해 파견인의 임금수준이 낮게 되어 파견인이 상대적 박탈감을 느낄 가능성도 있다. 이러한 경우에 해외 파견인의 임금수준을 해외 현지에 맞추어 본사 수준보다 높여주어야 할지 모른다.

그림 13-3 임금정책선

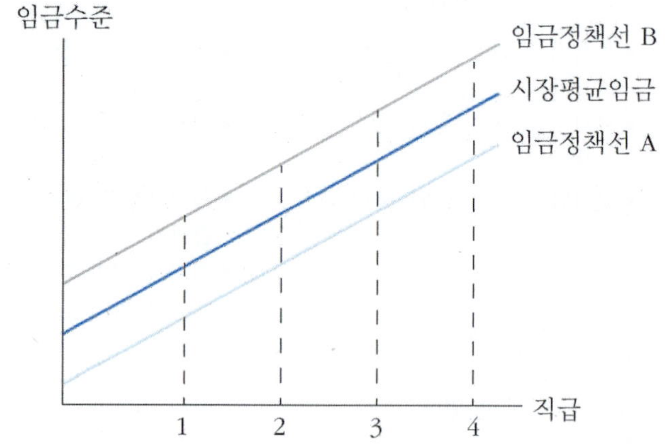

반대로 평균임금이 본사보다 낮은 해외 지역으로 직원을 파견할 경우 파견인의 임금을 현지 임금수준에 맞추어 감액하면 파견인의 입장에서는 임금삭감을 감수해야 하는 어려움이 발생한다. 해외 지사로 나갈 때 자신의 임금이 현지 수준으로 감액된다면 파견인의 입장에서 굳이 해외 근무를 할 의욕이 줄어들 것이다.

끝으로 평균임금 수준이 본사와 해외 지역 간에 큰 차이가 없다면 파견인의 임금을 결정하는데 큰 어려움이 없을 것이다. 본사와 해외 지사의 간의 임금수준이 유사할 경우 파견인과 현지인 간의 임금에 차이를 두지 않고 하나의 임금수준으로 통합할 수 있을 것이다.

결과적으로 파견인의 임금수준은 현지의 임금수준과 본사의 임금 수준 사이에서 결정되어야 하며, 이는 파견지역에 따라 결정되어야 할 것이다. 또한 회사는 파견인의 임금수준을 고려할 때 해외 현지의 세금(tax), 법정 복리후생비용, 물가수준, 가족부양 및 자녀교육비 등을 종합적으로 고려해야 할 것이다.

해외 현지인(local national)의 임금수준은 현지에서 우수한 인력을 채용할 수 있을 정도의 수준이 되어야 한다. 임금수준은 임금정책선(wage policy line)을 기준으로 결정되어야 한다. 임금정책선이란 경쟁기업의 평균임금수준과 비교하여 해외 지사의 임금수준을 어느 정도로 할 것인지를 결정하는 기준이다.

[그림 13-3]과 같이 직급의 상승에 따른 임금정책선이 해외 현지의 시장평균임금보다 높은 B와 같이 설정되면 인력 채용에 경쟁력이 생길 것이다. 반면에 해외 지사의 인건비를

표 13-11 인적자원관리 유형에 따른 임금정책의 차이

인적자원관리의 유형	임금관리 정책
본사중심 (ethonocentric type)	해외 현지의 사정을 정확히 고려하지 않고 본사의 임금관리 제도 및 정책을 그대로 해외 지사에 적용한다. 임금관리 정책에 대해 현지 직원들과 갈등이 발생할 수 있다.
현지중심 (polycentric type)	해외 지사는 임금관리에 대한 대부분의 권한을 가지고 해외 지사마다 현지 사정에 따라 독립적으로 임금제도와 관리지침을 설정한다.
지역중심 (region-centric type)	국가 단위 이상의 지역별로 임금관리 정책을 정하고, 지역 내에서는 표준화된 임금정책을 유지한다. 임금수준, 임금체계와 임금항목 등은 지역 내 지사들 간에 유사하거나 표준화되어 있다.
세계중심 (geocentric type)	국가나 지역 구분 없이 글로벌 수준에서 표준화된 임금관리 정책이 설정된다. 해외 어느 지사를 가든 임금수준, 임금체계, 임금항목 등이 거의 유사하다.

통제하기 위해 회사가 임금정책선을 A와 같이 시장평균임금보다 낮게 설정하면 우수한 현지 인력을 쉽게 채용할 수 없게 될 것이다.

임금체계(직급 간 임금격차)와 임금항목, 그리고 기타 임금관리정책에 대한 의사결정도 필요하다. 이를테면 임금체계를 직무급으로 할지, 직능급으로 할지, 아니면 연공급으로 할지, 아니면 글로벌 표준으로 하나의 임금체계를 모든 해외 지사에 동일하게 적용할 지도 결정하여야 있다. 또한 임금항목 중 성과급의 비중을 어느 정도로 설정할지 등은 해외 지사의 의사결정에 맡길 수도 있으며, 본사에서 글로벌 표준으로 하나의 기준을 제시할 수도 있을 것이다. <표 13-11>은 인적자원관리 유형에 따라 해외 지사의 임금정책이 어떻게 형성되는 지를 보여주고 있다.

금전적 임금 외에 복리후생 역시 글로벌 관점에서 해외 지사별 차이를 고려해야 할 것이다. 복리후생의 차이는 법정 복리후생과 법정외 복리후생으로 구분된다. 법정 복리후생은 건강보험, 고용보험, 산업재해보상보험 등의 사회보험과 휴가와 같은 복리후생들이다. 법정 외 복리후생은 법으로 요구되지는 않지만 기업이 자발적으로 제공하는 것으로 다양한 형태가 존재한다. 따라서 해외 지사마다 현지의 법규에 따라 법정 복리후생을 지급해야 하며, 그 밖에 우수한 인력을 유치하는 데 도움이 될 수 있는 법정 외 복리후생을 제공해야 한다.

따라서 회사는 임금수준, 임금체계, 임금항목에 대한 글로벌 임금관리 정책을 결정할

때 해외 현지의 특수성을 얼마나 반영할 지 고민해야 한다.

(3) 평가 · 성과관리

평가와 성과관리에 있어 회사는 본사의 평가·성과관리 체계를 그대로 해외 지사에 적용할 것인가에 대한 논의가 필요하다. 즉, 본사의 평가 및 성과관리제도를 해외 지사에 그대로 이식할 것인지 혹은 현지 사정에 맞추어 독립적인 설계를 허용할 것인지에 대해 의사결정이 필요하다.

의사결정을 함에 있어 먼저 평가제도의 유형, 평가주기, 평가결과와 임금인상 간의 연계성 정도를 고려하여 본사와 해외 지사 간에 평가제도를 일치시킬 것인지 아니면 일부 차이를 허용할 것인지를 결정하게 된다. 인사평가 및 성과관리제도의 일반적 유형은 <표 13-12>와 같다.

표 13-12 인사평가 및 성과관리의 유형

- 상대평가와 절대평가
- 상사평가와 다면평가
- 업적평가와 역량평가의 비중
- 평가주기
- 평가결과와 임금인상의 연계성 정도
- 평가정보의 피드백과 코칭의 운영방식

이를테면 본사는 상대평가에 의해 평가한다면 이를 해외 지사에 그대로 적용할지 아니면 지사는 절대평가에 의해 평가할지를 결정해야 한다. 또한 상사 위주의 평가를 할 것인지 아니면 다면평가를 한 후 평가결과를 상사가 조정할 것인지도 결정해야 한다. 앞서 설명한 대로 인적자원관리의 유형이 본사중심에서 세계중심으로 갈수록 평가관리 및 성과관리는 본사와 해외 지사 간에 표준화되고 통일되는 경향이 나타난다.

(4) 개발관리

개발관리는 교육훈련 및 경력개발에 대한 정책과 지침을 포함하고 있다. 조직의 글로벌

화가 진행될수록 이질적 문화에 대한 수용성을 높이는 교육훈련이 강조되며, 지역 간 이동을 하게 될 직원의 현지 적응을 돕기 위한 교육훈련 체계가 갖추어져야 한다.

특히 글로벌 관점에서 업무를 수행할 수 있도록 글로벌 전략수립 및 실행에 대한 역량이 강조되어야 한다. 교육훈련과 경력개발의 관점에서 회사는 해외 지사의 현지인을 본사로 순환하여 본사의 전략과 경영시스템을 체득하게 하고, 반대로 본사에서 해외 지사로 인력을 파견시켜 본사와 지사 간의 전략적 조정(alignment)을 높여나가야 한다.

경력개발에 있어서는 현지인의 경력개발이 중요한 의사결정 사항이다. 현지인으로 하여금 본사 파견인의 관리직을 승계하도록 허용하면 파견인의 숫자를 줄이면서 지사 경영을 현지인에게 맡길 수 있기 때문이다. 본사의 입장에서는 주재원의 높은 체류비용을 절감할 수 있고, 현지인에게는 동기부여를 할 수 있는 장점이 있다.

현지인을 본사 파견 관리자의 후계자(successor)로 양성하기 위해서는 현지인의 경력경로를 미리 계획하고 관리자로 성장하도록 경력개발을 지원해야 한다. 또한 평가관리를 통해 우수한 현지인을 발탁하고 교육훈련 프로그램을 통해 관리자로서의 역량을 개발하도록 지원해야 한다.

또한 본사는 현지인의 내부승진정책과 외부채용정책을 적절히 혼용하여 조정해야 한다. 글로벌 기업은 현지인의 내부 승진을 어느 정도 촉진함으로써 현지인에게 자기 개발 의욕을 높여줄 수 있다. 반면에 조직내부에 없는 능력과 기술에 대해서는 현지에서 외부채용을 하

표 13-13 내부승진정책과 외부채용정책의 비교

특징	내부승진정책	외부채용정책
장점	업무의 일관성과 연속성을 유지할 수 있다.	내부에 없는 능력과 기술을 가진 인재를 외부에서 확보할 수 있다.
충원에 걸리는 시간	내부 승진을 통해 공석을 바로 메울 수 있다.	외부에서 인재를 찾는 데 상대적으로 긴 시간이 걸릴 수 있다.
개발에 대한 의욕	내부 승진을 위해 필요한 능력과 자질을 직원들이 미리 준비하도록 하여 자기개발에 대한 의욕을 높일 수 있다.	외부에서 채용되는 인력이 많아지면 내부 인력의 자기개발 의욕이 저하될 수 있다.
글로벌 역량의 확보	내부에서 승진이 일어나면 글로벌로의 이동이 줄어들어 조직의 글로벌 역량이 제약될 수 있다.	글로벌 역량이 뛰어난 인력을 외부에서 채용하면 조직의 글로벌 역량을 강화할 수 있다.

는 보완책을 활용하게 된다. 어느 경우에도 현지인의 자기개발 의욕을 낮추어서는 안 되는데 만약 현지인이 장기적으로 승진 및 경력개발의 계획을 세울 수 없다면 외부로 이직할 가능성이 높아질 것이다. <표 13-13>은 내부승진정책과 외부채용정책을 비교하고 있다.

(5) 유지 및 이직관리

유지관리를 효과적으로 수행하지 못할 경우 해외 지사는 높은 이직률과 낮은 생산성의 문제를 안게 된다. 이직으로 인해 발생하는 업무 공백과 신규 인력을 채용하는데 들어가는 비용을 생각하면 유지관리의 실패는 인건비를 상당부분 높이게 된다. 해외 지사의 이직률은 업종에 따라. 지역의 경기변동에 따라 달라지겠으나 지나치게 높은 이직률을 보이게 되면 직원의 유지관리 차원에서 필요한 조치를 취해야 한다.

유지관리를 위해서는 입사단계부터 오리엔테이션과 온보딩 프로그램을 시행하고, 업무환경에 대한 불만을 정기적으로 조사하여 생산적인 일터 만들기를 추진해야 한다. 업무환경에 대한 직원 의견조사를 각 지사별로 실시하여 분석하거나 관리자의 리더십에 대한 다면평가를 통해 현장 관리자의 리더십을 평가할 수 있어야 한다. 이를테면 관리자와 업무환경에 대한 직장 몰입도(job engagement) 설문은 글로벌 표준양식을 활용하면 전세계 지사의 수준을 비교 분석하는 것이 가능하다. <박스사례 13-3>에서 설명한 것과 같이 직장 몰입도 수준이 높은 지사는 그렇지 않는 지사에 비해 성과가 높은 경향이 있으며, 직원이 업무환경을 긍정적으로 보는 경향이 있다.

박스사례 13-3 **갤럽(Gallup)의 직장 몰입도 설문조사[10)]**

갤럽은 전세계 근로자 2억 7천만 명과 10만 개 팀을 대상으로 직장 몰입도 설문을 하고 있다. 설문은 총 12개로 표준화되어 있기 때문에, 결과를 경쟁기업이나 지역 내 다른 기업, 혹은 전세계 동종 업계의 수준과 비교하는 것이 가능하다. 직장 몰입도 설문을 하면 현재 직장의 업무환경이 얼마나 생산적인지를 파악하는 데 도움이 될 수 있다. 다음은 갤럽의 Q12 설문항목을 나타내고 있다.

1. 나는 업무를 통해 무엇을 달성해야 할지 명확히 알고 있다.
2. 나는 업무수행에 필요한 정보와 자원을 충분히 지원받고 있다.

3. 나는 매일 일에서 최선을 다할 수 있는 업무환경을 경험하고 있다.
4. 나는 최근 일주일 동안 일을 잘 했다는 인정과 칭찬을 받은 적이 있다.
5. 나의 상사와 동료는 일 이외에 나에게 인간적인 관심을 가지고 있다.
6. 나는 현재의 직장 내에 나의 성장을 격려해주는 사람이 있다.
7. 직장에서 나의 의견은 존중받고 있다.
8. 회사의 사명과 목적에 비추어 나의 일은 매우 중요한 것 같다.
9. 나의 직장 동료들은 일을 최대한 충실하게 하려고 노력하고 있다.
10. 나는 직장 내에 좋은 친구가 있다.
11. 나는 최근 6개월 동안 나의 성과를 긍정적으로 이야기해주는 사람이 있었다.
12. 최근 일 년 동안 나는 직장에서 성장하고 학습할 기회가 있었다.

우수한 현지인의 이직을 방지하기 위해서는 장기적인 경력개발이 가능하도록 내부 승진 및 이동계획을 세울 수 있도록 지원해주어야 한다.

6 문화와 글로벌 인적자원관리

(1) 문화의 개념과 중요성

해외 조직의 인적자원관리는 본국의 제도와 운영방식을 그대로 이식할 경우 기대에 미치지 못하는 결과를 초래할 수 있다. 그 이유 중 하나는 해당 지역의 국가문화와 기업의 조직문화가 본국의 환경과 다르기 때문이다. 문화는 경영관리의 방식과 관습에 보이지 않게 영향을 미친다. 브리스코(Briscoe)는 문화가 경영방식에 미치는 영향을 <표 13-14>와 같이 제시하고 있다.[11] 이를테면 미국의 문화는 기업 내 소통 시 한국보다 은유적인 표현이나 둘러말하기 식의 간접적 소통을 활용하는 빈도가 낮다. 이는 미국의 조직문화가 의견 간의 갈등이 발생하더라도 이를 건설적 갈등으로 간주하려는 경향이 강하기 때문이다. 서구 사회는 전통적으로 상호 협약을 통한 계약관계를 강조하고 있어 소통방식이 보다 직설적인(assertive) 특징을 가진다. 따라서 문화를 이해하는 것이 다국적 조직을 운영하는 기업에 있

표 13-14 문화가 영향을 주는 경영방식과 관행들

- 경영계획의 방식과 도구들
- 경영계획의 시간범위(time horizon, 장기, 중기, 단기계획의 강조정도)
- 성과기준과 성과통제의 방식(양적 혹은 질적 성과 기준의 비율)
- 감독의 폭(한 사람의 관리자가 감독하는 부하직원의 숫자)
- 전문화의 정도 (직무전문성을 강조하는 정도)
- 위원회조직(committee)의 활용정도
- 참여적 경영과 권위적 경영의 정도
- 소통방식
- 신규직원의 채용관행
- 동기부여의 방법
- 직원복리후생의 유형과 정도
- 조직 내 협력과 갈등의 정도
- 조직 내 정보 공유와 정보 왜곡 정도
- 변화에 대한 저항 정도
- 변화에 대응하는 조직의 유연성 정도

어 필수적인 역량이 될 것이다.

문화는 단일한 개념이 아니고 다층의 수준을 가진 하부구조를 가지고 있다. <표 13-15>에서와 같이 문화의 유형에는 가장 높은 수준에 국가문화가 있고 그 아래로 지역문화, 조직문화, 직업문화 등 다양한 층이 있다. 따라서 문화 간에도 서로 보이지 않는 영향을 미치게 된다.

표 13-15 문화유형의 개념들

문화유형	개념
국가문화(national culture)	한 국가 내에서 공유된 문화
지역문화(local culture)	지역마다의 공유된 문화
조직문화(corporate culture)	조직 단위에서 구성원이 공유하고 있는 문화
직업문화(professional culture)	특정 직업이나 전문가들 사이에 공유된 문화

문화(culture)란 구성원 간에 공유된 가치, 믿음, 태도, 그리고 규범들을 말한다. 이러한 것들은 구성원들의 사고와 소통방식, 그리고 업무방식에 영향을 미치게 된다. 한 가지 문화

를 공유한 사람들은 행동이나 사고방식이 서로 유사해지기 때문에, 문화를 공유한 사람들은 문제에 대한 해결방식 역시 서로 유사해지는 경향이 있다.[12] 문화라는 개념은 서로 공유된(shared), 상호 학습된(learned), 서로가 전파한(transmitted) 공통의 사고와 행동방식을 만들어 낸다. 따라서 문화를 이해하지 못하면 상대방의 사고방식이나 행동을 추측할 수 없게 되고 경영관리를 효과적으로 수행할 수 없게 된다.

(2) 조직문화(corporate culture)의 유형구분

문화의 유형분류는 국가단위에서 조직단위까지 다양한데 국가단위의 문화분류에 대한 연구는 홉스테드(Hofstede)가 1980년에 발표한 것이 대표적이다. 홉스테드는 1970년대 50개 국가에 위치한 IBM 직원들을 대상으로 설문조사를 하였는데 그 결과로 5개의 문화유형을 국가별로 분류한 바 있다.

그러나 본 장에서는 이보다 최근인 1990년에 발표된 트롬피나르스(Trompenaars)의 문화분류를 인용하고자 한다.[13] 트롬피나르스의 문화분류는 쉘(Shell) 정유회사의 도움을 받아 50개국의 관리자 5만 5천명을 대상으로 10여 년간 연구한 결과이다. 트롬피나르스의 조직문

그림 13-4 트롬피나르스의 조직문화 분류

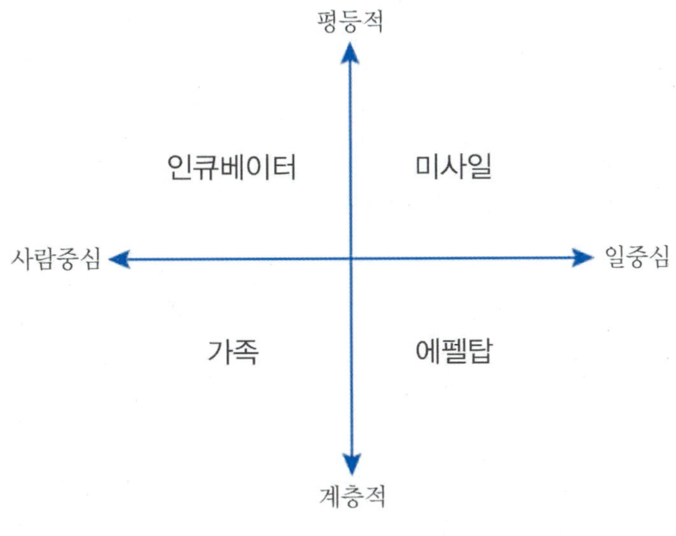

화(corporate culture) 분류는 국가수준이 아닌 조직수준에 초점을 맞추었다는 점에서 홉스테드의 국가수준 문화분류보다 기업 수준에서 활용이 용이하다.

트롬피나르스는 <그림 13-4>와 같이 조직문화를 4가지 유형으로 구분하고 있다. 각 유형은 계층적인가 평등적인가, 그리고 일중심인가 사람중심인가로 구분되어 있다. 이를테면 미사일유형의 조직문화는 사람보다 일중심이고, 계층적이기보다 평등적인 특징을 가진다. 즉, 인간관계보다는 일의 성과를 중요시하며, 계층적이고 권위적인 감독보다는 직원과 감독 간에 평등한 관계를 중시한다.

트롬피나르스의 각 문화유형의 특징을 요약하면 <표 13-16>과 같다. 표에서 대표적인 국가들은 각 유형의 조직문화가 흔히 발견되는 국가를 말한다.

또한 각 조직문화를 가진 조직 내에서도 부서별로 다른 문화적 특징을 가질 수 있다. 이를테면 조직 전체는 에펠탑 문화를 가지고 있지만 신사업발굴을 담당하는 신사업부서는 인큐베이터 문화를 가질 수 있다. 조직문화는 전체적으로 일관성을 가지고 있으나 다양한 하부단위로 내려가면 독특한 나름의 문화를 가질 가능성이 있다. 따라서 한 조직 내 구성원

표 13-16 트로피나르스의 조직문화 유형

조직문화 유형	특징	대표적인 국가
가족	• 개인적이고 대면적 소통을 강조 • 가족과 자녀 간 관계와 같은 계층적 구조에 근거한 권력 • 일보다 관계적 친밀도가 중시됨	일본, 프랑스, 스페인
에펠탑	• 관료적 조직구조 선호 • 분업에 따른 역할분담 강조 • 업무에 대한 전문성 중시 • 직책과 조직구조 내 지위를 중시	독일, 덴마크, 네덜란드
미사일	• 평등적인 감독 직원관계 • 일 중심적 • 업무성과를 최우선으로 고려	영국, 캐나다, 미국
인큐베이터	• 규칙과 절차를 최소화 • 창의적인 사고를 중시 • 평등적인 관계를 강조 • 혁신지향적	스웨덴, 실리콘밸리

의 행동을 모두 동일하게 해석해서는 안 된다.

(3) 문화에 대한 올바른 접근법

이질적 문화를 이해하는 것은 해외 주재원의 역량 중 중요한 부분을 차지한다. 문화를 이해하려고 할 때 조심해야할 것은 '나의 방식이 최선이고 다른 문화권의 사람들이 제시한 방식은 고려할 필요가 없다'는 태도이다. 아들러(Adler)는 이를 문화의 자기민족 중심주의(ethnocentrism)라고 하였다. 이는 문화를 이해하는 올바른 태도가 아니다.

또한 '문화와 관계없이 오직 한 가지 최선의 방법(one best way)이 존재한다'는 편협주의(parochialism) 역시 잘못된 태도이다. 자신과 다른 문화권의 사람들에 대해 고정관념(stereotype)을 가지는 것은 각 문화권의 다양성과 독특성을 무시하는 행동이 될 수 있다. 따라서 나와 다른 문화권의 사람들을 이해하고자 할 때 취해야 할 3가지 태도는 다음 <표 13-17>과 같다.

글로벌 인적자원관리는 무엇보다 문화적 이해를 바탕으로 구성원들에게 글로벌 마인드를 심어주어야 한다. <표 13-18>에 나와 있는 글로벌 마인드셋(global mindset)에 대한 라인스미스(Rinesmith)의 연구를 살펴보면,[14] 글로벌 마인드셋은 국가 간, 지사 간에 존재하는 문화적 차이를 고려할 수 있는 역량과 깊은 관련성을 가진다.

표 13-17 이질적 문화를 이해하는 태도

3R	태도
Recognize(인정)	차이를 인정한다. 고정관념적인 선입관을 경계하고 생각과 말, 태도에 있어 나타나는 차이를 인지한다.
Respect(존중)	상대방을 존중한다. 자신과 다른 점을 잘못된 점이라 생각하기보다 상대방의 독특한 방식이라 생각한다. 섣부른 판단을 하지 않는다.
Reconcile(조화)	조화를 모색한다. 서로의 차이를 건설적으로 관리하고 문제를 해결하기 위해 협력방안을 찾는다.

표 13-18 글로벌 마인드셋의 특징

- 본사 중심보다 글로벌 사업 중심의 넓은 관점을 유지한다.
- 글로벌 표준화(standardization)와 지역별 특성화(localization) 간에서 유연한 접근을 할 수 있다.
- 조직 계층의 권한에만 의존하지 않고 올바른 절차를 마련해서 갈등을 서로 풀어나가는 태도를 가진다.
- 다문화 팀(multi-cultural teamwork)을 통해 일하는 것을 가치 있게 생각한다.
- 새로운 것과 변화에 대해 개방적인 태도를 가진다.

토론

토론과제

본 장에서 다룬 내용을 기반으로 다음 이슈에 대해 토론해보자.

1. 국내 기업의 해외 파견인 관리실태를 조사해보고, 파견인 관리의 문제점과 해결방안에 대해 토론해보자.
2. 해외 국가 중 한 국가를 선택하여 해당 국가의 문화적 특성을 조사하고 해당 지역에 진출한 국내기업이 현지 문화를 어떻게 인적자원관리에 고려해야 할지 토론해보자.
3. 아시아권 국가에 지사를 둔 국내 기업을 하나 선정하여 해당 지역에서 채용과 보상, 평가관리를 어떻게 하고 있는지 조사하고 관련된 문제점과 해결방안에 대해 토론해보자.

토론사례 국내기업의 외국인 인재영입

한국 기업은 1990년대 김영삼 정부 시절부터 본격적으로 세계화를 외쳤다. 비슷한 시기에 대기업 그룹사는 해외 MBA, 해외 공대 석·박사 졸업자, 특정 분야 외국인 전문가들을 대거 선발하기 시작했다.[15] 글로벌 수출입 총액을 명목 국내총생산액으로 나눈 무역의존도는 2011년 100%를 기록한 이후 80% 이상에 머물러있다. 매출의 89~90% 정도가 해외에서 발생하는 대기업도 있고, 외국기업을 인수하는 사례도 늘어나고 있다. 2017년 11월말 기준으로 국내 10대 그룹 소속 계열사 665개 중 산업통상자원부에 의해 외국인 투자기업으로 등록된 회사는 91개(12.7%)에 달한다. 이런 상황에서 국내기업은 점차 글로벌 인재를 더 많이 영입하고 고용하는 방향으로 나아가고 있다.

그러나 한국은 INSEAD가 발표한 글로벌 보고서에 의하면 인재경쟁력이 세계 119개국 중 30위에 불과하다. 특히 충격적인 것은 인재확보 경쟁력에서 한국은 81위에 속한다는 점이다. 한국은 외국인 우수인재를 유치해서 활용하는 역량이 크게 미약해 향후 글로벌 경영을 위해 각별한 노력이 필요한 상태이다.

토론문제

1) 한국기업들의 인재유치 경쟁력은 세계에서 81위에 불과하다. 이는 외국인 우수인재가 한국의 글로벌 기업에 잘 오지 않으려 한다는 점을 시사한다. 글로벌 한국기업이 외국인 우수인재를 유치하기 어려운 이유는 무엇인가?
2) 한국기업들이 향후 외국인 우수인재를 유치해 글로벌 경영을 확대하기 위해서는 어떤 노력을 기울여야 할 것인가?

CHAPTER 01

1) '잉게 툴린 3M 회장 겸 최고경영자', 한국경제, 2018.4.12.
2) Sharp, Rachel, 'How to build a people analytics team', HR Magazine, 12.24.2019.
3) '한국의 장시간 근로자 비중, 과로국가 일본의 1.5배', 국민일보, 2018.7.15.
4) 'OECD 노동생산성 향상이 한국 정부의 가장 중요한 과제', 동아일보, 2019.5.22.
5) Budd, John, Employment with a Human Face, 2004.
6) unglobalcompact.kr 홈페이지 참고.
7) '4무 경영으로 세계 1위 오른 마이다스아이티', 한국경제, 2016.9.7.
8) '일상생활 속의 AI노믹스' 매일경제, 2020.1.31.
9) '상대평가 결과는 대부분 승복 안해 피드백과 코칭으로 팀워크 키워라', 동아비즈니스리뷰, 262호, 2018년 12월.
10) '대기업 61% 여전히 연공서열, 30년 근로자 임금 신입사원의 4배', 한국경제, 2020.2.3.
11) '기업 10곳 중 7곳, 조기 퇴사한 신입사원 있다', 인사이트, 2018.7.18.
12) '풀무원그룹, 글로벌 HR시스템 구축으로 업무효율 극대화', HR Insight, 2019년 3월호.

CHAPTER 02

1) 'HR의 새로운 패러다임: 일에서의 자유', HR Insight, 2019.9.5. 강성춘 교수의 칼럼을 인용함.

2) F.W. Taylor, 박진우 역, 과학적 관리의 원칙, 박영사, 2006.

3) Chan, Smriti, '4 phases of Hawthorne experiment', https://www.yourarticlelibrary.com/management/4-phases-of-hawthorne-experiments-discussed-business-management/27888

4) Kuhn, T. S. (1970). The Structure of Scientific Revolutions. University of Chicago Press.

5) '일한 만큼 받을게요, 실용주의 밀레니얼 세대가 연공서열 깬다', 조선일보, 2020.12.6.

6) 'AI가 메일, 보고서, 면접 뚝딱. 대리님 다른 일 하세요', 조선일보, 2018.12.5.

CHAPTER 03

1) '마이크로소프트가 시행한 주 4일 근무제, 결과는 어땠을까?', 네이버 포스트 피플앤잡, 2019. 11.27.

2) 정종태, 「인사관리」 제2판, 2017. p.38에서는 직위를 '특정 시점에서 특정 조직의 한 개인이 수행하는 하나 혹은 그 이상의 의무'라고 정의하고 있다. 이러한 정의는 본 교과서의 정의와 일치하는 개념이다.

3) '인사관리 김복수의 블로그'에 실린 예이다. 본 내용은 블로그 글 중 '직무와 직위는 동일한 개념인가? 다른 개념인가'라는 글에 기반하였다.

4) 전영민, '인사적체해소를 위한 직급제도 개편: 롯데사례를 중심으로', 인적자원관리 운영의 실제, 「임금연구」, 23권3호, 2015.

5) 블로그, 김인수 기자의 사람이니까 경영이다. '마르크스와 애덤 스미스의 공통점: 노동의 소외와 인간 정신의 파탄'에서 인용.

6) 조지 리처, 「맥도날드 그리고 맥도날드화」, 개정판 8판, 2017.

7) F.W.Taylor, 박진우 옮김, 「과학적 관리의 원칙」, 박영사, 2006.

8) HBR블레틴, 수평적인 조직구조, 자율과 신뢰의 문화 수퍼셀.

9) 간호사 이직률 높이는 교대근무의 대안은? e-의료정보, 2019.12.11.

10) 'SKC 지정좌석제 대신 원하는 자리에 앉아 일해요' 파이낸셜뉴스, 2019.3.11.

11) Heckman, J. R. & Oldham, G. R., Work Design, Mass: Addison Wesley, 1980.

12) 상계서. 정종태, p.59에서 재인용

13) 오계택, 유규창, 이혜정, 주민경, 윤미소, 「업종별 직무평가 도구개발: 공공서비스 및 사회복지서비스 산업」, 한국노동연구원, 2017.

14) SHRM Learning System, No.4. 2012. p.61에서 인용.

15) '현대모비스, AI 도입 등 업무환경 변화로 스마트워크 추진', 뉴데일리경제, 2019.5.29.

CHAPTER 04

1) '롯데, 스펙에 태클거는 스펙태클 채용 실시', 조선일보, 2015.5.11.
2) '인건비 올랐는데 가격은 올리지 말라고, 우리만 망하란건가', 조선일보, 2018.1.8.
3) 박경규, 신인사관리, 7판, 홍문사, 2019. p.201.
4) 남선혜, '경기 흐름을 읽는 경기종합지수', KDI 경제정보센터, 2013.9.
5) 정리해고의 노동법상 용어는 '경제적 사유에 의한 해고'이다.
6) '사내 직무이동제도 눈길', BLOTER, http://www.bloter.net/archives/8280
7) '기업들 사내추천 직원채용 선호', 한겨레, 2008.9.24.
8) DHL Korea의 적합인재 선발을 위한 채용전략, 경총, 2015.11.20.
9) LG Display 홈페이지, 인터뷰 팁, http://blog.lgdisplay.com/2015/09/interview-tip/
10) 공공기관 블라인드 채용 가이드라인, 고용노동부, 2017.7.
11) '블라인드 채용 확산되지만 취준생 절반 여전히 스펙쌓기 노력', 동아닷컴 비즈N, 2018.3.5.
12) 'CJ인적성검사 심층분석' 조선일보 미생탈출 A to Z, 2015.10.28.
13) Wiesner & Cronshaw, 1988.
14) '스펙보다 역량, 면접으로만 뽑는 바이킹챌린지', 조선일보 미생탈출, 2015.9.30.
15) '평범한 채용은 이제 그만, 2018년 SK바이킹 챌린지 오디션 현장을 다녀와서', blog.skcc.com
16) 임무송, 이수영, 최선애, 양성필, 권호안, 「노동법 실무」, 중앙경제, 2017. p.104.
17) SHRM Learning System No.2, SHRM, 2012.
18) '채용형 금턴 vs 체험형 동턴, 코로나 세대 인턴도 차이나', 한국경제, 2020.6.18.

CHAPTER 05

1) E.A. Locke and Latham,A. Theory of Goal Setting and Task Performance; M. E. Tubbs, 'Goal Setting: A Meta−Analytic Examination of the Empirical Evidence', Journal of Applied Psychology 71(1986): 474−83.

2) P.C. Earley, 'Supervisors and Shop Stewards as Sources of Contextual Information in Goal Setting: A Comparison of the U.S. with England', Journal of Applied Psychology 71 (1986):111−17.

3) George, J., Jones, G. 양동훈, 조직행동론, p.189.

4) Ryan, R. M. &Deci, E. L. (2000). 'Self−determination theory and the facilitation of in−trinsic motivation, social development, and well−being'. *American Psychologist*, 55, 68−78.

5) Deci, E. L. (1971). 'Effects of externally mediated rewards on intrinsic motivation'. *Journal of Personality and Social Psychology*. 18: 105-115.

6) Amabile, T. M.; DeJong, W.; Lepper, M. (1976). 'Effects of externally imposed deadlines on intrinsic motivation', *Journal of Personality and Social Psychology*. 34: 92-98.

7) 송계전 (2013) 진짜 성과관리 PQ, 좋은땅.

8) 고용노동부 (2016), 공정인사 평가모델 가이드북, 2016.11.30. p.251에서 인용.

9) 류랑도 (2013), 나는 성과로 말한다. 흐름출판, p. 99에서 인용.

10) 고용노동부 (2016), 공정인사 평가모델 가이드북, 2016.11.30. p.220에서 인용.

11) 앞의 책, p.221에서 인용.

12) 앞의 책, p.222에서 인용.

13) 안희탁, 연봉제 시대의 인사고과자 훈련메뉴얼.

14) Alexander, Graham (2010), 'Behavioral coaching - the GROW model' in Passmore, Jonathan, Excellence in coaching: the Industry Guide (2nd. ed), London; Philadelphia: Korgan Page, pp.83−93.

15) 정종태 (2017), 인사관리 기본과 실제, 2판, 255.

16) '기업의 89.9% 핵심인재 요주의 직원 따로 관리한다', 직장인뉴스, 잡코리아, 2018.6.29.

17) '회사마다 핵심인재의 기준이 다르다', 한국경제신문, 2018.11.22.

18) 이주인 (2002), '핵심인재 육성을 위한 실무 가이드', LG주간경제, 2002.4.3.: 36−43.

19) 김현기 (2003), '핵심인재의 허와 실', LG주간경제, 2003.4.2.: 24−28.

CHAPTER 06

1) '인사평가 중에 팀장 왈 넌 행운이야.. 울컥했다', 오마이뉴스, 2018.7.29. 기사를 일부 편집함.
2) Mathis, R. & Jackson, J., 2014. Human Resource Management, 13th ed. 이종건, 김해룡, 이준우 역, 인적자원관리, 한경사.
3) 'MS, 더 이상 등급 없다. 인사 상대평가제 폐지', 한겨레, 2013.11.13.
4) 앞의 책. p.398.
5) 앞의 책, p.397.
6) 한태영, 2013. 인사평가와 성과관리, 시그마프레스. p.82에서 인용.
7) 앞의 책, p.85에서 재인용. Flanagan. 1949. 'a new approach to evaluating personnel', Personnel, 26, 35-42.
8) 앞의 책, p.87.
9) 앞의 책, 한태영, p.104. (표3-9)를 저자가 수정하고 편집한 후에 인용함.
10) 앞의 책, 한태영, p.142-145의 내용을 수정 편집함.
11) 박형철(2009), '나를 위한 평가라는 믿음 직원을 뛰게 만든다', DBR, 46호 12월호. 기사 내용을 일부 편집함.
12) '대한민국 직장인 75% 회사 인사평가 불신한다' 아시아경제, 2017.7.6. 기사 내용은 일부 편집됨.

CHAPTER 07

1) 도입사례는 ‘한국 차업계 급여 도요타 폴크스바겐보다 높아’, 중앙Sunday, 2018.3.4.에서 편집됨.
2) 김수복(2018), 채용에서 퇴직까지 법률지식(26판), ㈜중앙경제, p.163.
3) ‘여성 경력단절을 막아라’, 미디어 참여와 혁신, 2017.1.5.에서 편집됨.
4) ‘한국 대중기 임금격차, 선진국보다 크다’, 한겨레신문, 2018.11.27.에서 수정 편집됨.
5) 양동훈(2015), ‘국내기업 상여금제도의 동향과 과제‘, 경영컨설팅연구, 15:3.
6) 윤성천, 김정한(1998), 단체협약분석 II, 한국노동연구원.
7) ‘3조원 걸린 기아차 통상임금 소송, 8월17일 1심 선고’, 조선일보, 2017.7.20.
8) 박준성(2004), 임금관리 이론과 실제, 명경사, p.59.
9) 앞의 책, p.60－61를 참고해서 표로 작성된 것이다.
10) 박스사례는 ‘통상임금, 임금피크제 갈등, 한화종합화학 전면파업’, 연합뉴스, 2015.10.15.에서 수정 편집됨.

CHAPTER 08

1) '신입-고참 임금격차 한국, 일본보다 크다', 한겨레신문, 2018.12.25.에서 수정 편집됨.
2) 박두석(2006), '외국계 기업의 직무급 운영사례', 월간 경영계, 7월호.
3) 정승국(2013), 「임금체계 변동과 노동조합」, 한국노동연구원, p.69.
4) 고과급과 실적급이라는 용어는 박준성(2004), 「임금관리-이론과 실제」, 명경사, p.41 이하의 내용을 참고.
5) 앞의 책, pp.45-46.
6) 정종태(2013), 「인사관리-기본과 실제」, 시그마프레스.
7) '삼성전자 기본급여 유지 누적연봉제 도입', 매일경제, 2010.3.17.
8) 고용노동부(2014), 「합리적 임금체계 개편 매뉴얼」, 고용노동부 노사정책협력과, 2014년 3월 발행본을 참고.
9) 정종태(2017), 「인사관리-기본과 실제」, 시그마프레스, p.184에서 수정함.
10) '연봉 4000만원 넘는 대기업도 최저임금 대상된다', 조선일보, 2017.7.21.에서 수정 편집됨.

CHAPTER 09

1) '네이버 vs 카카오 복리후생 대전', 미디어SR, 2018.5.3.
2) Cambridge Dictionary에서 fringe benefit의 정의로 제시된 것이다.
3) Merriam－Webster Dictionary에 나온 fringe benefit의 정의이다.
4) Noe, A. Hollenbeck, J., Gerhart, B., Wright, P., *Fundamentals of Human Resource Managment*, 정진철, 박지성, 이주희, 임효창, 한주희 역, 「인적자원관리」 7판, 2018, p.326.
5) '셀트리온, 좋은 일자리 만들어 모두가 행복하게', Economic Review, 2020.1.24.
6) 찾기쉬운 생활법령정보, 국민건강보험, easylaw.go.kr
7) 국민연금공단, 알기쉬운 국민연금, nps.or.kr.
8) 찾기쉬운 생활법령정보, 산업재해보상보험, easylaw.go.kr
9) 고용보험, ei.go.kr.
10) '코로나발 일자리 위기에 고용보험 확대 탄력, 추가재원 확보 관건', 동아일보, 2020.5.11.
11) 김수복, 「채용에서 퇴직까지 법률지식」(26판), ㈜중앙경제, p.369.
12) 앞의 책, p.590.
13) '경총, 한달 일해도 퇴직금 지급? 과중한 부담', 서울경제, 2020－8－23.
14) '정부, 퇴직금제도 폐지수순, 퇴직연금 단계별 의무화 추진', 미디어SR, 2019.11.13.
15) 「선택적 복지제도의 합리적 도입운영모델 연구」, 2009. 근로복지공단, p.123.
16) 앞의 책, p.142에서 인용하였으며 일부 내용을 수정하였음.
17) 강우란, 배노조, 정지경, '일과 삶의 균형', CEO Information, 삼성경제연구소, 2006.
18) Hian, C.C., Quality of Work Life: What can union do?, *S.A.M. Advanced Management Journal*, 1990.
19) 찾기 쉬운 생활법령정보, 유연근무제, easylaw.go.kr.
20) 여성가족부, '2020년 가족친화인증 신청공고', p.1.
21) 'DB vs DC 퇴직연금, 어떤 유형이 더 이득일까?' 매일경제, 2020.10.12.

CHAPTER 10

1) '밀레니얼 직원이 불행하면, 인사관리는 실패한 것', 매일경제, 2019.11.12.

2) Schein, Edgar H. & John Van Maanen, John V., Career Achors: The Changing Nature of Careers Self Assessment, Wiley, 2013.

3) 양동훈, '긱 이코노미 시대 어떻게 대응할 것인가' Chief Executive, 7월호, 2019.

4) SHRM Learning System, No.3. 2012, p.126.

5) 임창희, 「인적자원관리 3판」, 비엔엠북스, 2017, p.182.

6) 양동훈 외, 「K－매니지먼트 3.0－ 초고령사회 조직활력을 어떻게 높일까」, 클라우드나인, 2017, p.131－133

7) '기업 여성 임원 비율 39개국 꼴찌. 이슬람 국가인 파키스탄보다 낮아', 중앙일보, 2019.10.15.

8) '삼성, 최고기술 전문가 삼성명장 4명 선발', Samsung Newroom, news.samsung.com

CHAPTER 11

1) '회사에 대학교 세우는 기업들, 직원 성장하면 기업도 큰다', 소비자경제, 2019.8.20.

2) '삼성 인재 경쟁력의 비밀병기, EA를 소개합니다', news.samsung.com, 2018.11.29.

3) '[2019 HRD 트랜드] ① 밀레니얼 세대를 위한 마이크로러닝', 멀티캠퍼스, 2019.1.22.

4) SHRM, Learning System, No.3, p.84.에서 인용.

5) Knowles, M., Andragogy in Action, San Francisco:Jossey-Bass, 1984.

6) Kirkpatrick, Donald L., Evaluating Training Programs:The Four Levels, 2nd. ed. SanFrancisco: Berrett-Koehler, 1998.

7) 'Using Bloom's Taxonomy to Write Effective Learning Objectives', University of Arkansa 웹사이트, tips.usark,edu/using-blooms-taxonomy/

8) '실무인재 키우는 일-학습병행제, 한국형 도제제도로 발전시킨다', 동아일보, 2019.10.8.

CHAPTER 12

1) '직원이 행복한 회사의 3가지 공통점' blog.jandi.com, 2015.8.26.
2) '카카오의 신입 개발자 온보딩 과정 - 개발자로 거듭나기', tech.kakao.com. 2020.3.23.
3) 'employee engagement surveys: what to ask and why', qualtrics.com.
4) 전재권, 박정현, '실효성을 높이기 위한 구성원 설문조사의 새로운 변화,' LG경제연구원 보고서, 2016.12.1.
5) 삼성전자, 26만여명 임직원 근무만족도 물어 보니, 89% 만족한다', 뉴스핌, 2020.6.16.
6) 「남녀고용평등과 일·가정 양립 지원에 관한 법률」, 제2 제2호.
7) greatplacetowork.co.kr에서 '훌륭한 일터란 무엇인가?'라는 부분에서 발췌함.
8) 대한민국 일하기 좋은 100대기업 역대수상사, greatplacetowork.co.kr.
9) '2017년 이직률 조사, 삼성전자 5%, SK그룹 평균 8.83%', 캠퍼스 잡엔조이, 2017.4.17.
10) 김수복, 채용에서 퇴직까지 법률지식(26판), 중앙경제, 2018.
11) '전문인력 능률 두 마리 토끼 잡는 퇴직자 재고용', 이데일리, 2020.1.9.
12) 이정우, '점진적 퇴직제도 도입 통한 고령자 고용연장 지원해야,' 나라경제, 2006년 6월호.
13) '일, 기업부담 70% 국가지원, 독, 정년연장만큼 근로시간 감축', 매일경제, 2019.6.3.
14) '특급 인재 이직 부추기는 관리자의 7가지 실수', 조선일보, 2020.10.21.

CHAPTER 13

1) '삼성전자, 지역현장전문가 제도로 혁신인재 양성', 이투데이, 2019.9.29.

2) '작년 해외 직접투자 619억달러 역대 최고, 국내 투자 급감과 대조', 매일경제, 2020.3.20.

3) Bartlett, C, Ghoshal, S., *Managing Across Borders*, Boston, MA: Harvard Business School Press, 1992.

4) 앞의 책.

5) Claus, "Globalization and HR Professional Competencies," *Institute of International Human Resources*, 1999.

6) Perlmutter, H, "The tortuous evolution of the multinational corporation," Columbia Journal of World Business, 1969.

7) '글로벌 기업 해외 지사, 일해보니 어때?' 동아일보, 2020.7.16.

8) Goldsmith, M., Greenberg, C., Robertson, A., Hu-Chan, M., *Global Leadership: The Next Generation*, Upper Saddle River, NJ: Financial Times Prentice Hall, 2003.

9) *SHRM global learning system* No.3, SHRM, 2003.

10) 'The Power of Gallup's Q12 Employee Engagement Survey', gallup.com

11) Briscoe, D., "Introduction to International HRM," in *International Human Resource Management*, Englewood Cliffs. NJ: Prentice-Hall, 1995.

12) Schein, E., Organizational Psychology, 1980.

13) Trompenaars, F., *Riding the Waves of Culture: Understanding Culture and Diversity in Business*, London: Nicholas Brealey, 1994.

14) Rhinesmith, S., *A Manager's Guide to Globalization: Six Keys to Success in a Changing World*, Alexandria, Virginia: The American Society for Training and Development, 1993.

15) '외국인 인재에게 연봉 많이 주면 끝? 직장생활을 통한 성장이 최고의 보상', *동아비즈니스리뷰*, 246호, 2018.4.

찾아보기

[저자 소개]

양동훈
서강대학교 경영학과 교수.
미국 미네소타 대학에서 인적자원 및 고용관계학으로 박사를 받았다.
한국경영학회, 한국인사관리학회, 한국인사조직학회, 한국윤리경영학회 부회장을 역임하였고 인간과 노동이라는 주제에 관심을 갖고 연구와 집필 그리고 사회활동을 하고 있다.
고용노동부 비정규직 서포터즈, 서울지방노동위원회 공익위원, 상공회의소 중소기업위원회 자문교수, 상공회의소 혁신기업대상 심사위원 등을 역임하였고 미국 인사관리협회(SHRM: Socierty of Human Resource Management)의 한국대표단 자문교수로 글로벌 HR 트렌드를 한국에 소개하고 있다. 저서로 <4차 산업혁명, 일과 경영을 바꾸다>, <누구를 리더로 세울 것인가>, <초고령사회 조직활력을 어떻게 높일까> 등이 있으며, 교과서로 <경영학원론>, <조직행동론>과 학술지 논문 다수를 발표하였다.

사례로 풀어 쓴 **인적자원관리**

2022년 2월 15일 제1판 인쇄
2022년 2월 25일 제1판 발행

저 자 양 동 훈
발행인 임 권 규
발행처 弘文社

05855 서울시 송파구 송파대로 167 테라타워 B동 802호
등록 1993. 6. 24. 제1-1543호
TEL. 712-5311(代) FAX. 716-5311

값 32,000원

ISBN 978-89-7770-716-0 93320